westermann

Andreas Blank, Jörn Menne, Helge Meyer, Christian Schmidt

Herausgeber: Andreas Blank, Helge Meyer

Ausbildung im Groß- und Außenhandel

Kaufmann/Kauffrau für Groß- und Außenhandelsmanagement

Band 3

6. Auflage

Bestellnummer 10795

Die in diesem Produkt gemachten Angaben zu Unternehmen (Namen, Internet- und E-Mail-Adressen, Handelsregistereintragungen, Bankverbindungen, Steuer-, Telefon- und Faxnummern und alle weiteren Angaben) sind i. d. R. fiktiv, d. h., sie stehen in keinem Zusammenhang mit einem real existierenden Unternehmen in der dargestellten oder einer ähnlichen Form. Dies gilt auch für alle Kunden, Lieferanten und sonstigen Geschäftspartner der Unternehmen wie z. B. Kreditinstitute, Versicherungsunternehmen und andere Dienstleistungsunternehmen. Ausschließlich zum Zwecke der Authentizität werden die Namen real existierender Unternehmen und z. B. im Fall von Kreditinstituten auch deren IBANs und BICs verwendet.

Zusatzmaterial zu Ausbildung im Groß- und Außenhandel: 3. Ausbildungsjahr – Kaufmann/Kauffrau für Groß- und Außenhandelsmanagement

Für Lehrerinnen und Lehrer

Lösungen: 978-3-427-10797-2
Lösungen Download: 978-3-427-10796-5
Lösungen zum Arbeitsheft: 978-3-427-10939-6
Lösungen zum Arbeitsheft Download: 978-3-427-10933-4

BiBox westermann inkl. E-Book

BiBox Einzellizenz für Lehrer/-innen (Dauerlizenz): 978-3-427-10799-6
BiBox Kollegiumslizenz für Lehrer/-innen (Dauerlizenz): 978-3-427-10953-2
BiBox Kollegiumslizenz für Lehrer/-innen (1 Schuljahr): 978-3-427-83320-8

Für Schülerinnen und Schüler

Arbeitsheft: 978-3-427-10927-3

BiBox westermann inkl. E-Book

BiBox Einzellizenz für Schüler/-innen (1 Schuljahr): 978-3-427-10798-9

westermann GRUPPE

Druck und Bindung: Westermann Druck GmbH, Georg-Westermann-Allee 66, 38104 Braunschweig

ISBN 978-3-427-10795-8

Vorwort

Die Buchreihe „Ausbildung im Groß- und Außenhandel" erfüllt die Anforderungen der Ausbildungsordnung und des Rahmenlehrplans für den Ausbildungsberuf **„Kauffrau/Kaufmann für Groß- und Außenhandelsmanagement"**. Die Gliederung der drei Jahrgangsbände orientiert sich am Rahmenlehrplan, der die zu vermittelnden Kompetenzen den Lernfeldern zuordnet.

Band 1 der Reihe umfasst die Lernfelder des ersten Ausbildungsjahres für die Fachrichtungen Großhandel und Außenhandel:

Lernfeld 1: **Das Unternehmen präsentieren und die eigene Rolle mitgestalten**
Lernfeld 2: **Aufträge kundenorientiert bearbeiten**
Lernfeld 3: **Beschaffungsprozesse durchführen**
Lernfeld 4: **Werteströme erfassen und dokumentieren**

Band 2 der Reihe umfasst die Lernfelder des zweiten Ausbildungsjahres für die Fachrichtungen Großhandel und Außenhandel:

Lernfeld 5: **Kaufverträge erfüllen**
Lernfeld 6: **Ein Marketingkonzept entwickeln**
Lernfeld 7: **Außenhandelsgeschäfte anbahnen**
Lernfeld 8: **Wertströme auswerten**
Lernfeld 9: **Geschäftsprozesse mit digitalen Werkzeugen unterstützen**

Band 3 umfasst die Lernfelder des dritten Ausbildungsjahres für die Fachrichtung Großhandel:

Lernfeld 10: **Kosten- und Leistungsrechnung durchführen**
Lernfeld 11: **Waren lagern**
Lernfeld 12: **Warentransporte abwickeln**
Lernfeld 13: **Ein Projekt im Großhandel planen und durchführen**

Um den Auszubildenden der verschiedenen Branchen die Lerninhalte zu veranschaulichen und wegen der Verschiedenheit der Ausbildungbetriebe, werden bei der Erarbeitung der Lernfelder **zwei unterschiedliche Modellunternehmen** mit zwei bzw. einem Modellauszubildenden zugrunde gelegt:

- **die Primus GmbH mit der Auszubildenden Nicole Höver und dem Auszubildenden Andreas Brandt und**
- **die Kröger & Bach KG mit dem Auszubildenden Lukas Breuer.**

Beide Modellunternehmen betreiben einen eigenen **Webshop**, an dem die Auszubildenden die für die Arbeit im **E-Business** erforderlichen digitalen Kompetenzen erwerben können. Darüber hinaus sind die **Aspekte der beruflichen Bildung in der digitalen Welt** in Handlungssituationen, Sachinhalt und Aufgaben durchgängig berücksichtigt.

Die **Kapitel innerhalb der Lernfelder** sind in sachlogisch strukturierte Unterrichtseinheiten gegliedert. Jede Unterrichtseinheit ist folgendermaßen aufgebaut:

1. Handlungs-situation → 2. Sachinhalt → 3. Zusammen-fassung → 4. Aufgaben

Jede Unterrichtseinheit (= Gliederungspunkt im Buch) wird mit einer unternehmenstypischen **Handlungssituation** eingeleitet. Über **Arbeitsaufträge** werden die Schüler zur eigenständigen Lösung der darin erkennbaren Problematik motiviert. Im **Sachinhalt** werden betriebliche Probleme und Prozesse an Beispielen mit Lösungen veranschaulicht, Zusammenhänge in Schaubildern schematisiert, Lösungswege aufgezeigt und in einer **Zusammenfassung** als Grundlage der Übung und Wiederholung strukturiert dargestellt. Zu jedem Lernfeld werden **Aufgaben** mit unterschiedlichem Schwierigkeitsgrad und Umfang angeboten. Sie dienen der Sicherung und Anwendung betriebswirtschaftlicher Begriffe, Definitionen und Prozesse und der Auswertung und entscheidungs- und handlungsorientierten Durchdringung der Ergebnisse. Jedes der Lernfelder wird mit fallbezogenen **Wiederholungsaufgaben und prüfungsvorbereitenden Aufgaben** abgeschlossen.

Verweise zu anderen Lernfeldern, in denen die zu bearbeitenden Inhalte ebenfalls behandelt werden, sind an den entsprechenden Stellen mit der Unterlegung des Begriffes und einem Verweis auf das jeweilige Lernfeld gekennzeichnet.

Im **Lehrermaterial** sind alle Aufgaben ausführlich gelöst. Ferner werden zu jedem Lernfeld handlungsorientierte Unterrichtsskizzen vorgestellt. Darüber hinaus sind zahlreiche Kopiervorlagen enthalten, die die Arbeit der Lehrer und Schüler im Unterricht unterstützen.

Ein **Warenwirtschaftsprogramm** (32-Bit-Version) mit integriertem Datenkranz des Modellunternehmens Primus GmbH, eine ausführliche Beschreibung zur Arbeit mit diesem Programm anhand von praxisorientierten Lernsituationen sowie Belegmasken des Modellunternehmens finden Sie kostenlos unter **BuchPlusWeb** (vgl. Hinweise in der Buchdeckelinnenseite im Lehrbuch vorne). Diese Unterlagen sind zur Nutzung durch Auszubildende sowie Lehrer konzipiert.

Zu dieser Reihe gehören ebenfalls passende **Arbeitshefte**. Sie greifen die Einstiegssituationen der Lehrbücher auf (im Lehrbuch mit diesem Icon gekennzeichnet) und überführen diese durch zusätzliche Arbeitsaufträge und methodische Hinweise, die einen handlungsorientierten Unterricht steuern, in Lernsituationen. **Lehrermaterialien** inklusive Lösungen sind separat erhältlich.

Die Verfasser

Frühjahr 2021

Inhaltsverzeichnis

Verzeichnis der Gesetzesabkürzungen

AO	Abgabenordnung
ArbStättV	Arbeitsstättenverordnung
ASiG	Arbeitssicherheitsgesetz
BGB	Bürgerliches Gesetzbuch
BImSchG	Bundes-Immissionsschutzgesetz
GewO	Gewerbeordnung
GüKG	Güterkraftverkehrsgesetz
HGB	Handelsgesetzbuch
IHKG	Gesetz zur vorläufigen Regelung des Rechts der Industrie- und Handelskammern
KrWG	Kreislaufwirtschaftsgesetz
PAngV	Preisangabenverordnung
ProdSG	Produktsicherheitsgesetz
VerpackG	Verpackungsgesetz
VVG	Versicherungsvertragsgesetz

Die Primus GmbH

Die Primus GmbH wurde 1966 in Duisburg gegründet.

Der Standort

Lager- und Büroräume der Primus GmbH liegen in **47057 Duisburg**, **Koloniestr. 2–4.** Die Grundstücke und Gebäude sind Eigentum der Primus GmbH.

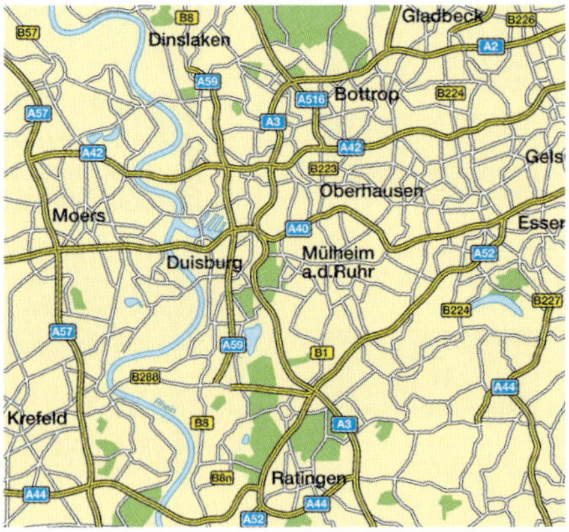

Die Primus GmbH unterhält in ihrem Verwaltungsgebäude eine kleine **Verkaufsboutique**, in der gewerbliche Kunden und Letztverbraucher Waren kaufen können. Die Verkaufsboutique wird von den Auszubildenden der Primus GmbH selbstständig geführt.

Der Standort der Primus GmbH liegt unmittelbar an der Autobahn A 59 an der Abfahrt Duisburg-Zentrum. Der Güterbahnhof Duisburg befindet sich ebenfalls in unmittelbarer Nähe. Arbeitnehmerinnen und Arbeitnehmer können mit den Bus- und Straßenbahnlinien fast bis vor den Eingang des Unternehmens fahren. Auf dem Werksgelände befinden sich nur wenige Parkplätze für Mitarbeiter, da die Geschäftsleitung ihre Mitarbeiter über die Ausgabe von Jobtickets zu umweltbewusstem Verhalten anhalten möchte. Seit dem vergangenen Jahr stellt die Primus GmbH ihren Mitarbeitern E-Bikes zur Verfügung.

Telefon, Fax und Internet

Telefon:	0203 44536-90	E-Mail:	info@primus-bueroeinrichtung.de
Fax:	0203 44536-98	Internet:	www.primus-bueroeinrichtung.de

Organigramm der Primus GmbH, Groß- und Außenhandel für Bürobedarf

Geschäftsleitung
Sonja Primus
Markus Müller

- **Assistentin der Geschäftsleitung** Svenja Braun
- **Umweltbeauftragter** Thomas Weiß

Einkauf – Helga Konski, AIn
- **Bürotechnik/-einrichtung** – Jörg Nolte[1], Gl
  - Gerd Buderbach
  - Sabine Rost
- **Import** – Marc Cremer, Gl
  - Jürgen Ost
- **Verbrauchsmat./Büroorg.** – Petra Zolling, Gln
  - Enrico Zalotti
  - Sabine Müller
  - Sigrid Erb

Lager/Versand – Peter Patt, Al
- Arno Schmitt[2]
- Paul Schneiders
- Sven Fischer
- Walter Jung
- Siegfried Alt
- **Fuhrpark** – Michael Schumacher

Verkauf/Marketing – Josef Winkler, Al
- **Bürotechnik** – Armin Hack, Gl
  - Claudia Schiffer
- **Büroeinrichtung** – Dorothea Klein, Gln
  - Helmut Holl
- **Verbrauchsmaterial** – Rene Berg, Gl
  - Katharina Koslowski
  - Mustafa Üstün
- **Büroorganisation** – Cihangir Öztürk, Gl
  - Udo Heinen
- **Export** – Miroslav Krazek, Gl
  - Elke Sommer
- **Verkaufsboutique** – Azubis
- **Webshop** – Janine Krämer, Gl

Verwaltung/Ausbildung – Sabine Berg[3], AIn
- **Sekretariat** – Gisela Klein
- **Sekretariat** – Steffi Spohr
- **Personal** – Ina Ost, Gln
  - Nicole Ganser
- **Rechnungswesen** – Heinz Schubert, Gl
  - **Finanzbuchhaltung** – Isabel Lapp
  - **Lohnbuchhaltung** – Doris Hahn
  - **Statistik** – Erika Braun
  - **KLR/Controlling** – Karl Zimmer
- **Datenverarbeitung** – Horst Wessling

Al/-n = Abteilungsleiter/-in
Gl/-n = Gruppenleiter/-in

[1] Qualitätsbeauftragter
[2] Sicherheitsbeauftragter
[3] Datenschutzbeauftragte

Nicht im Organigramm ausgewiesen sind vier Auszubildende, die alle Abteilungen durchlaufen:
- Nicole Höver, Kauffrau für Groß- und Außenhandelsmanagement
- Andreas Brandt, Kaufmann für Groß- und Außenhandelsmanagement
- Petra Jäger, Kauffrau für Groß- und Außenhandelsmanagement
- Georgios Paros, Kaufmann für Groß- und Außenhandelsmanagement

Der Gesellschaftsvertrag (Auszug)

Gesellschaftsvertrag der Primus GmbH Groß- und Außenhandel für Bürobedarf

durch die Gesellschaftsversammlung am 2. Januar 19.. in 47057 Duisburg, Koloniestr. 2–4, festgelegt.

§ 1 Die Firma der Gesellschaft lautet Primus GmbH, Groß- und Außenhandel für Bürobedarf.

§ 2 Der Geschäftssitz der Gesellschaft ist in 47057 Duisburg, Koloniestr. 2–4.

§ 3 Die Gesellschaft betreibt die Beschaffung und Weiterveräußerung von Bürobedarf und die Erbringung der dazugehörigen Dienstleistungen. Nach Möglichkeit sollen umweltverträgliche Artikel angeboten werden.

§ 5 Das Stammkapital der Gesellschaft beträgt 600 000,00 €.

§ 6 Das Stammkapital wird aufgebracht:

1. Gesellschafterin Dipl.-Kauffrau Sonja Primus mit einem Nennbetrag der Geschäftsanteile in Höhe von 300 000,00 €
2. Gesellschafter Dipl.-Betriebswirt Markus Müller mit einem Nennbetrag der Geschäftsanteile in Höhe von 300 000,00 €

Die Nennbeträge der Geschäftsanteile sind in bar oder in Sachwerten zu leisten. Sie sind sofort in voller Höhe fällig.

§ 7 Der Mindestbetrag eines Geschäftsanteils muss 500,00 € betragen. Jeder andere Geschäftsanteil muss durch 100,00 € teilbar sein. Die Gesellschafter leisten ihre Geschäftsanteile in bar.

§ 8 Die Gesellschafterversammlung beruft einstimmig die Geschäftsführung.

§ 10 Die Gesellschafter treten jährlich einmal zu einer ordentlichen Versammlung zusammen. Die Geschäftsführer laden mit einwöchiger Frist unter Angabe von Tagungsort, Tagungszeit und Tagesordnung ein.

§ 13 Jeder Gesellschafter kann aus wichtigem Grund seinen Austritt aus der Gesellschaft erklären. Der Austritt ist nur zum Ende eines Geschäftsjahres zulässig. Er hat durch Einschreibebrief mit einer Frist von sechs Monaten zu erfolgen. Bei Kündigung der Gesellschafter oder Austritt wird die Gesellschaft nicht aufgelöst.

§ 16 Bekanntmachungen der Gesellschaft nach den gesetzlichen Bestimmungen erfolgen ausschließlich im Unternehmensregister.

§ 20 Außerhalb des Gesellschaftsvertrages wurde folgender Beschluss gefasst:
Als Geschäftsführer gemäß § 9 des Gesellschaftsvertrages werden bestimmt

1. Frau Dipl.-Kauffrau Sonja Primus
2. Herr Dipl.-Betriebswirt Markus Müller

§ 21 Vorstehendes Protokoll wurde den Gesellschaftern vom Notar vorgelesen, von ihnen genehmigt und eigenhändig wie folgt unterzeichnet:

Sonja Primus

Markus Müller

Duisburg, 2. Januar 19..

Das Sortiment

Lieferer-Nr.	Bestell-Nr.	Listeneinkaufspreis, netto/€	Artikelbezeichnung	Artikel-Nr.	Listenverkaufspreis, netto/€[1]
Warengruppe 1: Bürotechnik[2]			**Kalkulationszuschlag 40 %**		
5641	237060	200,00	Laser-Multifunktionsgerät FX640 TI	335B927	240,00
5641	237061	213,93	Smartphone D2 S453	235B614	299,50
5641	237062	92,14	drahtlose Alarmanlage Primus Protect	230B912	129,00
5641	237063	31,79	Telefon Audioline 5300	237B750	44,50
5688	353389	28,21	Taschenrechner Datenbank SF-4300 B	229B906	39,50
5620	253390	13,93	USB-Stick 4er-Pack 16 GB	155B440	19,50
5620	253391	499,64	Tischkopierer Primus Z-52	150B391	699,50
5669	289922	28,21	Primus Wanduhr weiß S 926	149B393	39,50
5694	253321	356,43	HP-Laser Jet 5 P Laserdrucker	261B289	499,00
Dienstleistungsprogramm					
			Planung von Büroeinrichtungen Montage bürotechnischen Zubehörs Entsorgung von Altmöbeln, Verpackung, Zubehör Aufbau von Büromöbeln		nach Vereinbarung
Warengruppe 2: Büroeinrichtung			**Kalkulationszuschlag 120 %**		
5621	100201	96,59	Schreibtisch Primo	159B574	212,50
5621	100202	90,68	Bildschirm-Arbeitstisch Primo	159B590	199,50
5621	100203	108,86	Rollcontainer Primo	159B632	239,50
5621	100204	64,77	Unterschrank Primo	159B616	142,50
5621	100301	136,14	Schreibtisch Classic	308B049	299,50
5621	100303	58,86	Regalelement Classic	308B122	129,50
5621	100306	179,32	Bandscheiben-Drehstuhl Steifensand	120B592	394,50
5621	100310	90,68	Bandscheiben-Drehstuhl Superstar	162B388	199,50
5669	289910	97,50	Bürodrehstuhl Modell 1640	381B814	214,50
5669	289934	33,86	Aktenvernichter Fellowes PS 50	228B684	74,50
5669	289958	64,77	Bildschirm-Arbeitstisch Charm	160B994	142,50
5669	289967	72,50	Druckertisch Euratio	305B094	159,50
Warengruppe 3: Verbrauch			**Kalkulationszuschlag 80 %**		
5677	310290	1,10	Primus-Castell TK-Fine 1306 Druckbleistift	125B567	1,98
5677	310294	10,83	Primus EXPRESS RO 33 20 Stück	313B221	19,50
5677	310301	4,43	Tintenroller Ball-Primus R 50 9 Stück	316B158	7,98
5610	420100	1,38	Primus Bleistifte 12 Stück	253B989	2,48
5610	420108	1,15	Primus Textmarker 6 Stück	128B488	2,07
5610	420110	6,25	Seminarmark. Primus 270 Boardmark. 10 St.	312B561	11,25
5681	145220	3,32	Primus Notizblock 4 × 800	236B596	5,98
5681	145237	3,47	Primus Universalblock 10 Stück	116B319	6,25
5681	145250	7,47	Recycling Briefumschläge C 6 1000 Stück	250B423	13,45
5681	145200	14,44	Computerpapier A4 weiß 80 g 2000 Blatt	705B251	26,00
5666	281000	21,94	Kopierpapier Primus XERO-Copy 5000 Blatt	239B632	39,50
5666	281001	3,58	Kopierpapier X-Offit 500 Blatt	251B926	6,45
Warengruppe 4: Organisation			**Kalkulationszuschlag 100 %**		
5641	237064	192,25	Drehsäule für Aktenordner 3 Etagen	182B238	384,50
5666	405129	1,00	Primus Ordner 6 Farben A4	119B263	2,00
5666	405145	0,79	Primus Trennblätter A4 Register 10 Stück	118B364	1,58
5669	289905	4,49	Registraturlocher	200B071	9,98
5669	289908	3,74	Primus Briefablage 5 Stück	310B615	7,48
5669	289915	5,88	Bürobox aus Kunststoff	138B859	11,76
5669	289916	15,60	Hängeregister Big Boy	240B804	31,20
5610	420115	3,74	Primus Heftzange B 36	194B340	7,48
5610	420130	22,50	Magister-Flipchart-Tafel	296B673	45,00
5681	145260	14,00	Primus Notizblock 50er-Pack	128B579	28,00

[1] *Aus Gründen der Vereinfachung wurden einige Verkaufspreise auf glatte Beträge auf- oder abgerundet.*
[2] *Auf die Warengruppe 1 werden keine Rabatte gewährt.*

Lieferdatei der Primus GmbH (Auszug)

Firma	Lieferer-/ Kred.-Nr.	Adresse	Ansprech-partner	Tel./Fax	Kreditinstitut	Produkte	Lieferbedingungen	Zahlungs-bedingungen	Umsatz lfd. Jahr in €
Giesen & Co. OHG Herstellung von Kleingeräten für Schulungsbedarf	5610 K 71710	Quarzstr. 98 51371 Leverkusen	Frau Gentgen	0214 7667-54 7667-34	SEB Leverkusen IBAN: DE12370100110674563870 BIC: ESSEDESF372	Büromaterial, Schulungs-bedarf	Auftragswert bis 1 000,00 €: 50,00 €, über 1 000,00 €: 84,00 € Verpackungspauschale: 21,00 €	Ziel: 20 Tage Skonto: 7 Tage/2 %	45 000,00
Computec GmbH & Co. KG Hard- und Software-vertrieb	5620 K 71711	Volksparkstr. 12–20 22525 Hamburg	Herr Ötztürk	040 2244-669 2244-664	Postbank Hamburg IBAN: DE04200100200671190870 BIC: PBNKDEFF200	Hard- und Software, Bürogeräte	bis 10 kg: 12,00 €, bis 25 kg: 20,00 €, bis 50 kg: 32,00 €, bis 100 kg: 54,00 €, über 100 kg: nach Vereinbarung	Ziel: 14 Tage Skonto: –	600 000,00
Bürodesign GmbH Herstellung von Büromöbeln	5621 K 71712	Stolberger Str. 188 50933 Köln	Herr Stam	0221 6683-550 6683-57	Sparkasse KölnBonn IBAN: DE11370501980085313948 BIC: COLSDE33XXX	Büromöbel	bis 20 km Lieferpauschale: 80,00 €	Ziel: 50 Tage Skonto: 14 Tage/2 %	210 000,00
Jansen BV. Bürotechnik	5641 K 71713	Jan de Verwer-straat 10 NL-5900 AV Venlo	Frau Sommer	31 77 866-350 866-401	Crédit Lyonnais Bank Nederland IBAN: NL40270100600092233723 BIC: CRLYNLFFXXX	Bürogeräte aller Art	4 % vom Warenwert, maximal 400,00 €	Ziel: 30 Tage Skonto: –	165 000,00
Latex AG Herstellung von Büro-verbrauchsgütern	5666 K 71714	Neckarstr. 89–121 12053 Berlin	Frau Demming	030 4455-46 4455-48	Berliner Sparkasse IBAN: DE64100500000098453223 BIC: BELADEBEXXX	Bürobedarf aller Art	Spesenpauschale: 10,00 €	Ziel: 60 Tage Skonto: -	75 000,00
Bürotec GmbH Büroeinrichtung aller Art	5669 K 71715	Fabrikstr. 24–30 04129 Leipzig	Frau Asbach	0341 554-645 554-849	Deutsche Bank Leipzig IBAN: DE85860700000091111723 BIC: DEUTDE8LXXX	Bürogeräte, Büro-möbel, Büro-einrichtungs-gegenstände	bis Auftragswert 1 000,00 €: 50,00 €, sonst frei Haus	Ziel: 30 Tage Skonto: 10 Tage/2 %	150 000,00
Flamingo-werke AG Fabrikation von Schreibbedarf	5677 K 71716	Palzstr. 16 59073 Hamm	Frau Sydow	02381 417118 417199	Volksbank Hamm IBAN: DE26410601200098789723 BIC: GENODEM1HMM	Schreibbedarf aller Art	ab Bestellwert von 2 000,00 € frei Haus, sonst 3 % vom Warenwert, mindestens jedoch 15,00 €	Ziel: 14 Tage Skonto: –	110 000,00
Papierwerke Iserlohn GmbH Müller & Co.	5681 K 71717	Laarstr. 19 58636 Iserlohn	Herr Kern	02371 3342-31 3342-32	Deutsche Bank Iserlohn IBAN: DE63445700040674563870 BIC: DEUTDEDW445	Papierwaren aller Art	frei Haus	Ziel: 30 Tage Skonto: 10 Tage/3 %	80 000,00
Silvermann & Smith Co. Ltd.	5688 K 71718	GPO Box 1731 18–22 Sydney street, Melbourne VIC 3001 Victoria – Australia	Herr Sussex	+61 348 336-61 336-54	Bank of Melbourne Kto.-Nr.: 1432 698	Hardware, Bürogeräte	Ex Works	Ziel: 30 Tage	110 000,00
Richard D. Wesley, Inc.	5694 K 71719	64–70 John F. Kennedy Bvd. Washington, DC 20265-9997 Columbia USA	Frau Jagger	+1 20216 3468-29 3468-33	Bank of Chicago Kto.-Nr.: 8 866 352	Hard- und Software	C & F	Ziel: 20 Tage	145 000,00

Kundendatei der Primus GmbH (Auszug)

Firma	Kunden-/ Deb.-Nr.	Adresse	Ansprechpartner	Tel./ Fax	Kreditinstitut	Umsatz lfd. Jahr in €	Offene Rechnungen	Rabattsätze
Stadtverwaltung Duisburg	8135 D 10110	Am Buchenbaum 18–22 47051 Duisburg	Herr Baum	0203 6675-31 6675-38	Bundesbank Duisburg IBAN: DE15350000000111222870 BIC: MARKDEF1320	230 000,00	0	20 %
Klöckner-Müller Elektronik AG	8142 D 10120	Taunusring 16–34 63069 Offenbach	Frau Jansen	069 4432-28 4432-17	Commerzbank Offenbach IBAN: DE55505400280043978623 BIC: COBADEFF505	285 000,00	1	25 %
Herstadt Warenhaus GmbH	8155 D 10130	Brunostr. 45 45889 Gelsenkirchen	Herr Kluge	0209 564-99 564-90	Postbank Dortmund IBAN: DE76440100460432056204 BIC: PBNKDEFF440	185 000,00	1	35 %
Krankenhaus GmbH Duisburg	8326 D 10140	Emsstr. 30–40 47169 Duisburg	Frau Straub	0203 5664-76 5664-48	Volksbank Rhein-Ruhr IBAN: DE85350603860089366223 BIC: GENODE1VKR	125 000,00	1	25 %
Modellux GmbH & Co. KG Herstellung von Modelleisenbahnen	8453 D 10150	Hofstr. 56–67 48167 Münster	Frau Simon	0251 894-38 894-44	Deutsche Bank Münster IBAN: DE71400700800674563870 BIC: DEUTDE3B400	240 000,00	2	20 %
Computerfachhandel Martina van den Bosch	8564 D 10160	Vinckenhofstraat 45 NL-5900 EB Venlo	Frau van den Bosch	+31 77 3417-69 3417-64	ABN AMRO Venlo Bank Nederland IBAN: NL59300100200656631200 BIC: FORTNLFFXXX	145 000,00	0	40 %
Bürofachgeschäft Herbert Blank e. K.	8671 D 10170	Cäcilienstr. 86 46147 Oberhausen	Frau Brieger	0208 1113-60 1113-45	Commerzbank Oberhausen IBAN: DE02365400460006789763 BIC: COBADEFF365	75 000,00	3	30 %
Carl Wägli Bürobedarf	8784 D 10180	Ostermundigerstr. 121 3030 Bern Schweiz	Herr Wägli	+41 31 338-2708 338-7308	Postbank Bern IBAN: CH46100200100306543720 BIC: GEBACH33XXX	90 000,00	0	25 %

Konkurrenzbetriebe

Schäfer & Co. KG, Büroeinrichtungssysteme und Bürobedarf	Kaarster Weg 124–126, 40547 Düsseldorf
Feld OHG, Bürobedarf, Büromöbel, Büromaschinen	Ruhrstr. 48–52, 46049 Oberhausen
Otto Rompf GmbH, Bürobedarf, Direktversand	Baumstr. 108, 45128 Essen
ABE Aktuell Büro-Einrichtungen KG	Dillinger Str. 16, 47059 Duisburg

Sicherheits-, Umwelt-, Datenschutz- und Qualitätsbeauftragter

Sicherheitsbeauftragter: Arno Schmitt **Datenschutzbeauftragte:** Sabine Berg
Umweltbeauftragter: Thomas Weiß **Qualitätsbeauftragter:** Jörg Nolte

Die Bankverbindungen

Geldinstitut	IBAN	BIC
Sparkasse Duisburg	DE12 3505 0000 0360 0587 96	DUISDE33XXX
Postbank Dortmund	DE76 4401 0046 0286 7784 31	PBNKDEFF440

Steuer-, Betriebs-Nr. für Sozialversicherung und Handelsregistereintragung

Finanzamt: Duisburg-Süd; **Steuer-Nr.**: 109/1320/0146; **USt-IdNr.**: DE124659333
Betriebs-Nr. für die Sozialversicherung: 43641271
Handelsregistereintragung: Amtsgericht Duisburg HRB 467-0301

Der Betriebsrat und die Jugend- und Auszubildendenvertretung

Vorsitzender des Betriebsrates der Primus GmbH ist **Marc Cremer**, sein Stellvertreter ist Sven Fischer. Jugend- und Auszubildendenvertreterin ist **Petra Jäger**, Stellvertreter ist Andreas Brandt.

Auszubildende Nicole Höver

Name	Nicole Höver
Ausbildungsbetrieb	Primus GmbH, Groß- und Außenhandel für Bürobedarf
Ausbildungsdauer	2,5 Jahre, im dritten Jahr der Ausbildung
Geburtsdatum	10.09.20..
Geburtsort	Duisburg
Wohnort	Duisburg
Schulabschluss	Abitur

Auszubildender Andreas Brandt

Name	Andreas Brandt
Ausbildungsbetrieb	Primus GmbH, Groß- und Außenhandel für Bürobedarf
Ausbildungsdauer	3 Jahre, im dritten Jahr der Ausbildung, will verkürzen
Geburtsdatum	10.03.20..
Geburtsort	Duisburg-Rheinhausen
Wohnort	Duisburg
Schulabschluss	Fachoberschulreife

Die Verbände

Gemäß § 1 **IHK-Gesetz** (IHKG) (www.gesetze-im-internet.de/ihkg) ist die Primus GmbH Mitglied in der **Industrie- und Handelskammer zu Duisburg**. Die Geschäftsführerin, Frau Primus, die Abteilungsleiterinnen Frau Berg und Frau Konski und der Abteilungsleiter Herr Patt sind Mitglieder in Prüfungsausschüssen der IHK. Das Unternehmen ist in der **Tarifgemeinschaft des Groß- und Außenhandels und der Dienstleistungen in Nordrhein-Westfalen** organisiert, die organisierten Arbeitnehmer sind Mitglieder in der **Gewerkschaft ver.di** (Vereinigte Dienstleistungsgewerkschaft).

Anschrift und weitere Unternehmensdaten

Kröger & Bach KG
Schifferstraße 25
47059 Duisburg

Telefon: +49 203 13429-33
Fax: +49 203 13429-34
E-Mail: info@kroegerbach.de

Finanzamt: Duisburg-Süd; **Steuer-Nr.**: 032/1410/1228; **USt-IdNr.**: DE198751421
Handelsregistereintragung: Amtsgericht Duisburg HRA 142-2986

Auszubildender Lukas Breuer

Name	Lukas Breuer
Ausbildungsbetrieb	Kröger & Bach KG, Außenhandel für Non-Food-Artikel
Ausbildungsdauer	3 Jahre, im dritten Jahr der Ausbildung
Geburtsdatum	04.11.20..
Geburtsort	Essen
Wohnort	Duisburg
Schulabschluss	schulischer Teil der Fachhochschulreife an der Höheren Handelsschule

Kosten- und Leistungsrechnung durchführen

1 Aufgaben und Ziele der Kosten- und Leistungsrechnung darstellen

Sonja Primus und Markus Müller, die Geschäftsführer der Primus GmbH, haben soeben das Ergebnis von der Finanzbuchhaltung vorgelegt bekommen, welches das Unternehmen im Berichtsjahr mit ihren Warengruppen

Bürotechnik | Büroeinrichtung | Verbrauch | Organisation

erwirtschaftet hat:

GuV			
	Abrechnungs-jahr		Abrechnungs-jahr
301 Wareneingang/AfW	1936250,00	801 Warenverkauf/UE	3564117,50
401 Löhne	465000,00	242 Betriebsfremde Erträge	126000,00
402 Gehälter	627500,00	26 Zinsen u. ä. Erträge	16875,00
43 Energie, Betriebsstoffe	90003,00		
44 Werbe- und Reisekosten	78400,00		
47 Betriebskosten, Instandhaltung	129762,50		
21 Zinsen u. ä. Aufwendungen	22105,00		
42 Betriebliche Steuern	40607,50		
48 Allgemeine Verwaltung	144725,00		
49 Abschreibungen	63000,00		
Gewinn/Jahresüberschuss	**109639,50**		
	3706992,50		3706992,50

Die Geschäftsführer sind über das Ergebnis im Abrechnungsjahr enttäuscht. Sie hatten mit einem höheren Gewinn gerechnet. Allerdings fällt Herrn Müller ein, dass im Abrechnungsjahr durch eine Überschwemmung Ware im Wert von 118750,00 vernichtet wurde und an einem vermieteten Gebäudeteil eine Dachreparatur durchgeführt wurde, die 14293,00 kostete.

ARBEITSAUFTRÄGE

- Erläutern Sie die vorliegende GuV-Rechnung.
- Erläutern Sie anhand folgender Skizze die Einflussgrößen des Gewinns. Stellen Sie mögliche Gründe für die Abweichungen gegenüber dem Vorjahr zusammen.

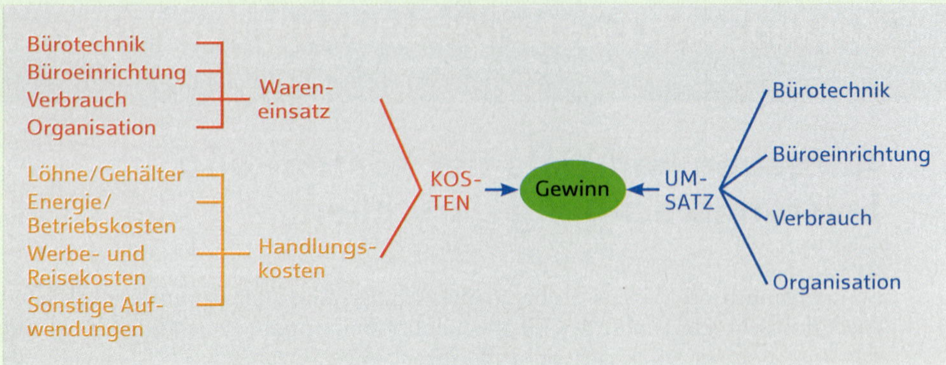

◆ Präsentieren Sie Ihre Ergebnisse in der Klasse.

Zusammenhang zwischen der Finanzbuchhaltung und der Kosten- und Leistungsrechnung

Durch den Vergleich von Aufwendungen und Erträgen aus einzelnen Geschäftsjahren wird die Finanzbuchhaltung zum Kontrollsystem über die Entwicklung der Geschäftslage eines Unternehmens. Ein negativer Verlauf der Ertragsentwicklung kann frühzeitig erkannt werden, um Ursachen zu erforschen und Möglichkeiten der Gegensteuerung zu entwickeln. Die notwendigen Daten werden aus der Gewinn- und Verlustrechnung gewonnen. Hier werden alle Aufwendungen und Erträge gegenübergestellt, um das Ergebnis des Unternehmens zu ermitteln. Bei näherem Hinschauen erkennt man, dass verschiedene Aufwendungen und Erträge im Gewinn- und Verlustkonto nichts mit dem eigentlichen Sachziel, z. B. dem Verkauf von Artikeln des Bürobedarfes, zu tun haben bzw. nur unregelmäßig und unberechenbar in der Höhe anfallen.

Die Gewinn- und Verlustrechnung liefert einem Unternehmen nur eingeschränkt Informationen zur Begründung eines Ergebnisses (Gewinn oder Verlust). Es fehlen Informationen zur wirtschaftlichen Entwicklung einzelner Warengruppen oder einzelner Waren, sodass Entscheidungen zur Änderung in Sortimentsbereichen nicht erkannt werden können. Auch liefert die Gewinn- und Verlustrechnung keinerlei Information darüber, welchen Anteil die einzelnen Waren oder Warengruppen am Ergebnis haben. Um diese notwendigen Schlüsse ziehen zu können, wäre es erforderlich, die betrieblichen Aufwendungen einzelnen Waren und Warengruppen zuzurechnen.

In diesem Zusammenhang benötigen Unternehmen ein Instrument, das die Aufwendungen und Erträge erfasst, die im engen Zusammenhang mit der Beschaffung, der Lagerung und dem Absatz betrieblicher Leistungen stehen. Ein solches Instrument ist die **Kosten- und Leistungsrechnung**, in der die betrieblichen **Aufwendungen (Kosten)** und die betrieblichen **Erträge (Leistungen)** aus den Aufwendungen und Erträgen des Unternehmens herausgefiltert, gegliedert und den **Kostenstellen** (Bereiche der Kostenentstehung) bzw. den **Kostenträgern** (Leistungen, die die Kosten tragen) zugerechnet werden.

Aufgaben und Ziele der Kosten- und Leistungsrechnung (KLR)

Die KLR will die typischen Erträge des Großhandelsbetriebes durch die Umsatzerlöse für abgesetzte Warengruppen erfassen und dem dafür notwendigen Einsatz an Produktionsfaktoren, wie Betriebsmitteln (Gebäude, Fahrzeuge, Geschäftsausstattung etc.), Waren (Wareneinsatz) und menschlicher Arbeitskraft (Gehälter, Löhne), in der jeweiligen Rechnungsperiode gegenüberstellen.

Beispiel Die Kosten- und Leistungsrechnung muss einmal die Umsätze der vier Warengruppen getrennt feststellen. Andererseits muss sie untersuchen, welcher Anteil der eingesetzten Produktionsfaktoren auf die jeweiligen Warengruppen entfällt.

Der typische oder sachzielbezogene Ertrag einer Rechnungsperiode wird als **Leistung**, der wertmäßige Umfang der eingesetzten Faktoren als **betrieblicher Aufwand (= Kosten)** bezeichnet.

Zur Sicherung und Erhaltung der Wettbewerbsfähigkeit und zur Erfolgskontrolle ist eine genaue Erfassung dieser betrieblichen Aufwendungen und betrieblichen Erträge notwendig.

Durch die **Gegenüberstellung** der **betrieblichen Erträge (Leistungen)** und betrieblichen **Aufwendungen (Kosten)** wird das **Betriebsergebnis** ermittelt.

Zur Information der Unternehmensleitung muss die Kostenrechnung die Kosten und Leistungen erfassen. Um diese beeinflussen zu können, ist es erforderlich, dass die Ursachen ihrer Entstehung verdeutlicht werden.

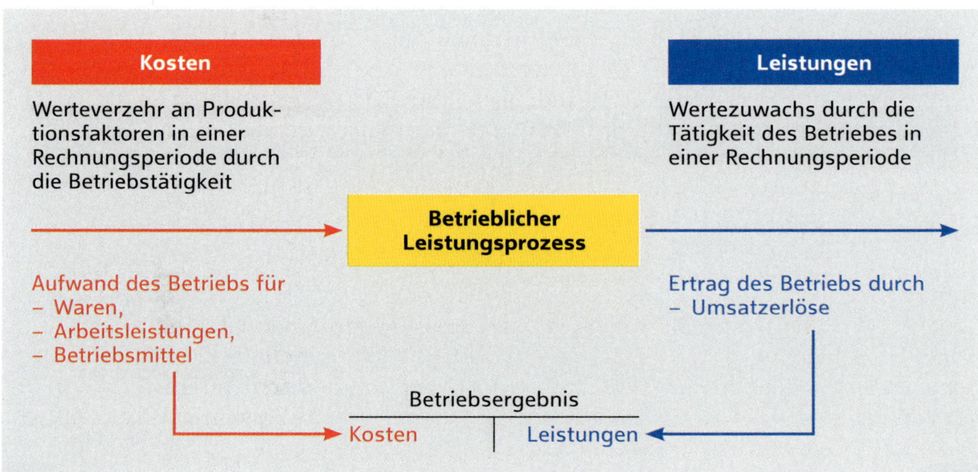

Aufgabenbereiche der KLR

Nach dem **abrechnungstechnischen Ablauf** beantwortet die KLR folgende Fragen:

- **Welche Kosten** wurden durch Beschaffung, Lagerung, Absatz und Verwaltung verursacht?
- **Wo** sind die Kosten verursacht worden (in welchen Abteilungen)?
- **Welchen Leistungen** (z. B. Warengruppen) sind diese Kosten zuzurechnen?

In der Reihenfolge der Beantwortung dieser Fragen ergeben sich **die folgenden Stufen der KLR**:

Finanzbuchhaltung	**Kosten- und Leistungsrechnung**		
Erfassung aller Aufwendungen und Erträge zur Ermittlung des **Unternehmensergebnisses** in der GuV-Rechnung	**Kostenartenrechnung**	**Kostenstellenrechnung**	**Kostenträgerrechnung**
	Erfassung und **Gliederung** der Kosten	**Verteilung** der Kosten auf die **Betriebsbereiche** (**Kostenstellen**), in denen sie angefallen sind	**Verteilung** der Kosten auf die **Leistungen** (**Waren bzw. Warengruppen**)
	Welche Kosten sind entstanden?	Wo sind die Kosten entstanden?	Welcher Kostenanteil entfällt auf die einzelnen Waren bzw. Warengruppen?

Im Vergleich zur Finanzbuchhaltung, die lediglich das Ergebnis des Unternehmens ermittelt, will die KLR zusätzliche Aussagen zu den Aufwendungen gewinnen:

- In welchen Bereichen des Betriebes sind Aufwendungen entstanden?
- Welche Warengruppen und Artikel haben Aufwendungen verursacht und müssen in der Kalkulation berücksichtigt werden?

Daraus ergeben sich besondere Aufgaben:

- Bereitstellung von Informationen für die Preisberechnung (Kalkulation)
- Wirtschaftlichkeitskontrolle der Abteilungen und der Artikel
- Informationen für Entscheidungen bei der Beschaffung (z. B. Preisobergrenze) und beim Absatz, wie z. B. Selbstkostenpreis, Verkaufspreis, Preisuntergrenze

Aufgaben und Ziele der Kosten- und Leistungsrechnung darstellen

- Die Finanzbuchhaltung ermittelt das **Gesamtergebnis** des Unternehmens. Es werden keine Aussagen zur Wirtschaftlichkeit des Betriebes, einzelner Teilbereiche oder einzelner Warengruppen oder Artikel gemacht.
- In der Kosten- und Leistungsrechnung werden **Kosten** und **Leistungen** aus den Aufwendungen und Erträgen der Finanzbuchhaltung herausgefiltert und gegenübergestellt.
- Durch die Gegenüberstellung von Kosten und Leistungen wird das **Betriebsergebnis** ermittelt.

- Mithilfe der Kosten- und Leistungsrechnung können Aussagen über die **Wirtschaftlichkeit** eines **Betriebes**, von **Warengruppen** und einzelner **Artikel** gemacht werden.
- In der Kosten- und Leistungsrechnung wird ermittelt,
  - welche Leistungen der Betrieb erstellt und welche Kosten diese Leistungserstellung verursacht hat,
  - wo die Kosten verursacht wurden und
  - welchen Leistungen die Kosten zuzurechnen sind.
- Entsprechend sind **die Kostenarten-, die Kostenstellen- und die Kostenträgerrechnung** als Bereiche der KLR zu unterscheiden.

1. Nennen Sie drei Stufen der KLR und erläutern Sie deren grundsätzliche Aufgaben.

2. Erläutern Sie, warum die GuV-Rechnung der Finanzbuchhaltung der Primus GmbH Herrn Müller als Informationsinstrument des Betriebsgeschehens nicht ausreicht.

3. Bearbeiten Sie die Themen
- Ursachen des Gewinnrückgangs und
- Maßnahmen zur Gewinnverbesserung,

indem Sie
a) zu jedem Thema eine Mindmap entwickeln und
b) Ihre Ergebnisse in einem Vortrag vorstellen.

4. Erklären Sie, warum aufgrund des Vergleichs der Erträge mit den Aufwendungen nur grobe Aussagen zur Wirtschaftlichkeit des Großhandelsunternehmens gemacht werden können?

5. Die Finanzbuchhaltung eines Großhandelsunternehmens stellt folgende Daten zur Erfolgsanalyse der beiden letzten Quartale zur Verfügung:

GuV-Rechnungen der beiden letzten Quartale					
Aufwendungen	**3. Quartal**	**4. Quartal**	**Erträge**	**3. Quartal**	**4. Quartal**
	€	**€**		**€**	**€**
Aufwendungen für Waren/Wareneinsatz	535 000,00	588 000,00	Umsatzerlöse	2 024 000,00	1 884 000,00
Fremdinstandhaltung, Entsorgung, Reinigung	91 000,00	102 800,00			
Personalkosten	932 000,00	924 500,00			
Mieten, Beratungskosten	94 200,00	106 400,00			
Büromaterial, Postentgelte, Telekommunikation, Werbung, Dekoration	85 000,00	81 900,00			

	Aufwand der FiBu in €	Kosten der KLR in €
Stromverbrauch in den Abteilungen Lager, Einkauf, Verkauf im Monat Juni	2200,00	2200,00
Wareneinsatz (Anschaffungskosten der verkauften Waren) im Juni	158750,00	158750,00
Löhne für die Lagerarbeiter und Gehälter für die Angestellten im Monat Juni	71000,00	71000,00
Werbeaktion im Monat Juni	19000,00	19000,00

○ Betriebsfremde Aufwendungen

Aufwendungen, die **nicht** mit der Verfolgung des eigentlichen Betriebszwecks angefallen sind, werden als **betriebsfremde Aufwendungen** bezeichnet.

	Aufwand der FiBu in €	Kosten der KLR in €
Dachreparatur am vermieteten Gebäudeanteil	14293,00	–
Abschreibungsanteil des vermieteten Gebäudes	9000,00	–
Annonce „Vermietung gewerblicher Räume“	585,00	–
Grundsteueranteil für vermietetes Gebäude	1250,00	–
Hypothekenzinsanteil für vermietetes Gebäude	3100,00	–

Beispiel Die Primus GmbH hat einen Teil des Lagergebäudes vermietet. Sie ließ eine Dachreparatur für 14293,00 € am vermieteten Gebäudeteil durchführen. Alle Aufwendungen, die der vermietete Gebäudeteil verursacht, sind betriebsfremd.

Der hier entstehende **Aufwand steht in keiner Verbindung zum eigentlichen Betriebszweck** (Absatz von Artikeln aus dem Bereich „Bürobedarf“), sondern im **Zusammenhang mit dem Nebenziel „Vermietung“**. Somit darf dieser Aufwand auch nicht in die Kostenrechnung einfließen.

Die in der Finanzbuchhaltung erfassten betriebsfremden Aufwendungen der Primus GmbH sind somit von den Aufwendungen abzugrenzen, die der Absatz des Bürobedarfs verursacht.

○ Betrieblich außerordentliche Aufwendungen

Betrieblich außerordentliche Aufwendungen sind zwar Aufwendungen, die bei der Verfolgung des eigentlichen Betriebszweckes entstanden sind, aber sie

- fallen teilweise nur **einmalig** und/oder **völlig unerwartet** an und sind **untypisch** für das normale Betriebsgeschehen der Rechnungsperiode **(= Zufallsaufwand)**,
- lassen sich vielfach **keinem bestimmten Abrechnungszeitraum** zurechnen (**= zeitraumneutrale Aufwendungen**),
- betreffen oft eine **bereits abgeschlossene Rechnungsperiode** (**= periodenfremde Aufwendungen**).

Beispiele

	Aufwand der FiBu in €	Kosten der KLR in €
Warenverderb durch Hochwasser	118750,00	–
Dachreparatur am betrieblich genutzten Gebäude	88000,00	–

Wenn diese betrieblich außerordentlichen Aufwendungen wie Kosten behandelt werden, dann verfälschen sie die Aussagen zur **Wirtschaftlichkeit** und zum **Betriebsergebnis**. Daher werden die betrieblich außerordentlichen Aufwendungen von den Zweckaufwendungen abgegrenzt.

Langfristig muss das Unternehmen diese betrieblich außerordentlichen Aufwendungen in die KLR einbeziehen und über die Verkaufspreise der Waren hereinholen. Um jedoch Wettbewerbsnachteile durch sprunghafte Preissteigerungen zu vermeiden, werden statt der schwankenden außerordentlichen Aufwendungen in der Finanzbuchhaltung jährlich gleichbleibende Kosten in anderer Höhe (**Anderskosten**) in der KLR angesetzt, die dem durchschnittlichen Werteverzehr entsprechen.

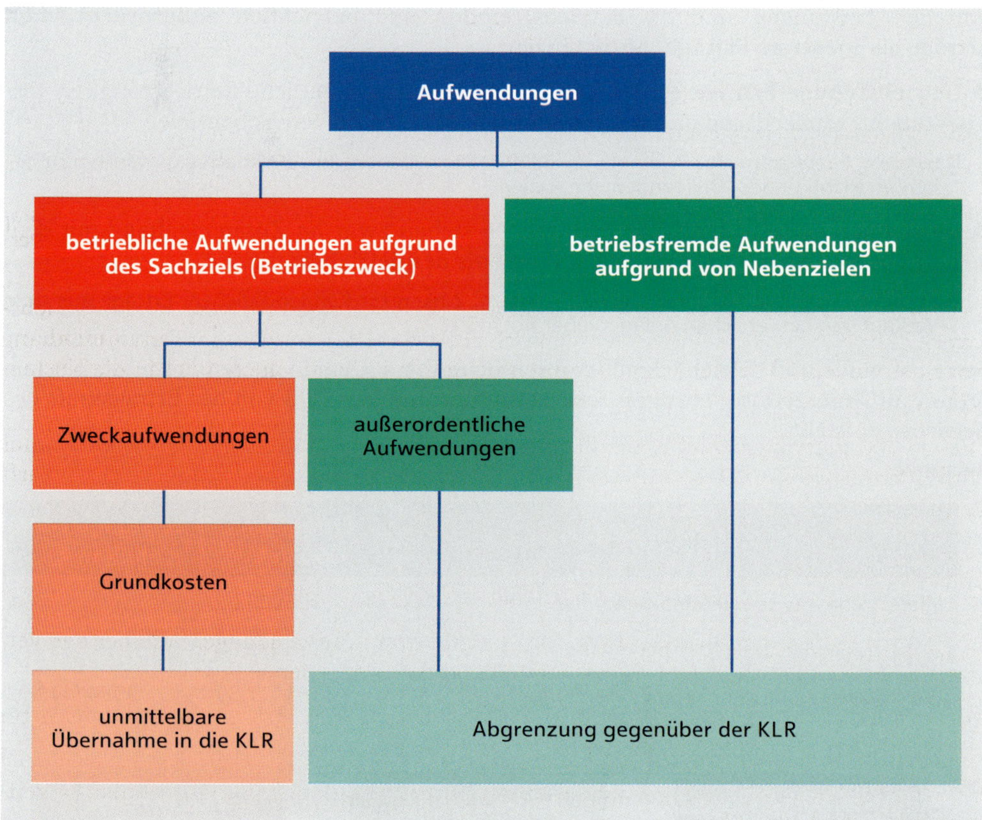

Beispiel Die Primus GmbH berücksichtigt statt des hohen Wasserschadens in diesem Jahr (s. o.) die jährliche Versicherungsprämie von 8000,00 € als Anderskosten in der KLR.

Die **abgegrenzten Aufwendungen** werden also nicht in die KLR übernommen. Sie werden daher auch als **neutrale Aufwendungen** bezeichnet.

Aufwendungen der Finanzbuchhaltung		Neutrale Aufwendungen		Zweckaufwendungen
Gesamtaufwendungen des Unternehmens	–	betriebsfremde und betrieblich außerordentliche	=	Grundkosten

Leistungen und neutrale Erträge

Der größte Teil der in der Finanzbuchhaltung erfassten Erträge wird über den Umsatz der Waren erzielt. Dies sind betriebliche Erträge aufgrund der Sachzielverfolgung. Diese betrieblichen Erträge sind auch der Mittelpunkt der KLR, denn sie sind die Ursache und das Ergebnis der entstandenen Kosten. In der KLR werden diese typischen betrieblichen Erträge einer Rechnungsperiode als **Leistungen** bezeichnet.

Beispiel Die typischen Leistungen der Primus GmbH sind die Umsatzerlöse aus dem Verkauf der vier Warengruppen „Bürotechnik", „Büroeinrichtung", „Verbrauch" und „Organisation".

Von den Leistungen sind die **betriebsfremden** und **betrieblich außerordentlichen Erträge** als **„neutrale Erträge"** abzugrenzen.

- **Betriebsfremde Erträge**: Sie werden nicht durch die eigentliche Betriebstätigkeit verwirklicht, sondern sind das Ergebnis der Verwirklichung von Nebenzielen.

  Beispiele Mieterträge aus Wohnungen in Betriebsgebäuden, Zinserträge aus gewährten Darlehen an Nichtkunden, Dividenden von Aktien

- **Betrieblich außerordentliche Erträge**: Sie stehen zwar im Zusammenhang mit dem Betriebsgeschehen, sind jedoch kein Ergebnis des Betriebsprozesses.

  Beispiele Rückerstattung von Gewerbesteuern, Zinsen für Kundendarlehen, Erträge aus dem Verkauf von betrieblichen Anlagen über Buchwert

Betriebsfremde und betrieblich außerordentliche Erträge sind von den betriebstypischen Erträgen (Umsatzerlöse) abzugrenzen, damit kein falsches Bild von der Ertragskraft des Betriebes entsteht.

Beispiele

	Ertrag der FiBu in €	Leistungen der KLR in €
Mieterträge aus vermieteten Gebäuden	126 000,00	–
Zinserträge aus Zugewinnsparvertrag	16 875,00	–
Umsatzerlöse aus dem Verkauf von Büroartikeln	3 564 117,50	3 564 117,50

Erträge der Finanzbuchhaltung		Neutrale Erträge		Zweckerträge
Gesamterträge des Unternehmens (3 706 992,50 €)	–	betriebsfremde und betrieblich außerordentliche (142 875,00 €)	=	Leistungen des Betriebes (3 564 117,50 €)

Grundbegriffe der Kosten- und Leistungsrechnung unterscheiden

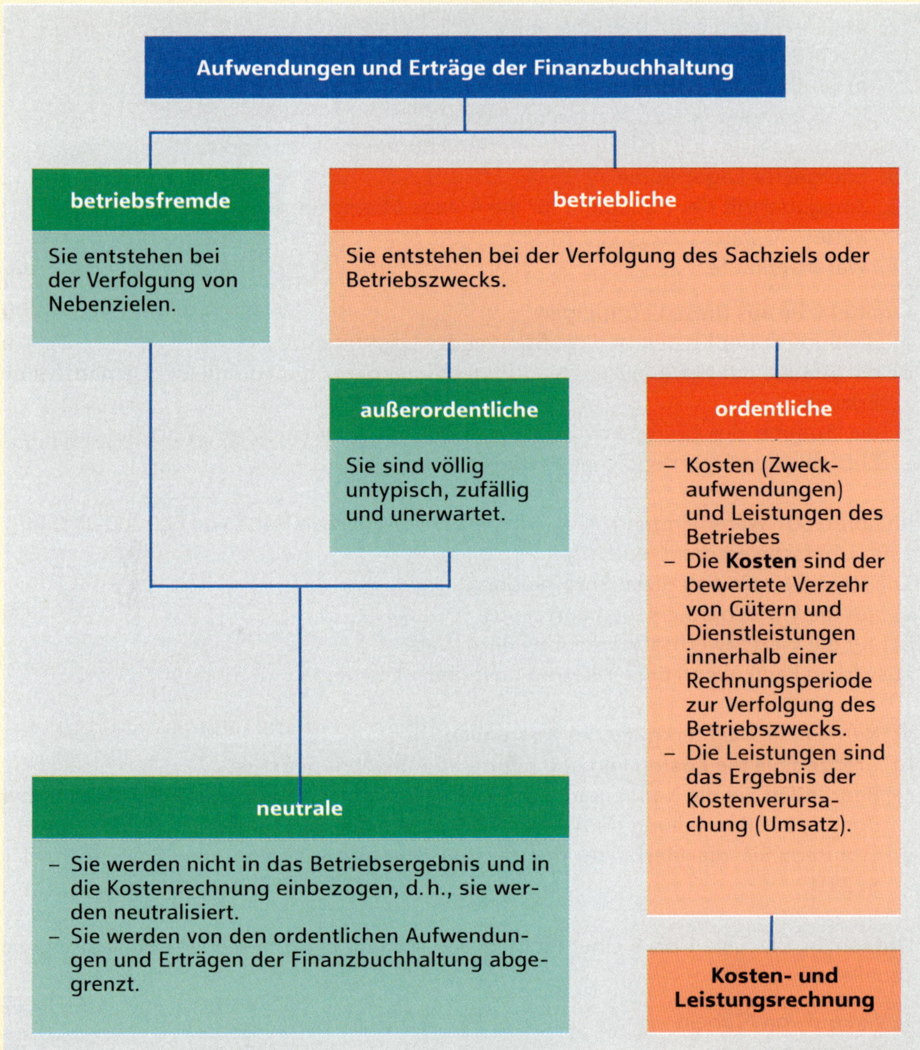

1.

	In T€
1. Wareneinsatz	3 390
2. Warenverderb durch falsche Lagerung	60
3. Miete für das Verwaltungsgebäude	600
4. Lohnzahlungen an die Lagerarbeiter	1 900
5. Reparatur eines Lkw, der durch einen selbst verschuldeten Unfall beschädigt wurde	16
6. Treibstoff für Lkws	460
7. Gehaltszahlungen	1 240
8. Reparatur eines Schadens an einer Abfüllanlage aufgrund eines Bedienungsfehlers	205

9. Eingang der Jahresmiete für eine vermietete Ausstellungshalle	36
10. Ausgangsfrachten für den Versand von Waren an Kunden	71
11. Aufwendungen für Werbung und Reise	270
12. Abschreibungen auf betriebsnotwendige Anlagen	740
13. Dachreparaturen	
a) an der Lagerhalle des Betriebes	48
b) an der vermieteten Ausstellungshalle	6
14. Verzugszinsen für überfällige Liefererrechnungen	90
15. Energie für Lagerräume	355
16. Zinsgutschrift der Hausbank für die Anlage überschüssiger flüssiger Mittel	14
17. Warenverkäufe	10240

Ermitteln Sie aus diesen Vorgängen
a) die Summe der Kosten und die Summe der Leistungen,
b) die Summe der betriebsfremden Aufwendungen und die Summe der betriebsfremden Erträge,
c) die Summe der betrieblich außerordentlichen Aufwendungen und die Summe der betrieblich außerordentlichen Erträge.

2. Im Konto 301 Wareneingang/AfW. ist ein Warenverderb in Höhe von 600000,00 € infolge einer Überschwemmung enthalten.
Erläutern Sie, wie sich diese Entscheidung
a) auf die Wirtschaftlichkeitsbeurteilung,
b) auf die Wettbewerbssituation des Betriebes
auswirken kann, wenn dieser Betrag unverändert in die KLR übernommen wird.

3. a) Nennen Sie die Merkmale des Kostenbegriffes.
b) Grenzen Sie die Kosten von den neutralen Aufwendungen ab.
c) Begründen Sie die Notwendigkeit der Abgrenzung von Kosten und neutralen Aufwendungen zur Beurteilung der Wirtschaftlichkeit eines Betriebes.
d) Erläutern Sie die Merkmale des Leistungsbegriffes analog zum Kostenbegriff von S. 28ff.

4. Ordnen Sie die Fälle 1 bis 6 einer Möbelgroßhandlung den Erträgen in der nachfolgenden Tabelle zu.

1. Verkauf von Möbeln
2. Mieteinnahmen
3. Zinsgutschrift der Bank aus der Anlage liquider Mittel
4. Rückerstattung zu viel bezahlter Gewerbesteuer
5. Verzugszinsen für überfällige Ausgangsrechnungen
6. Verkauf verschiedener Artikel zur Möbelbehandlung (Wachs, Lack u.a.)

	Erträge	
Leistungen a)	betrieblich außerordentliche b)	betriebsfremde c)

5. Die Buchführung eines Haushaltsgerätegroßhandels, der Mixer und Elektromesser vertreibt, stellt der Unternehmensleitung folgende Daten zur Erfolgsanalyse der beiden letzten Quartale des Geschäftsjahres zur Verfügung:

Konto	Kontenbezeichnung	3. Quartal in €	4. Quartal in €
21	Zinsen und ähnliche Aufwendungen	16 800,00	16 800,00
301	Aufwendungen für Waren/Wareneingang	835 000,00	888 000,00
401	Löhne	312 200,00	309 600,00
402	Gehälter	620 000,00	614 900,00
41	Mieten, Pachten, Leasing	94 200,00	107 400,00
42	betriebl. Steuern, Beiträge, Versicherungen	57 800,00	54 200,00
43	Energie, Betriebsstoffe	27 600,00	29 400,00
44	Werbe- und Reisekosten	65 000,00	81 900,00
47	Betriebskosten, Instandhaltung	91 000,00	102 800,00
48	Allgemeine Verwaltung	66 900,00	59 400,00
49	Abschreibungen	85 100,00	88 600,00
	Aufwendungen insgesamt	2 271 600,00	2 353 000,00
242	Betriebsfremde Erträge	24 000,00	29 000,00
801	Umsatzerlöse/Warenverkauf Mixer	1 754 000,00	1 405 000,00
811	Umsatzerlöse/Warenverkauf Elektromesser	901 000,00	875 000,00
	Erträge insgesamt	2 679 000,00	2 309 000,00

a) Ermitteln Sie den Erfolg für das dritte und vierte Quartal.
b) Stellen Sie die Veränderungen (Abweichungen) in Prozent fest.
c) Finden Sie Gründe, auf die die Abweichungen zurückzuführen sind.
d) Zeigen Sie die Informationsmängel der GuV-Rechnung auf, wenn Sie den Einfluss der einzelnen Warengruppen auf den Erfolg bestimmen wollen.
e) Schlagen Sie Maßnahmen vor, um bessere Informationen über die Aufwandsverursachung zu erhalten.

6. Entscheiden Sie, ob folgende Aufwendungen einer Holzgroßhandlung
a) Zweckaufwand,
b) betrieblich außerordentlich oder
c) betriebsfremd
sind.

1. Dachreparatur an einem Wohnhaus des Betriebs
2. Lohnzahlungen an die Lagerarbeiter
3. Schaden aufgrund eines Bedienungsfehlers an einem Gabelstapler
4. Holzeinkauf
5. Holzentnahme zur Reparatur der Treppe an einem vermieteten Lagergebäude
6. Holz ist wegen unsachgemäßer Lagerung nicht mehr verwendbar.
7. Kassenfehlbetrag
8. Gewerbesteuernachzahlung für das vergangene Rechnungsjahr
9. Holz wird wegen eines Wasserrohrbruchs unbrauchbar.
10. Verzugszinsen für überfällige Liefererrechnungen
11. Miete für eine gemietete Lagerhalle
12. Zahlung der Kfz-Steuer für einen Betriebs-Pkw
13. Ausgaben für eine Einführungswerbung
14. Telefonrechnung
15. Vertreterprovision
16. Totalschaden eines Lkw durch selbst verschuldeten Unfall

7. Erläutern Sie an je zwei Beispielen aus der Primus GmbH
a) Zweckaufwand/Grundkosten,
b) betriebsfremden Aufwand,
c) betrieblich außerordentlichen Aufwand,
d) Leistungen,
e) betriebsfremden Ertrag,
f) betrieblich außerordentlichen Ertrag.

8. In einer Baustoffgroßhandlung erfasst ein Mitarbeiter in der Buchhaltung die Entnahme von Dachziegeln und Isoliermaterial im Wert von 38 000,00 € für die Reparatur und Modernisierung eines vermieteten betriebseigenen Gebäudes auf dem Konto Wareneingang/Aufwendungen für Waren.
Erläutern Sie die Behandlung dieses Vorganges in der Kostenrechnung.

3 Kostenarten einordnen

Nachdem sich Herr Müller mit den Informationen zu den einzelnen Positionen der Gewinn- und Verlustrechnung befasst hat, setzt er sich intensiv mit den Kostenarten auseinander. Er kann allerdings keine auffallenden Abweichungen zum Vorjahr erkennen. Dies teilt er der Finanzbuchhalterin Isabel Lapp und dem Controller Karl Zimmer mit und fordert die beiden auf zu untersuchen, wie der Betriebsgewinn von den vier Warengruppen der Primus GmbH beeinflusst wird.
Nicole Höver, die das Gespräch aufmerksam verfolgt hat, meint an Frau Lapp gerichtet: *„Das ist doch einfach, da brauchen wir doch nur die Umsätze der vier Warengruppen aus unserem Warenwirtschaftssystem abzurufen."*

ARBEITSAUFTRÄGE
- Untersuchen Sie, ob Nicole Höver mit ihrer Bemerkung ins Schwarze getroffen hat.
- Erläutern Sie, welche Informationen Herr Müller erwartet.

Einfluss der einzelnen Artikel bzw. Warengruppen auf den Betriebserfolg

Das **Betriebsergebnis** zeigt einerseits die Umsatzerlöse, andererseits die Kosten des Betriebes in einer Rechnungsperiode. Die Kosten setzen sich zusammen aus den Anschaffungskosten der einzelnen verkauften Artikel (Aufwendungen für Waren/Wareneinsatz) und den Handlungskosten zwischen dem Eingang und dem Vertrieb der Ware an die Kunden. Dies sind z. B. Personalkosten, Mieten, Energie, Bürokosten, Werbung, Kfz-Versicherung, Kfz-Steuer, Instandhaltung und Kosten der Warenabgabe. Die Umsatzerlöse setzen sich aus den Umsätzen der Artikel aus den einzelnen Warengruppen zusammen.

Will die Unternehmensleitung den Einfluss einzelner Artikel auf den Betriebserfolg erfahren, muss sie den Umsatzerlösen jedes Artikels die durch den einzelnen Artikel verursachten Kosten gegenüberstellen.

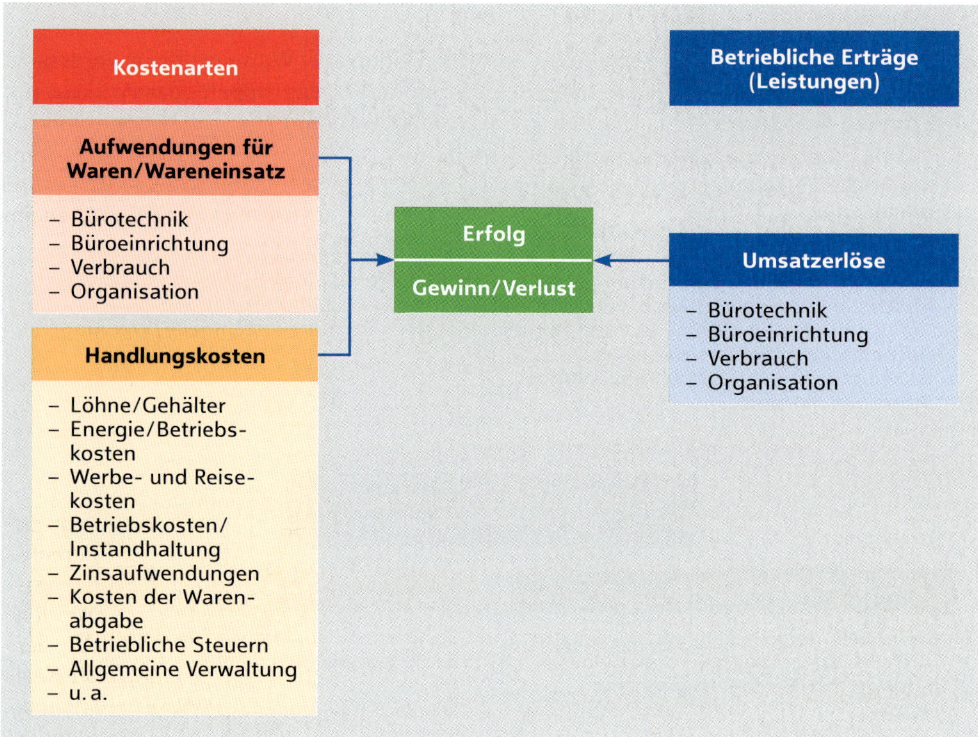

Nehmen beispielsweise die Umsatzerlöse einer Warengruppe, wie z.B. Bürotechnik, ab oder steigen deren Anschaffungskosten, wird der Gewinn dadurch abnehmen. Der Unternehmer benötigt folglich Informationen über die Umsatzerlöse und die Kosten jeder Warengruppe und jedes Artikels. Des Weiteren muss er darauf achten, dass möglichst jeder Artikel seine eigenen Kosten deckt und darüber hinaus einen Gewinn erzielt.

● Gliederung der Kosten nach ihrer Zurechenbarkeit in Gemeinkosten und Einzelkosten

Aussagen über den **Einfluss der einzelnen Warengruppe** oder **des einzelnen Artikels** auf den **Erfolg** setzen voraus, dass die ermittelten Kosten den einzelnen Warengruppen zugerechnet werden. In Unternehmen mit mehreren Warengruppen, wie der Primus GmbH, ist dies jedoch nicht exakt möglich, weil die Handlungskosten fast durchweg für mehrere oder alle Warengruppen gemeinsam anfallen.

Nach der Zurechenbarkeit werden die Kosten in **Einzel- und Gemeinkosten** unterteilt.

○ Einzelkosten

Kostenarten, die einzelnen Warengruppen direkt zugeordnet werden können, werden als Einzelkosten bezeichnet.

Beispiel Entgelte für die eingesetzten Waren und deren Beschaffung (Bezugs-/Einstandspreise). Aufgrund der Liefererrechnungen können sie artikelgenau berechnet werden (Bezugskalkulation).

Gemeinkosten

Solche Kosten, die durch mehrere Warengruppen oder alle Warengruppen verursacht werden, sind Gemeinkosten. Sie können den einzelnen Warengruppen oder Artikeln nur auf dem Weg besonderer Umlageverfahren zugerechnet werden.

Beispiel Gemeinkosten der Primus GmbH:
- Kosten der Entsorgung (Verpackung, Altöl der Fahrzeuge)
- Brennstoffe und Energie
- Gehälter und entsprechende Sozialabgaben
- Aufwendungen für Fremdleistungen (z. B. Fremdinstandsetzungen)
- Miete und Reinigung von Verkaufs-, Lager- und Verwaltungsräumen
- Abschreibungen für Gebäude, Fuhrpark, Betriebs- und Geschäftsausstattung
- Aufwendungen für Kommunikation (Büromaterial, Fachliteratur, Postentgelte, Werbung)
- Aufwendungen für Versicherungen
- betriebliche Steuern, Gebühren, Beiträge
- Telekommunikation

Kosten nach ihrer Zurechenbarkeit auf die Kostenträger

Einzelkosten	Gemeinkosten
Sie können den einzelnen Kostenträgern (Artikeln, Warengruppen) unmittelbar aufgrund von Belegen zugerechnet werden. **Beispiele** Bezugs-/Einstandspreise der eingesetzten Artikel, Fracht für die Warenzustellung	Sie können den Kostenträgern nicht direkt zugerechnet werden, weil sie gleichzeitig durch mehrere Artikel, Warengruppen oder alle Waren gemeinsam verursacht werden. Sie werden den einzelnen Warengruppen oder Artikeln mithilfe besonderer Verteilungsverfahren zugerechnet. **Beispiele** Gehälter der Verwaltungsabteilung, Miete für Verkaufsräume und Lager, Aufwendungen für Reinigung, Energie, Werbe- und Reisekosten, Betriebskosten/Instandhaltung, Zinsaufwendungen, Kosten der Warenabgabe, betriebliche Steuern, Bürokosten

Gliederung der Kosten nach ihrem Verhalten bei Beschäftigungsschwankungen in fixe und variable Kosten

Nach der Reaktion auf Schwankungen der Absatzmenge (Beschäftigungsänderungen) sind fixe und variable Kosten zu unterscheiden.

Fixe Kosten

Fixe Kosten sind **„unabhängig“** von der **Beschäftigung**. Sie bleiben bei Absatzschwankungen fix (= konstant). Auf die Einheit der Leistung (Stück, 1,00 € Umsatz) bezogen, nehmen sie mit zunehmender Absatzmenge ab, sie verlaufen degressiv.

Beispiele Miete, Kfz-Steuer, Kfz-Versicherung, Abschreibungen

Absatz-menge	Fixe Kosten insgesamt (K_f) in €	Fixe Kosten je Stück (k_f) in €
0	240,00	–
10	240,00	24,00
20	240,00	12,00
30	240,00	8,00
40	240,00	6,00
50	240,00	4,80

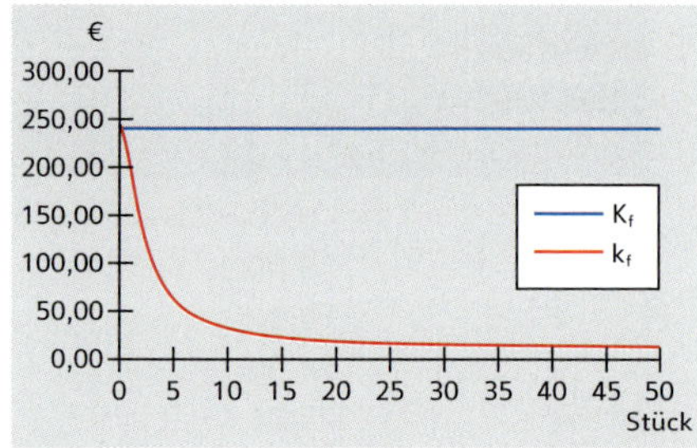

Geringe Absatzmengen bewirken, dass die fixen Kosten auf eine geringere Absatzmenge verteilt werden müssen und infolgedessen höhere Gesamtkosten je Absatzeinheit verursacht werden.

○ Variable Kosten

Variable Kosten sind **abhängig** von der **Beschäftigung (Absatzmenge)**. Mit jeder weiteren Absatzeinheit steigen die Kosten an.

Proportionale variable Kosten

Steigen die Kosten mit jeder Absatzeinheit um den gleichen Betrag, spricht man von proportionalen Kosten. Die **variablen Gesamtkosten steigen** dann **gleichbleibend** an.

Beispiele Bezugs-/Einstandspreis eines Artikels, Umsatzprovision je Verkaufseinheit

Absatz-menge	Variable Kosten insgesamt (K_v) in €	Variable Kosten je Stück (k_f) in €
0	0,00	0,00
1	5,00	5,00
2	10,00	5,00
3	15,00	5,00
4	20,00	5,00
5	25,00	5,00

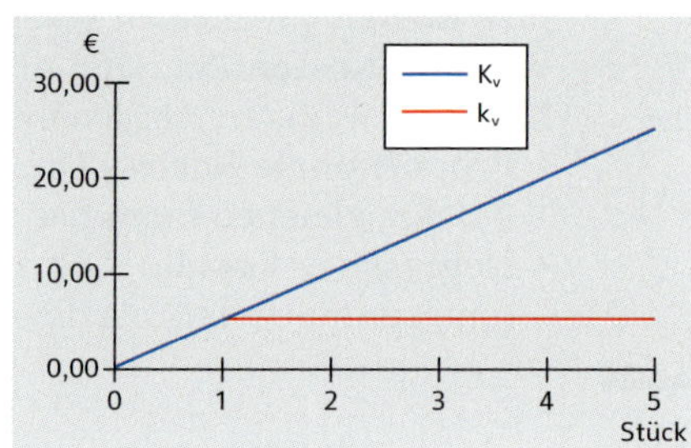

Degressive variable Kosten

Steigen die variablen Kosten bei **zunehmender Absatzmenge in geringerem Maße als die Absatzmenge**, spricht man von degressiven Kosten.

Diese verhalten sich **unterproportional zu einer Absatzänderung**. Bei einer Absatzzunahme steigen die Kosten vergleichsweise in geringerem Maße als die Absatzmenge. Der Anstieg der variablen Gesamtkosten verringert sich mit zunehmender Absatzmenge.

Beispiele Fallende Bezugs-/Einstandspreise aufgrund gestaffelter Mengenrabatte beim Einkauf

Absatzmenge	Variable Kosten insgesamt (K_v) in €	Variable Kosten je Stück (k_f) in €
0	0,00	
1	10,00	10,00
2	18,00	9,00
3	24,00	8,00
4	28,00	7,00
5	30,00	6,00

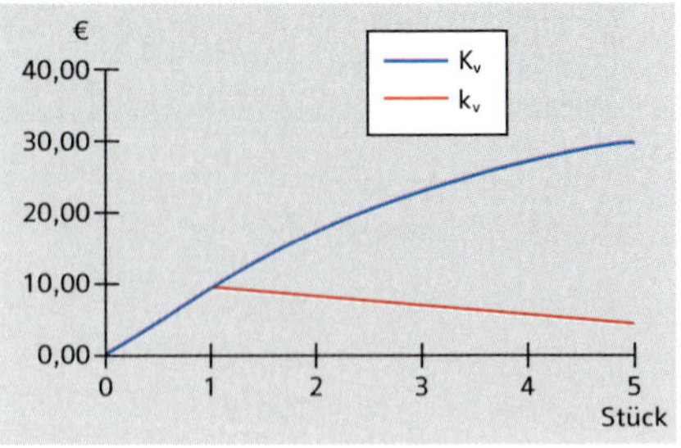

Kostenarten einordnen

- Um die Wirtschaftlichkeit einzelner Warengruppen oder Artikel feststellen zu können, müssen den Umsatzerlösen die jeweiligen Kosten gegenübergestellt werden.
- **Gliederung der Kosten für Zwecke der Weiterverrechnung**
  - **Einzelkosten** können aufgrund von Belegen einzelnen Artikeln oder Warengruppen zugerechnet werden.
  - **Gemeinkosten**, die durch mehrere oder alle Warengruppen bzw. Artikel verursacht werden, können nur mithilfe von besonderen Umlageverfahren verteilt werden.
- **Gliederung der Kosten nach ihrem Verhalten bei Beschäftigungsschwankungen**
  - **Fixe Kosten**: Sie bleiben bei Beschäftigungsschwankungen konstant.
  - **Variable Kosten**: Sie sind abhängig von der Absatzmenge (**Beschäftigung**). Mit jeder weiteren Absatzeinheit steigen die Kosten an.
    - **Proportionale Kosten**: Die variablen Kosten steigen mit jeder Absatzeinheit um den gleichen Betrag an.
    - **Degressive Kosten**: Die variablen Kosten steigen in geringerem Maße (unterproportional) als die Absatzmenge.

1. Ordnen Sie die unten angegebenen Kosten eines Großhandelsunternehmens den Kostenarten zu.

a) Einzelkosten b) Gemeinkosten c) fixe Kosten d) variable Kosten

1. Gehaltszahlung an die Angestellten
2. den Kunden zu berechnende Leihverpackung (Flaschen, Kisten)
3. Miete für einen Ausstellungsraum
4. Lohnzahlung an die Lagerarbeiter
5. Wareneinsatz
6. Lkw-Inspektion
7. Stromverbrauch des Betriebes
8. Zustellentgelt für die Warenlieferung an einen Kunden
9. Werbekosten für die Anzeige einer Sortimentserweiterung
10. Kfz-Steuer für den betriebseigenen Lkw
11. Umsatzprovision für Handelsvertreter
12. Benzinverbrauch des betriebseigenen Lkw

2. Nennen Sie je drei Beispiele für

a) Einzelkosten, b) Gemeinkosten, c) fixe Kosten, d) variable Kosten,
e) externe Kosten und f) interne Kosten.

3. Welche der folgenden Kosten eines Großhandelsbetriebes zählen zu den fixen Kosten, welche zu den variablen Kosten?

a) Miete für den Geschäftsraum
b) Umsatzprovision für die Handlungsreisenden
c) Wartung des Kopiergeräts im Büro
d) Gehälter für Aushilfskräfte
e) Einbruchdiebstahlversicherung
f) Kfz-Versicherung für den Lieferwagen

4. Im Textilgroßhandel Michael Mäschig e. K. liegen folgende Daten vor:

	Jahr 1	Jahr 2	Jahr 3	Jahr 4	Jahr 5
Umsatzerlöse für Waren	1 122 400	1 145 600	1 475 000	1 205 000	1 575 000
Wareneinsatz	748 300	763 700	983 300	803 300	1 086 200
Personalkosten	145 200	152 600	170 800	172 100	210 700

Stellen Sie in einem Kurvendiagramm die Entwicklung

a) der Umsatzerlöse,
b) des Wareneinsatzes,
c) der Personalkosten

dar und erläutern Sie die Grafik.

5. Der Absatz von 400 000 Primus Spezialordnern verursacht der Primus GmbH 650 000,00 € Gesamtkosten.

a) Berechnen Sie die fixen Kosten, wenn die variablen Stückkosten 1,00 € betragen.
b) Stellen Sie den Verlauf der fixen Kosten, der variablen Kosten sowie der Gesamtkosten insgesamt und je Stück in einem Koordinatensystem dar.
c) Leiten Sie die Gleichung für die Gesamtkosten bei der angegebenen Absatzmenge ab.

6. Ordnen Sie die unten angegebenen Kosten einer Möbelgroßhandlung, die Tische, Stühle und Schränke vertreibt, den Kostenarten zu.

a) Einzelkosten b) Gemeinkosten c) variable Kosten d) fixe Kosten

1. Wareneinsatz Tische
2. Stromverbrauch des Betriebes
3. Kfz-Steuer für die Lkws
4. Büromaterial
5. Benzinverbrauch der Lkws
6. Umsatzprovision für Handelsvertreter
7. Inspektion des betrieblichen Lkw
8. Gehälter für die Angestellten
9. Miete für die Verwaltungsräume
10. Lohnzahlung an die Lagerarbeiter

7. Ein Glasgroßhändler setzte im Abrechnungsjahr insgesamt 100 000 m^2 Spiegelglas ab. Damit wurde der Absatz gegenüber dem Vorjahr durch bessere Kapazitätsauslastung um 25 % gesteigert. Die Gesamtkosten stiegen gegenüber dem Vorjahr um 16 % auf 580 000,00 € im Abrechnungsjahr.

a) Berechnen Sie die fixen Kosten, wenn die variablen Stückkosten in beiden Jahren gleich sind.
b) Erklären Sie die verhältnismäßig geringe Kostensteigerung im Vergleich zur Absatzsteigerung.
c) Im Vorjahr wurde ein Beschäftigungsgrad von 60 % erreicht. Berechnen Sie die Höhe im Abrechnungsjahr.
d) Ermitteln Sie, bei welchem Absatz die Kapazität voll ausgelastet wäre.

8. Aufgrund von Aufzeichnungen ermittelt ein Unternehmer für den Pkw eines Reisenden folgende Kosten (aus Vereinfachungsgründen wurden einige Kostenarten nicht berücksichtigt) bei einer durchschnittlichen Fahrleistung von 48 000 km im Jahr:

Benzinverbrauch	4000 l zu je 1,30 €/l	
Ölverbrauch	1 l zu je 8,00 €	je 1000 km
Kfz-Steuer	180,00 €	im Jahr
Versicherung/Vollkasko	480,00 €	im Jahr
Garage	40,00 €	im Monat
Reparaturen/Inspektionen	600,00 €	im Jahr (fix)
Sonstige fixe Kosten	6 000,00 €	im Jahr

a) Ermitteln Sie
   aa) die fixen Kosten je Monat,
   ab) die variablen Kosten je 100 km,
   ac) die Gesamtkosten im Jahr und je Kilometer.
b) Dem Reisenden soll der Pkw auch für private Zwecke gegen Berechnung einer Kilometerpauschale zu Selbstkosten zur Verfügung gestellt werden.
   ba) Über welchen Betrag muss die Kilometerpauschale lauten, wenn davon ausgegangen wird, dass sich die Fahrleistung dadurch auf 60 000 km im Jahr erhöht?
   bb) Vergleichen Sie das Ergebnis mit dem der Aufgabe a). Worauf führen Sie den Unterschied zurück?
   bc) Erläutern Sie die Problematik einer Kilometerpauschale aus der Sicht des Unternehmens und aus der Sicht des Reisenden.

4 Die Kostenartenrechnung beschreiben

4.1 Die Abgrenzungsrechnung durchführen

Frau Primus und Herr Müller haben sich eingehend mit den Informationen von Nicole Höver zu den einzelnen Positionen der GuV-Rechnung des Abrechnungsjahres auseinandergesetzt (vgl. S. 24 ff.). Sie wollen wissen, wie der Betrieb gewirtschaftet hat, um erforderliche Maßnahmen einzuleiten.

Um eine bessere Übersicht über die Leistung des Betriebs zu erhalten, bitten sie Herrn Zimmer, den Leiter der KLR und des Controllings, um eine tabellarische Aufstellung, in der die betriebsfremden und die betrieblich außerordentlichen Aufwendungen und Erträge gesondert ausgewiesen werden.

ARBEITSAUFTRÄGE
- Erläutern Sie, was diese Aufstellung bewirkt und wie sie aufgebaut sein könnte.
- Führen Sie die Abgrenzungsrechnung unter Berücksichtigung der Informationen auf S. 40f. durch.

Aufbau der Abgrenzungsrechnung

Die Abgrenzungsrechnung wird in zwei Schritten durchgeführt. Zuerst werden aus den Aufwendungen und Erträgen der Finanzbuchhaltung die betriebsfremden und dann die betrieblich außerordentlichen Aufwendungen bzw. Erträge abgegrenzt.

Die Abgrenzungsrechnung ist dann folgendermaßen aufgebaut:

Werte der Finanzbuchhaltung	Abgrenzungsrechnung	Kosten- und Leistungsrechnung
Gegenüberstellung aller Aufwendungen und Erträge des Unternehmens durch die Finanzbuchhaltung	Gegenüberstellung betriebsfremder und betrieblich außerordentlicher Aufwendungen und Erträge	Gegenüberstellungen der Zweckaufwendungen (Kosten) und Umsatzerlöse für Waren (Leistungen)
Ergebnis des Unternehmens	Ergebnis der Abgrenzungsrechnung	Ergebnis durch die Zweck- oder Sachzielverfolgung
= Gesamtergebnis	**= neutrales Ergebnis**	**= Betriebsergebnis**

Durchführung der Abgrenzungsrechnung

Zur Vorbereitung der Abgrenzungsrechnung werden die Aufwendungen und Erträge der GuV-Rechnung in die Spalte „Werte der Finanzbuchhaltung“ übernommen (vgl. S. 40). Der Saldo aus dieser Gegenüberstellung ist das Gesamtergebnis des Unternehmens.

Danach werden auf der Grundlage der Angaben der Finanzbuchhaltung (vgl. S. 40) die betriebsfremden und betrieblich außerordentlichen Aufwendungen und Erträge ausgesondert und in der Abgrenzungsrechnung gegenübergestellt. Der Saldo aus den abgegrenzten Aufwendungen und Erträgen ergibt das **neutrale Ergebnis**.

Nach Abgrenzung der betriebsfremden und betrieblich außerordentlichen Aufwendungen und Erträge verbleiben die Kosten und Leistungen des Betriebes, die dann in der Kosten- und Leistungsrechnung weiterverarbeitet werden. Der Saldo aus der Gegenüberstellung von Kosten und Leistungen ergibt das **Betriebsergebnis**.

Kosten > Leistungen = betrieblicher Verlust

Kosten < Leistungen = betrieblicher Gewinn

Beispiel Abgrenzungsrechnung

Abgrenzungsrechnung / Aufwands- und Ertragspositionen			I Werte der Finanzbuchhaltung		II Abgrenzungsrechnung		III Kosten- und Leistungsarten	
			1	2	3	4	5	6
Z	Konto	Bezeichnung	Aufwendungen	Erträge	Betriebsfr. und betriebl. außerordentliche Aufwendungen	Betriebsfr. und betriebl. außerordentliche Erträge	Kosten	Leistungen
01	210	Zinsen u. ä. Aufwendungen	22 105,00	–	3 100,00	–	19 005,00	–
02	242	Betriebsfremde Erträge	–	126 000,00	–	126 000,00	–	–
03	260	Zinsen u. ä. Erträge	–	16 875,00	–	16 875,00	–	–
04	301	Wareneing./AfW	1 936 250,00	–	118 750,00	–	1 817 500,00	–
05	401	Löhne	465 000,00	–	–	–	465 000,00	–
06	402	Gehälter	627 500,00	–	–	–	627 500,00	–
07	420	Betriebliche Steuern	40 607,50	–	1 250,00	–	39 357,50	–
08	430	Energie/ Betriebsstoffe	90 003,00	–	–	–	90 003,00	–
09	440	Werbe- und Reisekosten	78 400,00	–	–	–	78 400,00	–
10	470	Betriebskosten/ Instandhaltung	129 762,50	–	102 293,00	–	27 469,50	–
11	480	AVK	144 725,00	–	585,00	–	144 140,00	–
12	490	Abschreibungen	63 000,00	–	9 000,00	–	54 000,00	–
13	801	Warenverkauf/ UE		3 564 117,50	–	–	–	3 564 117,50
			3 597 353,00	3 706 992,50	234 978,00	142 875,00	3 362 375,00	3 564 117,50
			109 639,50	–	–	92 103,00	201 742,50	–
			3 706 992,50	3 706 992,50	234 978,00	234 978,00	3 564 117,50	3 564 117,50

Abstimmung der Ergebnisse

Das Betriebsergebnis unterscheidet sich vom **Gesamtergebnis** des Unternehmens durch das **neutrale Ergebnis**, das sich aus dem Ergebnis der betriebsbezogenen Abgrenzungsrechnung und dem Ergebnis der unternehmensbezogenen Abgrenzungsrechnung zusammensetzt.

Abstimmung der Ergebnisse	Beispiel
Betriebsergebnis	+ 201 742,50
± neutrales Ergebnis lt. Abgrenzungsrechnung	– 92 103,00
= Gesamtergebnis (= Unternehmensergebnis)	+ 109 639,50

Die Abgrenzungsrechnung durchführen

- Die Gewinn- und Verlustrechnung der Finanzbuchhaltung enthält **betriebsfremde und betrieblich außerordentliche Aufwendungen und Erträge**.
- Zur Beurteilung des Betriebes und für Zwecke der Kosten- und Leistungsrechnung müssen diese **abgrenzt oder neutralisiert** werden.

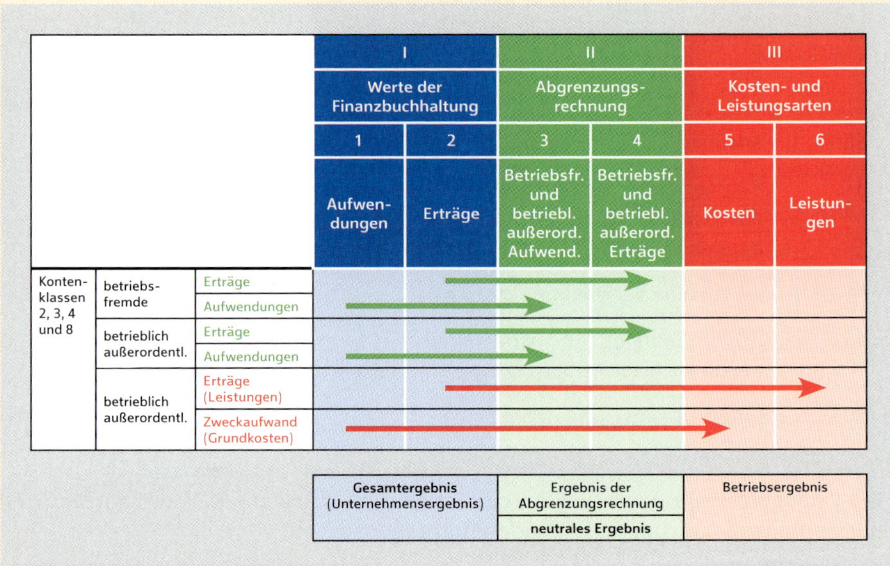

- Die Abgrenzungsrechnung dient der **Ermittlung des Betriebsergebnisses**.
- In der Abgrenzungsrechnung werden die betriebsfremden und die betrieblich außerordentlichen Aufwendungen und Erträge von dem Ergebnis der Finanzbuchhaltung abgegrenzt.
- Nach Durchführung der Abgrenzungsrechnung sind die ermittelten Ergebnisse **zur Kontrolle miteinander abzustimmen.**

1. Aus folgenden Angaben der Finanzbuchhaltung der Großhandlung Peter Abel & Co. OHG ist die Abgrenzungsrechnung durchzuführen:

Konto	Aufwands- und Ertragspositionen mit Erläuterungen	Betrag in €
211	Zinsaufwendungen davon entfallen 11 550,00 € auf Hypothekenzinsen für das vermietete Lagergebäude	93 500,00
242	Betriebsfremde Erträge (Mieterträge)	115 500,00
261	Zinserträge insgesamt aus Darlehen an Nichtkunden	148 500,00
301	Wareneingang/Aufwendungen für Waren davon 33 000,00 € für Reparaturen im vermieteten Gebäude verwendet und 64 200,00 € Warenverderb	6 765 000,00

Konto	Aufwands- und Ertragspositionen mit Erläuterungen	Betrag in €
40	Personalaufwendungen	4730000,00
421–424	Betriebliche Steuern davon Grundsteuer für vermieteten GebäudeTeil 4950,00 €	550000,00
426	Versicherungen davon für vermieteten GebäudeTeil 9350,00 €	123750,00
44	Werbe- und Reisekosten davon Anzeigen für Vermietung von Betriebsgebäuden 2750,00 €	524250,00
46	Kosten der Warenabgabe	1028500,00
47	Betriebskosten, Instandhaltung davon 46750,00 € für Dachreparatur des vermieteten Lagergebäudes und 125000,00 € für Reparaturen am Betriebsgebäude	404250,00
48	Allgemeine Verwaltung	325500,00
491	Abschreibungen auf Sachanlagen davon entfallen 16500,00 € auf das vermietete Lagergebäude	495000,00
801	Warenverkauf/Umsatzerlöse	15400000,00

2. Die Finanzbuchhaltung der Textilgroßhandlung Josef Faden e. K. liefert zur Durchführung der Abgrenzungsrechnung folgende Informationen:

Konto	Aufwands- und Ertragspositionen mit Erläuterungen	Betrag in €
211	Zinsaufwendungen davon 2600,00 € Hypothekenzinsen für das vermietete Lagergebäude	39000,00
242	Betriebsfremde Erträge Mieterträge aus der Vermietung eines Lagergebäudes	136500,00
261	Zinserträge davon 13000,00 € aus betriebsfremden Geschäften; der Rest aus der vorübergehenden Anlage nicht benötigter liquider Mittel	234000,00
301	Wareneingang/Aufwendungen für Waren davon wurden 34600,00 € Gardinenstoffe für vermietete Gebäude verwendet; Warenverderb durch feuchte Lagerung 18400,00 €	910000,00
40	Personalaufwendungen	1383000,00
421–424	Betriebliche Steuern davon 1800,00 € Grundsteueranteil für das vermietete Lagergebäude, die restlichen Steuern sind Kostensteuern	113000,00
426	Versicherungen davon 1200,00 € Gebäudeversicherung für vermietete Lagergebäude	83000,00

Konto	Aufwands- und Ertragspositionen mit Erläuterungen	Betrag in €
44	Werbe- und Reisekosten davon 390,00 € für eine Zeitungsanzeige wegen der Vermietung des Lagergebäudes	123500,00
47	Betriebskosten, Instandhaltung davon 8125,00 € für Reparaturen am vermieteten Gebäude und 184000,00 € an betrieblich genutzten Gebäuden	299000,00
48	Allgemeine Verwaltung	320000,00
491	Abschreibungen auf Sachanlagen davon entfallen 6500,00 € auf das vermietete Lagergebäude	308000,00
801	Warenverkauf/Umsatzerlöse	3087500,00

3. Für ein Großhandelsunternehmen ist zu entscheiden, ob folgende Aufwendungen für die KLR geeignet sind:

a) Warenverderb .... 17000,00 €
b) Reparatur des Daches eines Lagergebäudes .... 120000,00 €
c) Nachzahlung von Gewerbesteuer für das Vorjahr .... 18000,00 €
d) Ein Lkw erleidet auf der Fahrt zum Kunden einen selbst verschuldeten Unfallschaden. .... 50000,00 €
e) Anstrich eines vermieteten Gebäudes .... 26000,00 €

Begründen Sie Ihre Entscheidung.

4. Erläutern Sie die Aufgaben der Abgrenzungsrechnung.

5. Erklären Sie die Abweichungen des Betriebsergebnisses vom Ergebnis der Finanzbuchhaltung.

4.2 Die kalkulatorische Abschreibung und den kalkulatorischen Unternehmerlohn berücksichtigen

Nicole Höver diskutiert mit Isabel Lapp: *„Aufgrund unserer Angaben haben die Kostenrechner das Ergebnis korrigiert. Sie haben beispielsweise den Warenverderb durch Überschwemmung von 118750,00 € und die Dachreparatur an den betrieblich genutzten und vermieteten Gebäudeteilen in Höhe von 102293,00 € gegenüber dem Betriebsergebnis und der Kosten- und Leistungsrechnung neutralisiert. Das ist doch Augenwischerei, da kann man doch jedes Ergebnis der Buchhaltung umdrehen!" „Das ist nicht ganz so, Nicole, die setzen dafür andere Beträge ein. Sehen Sie sich doch einmal die Positionen 490 Abschreibungen und Kalkulatorische Abschreibungen an. Sie haben sicherlich Argumente, weshalb die Kostenrechner die genannten Aufwendungen in anderer Höhe in die Kostenrechnung übernehmen wollen."*

ARBEITSAUFTRÄGE

- Stellen Sie Argumente zusammen, weshalb die Kostenrechner die obigen Aufwendungen gegenüber dem Betriebsergebnis und der KLR abgrenzen und durch andere Werte ersetzen.
- Erläutern Sie die Berechnung kalkulatorischer Abschreibungen.

Kalkulatorische Kosten als Zusatzkosten

Einige betriebliche Aufwendungen, die von der Art und Ursache des Güter- und Dienstleistungsverzehrs her Kosten sein könnten, werden nicht in gleicher Höhe von der KLR übernommen, weil sie dort das Betriebsergebnis des Abrechnungsjahres und somit Wirtschaftlichkeits- und Preisvergleiche verfälschen würden.

Beispiel Im Abrechnungsjahr wurden eine Dachreparatur und der Außenanstrich am Betriebsgebäude durchgeführt. Der in der Finanzbuchhaltung erfasste Aufwand betrug 88 000,00 €. Dieser betriebliche Aufwand darf dem Betriebsergebnis des Abrechnungsjahres nicht allein angelastet werden, weil er die Gebäudenutzung über mehrere Jahre möglich macht. Die Beurteilung des Jahresergebnisses wäre verfälscht.

Um eine Verfälschung des Betriebsergebnisses zu verhindern, werden solche nicht verrechenbaren Aufwendungen gegenüber dem Betriebsergebnis und der KLR neutralisiert, indem sie in der Abgrenzungsrechnung abgegrenzt werden. Langfristig müssen aber auch diese betrieblichen Aufwendungen in die KLR einbezogen und über die Verkaufspreise der Erzeugnisse hereingeholt werden.

Um jedoch **Störungen des Kostenvergleichs** und **Wettbewerbsnachteile durch sprunghafte Steigerung** der Verkaufspreise zu vermeiden, werden statt dieser tatsächlich angefallenen Aufwendungen in der KLR Kosten in anderer Höhe (**Anderskosten**) angesetzt, die dem durchschnittlichen Werteverzehr entsprechen. Solche Kosten werden als **kalkulatorische Kosten** bezeichnet.

Anderskosten sind Kosten in anderer Höhe als der in der Finanzbuchhaltung erfasste Aufwand oder **aufwandsungleiche Kosten**. Sie werden zusätzlich zu den Grundkosten in die KLR einbezogen **(Zusatzkosten).**

Beispiele
- kalkulatorische Abschreibungen **statt** der in der Finanzbuchhaltung für Zwecke der Steuern erfassten Abschreibungen
- kalkulatorischer Unternehmerlohn **ohne** gegenüberstehenden Aufwand bzw. Ausgabe in der Finanzbuchhaltung

Begründung, Berechnung und Dokumentation der kalkulatorischen Kosten werden exemplarisch am Beispiel der kalkulatorischen Abschreibungen und dem kalkulatorischen Unternehmerlohn dargestellt.

Kalkulatorische Abschreibungen

Für die Zwecke der KLR ist die bilanzmäßige Abschreibung nicht geeignet. Die Höhe der **bilanziellen Abschreibung** wird von **handels- und steuerrechtlichen Vorgaben** bestimmt.

Es wird i. d. R. nicht der tatsächliche Werteverzehr von Anlagegütern widergespiegelt und es werden auch Abschreibungen erfasst, die nicht betriebsbedingt sind. Die kalkulatorischen Abschreibungen dienen dazu, den Werteverzehr nur solcher Anlagen zu erfassen, die dem **Betriebszweck** dienen und somit **betriebsnotwendig** sind. Dieser Werteverzehr wird unter Berücksichtigung der Wettbewerbsfähigkeit in die Preisberechnung der Produkte einbezogen. Über die Umsatzerlöse fließen dem Unternehmen die Abschreibungsbeträge dann wieder zu. Damit stehen dem Unternehmen die liquiden Mittel für die Erneuerung der Anlagen wieder zur Verfügung (**Finanzierung durch Abschreibung**).

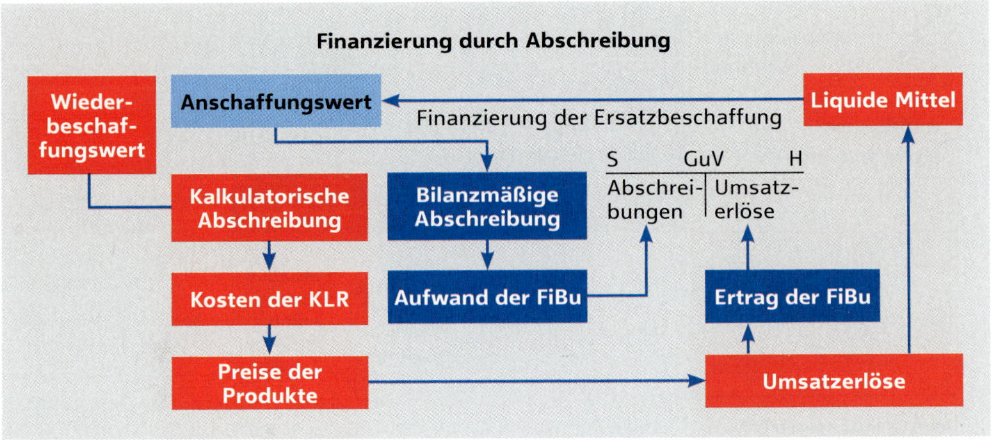

Folgende Größen sind bei der Berechnung der kalkulatorischen Abschreibung festzulegen:

- **Betriebsindividuelle Nutzungsdauer**: Gemeint ist die Nutzungsdauer, über die die Anlage dem Betrieb dient. Wird sie beispielsweise zu kurz eingeschätzt, wird das Betriebsergebnis verfälscht, weil den einzelnen Rechnungsperioden zu hohe Kosten angelastet werden. Es ist also eher von **betriebsindividuellen Erfahrungswerten** oder Angaben des Herstellers als von den **Durchschnittswerten der Abschreibungstabellen** auszugehen.
- **Wiederbeschaffungswert**: Der Anschaffungswert ist als Ausgangswert für die Berechnung der kalkulatorischen Abschreibung nicht geeignet, weil damit bei fortschreitender Kaufkraftentwertung am Ende der Nutzungsdauer nicht mehr dieselbe Anlage angeschafft werden kann. Der Betrieb würde an **Substanz verlieren**. Soll die Substanz erhalten bleiben, muss die kalkulatorische Abschreibung so bemessen sein, dass über sie am Ende der Nutzungsdauer die unter Umständen teurer gewordene Anlage finanziert werden kann (**Prinzip der Substanzerhaltung**). Dazu ist der **Wiederbeschaffungswert** der geeignete Ausgangswert.
- **Abschreibungsmethode**: Um die Kosten der Abschreibungen von Rechnungsperiode zu Rechnungsperiode **vergleichbar** zu gestalten, empfiehlt sich bei annähernd gleichmäßiger Beschäftigung die lineare, bei schwankender Beschäftigung die Abschreibung nach Leistungseinheiten als kalkulatorische Abschreibung.

Beispiel Für die kalkulatorische Abschreibung einer Transportanlage werden eine achtjährige Nutzungsdauer und ein Wiederbeschaffungswert von 110 000,00 € zugrunde gelegt. Es wird wegen gleichmäßiger Nutzung linear abgeschrieben.

Aufwand der Finanzbuchhaltung	Kosten der KLR
bilanzmäßige Abschreibung $= \frac{80000 \cdot 20}{100} = 16000{,}00$ €	kalkulatorische Abschreibung $= \frac{110000}{8} = 13750{,}00$ €

Somit wird der Betrieb über seine Umsatzerlöse jährlich 13750,00 € Abschreibungskosten auf seine Kunden abwälzen, um nach acht Jahren Nutzungsdauer über die finanziellen Mittel zur Wiederbeschaffung einer neuen Anlage verfügen zu können.

Beispiel Darstellung der Abschreibung der Transportanlage in der Abgrenzungsrechnung

Abgrenzungsrechnung / Aufwands- und Ertragspositionen	I		II		III	
	Werte der Finanzbuchhaltung		Abgrenzungsrechnung		Kosten- und Leistungsarten	
	1	2	3	4	5	6
Bezeichnung	Aufwendungen	Erträge	Betriebsfr. u. betriebl. außerordentliche Aufwendungen	Betriebsfr. u. betriebl. außerordentliche Erträge	Kosten	Leistungen
bilanzmäßige Abschreibung	16000,00	–	16000,00	–	–	–
kalkulatorische Abschreibung	–	–	–	13750,00	13750,00	–

Kalkulatorischer Unternehmerlohn

In Kapitalgesellschaften erhalten die Vorstandsmitglieder der AG und die Geschäftsführer der GmbH für ihre Tätigkeit Gehälter. Diese Aufwendungen gehen als Grundkosten in die Kosten- und Leistungsrechnung ein.

Die Situation stellt sich in Einzelunternehmen (e.K.) für den mitarbeitenden Inhaber und in Personengesellschaften (OHG, KG) für die Gesellschafter anders dar. Sie erhalten in beiden Fällen keine Gehälter. Sie haben lediglich Anspruch auf den etwaigen Gewinn, der die Vergütung für die Arbeitsleistung des Einzelunternehmers, für den Kapitaleinsatz (Kapitalverzinsung) und das Unternehmerrisiko darstellt.

Das heißt, dass die Kosten- und Leistungsrechnung auch die Mitarbeit des Unternehmers in seinem eigenen Betrieb als Kostenbestandteil erfasst und als „kalkulatorischen Unternehmerlohn" berücksichtigt. Somit erreicht man auch, dass die Personengesellschaften und die Kapitalgesellschaften im Vergleich der Kosten gleichgestellt sind.

Bei der Festlegung der Höhe des kalkulatorischen Unternehmerlohnes richtet sich die Kostenrechnung nach Gehältern von leitenden Angestellten (Geschäftsführer, Prokuristen) mit einem gleichartigen bzw. -wertigen Tätigkeitsprofil am gleichen Unternehmensstandort.

Beim kalkulatorischen Unternehmerlohn handelt es sich um „echte" Zusatzkosten, da ihm keine Aufwendungen in der Finanzbuchhaltung gegenüberstehen.

Beispiel Der Einzelunternehmer Herbert Blank e.K. setzt seinen kalkulatorischen Unternehmerlohn mit monatlich 4 000,00 € an.

Abgrenzungsrechnung / Aufwands- und Ertragspositionen	I		II		III	
	Werte der Finanzbuchhaltung		Abgrenzungsrechnung und kostenrechnerische Korrekturen		Kosten- und Leistungsarten	
	1	2	3	4	5	6
Bezeichnung	Aufwendungen	Erträge	Betriebsfr. u. betriebl. außerordentliche Aufwendungen	Betriebsfr. u. betriebl. außerordentliche Erträge	Kosten	Leistungen
kalkulatorischer Unternehmerlohn	–	–	–	48 000,00	48 000,00	–

In der folgenden Abgrenzungsrechnung werden die gesamten bilanzmäßigen Abschreibungen des Unternehmens in Höhe von 63 000,00 € abgegrenzt. Es werden dafür kalkulatorische Abschreibungen in einer Höhe von insgesamt 125 000,00 € verrechnet. Der jährliche kalkulatorische Unternehmerlohn wird mit 48 000,00 € angesetzt.

Beispiel Abgrenzungsrechnung mit kalkulatorischen Abschreibungen (gesamt) und kalkulatorischem Unternehmerlohn

Abgrenzungsrechnung / Aufwands- und Ertragspositionen			I		II		III	
			Werte der Finanzbuchhaltung		Abgrenzungsrechnung und kostenrechnerische Korrekturen		Kosten- und Leistungsarten	
			1	2	3	4	5	6
Z	Konto	Bezeichnung	Aufwendungen	Erträge	Betriebsfr. und betriebl. außerordentliche Aufwendungen	Betriebsfr. und betriebl. außerordentliche Erträge	Kosten	Leistungen
01	210	Zinsen u. Ä. Aufwendungen	22 105,00	–	3 100,00	–	19 005,00	–
02	242	Betriebsfremde Erträge	–	126 000,00	–	126 000,00	–	–
03	260	Zinsen u. Ä. Erträge	–	16 875,00	–	16 875,00	–	–
04	301	Wareneing./AfW	1 936 250,00	–	118 750,00	–	1 817 500,00	–
05	401	Löhne	465 000,00	–	–	–	465 000,00	–
06	402	Gehälter	627 500,00	–	–	–	627 500,00	–
07	420	Betriebliche Steuern	40 607,50	–	1 250,00	–	39 357,50	–

Abgrenzungsrechnung / Aufwands- und Ertragspositionen			I Werte der Finanzbuchhaltung		II Abgrenzungsrechnung und kostenrechnerische Korrekturen		III Kosten- und Leistungsarten	
			1	2	3	4	5	6
08	430	Energie/ Betriebsstoffe	90003,00	–	–	–	90003,00	–
09	440	Werbe- und Reisekosten	78400,00	–	–	–	78400,00	–
10	470	Betriebskosten/ Instandhaltung	129762,50	–	102293,00	–	27469,50	–
11	480	AVK	144725,00	–	585,00	–	144140,00	–
12	490	Abschreibungen	63000,00	–	63000,00	–	–	–
13	801	Warenverkauf/ UE	–	3564117,50	–	–	–	3564117,50
kalkulatorische Abschreibungen			–	–	–	125000,00	125000,00	–
kalkulatorischer Unternehmerlohn			–	–	–	48000,00	48000,00	–
			3597353,00 **109639,50**	3706992,50 –	288978,00 **26897,00**	315875,00 –	3481375,00 **82742,50**	3564117,50 –
			3706992,50	3706992,50	315875,00	315875,00	3564117,50	3564117,50

Abstimmung der Ergebnisse	Beispiel
Betriebsergebnis ± neutrales Ergebnis lt. Abgrenzungsrechnung	+82742,50 −26897,00
= Gesamtergebnis (Unternehmensergebnis)	+109639,50

Die kalkulatorische Abschreibung und den kalkulatorischen Unternehmerlohn berücksichtigen

- Die KLR verrechnet kalkulatorische Kosten:
  - **Anderskosten** (aufwandsungleiche Kosten), wie kalkulatorische Abschreibungen
  - **echte Zusatzkosten** (aufwandslose Kosten), wie kalkulatorischer Unternehmerlohn
- Zur Berechnung der **kalkulatorischen Abschreibung** sind die betriebsindividuelle Nutzungsdauer, der Wiederbeschaffungswert und die Abschreibungsmethode festzulegen.
- Bei der Festsetzung des **kalkulatorischen Unternehmerlohnes** orientiert man sich in der Höhe an einer vergleichbaren leitenden Tätigkeit in einem Unternehmen gleicher Art und Bedeutung sowie gleichen Standorts.

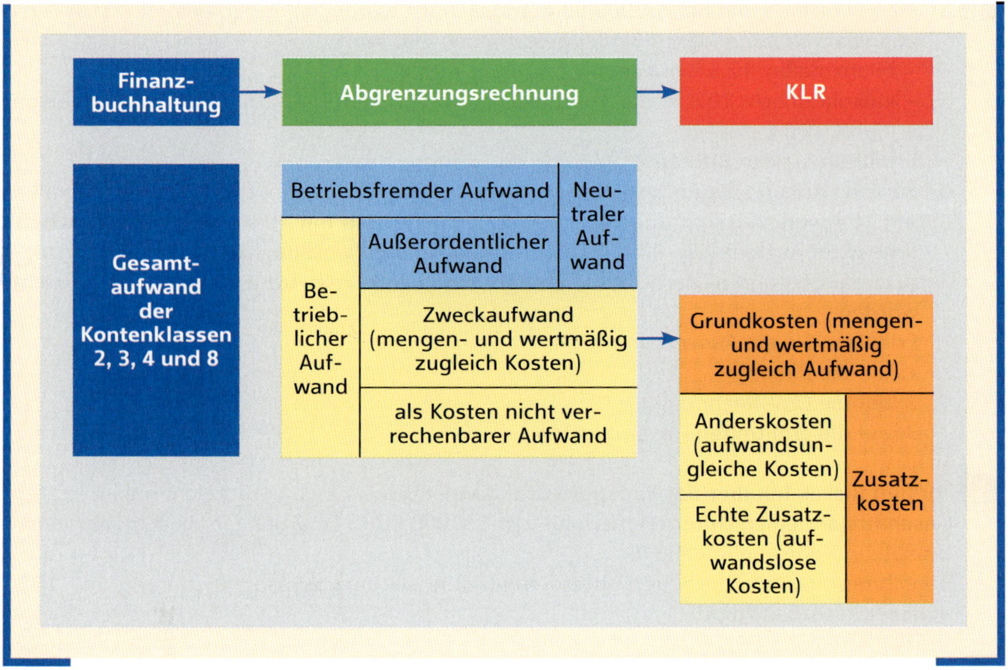

1. In der Finanzbuchhaltung wurde eine Transportanlage über eine geschätzte Nutzungsdauer von acht Jahren mit 12,5 % linear abgeschrieben. Für die KLR wird die Leistungsabschreibung vom Wiederbeschaffungswert gewählt.
Begründen Sie die unterschiedlichen Ansätze der Abschreibung.

2. Eine Maschine, die für 600 000,00 € angeschafft wurde, ist in den beiden ersten Nutzungsjahren folgendermaßen abgeschrieben worden:

- bilanzmäßig: 10 % linear
- kalkulatorisch: 10 % linear vom geschätzten Wiederbeschaffungswert in Höhe von 800 000,00 €

Ermitteln Sie den Buchwert am Ende des dritten Jahres aufgrund der bilanzmäßigen Abschreibung der Finanzbuchhaltung und der kalkulatorischen Abschreibung der Kostenrechnung.

3. Ein Lkw mit einem Anschaffungswert von 120 000,00 € wird bilanzmäßig in zehn Jahren linear abgeschrieben. Für Zwecke der KLR ist linear vom Wiederbeschaffungswert über eine Nutzungsdauer von acht Jahren abzuschreiben. Bei der Ermittlung des Wiederbeschaffungswertes soll von einer durchschnittlichen jährlichen Preissteigerungsrate von 4 % ausgegangen werden.

a) Ermitteln Sie den geschätzten Wiederbeschaffungswert am Ende der Nutzungsdauer (auf volle 100,00 € abrunden).
b) Stellen Sie in einer Tabelle die bilanzmäßigen und kalkulatorischen Abschreibungen gegenüber.
c) Erläutern Sie, welches Ziel die Kostenartenrechnung mit der Berechnung der kalkulatorischen Abschreibung vom Wiederbeschaffungswert verfolgt.

4. a) Eine Maschine, die für 200 000,00 € angeschafft wurde, ist in den beiden ersten Nutzungsjahren folgendermaßen abgeschrieben worden:
- bilanzmäßig: 12,5 % linear
- kalkulatorisch: 10 % linear vom geschätzten Wiederbeschaffungswert in Höhe von 250 000,00 €

Ermitteln Sie den Buchwert am Ende des dritten Jahres.

b) Für eine Anlage, die Anfang des Jahres für 200 000,00 € angeschafft und bilanzmäßig mit 10 % vom Anschaffungswert sowie kalkulatorisch mit 10 % vom Wiederbeschaffungswert in Höhe von 300 000,00 € abgeschrieben werden soll, sind in der Finanzbuchhaltung und in der KLR die beiden Abschreibungsbeträge irrtümlich vertauscht worden.
Erläutern Sie die Auswirkung
1. auf die Bilanz,
2. auf die GuV-Rechnung,
3. auf die ermittelten Gesamtkosten.

5. Torsten Bickel, Inhaber der Radsport-Großhandel Bickel OHG, berücksichtigte im letzten Geschäftsjahr einen Unternehmerlohn von 130 000,00 €. Er erzielte in diesem Jahr einen Umsatz in Höhe von 6,5 Mio. €.
Berechnen Sie, wie hoch der Unternehmerlohn bei einer Umsatzsteigerung von 10 % angesetzt werden könnte.

6. Der Unternehmer Etienne Steffens, dessen Unternehmen mit 20 Angestellten einen Umsatz von 26 Mio. € erzielt, nutzt für die Berechnung die Daten eines ihm bekannten Großhandelsunternehmens aus der Sporttextilbranche:

– Gehalt des Geschäftsführers:	96 000,00 €
– Jahresumsatz:	24 Mio. €
– durchschnittliche Zahl der Angestellten:	30 Personen

Ermitteln Sie den Unternehmerlohn für die Kosten- und Leistungsrechnung.

5 Kalkulationsverfahren anwenden

5.1 Kalkulation des Verkaufspreises mit Einzelzuschlägen (Vorwärtskalkulation) durchführen

Die Geschäftsführer der Primus GmbH haben beschlossen, neben den Warengruppen „Bürotechnik“, „Büroeinrichtung“, „Verbrauch“ und „Organisation“ eine weitere Warengruppe „Werbegeschenke“ aufzunehmen. Frau Svenja Braun, die Assistentin der Geschäftsleitung der Primus GmbH, wird damit beauftragt, die Verkaufspreise für diese neue Warengruppe zu kalkulieren. Unter anderem hat sie folgende Zahlen vorliegen:

Warengruppe 5: Werbegeschenke						
Artikelbezeichnung	Art.-Nr.	Bezugs-/Einstandspreis in €	Handlungskostenzuschlagssatz	Gewinnzuschlagssatz	Kundenskonto	Kundenrabatt
Fitness-Tracker D-245	387B654	111,57	30 %	40 %	2 %	20 %
Armbanduhr „Bahnhof“	154B369	9,80	40 %	50 %	2 %	25 %
Citroën 2CV „Ente“	374B132	16,21	50 %	30 %	2 %	15 %

Da Frau Braun arbeitsmäßig überlastet ist, bittet sie die Auszubildende Nicole Höver darum, für sie die Berechnungen vorzunehmen.

ARBEITSAUFTRÄGE

- ◆ Stellen Sie das Kalkulationsschema zur Ermittlung der Verkaufspreise auf.
- ◆ Berechnen Sie die Listenverkaufspreise für den Fitness-Tracker, die Armbanduhr und den Citroën 2CV mit den angegebenen Zuschlagssätzen.

Eine zentrale Aufgabe der Kostenrechnung ist die Berechnung des Verkaufspreises (**Verkaufskalkulation**). Die Kalkulation bzw. Kostenträgerstückrechnung hat die Aufgaben,

- den Angebotspreis einer Wareneinheit oder eines Auftrags zu berechnen oder zu kalkulieren (= **Vorkalkulation**),
- abgegebene Angebotspreise zu einem späteren Zeitpunkt zu kontrollieren (= **Nachkalkulation**).

Da ein Großhandelsbetrieb die eingekauften Waren grundsätzlich ohne Veränderung wiederverkauft, baut die Angebotskalkulation auf dem **Bezugs-/Einstandspreis** des Artikels auf. Für die Kalkulation können die **Zuschlagssätze** der entsprechenden Warengruppe zugrunde gelegt werden, wenn ihre Berechnung noch nicht lange zurückliegt. Haben sich die Gemeinkosten jedoch zwischenzeitlich geändert (z. B. gestiegene Löhne und Gehälter, gestiegene Kraftstoffpreise, Änderung der Telefonentgelte und Porti), müssten die Zuschlagssätze entsprechend angepasst werden. Neben der Deckung der **Handlungskosten** versucht ein Großhändler, bei der Kalkulation einen ausreichenden **Gewinn** zu berücksichtigen.

In den Fällen, in denen einem Kunden ein längeres Zahlungsziel eingeräumt oder ein Nachlass wegen größerer Mengenabnahme gewährt wird, muss ein Großhändler **Kundenskonto** und **Kundenrabatt** einkalkulieren.

Da alle Umsätze umsatzsteuerpflichtig sind, muss er auch die Umsatzsteuer auf den Nettorechnungsbetrag aufschlagen. Aufgrund der Konkurrenzsituation jedes Großhandelsunternehmens muss bei der Verkaufskalkulation darauf geachtet werden, dass der übliche Marktpreis nicht überschritten wird.

Ausgangspunkt für die Berechnung des **Listenverkaufspreises** ist der Bezugs-/Einstandspreis. Auf den Bezugs-/Einstandspreis werden die Handlungskosten aufgeschlagen. Auf den sich daraus ergebenden **Selbstkostenpreis** rechnet ein Großhändler den Gewinn hinzu und erhält so den **Barverkaufspreis**. Wenn ein Händler seinen Kunden Skonto und Rabatt gewährt, dann berücksichtigt er dies in seiner Kalkulation. Daraus ergeben sich der **Zielverkaufspreis** und der **Listenverkaufspreis**. Auf den Listenverkaufspreis muss der Händler bei der Rechnungserteilung noch 19% Umsatzsteuer hinzurechnen.

Hieraus ergibt sich folgendes **Kalkulationsschema** für die Berechnung des Listenverkaufspreises:

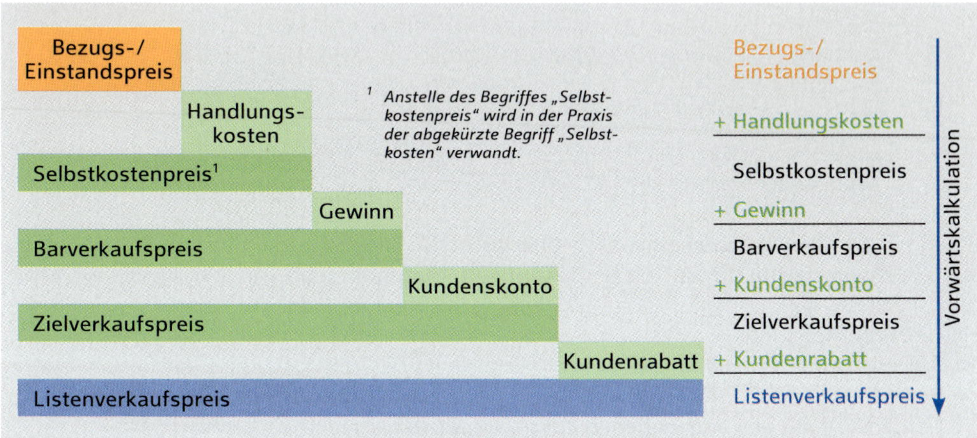

[1] *Anstelle des Begriffes „Selbstkostenpreis“ wird in der Praxis der abgekürzte Begriff „Selbstkosten“ verwandt.*

● Vom Bezugs-/Einstandspreis zum Barverkaufspreis

○ Einflussgrößen des Betriebserfolges

Der **Betriebserfolg** (Gewinn/Verlust) eines Unternehmens wird einerseits von den Umsatzerlösen, andererseits von den Kosten beeinflusst. Die Kosten setzen sich aus den Anschaffungskosten der einzelnen Artikel und den Handlungskosten, die Umsatzerlöse aus dem Umsatz der einzelnen Warengruppen zusammen.

Beispiel

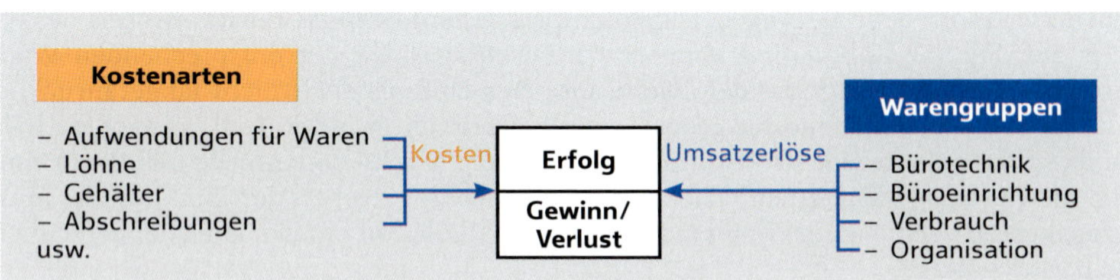

Nehmen beispielsweise die Umsatzerlöse einer Warengruppe (z. B. Bürotechnik) ab oder steigen deren Anschaffungskosten, kann der Gewinn dadurch abnehmen.

Ein Unternehmer muss demzufolge laufend die Einflussgrößen des Gewinns beobachten, d. h.:

- einerseits die Umsatzerlöse insgesamt und der einzelnen Warengruppen,
- andererseits die Kosten insgesamt und der einzelnen Warengruppen.

Er muss stärker darauf achten, dass möglichst jeder Artikel seine eigenen Kosten deckt und einen Gewinn erzielt. Der Unternehmer benötigt also Informationen über die Umsatzerlöse und die Kosten jeder Ware. Dafür reicht die im **Kontenrahmen** festgelegte Unterteilung der Kosten- bzw. Aufwandsarten, z.B.

- Aufwendungen für Waren,
- Personalaufwand,
- Abschreibungen,
- Aufwand für die Inanspruchnahme von Rechten und Diensten,
- Aufwendungen für Kommunikation

nicht aus.

○ Handlungskostenzuschlag und Selbstkostenpreis

Durch die Lagerung, die Verwaltung und den Verkauf der Waren entstehen in jedem Unternehmen betriebliche Aufwendungen, die in der Kalkulation als Geschäftskosten oder **allgemeine Handlungskosten** bezeichnet werden. Hierzu zählen Miete, betriebliche Steuern, Personalkosten, Büromaterial, Werbung, Postentgelte usw.

Diese Kosten werden i.d.R. von mehreren Waren gemeinsam verursacht (Gemeinkosten). Eine verursachungsgemäße Zurechnung auf jeden einzelnen Artikel ist somit nicht exakt möglich. Daher werden die Geschäfts- oder Handlungskosten in einem Prozentsatz ausgedrückt, dem Geschäfts- oder **Handlungskostenzuschlagssatz**. Dieser Zuschlag wird dann bei der Kalkulation des Selbstkostenpreises einzelner Artikel zugrunde gelegt.

Großhandelsunternehmen haben meist mehrere Warengruppen, die i.d.R. unterschiedliche Kosten verursachen. Daher ist es sinnvoll, zumindest für jede Warengruppe unterschiedliche Handlungskostenzuschlagssätze zu ermitteln und festzulegen.

- **Berechnung des Handlungskostensatzes/-zuschlagssatzes**: Mithilfe der Unterlagen aus der Finanzbuchhaltung kann der prozentuale Anteil der Handlungskosten am Wareneinsatz (Umsatz zu Bezugs-/Einstandspreisen) festgestellt werden.

Beispiel Die Primus GmbH entnimmt ihrer Buchführung folgende Zahlenwerte:

S		9300 GuV		H
3010	Wareneingang	1 817 500,00	Wareneinsatz	= 1 817 500,00 €
4010/4020	Löhne, Gehälter	1 092 500,00		
4200	Betriebliche Steuern	39 357,50	Summe der Handlungskosten	① = 1 544 875,00 €
21, 43–48	Sonst. betriebl. Aufwendungen	359 017,50		
4900	Abschreibungen	54 000,00		

Wie viel Prozent beträgt der Handlungskostensatz/-zuschlagssatz?

Lösung ② 1 817 500,00 € (Wareneinsatz)[1] = 100 %
1 544 875,00 € (Handlungskosten) = x

③ $x = \frac{1\,544\,875 \cdot 100}{1\,817\,500}$

Der Handlungskostensatz beträgt 85 %. $x = \underline{\underline{85\,\%}}$

[1] **Wareneinsatz** = *verkaufte Waren bewertet zum Bezugs-/Einstandspreis*

Hieraus ergibt sich für die Berechnung des Handlungskostensatzes/-zuschlagssatzes folgende Formel:

$$\textbf{Handlungskostensatz/-zuschlagssatz} = \frac{\text{Handlungskosten in €} \cdot 100}{\text{Wareneinsatz}}$$

Rechenweg

① Ermitteln Sie die Summe der Handlungskosten durch Addition aller Kosten.

② Ermitteln Sie den Wareneinsatz. Wenn der Wareneinsatz nicht angegeben ist, ist er aus dem Wareneingangskonto (3010) zu ermitteln.

③ Berechnen Sie den Handlungskostensatz/-zuschlagssatz mithilfe des Dreisatzes oder obiger Formel.

- **Berechnung des Selbstkostenpreises**: Der Selbstkostenpreis wird ermittelt, indem man zum Bezugs-/Einstandspreis die Geschäfts- oder Handlungskosten addiert, wobei die Geschäfts- oder Handlungskosten vom Bezugs-/Einstandspreis berechnet werden.

Beispiel Die Primus GmbH kalkuliert einen neuen Artikel, dessen Bezugs-/Einstandspreis 350,00 € beträgt, mit einem Handlungskostenzuschlagssatz von 85 %. Wie viel Euro beträgt der Selbstkostenpreis?

Lösung	①	Bezugs-/Einstandspreis	100 %	350,00 €	
		+ Handlungskosten	85 %	297,50 €	
	②	Selbstkostenpreis	185 %	647,50 €	Der Selbstkostenpreis beträgt 647,50 €.

Rechenweg

① Stellen Sie das Kalkulationsschema vom Bezugs-/Einstands- zum Selbstkostenpreis auf.

② Ermitteln Sie mithilfe des Dreisatzes den Selbstkostenpreis.

○ Gewinnzuschlag und Barverkaufspreis

Jeder Großhändler will einen Gewinn erzielen, also muss er ihn einkalkulieren. Dies geschieht durch Zuschlag auf den Selbstkostenpreis mithilfe eines Prozentsatzes (**Gewinnzuschlagssatz**).

Der Gewinnzuschlag enthält:

1. **Eigenkapitalverzinsung** für das im Unternehmen angelegte Eigenkapital; sie ist normalerweise so hoch wie die Zinsen für bei der Bank langfristig angelegtes Kapital,
2. **Unternehmerlohn** für die Arbeitsleistung des Unternehmers in seinem Unternehmen[1],
3. **Risikoprämie** als Vergütung für die Übernahme des unternehmerischen Risikos durch den Unternehmer; sie ist abhängig von der Größe des Risikos in der jeweiligen Branche.

[1] *In Kapitalgesellschaften ist der Unternehmerlohn hier nicht anzusetzen, weil er dort bereits in den Handlungskosten (Gehälter) enthalten ist.*

Der Gewinn wird in der Kalkulation prozentual von den Selbstkosten errechnet (Gewinnzuschlag) und dem Selbstkostenpreis zugeschlagen. Somit ergibt sich folgendes Kalkulationsschema:

Berechnung des Barverkaufspreises: Durch Addition des Gewinns zum Selbstkostenpreis ergibt sich der Barverkaufspreis.

Beispiel Wie viel Euro beträgt der Barverkaufspreis für einen neuen Artikel, dessen Bezugs-/Einstandspreis 350,00 € beträgt, wenn die Primus GmbH mit einem Handlungskostenzuschlagssatz von 85 % und einem Gewinnzuschlagssatz von 6 % rechnet?

Lösung

①	Bezugs-/Einstandspreis	100 %		350,00 €
	+ Handlungskosten	85 %		297,50 €
②	Selbstkostenpreis	185 %	100 %	647,50 €
	+ Gewinn		6 %	38,85 €
③	Barverkaufspreis		106 %	686,35 €

Der Barverkaufspreis beträgt 686,35 €.

Rechenweg

① Stellen Sie das Kalkulationsschema vom Bezugs-/Einstands- zum Barverkaufspreis auf.

② Ermitteln Sie den Selbstkostenpreis.

③ Ermitteln Sie mithilfe des Dreisatzes den Barverkaufspreis. Der Selbstkostenpreis beträgt 100 %.

● Vom Barverkaufspreis zum Listenverkaufspreis

Großhändler können ihren Kunden Skonto und Rabatt gewähren. Ferner können beim Verkauf von Waren Provisionen anfallen, z. B. für die Umsätze des Verkaufspersonals.

Kundenskonto, Provision und Kundenrabatt werden in den Verkaufspreis eingerechnet. Daraus ergibt sich der Listenverkaufspreis.

○ Kundenskonto

Wird einem Kunden ein längeres Zahlungsziel eingeräumt, kalkuliert der Unternehmer für diesen Kredit Zinsen in Form des Skontos ein. Nimmt der Kunde den angebotenen Kreditzeitraum nicht in Anspruch, weil er früher zahlt, kann er wegen vorzeitiger Zahlung den eingerechneten Zins (Skonto) wieder abziehen. Skonto wird daher vom Rechnungsbetrag oder Zielverkaufspreis berechnet. In der Kalkulation muss er jedoch, da der

Zielverkaufspreis noch unbekannt ist, im Hundert vom Barverkaufspreis ermittelt werden.

○ Prozentrechnen im Hundert (vom verminderten Grundwert)

Der verminderte Grundwert ist stets kleiner als der reine Grundwert. Der verminderte Grundwert liegt vor, wenn der Prozentwert vom Grundwert abgezogen worden ist, z.B. bei der Gewährung von Rabatten, Skonto usw.

> **Merke:** Suchen Sie zuerst den Grundwert, der 100 % entspricht.
> Wenden Sie dann die Dreisatzrechnung an.
> **Verminderter Grundwert = Grundwert – Prozentwert**

Beispiel Der Barverkaufspreis einer neuen Ware der Primus GmbH beträgt 147,00 €. Dem Kunden werden 2 % Skonto gewährt. Wie viel Euro beträgt der Zielverkaufspreis?

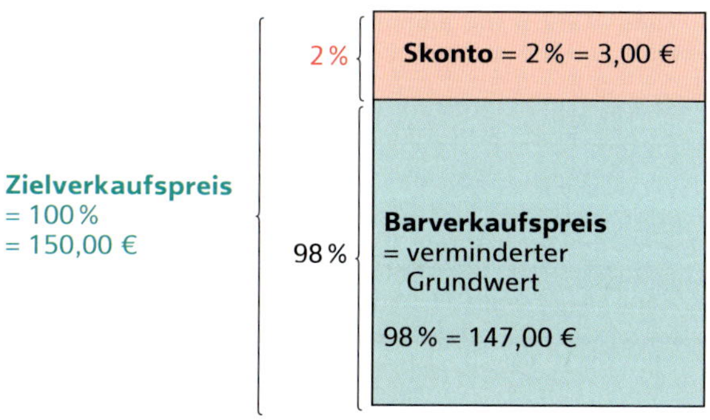

① Bedingungssatz: 98 % = 147,00 €

② Fragesatz: 100 % = x

③ Bruchsatz: $x = \frac{147{,}00 \cdot 100}{98}$

$x = \underline{\underline{150{,}00\ €}}$

Der Zielverkaufspreis beträgt 150,00 €.

Hieraus lässt sich folgende Formel für die Berechnung des reinen Grundwertes aus dem verminderten Grundwert ableiten:

$$\textbf{Reiner Grundwert} = \frac{\text{verminderter Grundwert} \cdot 100}{100 - \text{Prozentsatz}}$$

In der Promillerechnung lautet die Formel:

$$\textbf{Reiner Grundwert} = \frac{\text{verminderter Grundwert} \cdot 1000}{1000 - \text{Promillesatz}}$$

Rechenweg

① Stellen Sie den Bedingungssatz so auf, dass der verminderte Grundwert rechts steht.

② Bilden Sie den Fragesatz, wobei der gesuchte reine Grundwert (x) rechts steht.

③ Stellen Sie den Bruchsatz auf, wobei Sie oben stehende Formel anwenden können.

○ Vertreterprovision

Die Vertreterprovision wird ebenfalls vom Zielverkaufspreis berechnet.

Beispiel Wie viel Euro beträgt der Zielverkaufspreis eines neuen Artikels, dessen Barverkaufspreis 40,00 € beträgt, wenn die Primus GmbH ihren Kunden 2 % Skonto und den Handelsvertretern 3 % Verkaufsprovision gewährt?

Lösung

Barverkaufspreis	95 %		38,00 €
+ Kundenskonto	2 %	} 5 %	0,80 €
+ Verkaufsprovision	3 %		1,20 €
Zielverkaufspreis	100 %		40,00 €

Kundenskonto und Verkaufsprovision können zu einem Prozentsatz addiert werden.

Der Zielverkaufspreis beträgt 40,00 €.

○ Kundenrabatt

Wenn ein Unternehmer seinem Kunden Rabatt gewährt (z. B. wenn der Kunde eine größere Menge abnimmt), dann berechnet der Unternehmer diesen Rabatt vom Listenverkaufspreis. In der Kalkulation muss er jedoch, da der Listenverkaufspreis noch unbekannt ist, im Hundert vom Zielverkaufspreis ermittelt werden.

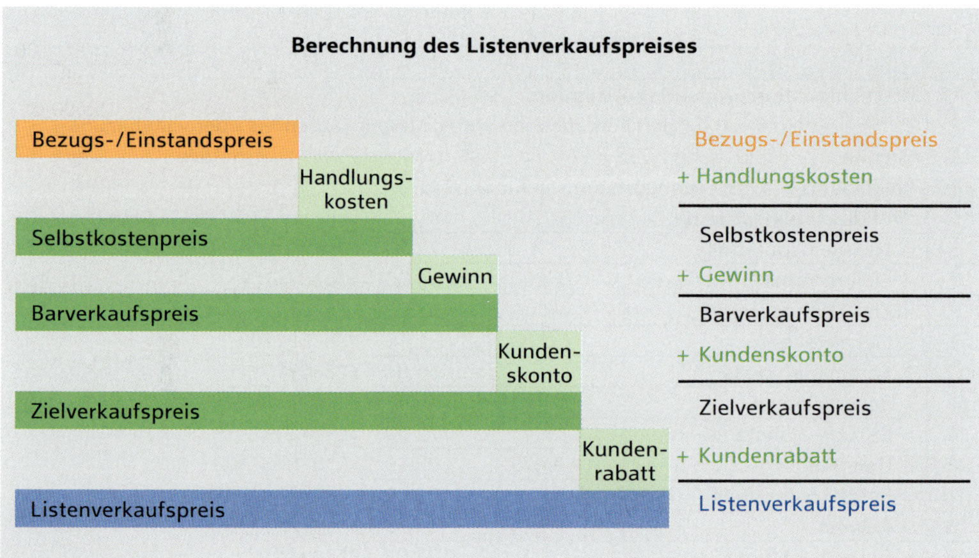

Beispiel Wie viel Euro beträgt der Listenverkaufspreis für den Druckertisch Euratio, dessen Barverkaufspreis 125,05 € beträgt, wenn die Primus GmbH ihren Kunden 20 % Rabatt und 2 % Skonto gewährt?

Lösung

①	Barverkaufspreis	98 %		125,05 €
	+ Kundenskonto	2 %		2,55 €
②	Zielverkaufspreis	100 %	80 %	127,60 €
	+ Kundenrabatt		20 %	31,90 €
③	Listenverkaufspreis (netto)		100 %	159,50 €

Der Listenverkaufspreis (netto) beträgt 159,50 €.

Rechenweg

① Stellen Sie das Kalkulationsschema vom Barverkaufs- bis zum Listenverkaufspreis auf.

② Berechnen Sie mithilfe des Dreisatzes den Zielverkaufspreis. Beachten Sie, dass der Zielverkaufspreis immer 100 % beträgt, wenn Sie vom Barverkaufspreis ausgehen.

Barverkaufspreis	98 % =	125,05 €	$x = \frac{125{,}05 \cdot 100}{98}$
Zielverkaufspreis	100 % =	x	x = 127,60 €

③ Berechnen Sie mithilfe des Dreisatzes den Listenverkaufspreis.

Beachten Sie ebenfalls, dass der Listenverkaufspreis immer 100 % beträgt, wenn Sie vom Zielverkaufspreis ausgehen.

Zielverkaufspreis	80 % =	127,60 €	$x = \frac{127{,}60 \cdot 100}{80}$
Listenverkaufspreis (netto)	100 % =	x	x = 159,50 €

Wenn außer Skonto und Rabatt noch Verkaufsprovision berechnet werden soll, wird zuerst der Skonto mit der Verkaufsprovision zusammengefasst, um den Zielverkaufspreis zu errechnen. Dann wird der Rabatt berücksichtigt, um den Listenverkaufspreis zu berechnen.

	A	B	C	D	E	F
1	**Preiskalkulation (Vorwärtskalkulation)**					
2	Die Preiskalkulation für den Verkauf kann vom Listeneinkaufspreis oder vom Bezugs-/					
3	Einstandspreis ausgehen. Ziel ist es, den Listenverkaufspreis zu ermitteln.					
4	Kalkulation des Listenverkaufspreises für den Druckertisch Euratio, Art-Nr. 305B094:					
5	**Kalkulationsschema**	%	€	Eingabe in C6,B7,B9,C11,B13,B15,B17,B19		
6	Listeneinkaufspreis		72,50	**Formeln**		
7	– Liefererrabatt	20,00	14,50	=C6*B7/100		
8	= Zieleinkaufspreis		58,00	=C6-C7		
9	– Liefererskonto	2,00	1,16	=C8*B9/100		
10	= Bareinkaufspreis		56,84	=C8-C9		
11	+ Bezugskosten		15,66			
12	= Bezugs-/Einstandspreis		72,50	=C10+C11		
13	+ Handlungskosten	34,75	25,19	=C12*B13/100		
14	= Selbstkostenpreis		97,69	=C12+C13		
15	+ Gewinn	28,00	27,35	=C14*B15/100		
16	= Barverkaufspreis		125,05	=C14+C15		
17	+ Kundenskonto (i. H.)	2,00	2,55	=C16*B17/Summe(100-B17)		
18	= Zielverkaufspreis		127,60	=C16–C17		
19	+ Kundenrabatt	20,00	31,90	=C18*B19/Summe(100-B19)		
20	= Listenverkaufspreis		159,50	=C18–C19		

Rohgewinn und Reingewinn

Ein Kaufmann muss in der Lage sein, für jeden einzelnen Artikel und jede Warengruppe festzustellen, wie viel er auf jeden Bezugs-/Einstandspreis insgesamt aufschlagen kann und welchen Gewinn ihm ein Artikel oder eine Warengruppe einbringt. Dabei muss er den **Roh**- und den **Reingewinn** für seine Waren errechnen können. Den Unterschied zwischen dem Barverkaufspreis und dem Bezugs-/Einstandspreis nennt man **Rohgewinn** (= **Rohertrag**). Den **Reingewinn** (= **Gewinn**) ermittelt man, indem man vom Rohgewinn die Handlungskosten abzieht. Hieraus ergibt sich folgendes Kalkulationsschema:

	Bezugs-/Einstandspreis	
	+ Handlungskosten	
Barverkaufspreis in Euro	Selbstkostenpreis	Barverkaufspreis in Euro
– Selbstkostenpreis in Euro	+ Gewinn	– Bezugs-/Einstandspreis in Euro
= **Reingewinn in Euro** (Gewinn)	**Barverkaufspreis** = Listenverkaufspreis	= **Rohgewinn in Euro** (Rohertrag)

Beispiel Die Primus GmbH bezieht einen neuen Artikel zu einem Bezugs-/Einstandspreis von 30,00 €. Sie kalkuliert mit 85 % Handlungskosten und 6 % Gewinn.
Wie hoch sind der Rohgewinn und der Reingewinn für diesen Artikel?

Lösung

①	Bezugs-/Einstandspreis		100 %	30,00 €
	+ Handlungskosten		85 %	25,50 €
	Selbstkostenpreis	100 %	185 %	55,50 €
	+ Gewinn	6 %		3,33 €
②	Barverkaufspreis	106 %		58,83 €

③ **Berechnung des Rohgewinns (Rohertrags)**

Barverkaufspreis – Bezugs-/Einstandspreis

58,83 € – 30,00 € = 28,83 €

Der Rohgewinn beträgt 9,60 €.

④ **Berechnung des Reingewinns (Gewinns)**

Barverkaufspreis – Selbstkostenpreis oder Rohgewinn – Handlungskosten

58,83 € – 55,50 € = 3,33 € 28,83 € – 25,50 € = 3,33 €.

Der Reingewinn beträgt 3,33 €.

Rechenweg

① Stellen Sie das Kalkulationsschema auf.

② Berechnen Sie die einzelnen Zuschläge stufenweise mithilfe von Dreisätzen.

③ Berechnen Sie den Rohgewinn:

Barverkaufspreis – Bezugs-/Einstandspreis

④ Berechnen Sie den Reingewinn:

Barverkaufspreis – Selbstkostenpreis

oder

Rohgewinn – Handlungskosten

Kalkulation des Verkaufspreises mit Einzelzuschlägen (Vorwärtskalkulation) durchführen

- Die Kostenträgerstückrechnung wird auch als Kalkulation bezeichnet. Sie hat die Aufgabe, die Selbstkosten- und die Angebotspreise zu kalkulieren.
- **Schema zur Ermittlung des Listenverkaufspreises (netto):**

	Bezugs-/Einstandspreis	100 %
+	Handlungskosten	(vom Hundert)
	Selbstkostenpreis	100 %
+	Gewinn	(vom Hundert)
	Barverkaufspreis	< 100 %
+	Kundenskonto	(im Hundert)
+	Verkaufsprovision	(im Hundert)
	Zielverkaufspreis	< 100 %
+	Kundenrabatt	(im Hundert)
	Listenverkaufspreis	= 100 %

- **Rohgewinn und Reingewinn**

Rohgewinn (= Rohertrag)	Reingewinn (= Gewinn)
Berechnung: Barverkaufspreis – Bezugs-/Einstandspreis	**Berechnung:** Barverkaufspreis – Selbstkostenpreis oder Rohgewinn – Handlungskosten

1. Ordnen Sie die nachfolgenden Kosten der Primus GmbH a) und b) zu:
a) Einzelkosten oder
b) Gemeinkosten?

Kosten der Primus GmbH
1. Wareneinsatz Warengruppe „Bürotechnik“
2. Stromverbrauch des Betriebes
3. Kfz-Steuer für die Betriebs-Lkws
4. Werbeanzeigen für Sonderangebote an Bürobedarf
5. Treibstoffverbrauch der Lkws
6. Vertreterprovision
7. Abschreibung der Lagereinrichtung
8. Transportverpackung für verkaufte Waren
9. Miete für die Verwaltungsräume
10. Lohnzahlung an die Lagerarbeiter

2. Berechnen Sie für folgende Artikel den Barverkaufspreis.

	Bezugs-/Einstandspreis in €	Handlungskostenzuschlagssatz in %	Gewinnzuschlagssatz in %
a)	2,60	25	12,5
b)	86,00	15	$8^1/_3$
c)	136,00	10	10
d)	422,00	$16^2/_3$	15

3. Berechnen Sie unter Berücksichtigung folgender Angaben den Handlungskostensatz.

	Bezugs-/Einstandspreis der verkauften Waren in € = Wareneinsatz	Handlungskosten in €
a)	200800,00	50000,00
b)	460000,00	115000,00
c)	733000,00	165000,00
d)	930000,00	215500,00

4. Berechnen Sie den Selbstkostenpreis nachfolgender Artikel.

	Listeneinkaufs-preis in €	Lieferer-rabatt in %	Lieferer-skonto in %	Fracht in €	Handlungskos-tenzuschlags-satz in %
a)	8,60	10	2	0,30	12,5
b)	68,00	20	2,5	5,60	15
c)	388,00	25	3	25,00	20
d)	645,00	12,5	2	45,00	10

5. Ein Artikel wird mit einem Barverkaufspreis von 17,25 € verkauft. Der Selbstkostenpreis betrug 15,00 €.
Wie viel Prozent betrug der Gewinnzuschlagssatz?

6. Ein Großhändler verkauft einen ursprünglich mit 25 % Gewinnaufschlag kalkulierten Artikel nach einer Preiserhöhung von 10 % für 24,75 € netto.
Errechnen Sie
a) den bisherigen Verkaufspreis der Ware,
b) den bisherigen Selbstkostenpreis des Artikels,
c) den prozentualen Gewinnzuschlagssatz unter Berücksichtigung der Preiserhöhung.

7. Über wie viel Euro lautet der Listenverkaufspreis einer Ware, deren Barverkaufspreis 139,65 € beträgt, wenn das Großhandelsunternehmen seinen Kunden 5 % Rabatt und 2 % Skonto gewährt?

8. Berechnen Sie den Listenverkaufspreis einer Ware, deren Barverkaufspreis 51,30 € beträgt, wenn folgende Verkaufszuschlagssätze einkalkuliert werden: 3 % Verkaufsprovision, 2 % Kundenskonto und 10 % Kundenrabatt.

9. Ein deutscher Exporteur kalkuliert das Angebot von Elektromotoren auf dem amerikanischen Markt mit 16 % Gewinn. Der Gewinn je Motor beträgt 480,00 €.

a) Berechnen Sie den Barverkaufspreis in Euro.
b) Wie viel Euro würde der Gewinn je Motor betragen, wenn der Exporteur mit einem Währungsverlust von 3 % auf den Barverkaufspreis rechnet?

10. Der Bareinkaufspreis für eine Sendung mit 480 Flaschen Apfelsaft beträgt 384,00 €. An Bezugskosten fallen insgesamt 36,00 € an. Die Handlungskosten betragen 30 % und der Gewinn wird mit 12,5 % berücksichtigt. Der Kundenrabatt soll mit 2 % angesetzt werden. Berechnen Sie den Listenverkaufspreis für eine Flasche Apfelsaft.

11. Kalkulieren Sie den Listenverkaufspreis.

	Bezugs-/Einstands-preis in €	Handlungskos-tenzuschlags-satz in %	Gewinn-zuschlags-satz in %	Kunden-skonto in %	Kunden-rabatt in %
a)	16,00	20	10	2	8
b)	44,00	25	15	2,5	10
c)	112,00	25	$16^2/_3$	3	5
d)	388,00	$33^1/_3$	25	2	12,5

12. Berechnen Sie den Listenverkaufspreis sowie den Rohgewinn für nachfolgende Waren.

	Listenein-kaufspreis in €	Lieferer-rabatt in %	Bezugs-kosten in €	Handlungskos-tenzuschlags-satz in %	Gewinn-zuschlags-satz in %
a)	310,00	10	12,00	20	15
b)	680,00	20	25,00	15	25
c)	6,80	5	0,30	25	30
d)	1,20	25	0,10	$16^2/_3$	20

13. Einem Großhändler liegen drei Angebote für eine neue Ware vor:

	Listenein-kaufspreis in €	Lieferer-rabatt in %	Bezugs-kosten in €	Handlungskos-tenzuschlags-satz in %	Gewinn-zuschlags-satz in %
A	420,00	10	12,00	20	25
B	450,00	15	7,50	20	25
C	400,00	5	10,00	20	25

a) Berechnen Sie den Rohgewinn und den Reingewinn für jedes Angebot.
b) Ermitteln Sie den Listenverkaufspreis für jedes Angebot.

5.2 Vereinfachte Vorwärtskalkulation mit Kalkulationszuschlag und Kalkulationsfaktor durchführen

Nachdem die Auszubildende Nicole Höver etwa 60 Verkaufspreise für verschiedene Werbegeschenke kalkuliert hat, beginnt sie, laut zu schimpfen: „*Das ist ja eine Arbeit für Sträflinge! Immer wieder muss ich die gleichen Berechnungen vornehmen. Ich habe bereits zum vierten Mal bei einem Artikel 30% Handlungskosten, 40% Gewinnzuschlag, 2% Kundenskonto und 20% Kundenrabatt ausrechnen müssen, um den Verkaufspreis zu ermitteln. Vor lauter Zahlen sehe ich schon nichts mehr.*“ Herr Müller, der zufällig vorbeikommt und die Äußerungen von Nicole mitbekommen hat, lächelt und sagt: „*Überlegen Sie doch einmal, wie Sie sich die Arbeit vereinfachen können.*“

ARBEITSAUFTRÄGE

- Überlegen Sie, welche Vereinfachungen Nicole bei der Kalkulation der Verkaufspreise vornehmen kann.
- Ermitteln Sie den Kalkulationszuschlagssatz.
- Ermitteln Sie den Kalkulationsfaktor.
- Stellen Sie den Unterschied zwischen dem Kalkulationszuschlag und dem Kalkulationsfaktor in einer Übersicht dar.

Das **Kalkulieren von Verkaufspreisen** ist normalerweise sehr zeitraubend. Deshalb wird in der Praxis nicht jeder einzelne Artikel in der bisher dargestellten Weise kalkuliert. Da für die einzelnen Warengruppen die allgemeinen Geschäftskosten (Handlungskosten), der Gewinnzuschlag, der Kundenskonto und der Kundenrabatt über gewisse Zeiträume konstant bleiben, kann die Kalkulation vereinfacht werden. Dabei fasst man die einzelnen prozentualen Zuschläge zu einem Gesamtprozentsatz, dem **Kalkulationszuschlagssatz** zusammen.[1] Der **Kalkulationszuschlag** kann auch als **Kalkulationsfaktor** ausgedrückt werden, indem der Bezugs-/Einstandspreis mit einem Faktor (Vervielfältigungszahl) multipliziert wird (vgl. S. 65).

● Kalkulationszuschlagssatz

Ausgangspunkt für die Errechnung des Kalkulationszuschlagssatzes ist der Bezugs-/Einstandspreis, der dem Prozentsatz von 100% entspricht.

> Der Kalkulationszuschlagssatz ist die Differenz zwischen Bezugs-/Einstandspreis und Listenverkaufspreis, ausgedrückt in Prozent des Bezugs-/Einstandspreises.

[1] *Im Einzelhandel wird die Umsatzsteuer zusätzlich im Kalkulationszuschlagssatz berücksichtigt, weil die Preisangabenverordnung (PAngV) die Angabe des vergleichbaren Bruttoverkaufspreises für den Konsumenten verlangt.*

Viele gebräuchliche Kalkulationszuschläge sind in Tabellen erfasst, aus denen die Listenverkaufspreise einfach abgelesen werden können.

Um den Kalkulationszuschlagssatz berechnen zu können, ist es notwendig, die einzelnen Prozentsätze für die Handlungskosten, den Gewinn, den Skonto und den Rabatt zu kennen. Alternativ müssen der Bezugs-/Einstandspreis und der Listenverkaufspreis einer Ware gegeben sein.

○ Die Prozentsätze für die einzelnen Zuschläge sind bekannt

Beispiel Die Primus GmbH kalkuliert einen neuen Artikel mit 85 % Handlungskosten, 6 % Gewinn, 2 % Kundenskonto, 20 % Kundenrabatt.
Wie viel Euro beträgt der Kalkulationszuschlag und wie viel Prozent der Kalkulationszuschlagssatz?
In diesem Fall ist der Bezugs-/Einstandspreis nicht bekannt. Er wird daher mit 100 angesetzt.

Lösung

①	Bezugs-/Einstandspreis	100,00 €	② 100 %	
	+ Handlungskosten	85,00 €	85 %	
	Selbstkostenpreis	185,00 €	185 %	100 %
	+ Gewinn	11,10 €		6 %
	Barverkaufspreis	196,10 €	98 %	106 %
	+ Kundenskonto	4,00 €	2 %	
	Zielverkaufspreis	200,10 €	100 %	80 %
	+ Kundenrabatt	50,03 €		20 %
③	Listenverkaufspreis	250,13 €		100 %

	Listenverkaufspreis	250,13 €
④	− Bezugs-/Einstandspreis	100,00 €
	Kalkulationszuschlag in Euro	150,13 €
⑤	Kalkulationszuschlagssatz	150,13 %

In diesem Fall entspricht der Kalkulationszuschlag in Euro (150,13 €) dem Kalkulationszuschlagssatz in Prozent (150,13 %).

Rechenweg

① Stellen Sie das Kalkulationsschema auf.
② Setzen Sie den Bezugs-/Einstandspreis gleich 100,00 € oder 100 %.
③ Ermitteln Sie den Listenverkaufspreis.
④ Ermitteln Sie die Differenz zwischen dem Bezugs-/Einstandspreis und dem Listenverkaufspreis und Sie erhalten dann den Kalkulationszuschlag.
⑤ Kalkulationszuschlag in Euro = Kalkulationszuschlag in Prozent

○ Bezugs-/Einstandspreis und Listenverkaufspreis sind bekannt

Beispiel Der Bezugs-/Einstandspreis eines neuen Artikels beträgt in der Primus GmbH 130,00 €.
Der Artikel wird zu einem Listenverkaufspreis von 249,00 € verkauft.
Wie hoch ist der Kalkulationszuschlagssatz?

In diesem Fall sind der Bezugs-/Einstandspreis und der Listenverkaufspreis bekannt. Der Kalkulationszuschlag in Euro kann somit durch Subtraktion des Bezugs-/Einstandspreises vom Listenverkaufspreis ermittelt werden. Mithilfe des Dreisatzes wird der Kalkulationszuschlagssatz berechnet.

Lösung

①	Listenverkaufspreis	249,00 €
	– Bezugs-/Einstandspreis	130,00 €
	Kalkulationszuschlag in Euro	119,00 €

②	Bezugs-/Einstandspreis	130,00 €	=	100 %
③	Kalkulationszuschlag	119,00 €	=	x

④ $x = \frac{119 \cdot 100}{130}$ $x = 91{,}54\,\%$

Der Kalkulationszuschlagssatz beträgt 91,54 %.

Hieraus lässt sich für die Berechnung des Kalkulationszuschlagssatzes folgende **Formel** ableiten:

$$\textbf{Kalkulationszuschlagssatz} = \frac{(\text{Listenverkaufspreis} - \text{Bezugs-/Einstandspreis}) \cdot 100}{\text{Bezugs-/Einstandspreis}}$$

Rechenweg

① Ermitteln Sie die Differenz zwischen Listenverkaufspreis und Bezugs-/Einstandspreis.

② Setzen Sie den Bezugs-/Einstandspreis gleich 100 %.

③ Bilden Sie den Fragesatz, indem Sie den Kalkulationszuschlag in Euro als gesuchte Größe (x) einsetzen.

④ Berechnen Sie den Kalkulationzuschlagssatz mithilfe des Dreisatzes oder verwenden Sie obige Formel.

Kalkulationsfaktor

In der Praxis des Handels wird zur Vereinfachung der Ermittlung des Listenverkaufspreises nicht nur der Kalkulationszuschlag verwendet, sondern auch der Kalkulationsfaktor. Während der Kalkulationszuschlag zum Bezugs-/Einstandspreis addiert wurde, um den Listenverkaufspreis zu erhalten, wird der Kalkulationsfaktor mit dem Bezugs-/Einstandspreis multipliziert.

Da der Kalkulationsfaktor den Listenverkaufspreis für 1,00 € Bezugs-/Einstandspreis darstellt, kann seine Berechnung erfolgen:

1. mithilfe des Dreisatzes, wenn der Bezugs-/Einstandspreis und der Listenverkaufspreis gegeben sind,
2. mithilfe des Kalkulationsschemas von 1,00 € ausgehend, wenn die Einzelzuschläge gegeben sind und der Bezugs-/Einstandspreis nicht bekannt ist.

○ Bezugs-/Einstandspreis und Listenverkaufspreis sind gegeben

Beispiel Die Primus GmbH verkauft einen Artikel für 249,00 €, der Bezugs-/Einstandspreis beträgt 130,00 €. Berechnen Sie den Kalkulationsfaktor.

Lösung

Wenn man die Berechnung des Kalkulationszuschlages nicht auf 100,00 €, sondern auf 1,00 € bezieht, dann entspricht 1,00 € Bezugs-/Einstandspreis $\frac{249}{130} = 1{,}9154$ € Listenverkaufspreis, denn:

130,00 € (Bezugs-/Einstandspreis) = 249,00 € (Listenverkaufspreis)
1,00 € = x

$$x = \frac{249 \cdot 1}{130} \qquad x = \underline{\underline{1{,}9154}}$$

Der Kalkulationsfaktor beträgt 1,9154.

Hieraus lässt sich folgende **Formel** für die Berechnung des Kalkulationsfaktors ableiten:

$$\textbf{Kalkulationsfaktor} = \frac{\text{Listenverkaufspreis}}{\text{Bezugs-/Einstandspreis}}$$

Der Kalkulationsfaktor sollte immer auf vier Stellen hinter dem Komma errechnet werden, da sonst Abweichungen auftreten können.

○ Der Kalkulationszuschlagssatz ist gegeben

Wenn der Kalkulationszuschlagssatz bekannt ist, kann man den Kalkulationsfaktor folgendermaßen errechnen:

$$\textbf{Kalkulationsfaktor} = \frac{\text{Kalkulationszuschlagssatz} + 100}{100}$$

Beispiel Der Kalkulationszuschlagssatz eines Artikels beträgt 80 %. Berechnen Sie den Kalkulationsfaktor.

Lösung

$$\text{Kalkulationsfaktor} = \frac{80 + 100}{100} = \underline{\underline{1{,}8}}$$

Der Kalkulationsfaktor beträgt 1,8.

Beispiele

Kalkulations-zuschlag	Kalkulations-faktor	Kalkulations-zuschlag	Kalkulations-faktor
20 %	1,2	200 %	3
55,5 %	1,555	260 %	3,6
100 %	2	300 %	4
143,5 %	2,435	350 %	4,5
180 %	2,8	400 %	5

○ Berechnung des Listenverkaufspreises mithilfe des Kalkulationsfaktors

Wenn der Bezugs-/Einstandspreis und der Kalkulationsfaktor bekannt sind, kann man den Listenverkaufspreis errechnen, indem man den Bezugs-/Einstandspreis mit dem Kalkulationsfaktor multipliziert.

Listenverkaufspreis = Kalkulationsfaktor · Bezugs-/Einstandspreis

Beispiel Der Bezugs-/Einstandspreis eines Artikels der Primus GmbH beträgt 130,00 €. Der Kalkulationsfaktor ist angegeben mit 1,9154. Berechnen Sie den Listenverkaufspreis.

Lösung

Listenverkaufspreis = 130 · 1,9154 = 249,00 €

Der Listenverkaufspreis beträgt 249,00 €.

PRAXISTIPP Der Kalkulationsfaktor ist eine Zahl, mit der man den Bezugs-/Einstandspreis multipliziert, um den Listenverkaufspreis zu berechnen. Es ist der Verkaufspreis für 1,00 € Bezugs-/Einstandspreis.

Vereinfachte Vorwärtskalkulation mit Kalkulationszuschlag und Kalkulationsfaktor durchführen

Vereinfachte Verkaufskalkulation

Kalkulationszuschlag		**Kalkulationsfaktor**
Differenz zwischen Listenverkaufspreis (LVP) und Bezugs-/Einstandspreis (BP), ausgedrückt in Prozent des Bezugs-/Einstandspreises		Listenverkaufspreis für 1,00 € Bezugs-/Einstandspreis
$KZ = \frac{(LVP - BP) \cdot 100}{BP}$	**Berechnung**	$KF = \frac{LVP}{BP}$ oder $\frac{\text{Kalkulationszuschlagssatz} + 100}{100}$
Bezugs-/Einstandspreis + Kalkulationszuschlag = LVP	**Anwendung zur Berechnung des LVP**	Bezugspreis · Kalkulationsfaktor = LVP

1. Berechnen Sie den Kalkulationszuschlagssatz und den Kalkulationsfaktor für eine Großhandlung, die mit 20 % Handlungskosten, 16 2/3 % Gewinn, 2 % Kundenskonto und 15 % Kundenrabatt kalkuliert.
Berechnen Sie den Listenverkaufspreis einer Ware, die für 226,80 € eingekauft wurde,
a) mithilfe des Kalkulationszuschlagssatzes,
b) mithilfe des Kalkulationsfaktors.

2. Der Bezugs-/Einstandspreis einer Ware beträgt 150,00 €, der Listenverkaufspreis 240,00 €.
Ermitteln Sie a) den Kalkulationszuschlag in Prozent und b) den Kalkulationsfaktor.

3. Berechnen Sie den Kalkulationszuschlagssatz und den Kalkulationsfaktor folgender Artikel.

Artikel	Bezugs-/Einstandspreis in €	Listenverkaufspreis in €
I	278,00	619,00
II	24,80	68,19
III	846,60	1 299,00
IV	0,96	3,89

4. Berechnen Sie für folgende Artikel den Listenverkaufspreis und den Kalkulationsfaktor.

Artikel	Bezugs-/Einstandspreis in €	Kalkulationszuschlagssatz in %
I	154,50	80,9
II	6,30	165,08
III	38,60	310
IV	2,20	33
V	6,40	60
VI	48,00	75

5. Auf der Grundlage nachfolgender Angaben sind der Kalkulationszuschlag und der Kalkulationsfaktor zu berechnen.

	Bezugs-/Einstandspreis in €	Handlungskosten in %	Gewinnzuschlagssatz in %	Kundenrabatt in %	Kundenskonto in %
a)	196,00	20	25	5	2
b)	2,80	15	10	–	3
c)	876,00	25	20	10	2
d)	1,58	22	$16^2/_3$	–	–
e)	26,80	25	20	–	3
f)	40,00	50	25	–	2

6. Vervollständigen Sie folgendes Kalkulationsschema für einen Artikel, dessen Listenverkaufspreis und Listeneinkaufspreis vorgegeben sind.

Berechnen Sie

a) den Zieleinkaufspreis,
b) den Bareinkaufspreis,
c) den Bezugs-/Einstandspreis,
d) die Selbstkosten,
e) den Reingewinn,
f) den Kalkulationsfaktor,
g) den Kalkulationszuschlag.

Listeneinkaufspreis	480,00 €
5 % Rabatt	? €
Zieleinkaufspreis	? €
3 % Skonto	? €
Bareinkaufspreis	? €
Bezugskosten	57,68 €
Bezugs-/Einstandspreis	? €
20 % Handlungskosten	? €
Selbstkostenpreis	? €
Gewinn	? €
Listenverkaufspreis	700,00 €

7. Der Bareinkaufspreis einer Ware beträgt 217,50 €, die Bezugskosten betragen 7,50 €, der Listenverkaufspreis beträgt 450,00 €.
Ermitteln Sie a) den Bezugs-/Einstandspreis und b) den Kalkulationsfaktor.

8. Ein Großhändler bezieht eine Ware für 310,00 €. Er kalkuliert 25 % Handlungskosten, 20 % Gewinn und 14 % Rabatt.
a) Wie viel Euro beträgt der Listenverkaufspreis der Ware?
b) Wie viel Prozent beträgt der Kalkulationszuschlagssatz?
c) Ermitteln Sie den Kalkulationsfaktor.

9. Eine Ware, deren Bezugs-/Einstandspreis 160,00 € je 100 kg beträgt, wird mit 1,12 € je 500 g gelistet.
a) Wie viel Prozent beträgt der Kalkulationszuschlagssatz?
b) Ermitteln Sie den Kalkulationsfaktor.

10. Ein Großhändler bietet eine Ware für 135,00 € an. Der Kalkulationsfaktor beträgt 1,5. Wie viel Euro beträgt der Bezugs-/Einstandspreis der Ware?

11. Aufgrund nachfolgender Angaben sind
a) der Listenverkaufspreis,
b) der Kalkulationszuschlag,
c) der Kalkulationsfaktor
zu berechnen.

Bezugs-/ Einstands-preis in €	Handlungs-kosten in %	Gewinn-zuschlagssatz in %	Kunden-rabatt in %	Kunden-skonto in %
98,00	25	30	10	2

5.3 Kalkulatorische Rückrechnung mit Einzelzuschlägen bzw. der Handelsspanne und Differenzkalkulation umsetzen

Nach zwei Stunden erscheint Frau Braun und betrachtet die bisher von der Auszubildenden Nicole Höver kalkulierten Verkaufspreise (vgl. S. 63). Sie wendet sich an Nicole: *„Beim Fitness-Tracker D-245 müssen wir uns etwas einfallen lassen. Unser Konkurrent, die Schäfer & Co. KG, bietet einen ähnlichen Fitness-Tracker zu einem Verkaufspreis von 229,00 € an. Überprüfen Sie bitte einmal, ob wir unseren Verkaufspreis für diesen Artikel auf 228,00 € festlegen können."*

ARBEITSAUFTRÄGE
- Überprüfen Sie, wie weit der Verkaufspreis für den Fitness-Tracker gesenkt werden kann.
- Ermitteln Sie den verbleibenden Gewinn für den Fitness-Tracker, wenn der Verkaufspreis auf 228,00 € festgelegt wird.
- Ermitteln Sie die Handelsspanne bei einem Verkaufspreis von 228,00 €.

Rückwärtskalkulation mit Einzelzuschlägen

Oft kann im **Wettbewerb mit Konkurrenzunternehmen** ein bestimmter **Marktpreis** nicht überschritten werden. Der Großhändler muss in diesem Fall den aufwendbaren **Bezugs-/Einstandspreis** ermitteln, um seinen angestrebten Gewinn, die Handlungskosten und sonstige Zuschläge gedeckt zu bekommen (= Rückwärtskalkulation).

In der **kalkulatorischen Rückrechnung** stellt sich für den Großhändler die Aufgabe, von einem gegebenen Listenverkaufspreis aus den aufwendbaren Bezugs-/Einstandspreis (der Preis, zu dem er höchstens einkaufen darf) zu kalkulieren.

Beispiel Aus Konkurrenzgründen darf in der Primus GmbH der Listenverkaufspreis von 39,50 € für den Artikel Kopierpapier Primus XERO-Copy (Artikel-Nr. 239B632) nicht überschritten werden. Die Primus GmbH kalkuliert diesen Artikel mit 40 % Handlungskosten, 20 % Gewinn, 2 % Kundenskonto und 5 % Kundenrabatt.

Zu welchem Bezugs-/Einstandspreis darf die Primus GmbH den Artikel höchstens einkaufen?

Lösung

① ↑	Bezugs-/Einstandspreis	21,89 €	100 %					
	+ Handlungskosten	8,76 €	40 %	a. H.				
	Selbstkostenpreis	30,65 €	140 %	100 %				
	+ Gewinn	6,13 €		20 %	a. H.			
③	Barverkaufspreis	36,78 €		120 %	98 %			
	+ Skonto	0,75 €			2 %	v. H.		
	Zielverkaufspreis	37,53 €			100 %	95 %		
	+ Rabatt	1,97 €				5 %	v. H.	
②	Listenverkaufspreis	39,50 €				100 %		

Der Bezugs-/Einstandspreis darf höchstens 21,89 € betragen.

Rechenweg

① Stellen Sie das Kalkulationsschema auf und geben Sie durch einen Pfeil die Richtung der Rechnung an.

② Rechnen Sie vom Listenverkaufspreis auf den Barverkaufspreis zurück. Dabei ist der Kundenrabatt vom Listenverkaufspreis und der Kundenskonto vom Zielverkaufspreis zu berechnen (**Vom-Hundert-Rechnung**).

③ Rechnen Sie vom Barverkaufspreis unter Berücksichtigung von Gewinn und Handlungskosten auf den Bezugs-/Einstandspreis zurück.
Achten Sie darauf, dass hier in beiden Fällen eine Auf-Hundert-Rechnung vorliegt, weil die Handlungskosten auf den Bezugs-/Einstandspreis und der Gewinn auf den Selbstkostenpreis aufgerechnet wurden.

Schema zur Ermittlung bei der Rückwärtskalkulation

	Bezugs-/Einstandspreis	
+	Handlungskosten	a. H.
	Selbstkostenpreis	
+	Gewinn	a. H.
	Barverkaufspreis	
+	Skonto	v. H.
	Zielverkaufspreis	
+	Rabatt	v. H.
	Listenverkaufspreis	

Kalkulation des Bezugs-/Einstandspreises mit der Handelsspanne

Die Differenz zwischen dem Listenverkaufspreis und dem Bezugs-/Einstandspreis kann auf den Listenverkaufspreis bezogen, ebenfalls als Gesamtprozentsatz, der **Handelsspanne**, zusammengefasst werden.

Mithilfe der Handelsspanne errechnet man den Bezugs-/Einstandspreis einer Ware. Die Handelsspanne spielt insbesondere dann eine Rolle, wenn die Ware zu Richtpreisen (vom Hersteller für Markenartikel unverbindlich vorgeschlagen = **Preisempfehlung**) überall zu einem fest vorgegebenen Listenverkaufspreis verkauft werden soll.

Während beim Kalkulationszuschlag als Bezugsgröße der Bezugs-/Einstandspreis zugrunde gelegt wird, geht man bei der Handelsspanne vom Listenverkaufspreis aus.

Die Handelsspanne ist somit ein Prozentsatz, bezogen auf den Listenverkaufspreis, der die Euro-Differenz zwischen Bezugs-/Einstandspreis und Listenverkaufspreis in Prozent des Listenverkaufspreises angibt.

Listenverkaufspreis und Bezugs-/Einstandspreis sind bekannt

Wenn sowohl der Listenverkaufspreis als auch der Bezugs-/Einstandspreis bekannt sind, dann lässt sich die Handelsspanne mithilfe des Dreisatzes berechnen, da der Listenverkaufspreis 100% entspricht und die Differenz zwischen Listenverkaufspreis und Bezugs-/Einstandspreis in Euro die gesuchte Größe darstellt.

Beispiel Aus Konkurrenzgründen bietet die Primus GmbH einem Großabnehmer den Artikel Computer-Papier A4 (Artikel-Nr. 705B251), zu einem Listenverkaufspreis von 20,00 € an. Der Bezugs-/Einstandspreis für diesen Artikel beträgt 12,18 €.

Lösung

Listenverkaufspreis	20,00 €
– Bezugs-/Einstandspreis	12,18 €

Differenz = 7,82 €

20,00 € = 100 %
7,82 € = x

$$x = \frac{7{,}82 \cdot 100}{20} \qquad x = 39{,}1\,\%$$

Die Handelsspanne beträgt 39,1 %.

Daraus lässt sich folgende Formel für die Berechnung der Handelsspanne ableiten:

$$\textbf{Handelsspanne} = \frac{(\text{Listenverkaufspreis} - \text{Bezugs-/Einstandspreis}) \cdot 100}{\text{Listenverkaufspreis}}$$

Rechenweg
- Berechnen Sie die Handelsspanne in Prozent, indem Sie obige Formel verwenden.
- Die Handelsspanne ist immer kleiner als der Kalkulationszuschlag.

Kalkulationszuschlag und -faktor sind bekannt

Beispiel Der Kalkulationszuschlag für den Artikel Schreibtisch Classic (Artikel-Nr. 308B049) beträgt 120 %.
Wie viel Prozent beträgt die Handelsspanne?

Lösung

$$\text{Handelsspanne} = \frac{\text{Kalkulationszuschlag}}{\text{Kalkulationsfaktor}} = \frac{120}{2{,}2} = 54{,}55\,\%$$

Die Handelsspanne ist immer kleiner als der Kalkulationszuschlag.

	A	B	C	D	E
1	**Kalkulationszuschlag, Kalkulationsfaktor, Handelsspanne**				
2	Sind Listenverkaufspreis (LVP) und Bezugs-/Einstandspreis bekannt,				
3	so kann die vereinfachte Verkaufskalkulation durchgeführt werden.				
4	**Bezugs-/Einstandspreis (BP)**		12,80	€	
5	**Listenverkaufspreis (LVP)**		20,00	€	
6					
7	**Kalkulationszuschlag**		56,25	%	
8	**Kalkulationsfaktor**		1,5625		
9	**Handelsspanne**		36,0	%	
10	Eingabe in C4, C5				
11	Ausgabe in C7 durch die Formel = (C5-C4)* 100/C4				
12	Ausgabe in C8 durch die Formel = C5/C4				
13	Ausgabe in C9 durch die Formel = (C5-C4)* 100/C5				

Differenzkalkulation

Wenn sowohl der Listenverkaufspreis als auch der Bezugs-/Einstandspreis vorgegeben sind, prüft der Großhändler, ob ihm noch **ein angemessener Gewinn** bleibt. Dies geschieht, indem mithilfe der Differenzkalkulation, einer Kombination aus Vorwärts- und Rückwärtskalkulation, der verbleibende Gewinn errechnet wird.

Beispiel Die Primus GmbH erhält für einen neuen Artikel folgendes Angebot:

Listeneinkaufspreis 200,00 €, 25 % Liefererrabatt, Bezugskosten 10,00 €, empfohlener Listenverkaufspreis 230,00 €.

Die Primus GmbH kalkuliert diesen Artikel mit 25 % Handlungskosten und 5 % Kundenrabatt.

Welchen Gewinn kann die Primus GmbH in Euro und in Prozent erzielen?

Lösung

①

			€	%	%
Vorwärtskalkulation ↓		Listeneinkaufspreis	200,00 €	100 %	
	−	Liefererrabatt	50,00 €	25 %	
		Zieleinkaufspreis	150,00 €	75 %	
	+	Bezugskosten	10,00 €		
		Bezugs-/Einstandspreis	160,00 €	100 %	
	+	Handlungskosten	40,00 €	25 %	
		Selbstkostenpreis	② 200,00 €	125 %	100 %
	+	Gewinn ④ ↕	18,50 €		9,25 %
Rückwärtskalkulation ↑		Barverkaufspreis	③ 218,50 €	95 %	109,25 %
	+	Kundenrabatt	11,50 €	5 %	
		Listenverkaufspreis	230,00 €	100 %	

⑤ 200,00 € (Selbstkostenpreis) = 100 %
18,50 € (Gewinn) = x

$$x = \frac{100 \cdot 18{,}5}{200} \qquad x = \underline{\underline{9{,}25\,\%}}$$

Rechenweg

① Stellen Sie das Kalkulationsschema auf und setzen Sie die Pfeile so ein, dass die Richtung der Rechnung angegeben wird.

② Ermitteln Sie, ausgehend vom Listeneinkaufspreis, den Selbstkostenpreis → Vorwärtskalkulation.

③ Ermitteln Sie, ausgehend vom Listenverkaufspreis, den Barverkaufspreis → Rückwärtskalkulation.

④ Ermitteln Sie den Gewinn in Euro als Differenz zwischen dem Barverkaufspreis und dem Selbstkostenpreis.

⑤ Ermitteln Sie den Gewinn in Prozent, wobei der Selbstkostenpreis 100 % entspricht.

	A	B	C	D	E
1	**Preiskalkulation (Differenzkalkulation)**				
2	Wenn der Listeneinkaufs- bzw. Bezugspreis und der Listenverkaufspreis durch Marktbedin-				
3	gungen vorgegeben sind, so muss untersucht werden, ob der verbleibende Gewinn ausreicht.				
4	**Kalkulationsschema**	%	€		Eingaben C5,B6,C8,B10,B14,C15
5	Listeneinkaufspreis		200,00	Eingabe!	**Formeln**
6	− Liefererrabatt	25,00	50,00	←	=C5*B6/100
7	= Zieleinkaufspreis		150,00	←	=C5-C6
8	+ Bezugskosten		10,00	Eingabe!	
9	= Bezugs-/Einstandspreis		160,00	←	=C7+C8
10	+ Handlungskosten	25,00	40,00	←	=C9*B10/100
11	= Selbstkostenpreis		↓ 200,00	←	=C9+C10
12	+ Gewinn	9,25	18,50	←	C12:=C13−C11 und B12:=C12*100/C11
13	= Barverkaufspreis		↑ 218,50	←	=C15−C14
14	+ Kundenrabatt (i. H.)	5,00	11,50	←	=C15*B14/100
15	= Listenverkaufspreis		230,00	Eingabe!	

Kalkulatorische Rückrechnung mit Einzelzuschlägen bzw. der Handelsspanne und Differenzkalkulation umsetzen

Rückwärtskalkulation	Differenzkalkulation
– vom Markt vorgegebener Listenverkaufspreis (LVP) – Ermittlung des aufwendbaren Bezugs-/Einstandspreises (BP/EP)	– vom Markt vorgegebener Bezugs-/Einstandspreis (BP/EP) und Listenverkaufspreis (LVP) – Ermittlung des verbleibenden Gewinns
Schema zur Ermittlung des Bezugs-/Einstandspreises (BP/EP) (vgl. S. 70)	Schema zur Ermittlung des verbleibenden Gewinns (vgl. S. 73)

Vereinfachung der Rückwärtskalkulation mit der Handelsspanne

Berechnung:

$$\text{Handelsspanne} = \frac{(LVP - BP) \cdot 100}{LVP}$$

Anwendung zur Berechnung des BP:

$$BP = LVP - \frac{LVP \cdot \text{Handelsspanne}}{100}$$

1. Ein Großhändler möchte einen Artikel neu in sein Sortiment aufnehmen. Aus Konkurrenzgründen soll dieser Artikel zu einem Listenverkaufspreis von 1 700,00 € verkauft werden. Der Großhändler kalkuliert mit folgenden Sätzen: 30 % Handlungskosten, 20 % Gewinn, 3 % Kundenskonto und 5 % Kundenrabatt.
Zu welchem Bezugs-/Einstandspreis muss der Großhändler diesen Artikel einkaufen?

2. Um einen Artikel auf den Markt bringen zu können, empfiehlt ein Hersteller dem Großhändler einen Listenverkaufspreis von 76,00 €.
Welchen Bezugs-/Einstandspreis kann der Großhändler höchstens anlegen, wenn er mit 25 % Handlungskostenzuschlagssatz, 16 2/3 % Gewinnzuschlagssatz, 5 % Verkaufsprovision und 10 % Kundenrabatt kalkuliert?

3. Ein Großhändler kalkuliert mit folgenden Zuschlägen: 5 % Kundenrabatt, 2 % Kundenskonto, 40 % Handlungskosten, 22 % Gewinn, 4 % Verkaufsprovision.
Eine Ware, die neu in das Sortiment aufgenommen werden soll, darf aus Konkurrenzgründen höchstens zu einem Listenverkaufspreis von 307,02 € verkauft werden.
Ermitteln Sie den aufwendbaren Bezugs-/Einstandspreis.

4. Errechnen Sie die höchstens aufwendbaren Bezugs-/Einstandspreise.

	Listenverkaufspreis in €	Kundenskonto in %	Kundenrabatt in %	Handlungskosten in %	Gewinnzuschlagssatz in %
a)	1 105,26	2	10	25	15
b)	750,88	3	5	20	12,5
c)	113,16	2	$8^1/_3$	30	25
d)	69,30	2	5	15	10
e)	2,79	–	–	20	25

5. Zu welchem Bezugs-/Einstandspreis kann ein Großhändler einen Artikel höchstens einkaufen, wenn der Listenverkaufspreis aus Konkurrenzgründen auf höchstens 349,13 € festgesetzt werden muss?
Der Großhändler rechnet mit folgenden Zuschlägen: 12,5 % Gewinn, 25 % Handlungskosten und 2 % Kundenskonto.

6. Welchem Kalkulationszuschlag und Kalkulationsfaktor entsprechen folgende Handelsspannen: 20 %; 33 1/3 %; 40 %; 50 %; 66,48 %?

7. Welcher Handelsspanne entsprechen folgende Kalkulationsfaktoren: 1,2; 1,75; 1,936; 2,0; 2,45; 3,1; 4,2?

8. Ermitteln Sie den Kalkulationszuschlag, den Kalkulationsfaktor und die Handelsspanne.

	Bezugs-/Einstandspreis in €	Listenverkaufspreis in €
a)	2,60	4,29
b)	12,40	25,90
c)	72,00	180,90
d)	125,70	199,00
e)	396,00	798,00

9. Ein Großhändler kalkuliert mit folgenden Zuschlägen: Handlungskosten 25 %, Gewinn 12,5 %, Rabatt 14 %.
a) Wie viel Prozent beträgt der Kalkulationszuschlag?
b) Wie viel Prozent beträgt die Handelsspanne?

10. Ein Elektrogerät wird in einem Großhandelsbetrieb zum Listenverkaufspreis von 59,65 € angeboten. Der Großhändler kalkuliert mit 8 % Handlungskosten und 5 % Kundenrabatt. Der Listeneinkaufspreis beträgt 44,00 €. Der Lieferer gewährt 20 % Liefererrabatt.
Berechnen Sie den Gewinn in Euro und in Prozent.

11. Ein Hersteller empfiehlt für einen Artikel einen Listenverkaufspreis von 560,00 €. Ein Großhändler kann diesen Artikel zu einem Bezugs-/Einstandspreis von 360,00 € beziehen. Er kalkuliert mit 33 1/3 % Handlungskosten.
Berechnen Sie den Gewinn in Euro und in Prozent.

12. Ermitteln Sie den Gewinn in Euro und in Prozent, den man bei nachfolgenden Kalkulationswerten erzielen kann.

	Bezugs-/ Einstands-preis in €	Handlungs-kostenzu-schlagssatz in %	Kunden-skonto in %	Kunden-rabatt in %	Listen-verkaufs-preis in €
a)	40,00	25	3	5	77,98
b)	298,00	20	2	10	463,86
c)	6,40	15	2	–	9,63
d)	430,00	$16^2/_3$	2	$8^1/_3$	788,60

6 Die Kalkulation basierend auf der Kostenstellenrechnung beschreiben

6.1 Kostenstellen festlegen, den Betriebsabrechnungsbogen (BAB) einsetzen und Kostenabweichungen feststellen

Nicole Höver fragt sich, ob die von ihr durchgeführte Preisermittlung mit einheitlichen Zuschlagssätzen für die Waren bzw. Warengruppen gerecht ist. Jede Warengruppe sollte doch nur mit den von ihr verursachten Kosten „belastet“ werden. Herr Zimmer gibt ihr den Hinweis, dass man dafür insbesondere die Gemeinkosten in den Blick nehmen muss. Die Gemeinkosten können den einzelnen Warengruppen allerdings nicht ohne Weiteres zugeordnet werden. Somit ist eine Aussage darüber schwierig, wie groß der Gewinnanteil der einzelnen Warengruppen ist oder ob eine Warengruppe überhaupt einen Gewinn erzielt hat.

Nicole fragt sich, wie die Gemeinkosten den Warengruppen zuzuordnen sind. Dafür müsste sie wissen, wo diese Kosten entstanden sind und wer sie zu verantworten hat.

ARBEITSAUFTRÄGE

- Sammeln Sie Ideen zur Lösung dieser Probleme.
- Erarbeiten Sie einen Vorschlag zur Kostenstellenbildung in der Primus GmbH.

Kostenstellen und ihre Einteilungskriterien

Für alle Waren, Warengruppen, Abteilungen und für das gesamte Unternehmen fallen **Gemeinkosten** an. Sie können Waren oder Warengruppen (**Kostenträgern**) nicht direkt zugerechnet werden. Die Gemeinkosten werden den Waren bzw. Warengruppen indirekt zugerechnet. Hierfür muss der Unternehmer wissen, wo sie entstanden sind und **wer** sie zu verantworten hat. Diese **Bereiche der Kostenverursachung** werden als **Kostenstellen** bezeichnet.

Für die Aufteilung des Betriebs in Kostenstellen bieten sich Warengruppen, betriebliche Funktionen oder übergreifende Bereiche an. Daraus kann sich eine Struktur ergeben, die zu End-, Vor- und allgemeinen Kostenstellen führt.

Gliederung nach Warengruppen

Es bietet sich an, die **Endkostenstellen** nach den **Kostenträgern** (Warengruppen) aufzuteilen. Dafür ist es allerdings notwendig, dass die Warengruppen (Abteilungen) räumlich getrennt sind. So kann für jeden Kostenträger ein Zuschlagssatz für die Handlungskosten ermittelt werden.

Beispiel

Warengruppen			
I. Bürotechnik	II. Büroeinrichtung	III. Verbrauch	IV. Organisation

○ Gliederung nach betrieblichen Funktionen bzw. Verantwortungsbereichen

Bei einer **Gliederung nach betrieblichen Funktionen** (Aufgaben) werden die Kostenstellen nach Tätigkeitsbereichen abgegrenzt. Ein Tätigkeitsbereich kann vom einzelnen Arbeitsplatz bis zu ganzen Abteilungen reichen. Organisatorisch kann eine Übereinstimmung von Funktions- und Verantwortungsbereich erzielt werden. Eine **Gliederung nach Verantwortungsbereichen** ist sinnvoll, wenn bei Untersuchungen der Kostenstruktur bzw. der Kostenentwicklung, z. B. bei Abweichungen von den geplanten Kosten, die Verantwortlichen herangezogen werden sollen.

Die festgelegten Kostenstellen können auch als **Vorkostenstellen** eingestuft werden, die Leistungen an die Endkostenstellen liefern.

Beispiel

Funktionsbereich	Verantwortliche/-r
Einkauf	Frau Konski
Lager/Versand	Herr Patt
Verkauf/Marketing	Herr Winkler
Verwaltung	Frau Berg

○ Gliederung nach übergreifenden Bereichen

Die nach übergreifenden Bereichen festgelegten Kostenstellen haben eine Funktion für den Gesamtbetrieb. Kosten, die in diesem Bereich entstehen, können keiner der bisher aufgeführten Kostenstellen zugeordnet werden. Man bezeichnet sie als **allgemeine Kostenstellen.**

● Aufgaben der Kostenstellenrechnung

Die Kostenstellenrechnung hat die Aufgabe, die **Gemeinkostenarten** nach ihrer Verursachung auf die Kostenstellen zu verteilen. Als tabellarisches Hilfsmittel wird der **Betriebsabrechnungsbogen** (**BAB**) genutzt, um die Gemeinkosten, die in der Kostenartenrechnung ermittelt wurden, auf die Kostenstellen umzulegen. Mit Unterstützung des BAB erfüllt die Kostenstellungrechnung folgende Aufgaben:

- **Zuordnung der Gemeinkosten** aus der Ergebnistabelle auf die Kostenstellen (vgl. S. 81),
- **Verrechnung** der in den Vorkostenstellen und allgemeinen Kostenstellen erfassten Gemeinkosten in den Endkostenstellen (vgl. S. 81),

- Zuschlagssätze für die Handlungskosten werden abgeleitet, mit deren Hilfe die Gemeinkosten der Kostenstellen auf die Kostenträger verrechnet werden (vgl. S. 81),
- Kontrolle der Gemeinkosten jeder Kostenstelle.

Die **zentrale Aufgabe des BAB** ist die **Berechnung des Handlungskostenzuschlagssatzes** für die jeweiligen Endkostenstellen. Dies ist durch die Nutzung räumlich getrennter Warenabteilungen (Endkostenstellen) umsetzbar. Die auf diesem Weg ermittelten Handlungskostenzuschlagssätze ermöglichen für jede Warengruppe eine individuelle Kalkulation.

Verteilung der Gemeinkosten auf die Kostenstellen im Betriebsabrechnungsbogen

Ziel der Gemeinkostenverteilung muss es sein, die Gemeinkosten möglichst verursachungsgerecht auf die Kostenstellen zu verteilen. Denn welcher **Abteilungsleiter** möchte schon für die Kosten verantwortlich gemacht werden, die seine Abteilung nicht verursacht hat?

Beispiel Frau Konski schlägt vor, die Anteile der Feuerversicherung für alle vier Vorkostenstellen gleichzusetzen. Damit sind die Abteilungsleiter Patt und Winkler nicht einverstanden, weil sie meinen, dass die unterschiedliche Raumgröße zu berücksichtigen sei.

Kostenstelleneinzelkosten

Ein Teil der Gemeinkosten kann anhand von Belegen oder mithilfe von Mess- und Zähleinrichtungen zugeordnet werden.

Beispiele
- Aufwendungen für Waren
- Gehälter, Sozialkosten mithilfe von Gehaltslisten
- Kosten der Werbung anhand von Belegen
- Instandhaltungskosten anhand von Belegen
- Abschreibungen bestimmter Anlagen mittels Anlagendatei
- Stromkosten mithilfe von Zählern
- Büromaterial aufhand von Materialentnahmescheinen oder Eingangsrechnungen

Die Kostenträgergemeinkosten, die den Kostenstellen direkt zugerechnet werden können, sind **Kostenstelleneinzelkosten.**

Kostenstellengemeinkosten

Ein Teil der Gemeinkosten wird von mehreren oder allen Kostenstellen gemeinsam verursacht. Es handelt sich daher um **Kostenstellengemeinkosten.** Sie können den Kostenstellen nur mithilfe von Verteilungsschlüsseln zugerechnet werden. Das Kernproblem der Kostenstellengemeinkostenverteilung besteht darin, geeignete Verteilungsschlüssel zu finden, die die Kostenverursachung auch widerspiegeln.

Verteilungsmöglichkeiten einzelner Gemeinkosten

Kostenart	Verteilungsgrundlage
Kfz-Kosten (Versicherung, betriebliche Steuern, Kraftstoffe)	Kilometer (Fahrtenbücher) auf die Funktionsbereiche
Unfallversicherung	Zahl der Beschäftigten in den Funktionsbereichen
Feuerversicherung	Wert des versicherten Vermögens in den Funktionsbereichen
Miete, Heizung	Quadratmeter oder Kubikmeter der einzelnen Funktionsbereiche
Abschreibungen	Wert des Anlagevermögens in den Funktionsbereichen

○ Betriebsabrechnungsbogen (BAB)

Die Verteilung der Gemeinkosten wird in statistisch-tabellarischer Form im **Betriebsabrechnungsbogen (BAB)** durchgeführt. Verrechnungstechnisch sind der **einstufige** und der **mehrstufige BAB** zu unterscheiden.

Der **einstufige BAB** enthält nur Endkostenstellen (= Kostenstellen). Aus der Abgrenzungsrechnung der Kostenartenrechnung werden die Gemeinkosten übernommen und dann anhand von Belegen, Zähl- und Messeinrichtungen oder mithilfe von Schlüsseln auf die Kostenstellen verteilt.

Beispiel Die Otto Rompf GmbH, ein Konkurrent der Primus GmbH, nutzt folgenden einstufigen BAB mit vier Kostenstellen, der nach Abstimmung der Verteilungsgrundlage unter den Abteilungsleitern erstellt wurde.

Kostenarten	Betrag in €	Verteilungsgrundlage/ -schlüssel	Kostenstellen			
			Einkauf	Lager	Vertrieb	Verwaltung
Gemeinkosten:						
Provisionen	47500,00	Eingangsrechnungen	–	–	47500,00	–
Energie	90003,00	kWh, 1 : 8 : 2 : 1	7500,25	60002,00	15000,50	7500,25
Instandhaltung	23368,25	Eingangsrechnungen	7291,00	9575,25	3058,75	3443,25
Werbe- und Reisekosten	146250,00	Eingangsrechnungen, Belege	20291,00	8557,50	61351,50	56050,00
betriebliche Steuern, Beiträge	39357,50	Schlüssel, 1 : 1 : 4 : 1	5622,50	5622,50	22490,00	5622,50
Löhne/Gehälter	377500,00	Lohn- und Gehaltslisten	61920,25	49100,00	111987,00	154492,75
kalkulatorische Abschreibungen	225000,00	Anlagendatei	67000,00	92000,00	39000,00	27000,00
Summe der Gemeinkosten	**948978,75**		169625,00	224857,25	300387,75	254108,75

Erläuterung des Verteilungsschlüssels „Energie“: Die Energiekosten setzen sich aus Grundentgelt und Verbrauchseinheiten zusammen. Die gesamten Energiekosten wurden im Verhältnis der Verbrauchseinheiten verteilt: Kostenstelle „Einkauf“ 130000 kWh, „Lager“ 1040000 kWh, „Vertrieb“ 260 000 kWh, „Verwaltung“ 130000 kWh.

Der **mehrstufige BAB** enthält neben den Endkostenstellen mehrere Vorkostenstellen (Hilfskostenstellen), deren Kosten auf die Endkostenstellen umgelegt werden. Die regelmäßige Erstellung eines BAB ermöglicht der Unternehmensleitung neben der Kostenartenkontrolle eine Überwachung der Kosten einzelner Kostenstellen. Dadurch können im Falle starker Schwankungen sowie unveränderter Beschäftigung und Preissituation die Ursachen der Abweichungen leichter herausgefunden werden.

Folgende Arbeitsschritte umfasst die Erstellung des mehrstufigen Betriebsabrechnungsbogens in der Primus GmbH:

1. Arbeitsschritt
Die Gemeinkosten werden im BAB direkt oder per Verteilungsschlüssel auf alle Kostenstellen verteilt.

2. Arbeitsschritt
Für jede Kostenstelle werden die vorläufigen Gemeinkostensummen ermittelt.

3. Arbeitsschritt
Die Kosten der allgemeinen Kostenstelle „Fuhrpark" werden auf die restlichen Vor- und Endkostenstellen umgelegt. Die Verteilung erfolgt im Verhältnis der vom Fuhrpark zur Verfügung gestellten Leistung für die jeweilige Kostenstelle. Hierfür wurde ein Verteilungsschlüssel festgelegt. Bei der Allgemeinen Kostenstelle „Fuhrpark" wird im Beispiel davon ausgegangen, dass diese von allen weiteren Kostenstellen in Anspruch genommen wird.

4. Arbeitsschritt
Für die Vor- und Endkostenstellen werden die „neuen" Gemeinkostensummen ermittelt.

5. Arbeitsschritt
Die Kosten der Vorkostenstellen werden auf die restlichen Endkostenstellen umgelegt. Dieser Schritt ist notwendig, da nur für die Endkostenstellen Zuschlagssätze ermittelt werden. Die Verteilung erfolgt im Verhältnis der von den Hilfskostenstellen in Anspruch genommenen Leistung durch die Kostenstelle „Fuhrpark". Hierfür wurden in der Primus GmbH Verteilungsschlüssel festgelegt.

6. Arbeitsschritt
Die Gesamtbeträge für die Endkostenstellen werden errechnet.

7. Arbeitsschritt
Die Zuschlagssätze für die Warengruppen als Endkostenstellen werden auf der Grundlage der entsprechenden Zuschlagsgrundlagen (Wareneinsatz) berechnet.

In dem BAB lassen sich nun **die Ist-Gemeinkostenzuschlagssätze** für die Warengruppen ablesen. Der Primus GmbH liegen nun folgende Gemeinkostenzuschlagssätze vor:

Bürotechnik	Büroeinrichtung	Verbrauch	Organisation
40,75 %	116,73 %	83,15 %	97,56 %

● Kostenunter- und -überdeckung

Von Zeit zu Zeit müssen die Verkaufspreise der Produkte überprüft und für die nächste Rechnungsperiode neu festgelegt werden. Bei der Überprüfung soll festgestellt werden, ob die in der Kalkulation angewandten Zuschlagssätze auch für die kommende Rechnungsperiode beibehalten werden können. Dies ist der Fall, wenn sie ausreichend waren, um die entstandenen Kosten auf die Kostenträger umzulegen und über die Verkaufserlöse wieder zurückfließen zu lassen.

○ Vorkalkulation mit Normalkosten

Die oben errechneten Zuschlagssätze für die Gemeinkosten werden auf der Basis der Ist-Zahlen lt. Kostenarten- und Kostenstellenrechnung einer vergangenen Rechnungsperiode ermittelt. Für künftige Vorkalkulationen, z. B. zur Abgabe von Angeboten oder zur Erstellung von Preislisten, eignen sich diese Zuschlagssätze nicht, weil sie die Kostenentwicklung in der Zukunft nicht berücksichtigen.

Beispiele
- Preisänderungen bei Energie und Betriebskosten
- Gehaltserhöhungen aufgrund neuer Tarifabschlüsse
- Änderung der Auftragslage und damit verbundene stärkere Belastung durch Fixkosten (bei rückläufiger Beschäftigung)

Daher muss bei der Kalkulation der Verkaufspreise innerhalb der Rechnungsperiode mit geschätzten Gemeinkostenzuschlagssätzen gerechnet werden. Diese Schätzung beruht i. d. R. auf den **durchschnittlichen Ist-Zuschlagssätzen vergangener Rechnungsperioden**. Man geht dabei von einer **durchschnittlichen** oder **normalen Beschäftigung** (= **Normalkostenrechnung**) unter Berücksichtigung bereits erkennbarer Kostenänderungen in naher Zukunft aus. Mit der Durchschnittsbildung soll verhindert werden, dass sich Kostenschwankungen auf Kostenvergleiche und auf die Preisbildung auswirken.

Beispiel Die Primus GmbH hat im letzten Jahr die vier Warengruppen mit folgenden Gemeinkostenzuschlagssätzen kalkuliert:

Bürotechnik	Büroeinrichtung	Verbrauch	Organisation
40,00 %	120,00 %	80,00 %	100,00 %

Bei einer Sortimentserweiterung in der Warengruppe „Verbrauch" kalkuliert die Primus GmbH das neue Textmarker-Set Primus Öko Wilhelm 6er-Set auf der Grundlage des Normalkostenzuschlages von 80 %:

Bezugs-/Einstandspreis je 6er-Set Textmarker Öko Wilhelm	4,14 €
+ 80 % Gemeinkosten	3,31 €
= Selbstkostenpreis je 6er-Set	**7,45 €**

○ Nachkalkulation mit Ist-Zuschlägen

In regelmäßigen Abständen muss die KLR feststellen, ob die Normalkosten ausreichen, um die tatsächlich angefallenen Kosten (**Ist-Kosten**) zu decken und ob das kalkulierte Ergebnis (= **Umsatzergebnis**) tatsächlich erreicht wird.

Dies geschieht, indem am Ende der Rechnungsperiode auf dem Wege der oben beschriebenen Kostenarten-, Kostenstellen- und Kostenträgerrechnung die **Ist-Kosten** und die **Ist-Kostenzuschlagssätze** ermittelt und mit den Ergebnissen der Normalkostenrechnung verglichen werden.

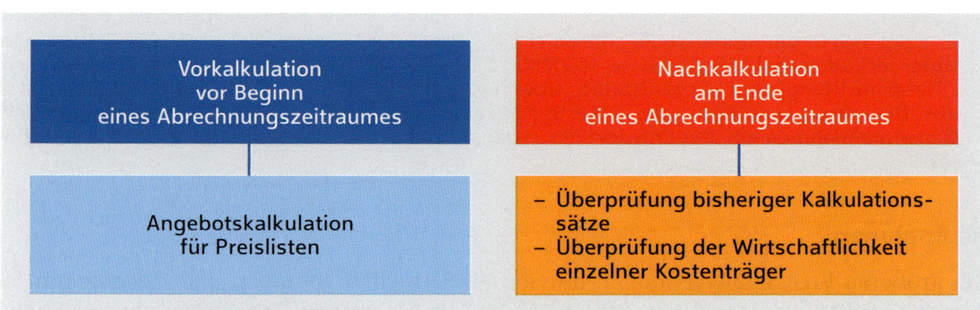

Die Ergebnisse der Nachkalkulation können dann wieder für künftige Vorkalkulationen ausgewertet werden.

○ Kostenabweichungen

Normal- und **Ist-Kosten** stimmen selten überein. Es können sowohl bei Einzel- als auch bei Gemeinkosten **Kostenabweichungen** auftreten, nämlich **Kostenüber-** oder **Kostenunterdeckungen.**

- **Kostenüberdeckung**: Die **kalkulierten Normalkosten** sind **größer** als die **tatsächlich entstandenen Ist-Kosten.** Folglich ist das Umsatzergebnis der Normalkostenrechnung kleiner als das Betriebsergebnis der Ist-Kostenrechnung.
- **Kostenunterdeckung**: Die **kalkulierten Normalkosten** sind **kleiner** als die **tatsächlich entstandenen Ist-Kosten.** Das Umsatzergebnis der Normalkostenrechnung ist besser als das Betriebsergebnis.

Die Kostenabweichungen können im BAB als Kostenstellenabweichungen dargestellt werden.

Beispiel Die Primus GmbH möchte feststellen, ob die in die Preise ihrer Waren und Warengruppen eingerechneten Normalkosten gedeckt werden und inwieweit eine Kostenüber- oder -unterdeckung vorliegt. Aus diesem Grund wird der BAB um die Ist-Zuschlagssätze ergänzt.

Kostenarten	Endkostenstellen			
	Büro-technik	Büro-einrichtung	Verbrauch	Organisation
Wareneinsatz	550000,00	245000,00	325000,00	221000,00
Ist-Gemeinkosten (Handlungskosten)	224150,00	286000,00	270250,00	215600,00
Ist-Gemeinkostenzuschlag	40,75 %	116,73 %	83,15 %	97,56 %
Normalgemeinkostenzuschlag (Normal)	40 %	120 %	80 %	100 %
Normalgemeinkosten (Handlungskosten)	220000,00	294000,00	260000,00	221000,00
Kostenüberdeckung		8000,00		5400,00
Kostenunterdeckung	4150,00		10250,00	

Es zeigt sich in der Kostenstelle „Bürotechnik" und in der Kostenstelle „Verbrauch", dass eine Unterdeckung von 4150,00 € bzw. 10250,00 € vorliegt. Andererseits weisen die Kostenstellen „Büroeinrichtung" und „Organisation" Überdeckungen in Höhe von 8000,00 € bzw. 5400,00 € aus. Die Primus GmbH stuft diese Werte noch nicht als besorgniserregend ein und leitet keine Gegenmaßnahmen ein. Die Entwicklung in den auffälligen Kostenstellen wird weiter beobachtet.

Maßnahmen

Bei größeren Kostenabweichungen müssen die Ursachen gefunden und Gegenmaßnahmen eingeleitet werden: Änderung einzelner Zuschlagssätze, Rationalisierungsmaßnahmen in einzelnen Kostenstellen, Veränderung der Verteilungsschlüssel einzelner Gemeinkostenarten, Werbemaßnahmen, Bereinigung bzw. Erweiterung des Absatzprogramms usw.

Durch die Untersuchung der Kostenabweichungen im Einzelnen wird die **Kostenkontrolle** in den einzelnen Kostenstellen verbessert. Allerdings kann der einzelne Kostenstellenleiter nur für Abweichungen verantwortlich gemacht werden, wenn aus der Vergleichsrechnung Einflussgrößen eliminiert werden, die der Kostenstellenleiter nicht zu vertreten hat.

Beispiele
- Der Kostenstellenleiter „Büroeinrichtung" hat die Preiserhöhung des Büromöbellieferanten nicht zu vertreten.
- Ebenso hat der Kostenstellenleiter „Lager/Versand" keinen Einfluss auf Hilfslohnerhöhungen aufgrund von Tarifabschlüssen.
- Nicht zuletzt sind Kostenabweichungen aufgrund steigender oder nachlassender Auftragslage (Beschäftigung) nicht von den Kostenstellenleitern zu vertreten.

Kostenstellen festlegen, den Betriebsabrechnungsbogen (BAB) einsetzen und Kostenabweichungen feststellen

- Die Bereiche der Kostenverursachung werden als **Kostenstellen** bezeichnet.
- Für die **Aufteilung des Betriebs in Kostenstellen** bieten sich Warengruppen, betriebliche Funktionen oder übergreifende Bereiche an.
- Die Kostenstellenrechnung informiert über die **Kostenverursachung einzelner Betriebsbereiche** (Funktions- und Verantwortungsbereiche); dadurch lassen sich Kosten verantwortlichen Personen zuordnen.
- Durch einen Vergleich verschiedender Zeiträume (Zeitvergleich) kann die **Kostenentwicklung jeder Kostenstelle** festgestellt werden.
- Die Kostenstellenrechnung ist **Voraussetzung für die Verteilung der Gemeinkosten** auf die Kostenträger.
- Nach der Zurechnung der Kosten auf die Kostenträger sind **Kostenträgereinzel- und Kostenträgergemeinkosten** zu unterscheiden. Nach der Zurechnung der Kostenträgergemeinkosten auf die Kostenstellen **sind Kostenstelleneinzel- und Kostenstellengemeinkosten** zu unterscheiden.

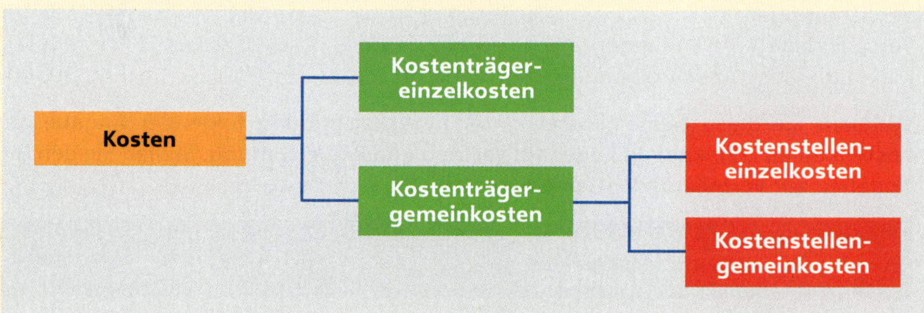

- Die Verteilung der Gemeinkosten wird in statistisch-tabellarischer Form im **Betriebsabrechnungsbogen (BAB)** durchgeführt.
- Je nach Tiefengliederung werden **einstufiger und mehrstufiger BAB** unterschieden.

- Gegenüberstellung im BAB:

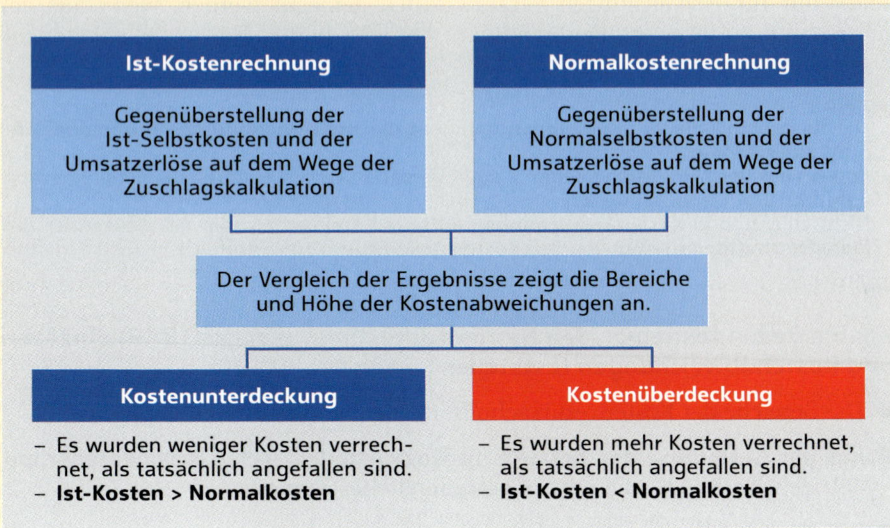

1. Die Betriebsbuchhaltung eines Großhandelsunternehmens ermittelte folgende Gemeinkosten:

Personalkosten	480 000,00 €
Energie	87 000,00 €
Reisekosten	120 000,00 €
Frachten	56 000,00 €
Betriebliche Steuern	56 000,00 €
Sozialabgaben	100 000,00 €
Fremdinstandhaltung	188 000,00 €
Versicherungen	38 000,00 €
Verschiedene Aufwendungen	380 000,00 €
Kalkulatorische Abschreibungen	500 000,00 €

Verteilen Sie diese Gemeinkosten unter Berücksichtigung folgender Angaben auf die Kostenstellen I. Einkauf, II. Lager, III. Vertrieb und IV. Verwaltung. Stellen Sie den BAB auf. Angaben zur Verteilung der Gemeinkosten:

Kostenart	Verteilungsgrundlage	I.	II.	III.	IV.
Personalkosten	Lohn- und Gehaltslisten	120 000,00	90 000,00	140 000,00	130 000,00
Energie	kWh	14 000,00	37 000,00	8 000,00	28 000,00
Reisekosten	Eingangsrechnungen, Belege	26 000,00	10 000,00	56 000,00	28 000,00
Frachten	Rechnungen	2 000,00	12 000,00	32 000,00	10 000,00

Kostenart	Verteilungs-grundlage	I.	II.	III.	IV.
Betriebliche Steuern	interner Schlüssel	18000,00	10000,00	14000,00	14000,00
Sozialabgaben	Eingangs-rechnungen	6000,00	70000,00	4000,00	20000,00
Fremdinstand-haltung	Belege	30000,00	48000,00	31000,00	79000,00
Versicherungen	Belege	1000,00	8000,00	1000,00	28000,00
verschiedene Aufwendungen	Belege Rest: m²	15000,00 500	25000,00 2500	220000,00 500	40000,00 500
kalkulatorische Abschreibungen	Anlagenkartei	20000,00	280000,00	50000,00	150000,00

2. In der Keiser GmbH, einem Großhändler für Fahrradzubehör, wird auf der Grundlage folgender Daten aus der Finanzbuchhaltung ein mehrstufiger Betriebsabrechnungsbogen erstellt.
Die Keiser GmbH entscheidet sich in ihrer Kostenrechnung, die **Endkostenstellen** nach den Warengruppen (Kostenträger) einzurichten.

Fahrrad | **Teile** | **Zubehör** | **Elektronik**

Ergänzend werden die Abteilungen als **Vorkostenstellen** eingerichtet.

Einkauf | **Lager** | **Vertrieb** | **Verwaltung**

Der Bereich „Fuhrpark" bildet die **allgemeine Kostenstelle**, die von allen weiteren Kostenstellen in Anspruch genommen wird.

Fuhrpark

Für die betrachtete Rechnungsperiode liegen aus der Finanzbuchhaltung der Keiser GmbH folgende Werte vor:

Gemeinkosten	Betrag in €	Verteilungsgrundlage/ -schlüssel
Provisionen	51000,00	Eingangsrechnungen
Frachten	252500,00	Eingangsrechnungen
Instandhaltung	188000,00	Eingangsrechnungen
Mieten	122000,00	Quadratmeter

Gemeinkosten	Betrag in €	Verteilungsgrundlage/ -schlüssel
betriebliche Steuern, Beiträge	88 500,00	interner Schlüssel
Werbe- und Reisekosten	76 000,00	Eingangsrechnungen
Löhne/Gehälter	1 008 000,00	Lohn-/Gehaltslisten
kalkulatorische Kosten	96 000,00	Anlagendatei/ 2:1:2:1:2:1:1:1:1
Gemeinkosten gesamt	**1 882 000,00**	

Einzelkosten (Wareneinsatz)	Betrag in €
Warengruppe „Fahrrad“	1 100 000,00
Warengruppe „Teile“	490 000,00
Warengruppe „Zubehör“	650 000,00
Warengruppe „Elektronik“	442 000,00
Einzelkosten gesamt	**2 682 000,00**

In einem ersten Arbeitsschritt wurden die folgenden Gemeinkosten im Betriebsabrechnungsbogen bereits auf die Kostenstellen verteilt:

Gemeinkosten	Fuhrpark	Einkauf	Lager	Vertrieb	Verwaltung	Fahrrad	Teile	Zubehör	Elektronik
Provisionen	-	-	-	51 000,00	-	-	-	-	-
Frachten	7 000,00	20 000,00	41 000,00	180 500,00	4 000,00	-	-	-	-
Instandhaltung	160 000,00	-	-	-	28 000,00	-	-	-	-
Mieten	9 000,00	6 000,00	7 000,00	24 000,00	7 000,00	18 000,00	18 000,00	21 000,00	12 000,00
betriebliche Steuern, Beiträge	22 000,00	4 000,00	6 000,00	14 500,00	6 000,00	9 000,00	10 800,00	7 200,00	9 000,00
Werbe- und Reisekosten	-	-	-	68 000,00	8 000,00	-	-	-	-
Löhne/ Gehälter	76 000,00	100 000,00	90 000,00	220 000,00	162 000,00	80 000,00	100 000,00	80 000,00	100 000,00

Die weiteren Gemeinkosten müssen auf der Grundlage der nachfolgenden Angaben noch auf die Kostenstellen verteilt werden:

Gemeinkosten	Fuhrpark	Einkauf	Lager	Vertrieb	Verwaltung	Fahrrad	Teile	Zubehör	Elektronik
kalkulatorische Kosten	2	1	2	1	2	1	1	1	1

Die Umlage für die allgemeine Kostenstelle „Fuhrpark“ ist nach folgendem Verteilungsschlüssel durchzuführen:

Fuhrpark	1	5	3	3	1	1	1	1

Die Kosten der Vorkostenstellen werden nach folgendem Schlüssel auf die restlichen Endkostenstellen umgelegt:

Verteilung Einkauf	1	1	1	2
Verteilung Lager	2	1	1	1
Verteilung Vertrieb	2	1	1	1
Verteilung Verwaltung	1	1	1	2

a) Bestimmen Sie für alle Endkostenstellen die Gemeinkosten und die Gemeinkostenzuschlagssätze.

b) Die Keiser GmbH hat im letzten Jahr die vier Warengruppen mit folgenden Gemeinkostenzuschlagssätzen kalkuliert:

Fahrrad	Teile	Zubehör	Elektronik
54,00 %	90,00 %	65,00 %	105,00 %

Kalkulieren Sie den Selbstkostenpreis des „neuen“ Artikels der Fahrradgroßhandel Keiser GmbH aus der Warengruppe „Elektronik“ auf der Grundlage der Normalzuschlagssätze des letzten Jahres:
- Artikel: Rücklicht Knag Plus Multifunktions-LED-Leuchte
- Bezugs-/Einstandspreis: 8,90 €

c) Prüfen Sie die Kostenüber- und Kostenunterdeckung für die Normalzuschlagssätze für die Gemeinkosten der Keiser GmbH.

3. Ein Großhandelsunternehmen erfasst folgende Gemeinkosten, die in einem Betriebsabrechnungsbogen mit den Kostenstellen I – IV zu erfassen und zu verteilen sind:

Gemeinkosten	Betrag in €	Verteilungsgrundlage/-schlüssel	I	II	III	IV
Gehälter	246 000,00	Gehaltslisten	42 000,00	64 000,00	68 000,00	72 000,00
Löhne	34 000,00	Lohnliste	0,00	28 000,00	0,00	6 000,00
soziale Aufwendungen	112 000,00	Schlüssel	20 %	30 %	20 %	30 %
Energie	48 000,00	Quadratmeter	300 m^2	1200 m^2	400 m^2	100 m^2
Versicherungen	24 000,00	Rechnungen/nach Anlagewerten s. u.				
Miete	72 000,00	Eingangsrechnungen	37 000,00	12 000,00	17 000,00	6 000,00
Instandhaltung	27 000,00	Rechnungen/ Verhältnis	1	4	2	2
kalk. Abschreibungen	192 000,00	Anteil am Gesamtwert der Anlagen	15 %	60 %	20 %	5 %

Bestimmen Sie die Gemeinkosten für jede einzelne Kostenstelle des Fahrradgroßhandels Keiser GmbH. Nutzen Sie, wenn möglich, ein Tabellenkalkulationsprogramm zur Erstellung des BAB.

6.2 Die Kostenträgerrechnung nutzen

Nachdem die Einzel- und Gemeinkosten lt. BAB festgehalten worden sind, ist Herr Müller der Meinung, dass jetzt der Erfolg der einzelnen Warengruppen (Bürotechnik, Büroeinrichtung, Verbrauch und Organisation) festgestellt werden kann. Zu diesem Zweck ruft er Frau Lapp zu sich und bittet sie, ihm eine Aufstellung über die Ergebnisse der einzelnen Warengruppen zur Verfügung zu stellen. Frau Lapp meint dazu: *„Das fragen Sie besser die Finanzbuchhaltung und die Kostenrechnung, die kennen jeweils die Umsatzerlöse und die Kosten der Warengruppen."*

ARBEITSAUFTRÄGE

- Erläutern Sie, warum Herr Müller den Erfolg der einzelnen Produktgruppen wissen will.
- Unterscheiden Sie die unterschiedlichen Bereiche der Kostenträgerrechnung.

Kostenträger sind die Absatzleistungen der Großhandelsbetriebe, die die Kosten verursacht haben. Kostenträger können **Waren bzw. Warengruppen** (ein Tischkopierer bzw. die Warengruppe „Bürotechnik"), **Aufträge** (ein Großraumbüro) oder **Zeiträume** (ein Jahr, ein Quartal, ein Monat) sein.

Werden die Kosten einzelnen **Waren** oder **Aufträgen** zugeordnet, spricht man von der **Kostenträgerstückrechnung** oder **Kalkulation**. Werden die Kosten Zeiträumen zugeordnet, spricht man von der **Kostenträgerzeitrechnung**.

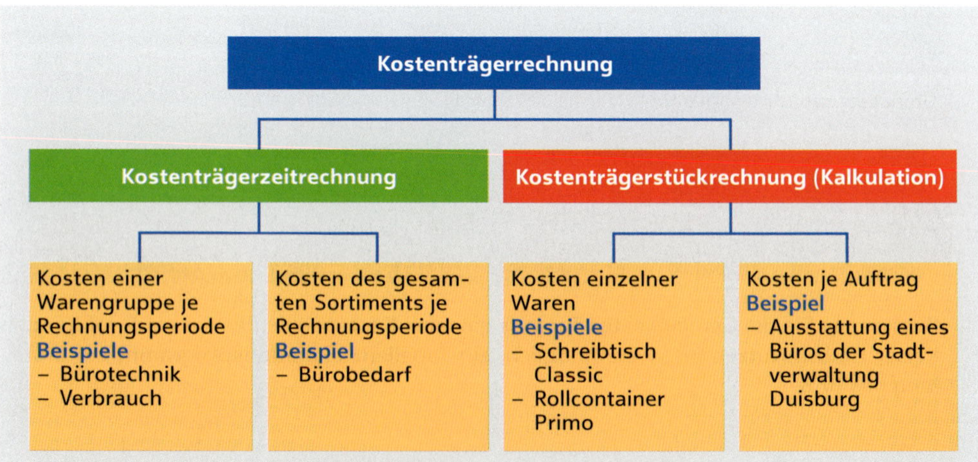

Aufgaben der Kostenträgerrechnung sind:

- Ermittlung des Selbstkosten- und des Verkaufspreises für einzelne Waren
- Gegenüberstellung von Selbstkosten und Umsatzerlösen für einzelne Waren und die gesamten Warengruppen zur Feststellung des betrieblichen Erfolges
- Errechnung der Wirtschaftlichkeit für jede Warengruppe
- Ermittlung des Anteils einer Warengruppe am Umsatz- bzw. Betriebsergebnis
- Durchführung einer kurzfristigen Erfolgsrechnung
- Vor- und Nachkalkulation zur Kostenkontrolle

Kostenträgerzeitrechnung

Die **Kostenträgerzeitrechnung** hat die Aufgabe, die in einer Rechnungsperiode erzielten Erfolge des gesamten Sortiments und bestimmter Warengruppen bzw. einzelner Waren zu ermitteln. Dies wird erreicht, indem den Umsatzerlösen des gesamten Sortiments oder einzelner Warengruppen entsprechend die Kosten (**Selbstkosten**) gegenübergestellt werden. Die Gesamtkosten des Unternehmens und jeder Warengruppe setzen sich aus den **Einzelkosten** und den anteiligen **Gemeinkosten** zusammen.

Auf dem **Kostenträgerblatt** können die Selbstkosten sowie das Betriebsergebnis auf der Grundlage der Normal- und Ist-Kosten, der jeweiligen Wareneinsätze und der Umsatzerlöse ermittelt werden.

Beispiel In der Primus GmbH erstellt Herr Zimmer aus dem Bereich KLR/Controlling zur Berechnung der Selbstkosten und des Betriebsgewinns der letzten Rechnungsperiode ein Kostenträgerblatt auf Basis der Normalkosten. Dabei werden die Normalkostenzuschlagssätze, die Umsatzerlöse und die Ergebnisse der Verrechnung aus der Kostenüber- und Kostenunterdeckung ausgewiesen.

Umsatzerlöse (netto)	
Warengruppe „Bürotechnik“	924 000,00 €
Warengruppe „Büroeinrichtung“	637 000,00 €
Warengruppe „Verbrauch“	760 500,00 €
Warengruppe „Organisation“	448 800,00 €
Umsatzerlöse (netto) gesamt	**2 770 300,00 €**

Kostenarten	Endkostenstellen				Kostenträger Summe
	Bürotechnik	Büroeinrichtung	Verbrauch	Organisation	
Wareneinsatz	550 000,00	245 000,00	325 000,00	221 000,00	**1 341 000,00**
Ist-Gemeinkosten (Handlungskosten)	224 150,00	286 000,00	270 250,00	215 600,00	**996 000,00**

Kostenarten	Endkostenstellen				Kostenträger Summe
	Bürotechnik	Büroeinrichtung	Verbrauch	Organisation	
Ist-Gemeinkostenzuschlag	40,75 %	116,73 %	83,15 %	97, 56 %	
Normalgemeinkostenzuschlag (Normal)	40 %	120 %	80 %	100 %	
Normalgemeinkosten (Handlungskosten)	220 000,00	294 000,00	260 000,00	221 000,00	**995 000,00**
Selbstkosten der Rechnungsperiode (Normalkostenbasis)	770 000,00	539 000,00	585 000,00	442 000,00	**2 336 000,00**
Umsatzerlöse	924 000,00	637 000,00	760 500,00	448 800,00	**2 770 300,00**
Umsatzergebnis	154 000,00	98 000,00	175 500,00	6 800,00	**434 300,00**
Gewinnzuschlag	20,00 %	18,18 %	30,00 %	1,54 %	**18,59 %**
Kostenüberdeckung		8 000,00		5 400,00	**13 400,00**
Kostenunterdeckung	4 150,00		10 250,00		**14 400,00**
Betriebsergebnis (abzüglich Kostenunterdeckung)					**433 300,00**
Gewinnzuschlag gesamt (abzüglich Kostenunterdeckung)					**18,55 %**

Mit der Kostenträgerrechnung kann die Primus GmbH folgende Fragen beantworten:
- Wie hoch sind die Selbstkosten der Warengruppen einzeln und des gesamten Sortiments?
- Welchen Anteil hat die jeweilige Warengruppe am Umsatzergebnis bzw. Betriebsergebnis?
- Wie hoch sind die Gewinnzuschläge für die einzelnen Warengruppen und insgesamt?
- Gibt es eine Kostenüber- und Kostenunterdeckung in den einzelnen Warengruppen bzw. insgesamt? Welche Ursachen haben diese? Müssen Maßnahmen getroffen werden?
- Gibt es Anlass, die Normalkostenzuschlagssätze zu ändern?

Kostenträgerstückrechnung (Kalkulation)

Besondere Ziele der Kostenträgerstückrechnung

Die Kostenträgerstückrechnung, auch **Kalkulation** genannt, hat folgende Ziele:

- Kalkulation der Selbstkosten und Ermittlung von Daten für die Preispolitik (Vorkalkulation),
- Überprüfung der Wirtschaftlichkeit einzelner Waren (Nachkalkulation).

Zeitpunkte der Kostenträgerstückrechnung

Vorkalkulation: Es werden die Kosten von zukünftigen Absatzleistungen aufgrund von Einzelkosten (Bezugs-/Einstandspreis) und darauf bezogene vermutete Gemeinkosten ermittelt. Die Notwendigkeit hierzu besteht vor allem bei der Angebotspreisermittlung für einzelne Waren als Kostenträger.

Nachkalkulation: Sie stützt sich auf die tatsächlich entstandenen Ergebnisse. Ihre Aufgabe ist es, den Anteil der Kosten an den Gesamtkosten (Einzel- und Gemeinkosten) zu ermitteln und diese den Erlösen der einzelnen Leistung (Ware) gegenüberzustellen. Zugleich werden durch die Nachkalkulation die Werte der Vorkalkulation überprüft.

Beispiel Die Primus GmbH kalkuliert den Angebotspreis des neuen Textmarker-Sets Primus Öko Wilhelm 6er-Set auf der Grundlage der folgenden Werte (**Vorkalkulation**):

Bezugs-/Einstandspreis je 6er-Set Textmarker Öko Wilhelm: 4,14 €
+ 80 % Normalkostenzuschlag
+ 30 % Gewinnzuschlag
Für die **Nachkalkulation** ergeben sich Änderungen:
Durch eine geänderte Menge bei der Erstbestellung der Textmarker ergibt sich ein höherer Rabattsatz für die Primus GmbH. Dies führt zu einem niedrigeren Bezugs-/Einstandspreis von 3,96 € je 6er-Set des Textmarkers Öko Wilhelm.
Der Ist-Gemeinkostenzuschlagssatz beläuft sich auf 83,15 %.
Der Angebotspreis soll bestehen bleiben. Der Kunde hat seine Bestellung zum Angebotspreis bereits getätigt.
Die Primus GmbH stellt nun die unterschiedlichen Ergebnisse der Vor- und Nachkalkulation gegenüber:

Kalkulationsschema	Vorkalkulation		Nachkalkulation	
Bezugs-/Einstandspreis		4,14 €		3,96 €
+ Gemeinkosten (Handlungskosten)	80 %	3,31 €	83,15 %	3,29 €
= Selbstkostenpreis		7,45 €		7,25 €
+ Gewinn	30 %	2,24 €	32,28 %	2,34 €
= Barverkaufspreis		**9,59 €**		**9,59 €**

Der in der Nachkalkulation des Angebotspreises ermittelte Gewinn ist trotz des um 3,15 % höheren Handlungskostenzuschlagssatzes aufgrund des niedrigeren Bezugs-/Einstandspreises um 10 Cent höher ausgefallen. Diese Kontrolle der Kosten zeigt deutlich, wie sich Entwicklungen in der Kostenstruktur auf den tatsächlichen Gewinn pro Stück (pro Ware) oder auf einen veränderten Barverkaufspreis auswirken können.

Die Kostenträgerrechnung nutzen

- **Kostenträger** sind die Absatzleistungen (Waren bzw. Warengruppen, Aufträge oder Zeiträume), die die Kosten verursacht haben.
- In der **Kostenträgerrechnung** lässt sich zwischen der Kostenträgerzeitrechnung und der Kostenträgerstückrechnung unterscheiden.

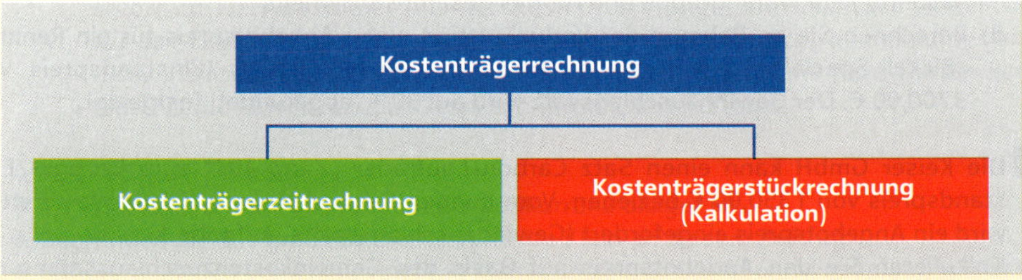

Mängel der Vollkostenrechnung

Ein Großhandelskaufmann muss ständig auf die **Wirtschaftlichkeit** seines Betriebes achten. Diese ist gegeben, wenn die Leistungen aus dem Verkauf der Waren **(= Verkaufspreis) über den Kosten** liegen, die die Leistungserbringung verursacht hat. Bei der Kalkulation der Waren muss somit darauf geachtet werden, dass sämtliche anfallenden Kosten den **Kostenträgern** (Artikel, Dienstleistungen) zugerechnet **(Vollkostenrechnung)** und über den Verkauf (Umsatz) hereingeholt werden.

Zahlreiche Situationen verlangen jedoch im Großhandel eine **marktorientierte Preisstellung**, bei der **vorübergehend** oder **ganz** auf die Berücksichtigung von bestimmten **Kosten verzichtet** wird, die die Vollkostenrechnung ermittelt hat.

Beispiele
- Einführungspreise für neue Artikel
- Sonderangebote aus verschiedenen Anlässen (Lagerabbau auslaufender Modelle)
- niedrigere Konkurrenzpreise
- Sonderveranstaltungen

Fixe Kosten

In solchen Situationen stellt sich die Frage nach der **Preisuntergrenze.** Die Vollkostenrechnung führt zwangsläufig zu Wettbewerbsnachteilen, weil sie dem einzelnen Artikel Kosten anlastet, die der Gesamtbetrieb, aber nicht der Artikel direkt, verursacht hat. So fällt ein großer Teil der Gemeinkosten auch an, wenn der einzelne Artikel nicht geführt und verkauft wird. Gemeint sind die **fixen Kosten**, die also **unabhängig vom Absatz** einzelner Artikel **in gleicher Höhe** anfallen, die **„Kosten der Betriebsbereitschaft"**, weil sie bereits mit der Bereitstellung einer bestimmten Kapazität anfallen.

Beispiel Miete, Gebäudeversicherung, Löhne, Gehälter, Kfz-Versicherung, Kfz-Steuer, Heizungskosten der Lager- und Verwaltungsräume u. a. fallen in gleicher Höhe an, ob Computertische verkauft werden oder nicht.

Deshalb kann bei der Preisbildung vielfach auf die Einbeziehung der fixen Kosten verzichtet werden. Daher beruhen die folgenden Preisüberlegungen auf der Trennung von fixen und variablen Kosten.

Beschäftigungsgrad

Die Auflösung der Kosten in fixe und variable Kosten ist wichtig, um Ursachen von Kostenschwankungen festzustellen. Die Verteilung der fixen Kosten auf unterschiedliche Absatzmengen zeigt, dass ihr Stückanteil von dem **Kapazitätsausnutzungs-** oder **Beschäftigungsgrad** abhängig ist.

$$\textbf{Kapazitätsausnutzungsgrad (Beschäftigungsgrad)} = \frac{\text{tatsächlich genutztes Kapital} \cdot 100}{\text{verfügbare Kapazität}}$$

Unter **Kapazität** wird dabei die **Leistungsfähigkeit eines Betriebes über einen definierten Zeitraum** (höchstmögliche Absatzmenge oder Umsatzerlöse) verstanden. Sie kann an der möglichen Absatzmenge eines Artikels, der dafür nötigen Raumgröße oder der Beschäftigtenzahl gemessen werden.

Beispiel Die Primus GmbH hat in ihrer Verkaufsboutique eine Verkaufsfläche von 1200 m^2. Davon werden zur Zeit aber nur 960 m^2 genutzt.

$$\text{Beschäftigungsgrad} = \frac{960 \cdot 100}{1200} = 80\,\%$$

Abweichungen der Kosten bei geplantem und erreichtem Beschäftigungsgrad

Ein niedrigerer Beschäftigungsgrad bewirkt, dass die gesamten fixen Kosten (z. B. Miete) auf eine geringere Absatzmenge verteilt werden müssen und infolgedessen bei konstanten variablen Artikelkosten höhere Gesamtkosten je Stück verursachen. Umgekehrt werden mit steigendem Beschäftigungsgrad niedrigere Stückkosten erreicht.

Die Aufteilung der Gesamtkosten in fixe und variable Kosten ist notwendig für preis- und beschäftigungspolitische Entscheidungen.

Beispiel Die Primus GmbH nutzt für den Verkauf von Computertischen eine Verkaufsfläche von 200 m², für die sie pro Jahr fixe Kosten (Miete, Heizung, Versicherung u. a.) in Höhe von 21 000,00 € kalkuliert.

Die Belastung mit fixen Kosten pro Stück hängt von der Absatzmenge ab:

Absatzmenge in Stück	50	100	150	200	250	300	350	400	450	500
Fixe Kosten in Euro je Stück (k_f)	420	210	140	105	84	70	60	52,50	46,67	42

Lösung mithilfe der Deckungsbeitragsrechnung

Direkte Kosten als Preisuntergrenze

Die Deckungsbeitragsrechnung basiert auf der Aufteilung der gesamten Kosten in **fixe** und **variable** Bestandteile. Da die fixen Kosten den einzelnen Artikeln nicht verursachungsgerecht zugerechnet werden können, verzichtet die Deckungsbeitragsrechnung ganz auf ihre Einbeziehung in die Preisfestsetzung der Artikel. Es werden nur die vom einzelnen Artikel **direkt verursachten variablen Kosten** kalkuliert. Im Großhandel stimmen sie weitgehend mit den Einzelkosten überein. In der Deckungsbeitragsrechnung werden sie als **direkte Kosten** bezeichnet. Direkte Kosten oder Einzelkosten erkennt man daran, dass sie nur dann auftreten, wenn der bestimmte Artikel geführt wird. Fällt der Artikel weg, treten diese Kosten nicht auf.

Beispiele Wareneinsatz je Artikel, Verkaufsverpackung für diesen Artikel, Umsatzprovision für Handelsvertreter und Handlungsreisende

Diese **direkten Kosten** bilden somit die absolute **Preisuntergrenze**, weil sie bei jeder Einheit ersetzt werden müssen.

Deckungsbeitrag

Jeder Preis, der über den variablen Kosten liegt, leistet einen Beitrag zur Deckung der vom Gesamtbetrieb verursachten fixen Kosten.

Deckungsbeitrag je Einheit = Verkaufspreis je Einheit − variable Kosten je Einheit

↓ ↓ ↓

$$d_B = e - k_v$$

Beispiel Frau Klein und Herr Zimmer diskutieren erneut über die Preisgestaltung bei Großaufträgen. Dabei vertritt Frau Klein die Auffassung, dass bei der Berechnung des Angebotspreises ganz oder teilweise auf die Einrechnung der fixen Kosten verzichtet werden könne:

„Sie entstehen sowieso, auch wenn wir den Auftrag nicht kriegen."

„Meinen Sie, dass wir dann auf die gesamten Handlungskosten verzichten sollten?", fragt Herr Zimmer.

„Nur, soweit sie ohnehin entstehen, nur so haben wir eine echte Chance gegenüber der Konkurrenz. Natürlich können wir nicht auf Handlungskosten verzichten, die im Zusammenhang mit dem Verkauf der Computertische zu Ausgaben führen, wie z. B. Verpackung, Transportkosten zum Kunden und eventuell Verkaufsprovision."

Nach dem Gespräch ermitteln Frau Klein und Herr Zimmer die variablen Kosten:

Bareinkaufspreis	198,00 €
+ Bezugskosten	12,00 €
= variable Kosten	210,00 €

Ermittlung des Deckungsbeitrags		Beispiel
Verkaufspreis der Konkurrenz	e	324,00 €
– variable Kosten	k_v	210,00 €
= Deckungsbeitrag	d_B	114,00 €

Mit jedem Computertisch werden neben den variablen Kosten in Höhe von 210,00 € zusätzlich 114,00 € zur Deckung der fixen Kosten erwirtschaftet.

○ Gewinnschwelle, Break-even-Point

Deckt die Summe aller Deckungsbeiträge die fixen Kosten, so erreicht der Betrieb **die Gewinnschwelle oder den Break-even-Point (Nutzenschwelle, kritischer Punkt)**. Er zeigt die Absatzmenge (Beschäftigungsgrad), bei der der Gesamtdeckungsbeitrag (D_B) die fixen Kosten deckt. Wird dieser Punkt nicht erreicht, bewegt sich der Betrieb in der **Verlustzone**; wird er überschritten, tritt er in **die Gewinnzone** ein.

Beispiel Nach dieser Vorgehensweise könnte der Listenverkaufspreis kurzfristig sogar bis auf 210,00 € zurückgenommen werden. Langfristig müsste der Listenverkaufspreis aber über 210,00 € liegen, weil die fixen Kosten des Unternehmens gedeckt werden müssen.

Nach diesen Überlegungen ruft Frau Klein Herrn Blank an: *„Wir können Ihnen den Preis der Konkurrenz auch anbieten, dazu noch die kostenlose Anlieferung, den Aufbau und die Einstellung der Geräte an jedem Arbeitsplatz durch unser Fachpersonal."*

Der Listenverkaufspreis des Computertisches wird auf 314,00 € festgelegt. Dabei stellen sich folgende Fragen:

a) Welcher Deckungsbeitrag wird je Verkaufseinheit erzielt?

b) Wie viele Computertische müsste die Abteilung verkaufen, damit die Fixkosten von 20 800,00 € gedeckt werden?

Der Deckungsbeitrag je Stück und die Absatzmenge zur Deckung der fixen Kosten, und damit zur Erreichung der Gewinnschwelle, lassen sich auf folgenden Wegen berechnen:

a) Deckungsbeitrag je Stück (d_B): $e - k_v$	$314 - 210 = 104{,}00$ €
b) Gewinnschwelle (Absatzmenge am Break-even-Point): $\frac{K_f}{d_B}$	$\frac{20\,800}{104} = 200$ Stück

Es müssen also 200 Computertische verkauft werden, um die fixen Kosten insgesamt zu decken.

Der **Break-even-Point** ist dadurch gekennzeichnet, dass die Umsatzerlöse sämtliche Kosten decken. Er kann somit auch durch die folgende Gleichung definiert werden:

Umsatzerlöse (E) = **Gesamtkosten (Kg)**

Preis je Einheit · Absatzmenge = fixe Kosten + variable Kosten je Einheit · Absatzmenge

$$e \cdot x = K_f + k_v \cdot x$$

$$314{,}00 \cdot x = 20\,800 + 210{,}00 \cdot x$$

$$104x = 20\,800$$

$$x = \frac{20\,800}{104}$$

$$x = \underline{\underline{200}}$$

Diese Zusammenhänge werden im folgenden Diagramm verdeutlicht:

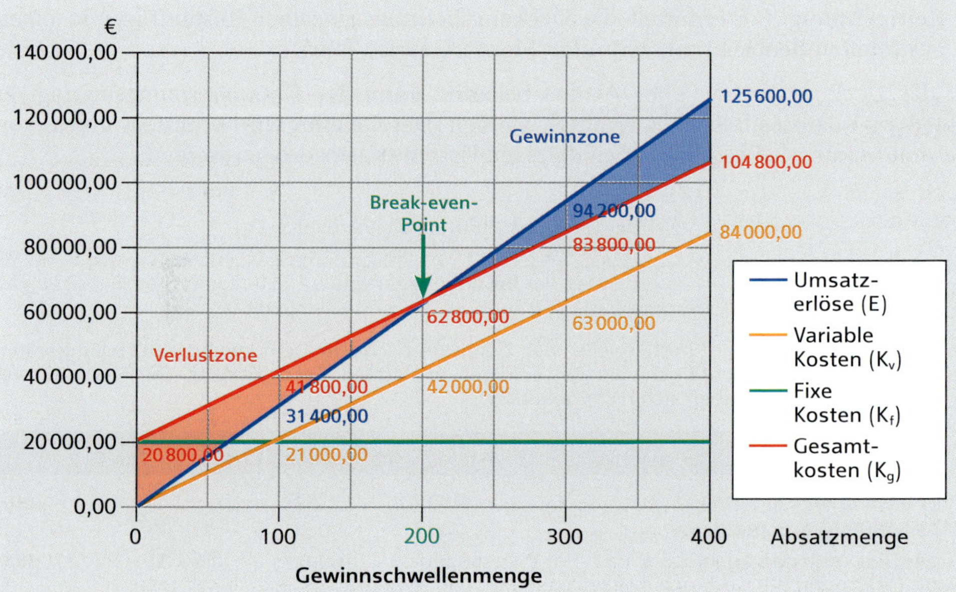

Bei Änderungen der Verkaufsdaten können auf diesem Weg Auswirkungen auf die Gewinnschwellenmenge sofort abgelesen werden.

Veränderung der Verkaufsdaten		Auswirkung auf die Gewinnschwellenmenge	
		steigt	fällt
Verkaufspreis	steigt		x
	fällt	x	
Variable Kosten je Einheit (k_v)	steigen	x	
	fallen		x
Bereitschaftskosten (K_f)	steigen	x	
	fallen		x

● Erfolgsermittlung in der Deckungsbeitragsrechnung (Periodenrechnung)

Die Deckungsbeitragsrechnung kann als **Stückrechnung** oder als **Zeitrechnung bezogen auf den Kostenträger** durchgeführt werden.

- **Stückrechnung**: Sie ermittelt die Deckungsbeiträge für bestimmte Kostenträger (Artikel, Warengruppen, Abteilungen).
- **Zeitrechnung**: Sie ermittelt die Deckungsbeiträge einzelner Kostenträger in einem bestimmten Beobachtungszeitraum (Monat, Quartal, Jahr).

Ist der Deckungsbeitrag aller Artikel bekannt, kann der Gesamtdeckungsbeitrag der Abteilung oder des Betriebes ermittelt werden. Der Gewinn wird ermittelt, indem vom Gesamtdeckungsbeitrag (DB) noch die fixen Kosten (K_f) abgezogen werden.

∑	der Deckungsbeiträge aller Artikel (= D_B)
–	fixe Kosten des Betriebes (= K_f)
=	Gewinn der Rechnungsperiode

Beispiel Frau Klein führt mittlerweile vier Computertische in dem neuen Ausstellungsraum, allerdings mit sehr unterschiedlichen Erfolgen im letzten Geschäftsjahr. Die Fixkosten von 20 800,00 € im Jahr haben sich nicht geändert.

	A	B	C	D
Absatzmenge in Stück	600	250	120	100
Verkaufspreis netto in €	314,00	230,00	175,00	390,00
Bezugs-/Einstandspreis in €	210,00	160,00	190,00	370,00
d_B je Einheit in €	104,00	70,00	– 15,00	20,00
D_B je Artikel in €	62 400,00	17 500,00	– 1 800,00	2 000,00
DB insgesamt in €	80 100,00			
Fixe Kosten (k_f) in €	20 800,00			
Gewinn in €	59 300,00			

Absatz- und sortimentspolitische Entscheidungen

Aufgrund dieses Ergebnisses werden **problematische** (C) und **gewinnbringende** (A, B, D) **Sortimentsgruppen** sichtbar, sodass gezielte Maßnahmen ergriffen werden können:

- Herausnahme von Artikeln mit negativem Deckungsbeitrag (C)
- stärkere Förderung eines Artikels, z. B. durch Preis-, Konditionen- und Kommunikationspolitik (A, B, D)

Jeder Maßnahme muss jedoch eine Ursachenforschung vorausgehen. Grundsätzlich gilt jedoch, dass Artikel mit hohen Deckungsbeiträgen im Rahmen von Sortimentsentscheidungen den Vorrang vor Artikeln mit niedrigen Deckungsbeiträgen haben.

Preisgestaltung mithilfe der Deckungsbeitragsrechnung

Preisuntergrenze

Unterstellt man, dass die gesamten Handlungskosten fixe Gemeinkosten und somit nicht direkt zurechenbar sind, liegt die Preisuntergrenze beim Bezugs-/Einstandspreis eines Artikels. Beim Verkauf eines Artikels über diesem Preis erzielt er einen Deckungsbeitrag, der dann identisch mit dem Rohgewinn ist.

Die Preisuntergrenze gilt grundsätzlich nur kurzfristig und darf zu besonderen absatzpolitischen Entscheidungen genutzt werden. Nur im Rahmen von Mischkalkulationen kann eventuell sogar diese Grenze unterschritten werden.

Mischkalkulation

Im Wettbewerb mit anderen Unternehmen können Großhandelsunternehmen nicht immer ihre kostenorientierten Preise durchsetzen und ihre kalkulierten Gewinne erzielen.

Die Orientierung am Markt ist lebenswichtig. Im Rahmen der Preispolitik versucht der Großhändler daher, durch deutliche Preisherabsetzung einzelner Artikel seines Sortiments auf sich aufmerksam zu machen.

Ausgleichsnehmer

Artikel, die mit dem Kalkulationszuschlagssatz bzw. dem Deckungsbeitrag kalkuliert werden, der unter dem durchschnittlich geplanten liegt, werden als Ausgleichsnehmer bezeichnet. Sie mindern die geplante Kalkulation, sodass die geplanten Kosten nicht hereingeholt und/oder Gewinne bzw. Deckungsbeiträge nicht verwirklicht werden.

Beispiel Die Primus GmbH hat den HP-Laser Jet 5 P Laserdrucker in ihr Sortiment aufgenommen.
Bezugspreis: 356,43 €, geplanter Kalkulationszuschlagssatz: 60 %.
Der Artikel wird bereits von einem ortsnahen Konkurrenten für 528,00 € angeboten.
Die Primus GmbH bietet deshalb den Laserdrucker zum wesentlich niedrigeren Preis von 499,00 € an.

Ausgleichsgeber

Einzelne Artikel aus den Warengruppen werden mit einem Kalkulationszuschlagssatz kalkuliert, der über dem geplanten Kalkulationszuschlag liegt. Sie sind Ausgleichsgeber, weil sie den „Verlust" durch die Ausgleichsnehmer ausgleichen.

Beispiel Die Primus GmbH hat intern für die Warengruppe „Büroeinrichtung" einen Kalkulationszuschlagssatz von 120 % geplant, bietet aber einzelne Artikel mit einem Kalkulationszuschlagssatz von 130 % an.

Aufgrund dieses Ergebnisses

- werden problematische (B) und gewinnbringende Sortimentsgruppen sichtbar,
- können gezielte Maßnahmen ergriffen werden:
  - Herausnahme eines Artikels aus dem Sortiment (B),
  - stärkere Förderung eines Artikels, z. B. durch Werbung (D).

Jeder Maßnahme muss jedoch eine Ursachenforschung vorausgehen.

Stufenweise Deckungsbeitragsrechnung

In der bisherigen Darstellung der Deckungsbeitragsrechnung werden die fixen Kosten als geschlossener Kostenblock der „Betriebsbereitschaft" behandelt, der der Summe der Deckungsbeiträge der Artikel ungegliedert gegenübergestellt wurde. Diese Form wird als **einstufige** Deckungsbeitragsrechnung bezeichnet.

Vorteile dieser Rechnung sind gegenüber der Zuschlagskalkulation in der Vollkostenrechnung ihre einfache Handhabung und der Wegfall der Schlüsselungs- und Verteilungsproblematik der Gemeinkosten.

Demgegenüber ist der Nachteil der fehlenden Information über die Zusammensetzung der fixen Kosten sehr groß.

Beispiel Frau Klein möchte wissen, ob wenigstens Teile der fixen Kosten wegfallen, wenn einzelne Artikel aus dem Sortiment genommen werden oder eine Warengruppe aufgegeben wird.

Um diese Frage zu lösen, muss der Fixkostenblock aufgelöst und müssen die **Teilblöcke** einzelnen Kalkulationsobjekten (Artikel, Artikelgruppen, Warengruppen/Abteilungen, Gesamtbetrieb) zugeordnet werden.

Stufenweise Auflösung des Fixkostenblocks

1. Stufe: K_f einzelner Artikelarten
Beispiel Lagermiete für den Bandscheiben-Drehstuhl Steifensand

A	B	C	D	E	F	G	H	I	J	K	L	M

2. Stufe: K_f einzelner Artikel
Beispiel Lagermiete für Drehstühle

A bis C	D bis G	H bis K	L bis M

3. Stufe: K_f einzelner Warengruppen/Verkaufsabteilungen
Beispiel Gehälter des Verkaufsleiters der Warengruppe „Büroeinrichtung"

Bürotechnik	Büroeinrichtung	Verbrauch	Organisation

4. Stufe: K_f des Gesamtbetriebes
Beispiel Gehälter der Unternehmensleitung, der Leiter von Verwaltung und Marketing

A bis M

Aufbau der stufenweisen Deckungsbeitragsrechnung

Verkaufserlöse der Artikelarten
− K_v der Artikelarten
= Deckungsbeitrag I
− K_f einzelner Artikel
= Deckungsbeitrag II
− K_f einzelner Warengruppen
= Deckungsbeitrag III
− K_f Gesamtbetrieb
= **Betriebsgewinn**

Mithilfe der stufenweisen Auflösung und Zurechnung der fixen Kosten wird der Anteil der K_f sichtbar, der durch

- einzelne Artikelarten,
- eine Warengruppe/Warenabteilung,
- eine Artikelsorte,
- den Gesamtbetrieb

verursacht wird.

Damit wird der K_f-Anteil erkennbar, der bei Sortimentsentscheidungen eingespart wird.

Beispiele Raumkosteneinsparung (Miete, Reinigung, Energie) bei Sortimentsbereinigungen, Schließung einer Abteilung

Letztlich wird der Einblick in die Erfolgsstruktur, insbesondere in die Handlungskosten, wesentlich verbessert.

Preisgestaltung mithilfe der Deckungsbeitragsrechnung vornehmen

Stückrechnung/Kostenträger	Periodenrechnung (Zeitrechnung/Kostenträger)

– berechnet den Deckungsbeitrag einzelner Artikel: $d_B = e - k_v$
– d_B = Beitrag zur Fixkostendeckung
– setzt Trennung fixer und variabler Kosten voraus
– Positive Deckungsbeiträge verbessern das Betriebsergebnis.
	– berechnet
	  – den Deckungsbeitrag einzelner Artikel,
	  – den Deckungsbeitrag der Sortimentsbereiche,
	  – die Summe der Deckungsbeiträge (DB)
	– stellt die Summe der DB den fixen Kosten des Betriebs zur Ergebnisermittlung gegenüber:
	Betriebsergebnis = DB − K_f

- Anwendung der Deckungsbeitragsrechnung
- Ermittlung der Gewinnschwelle und Gewinnschwellenmenge
- schnelle Berechnung der kurzfristigen Preisuntergrenze
- einfache Handhabung von Mischkalkulationen
- einfache Gestaltung des gewinnmaximalen Sortiments
- stufenweise Auflösung des Fixkostenblocks für sortimentspolitische Entscheidungen

c) Im Vorjahr wurde ein Beschäftigungsgrad von 60 % erreicht. Wie hoch ist er in der zu untersuchenden Rechnungsperiode?

d) Bei welcher Absatzmenge (ganze Zahl) wäre die Kapazität voll ausgelastet?

9. Der Inhaber eines Lebensmittelgroßhandelsbetriebes erteilt Ihnen den Auftrag, die Deckungsbeitragsrechnung für die Abteilung „Brot und Backwaren" mithilfe nachfolgender Zahlen durchzuführen:

– Nettoumsatz		935 364,00 €
– variable Kosten:	Wareneinsatz	450 100,00 €
– fixe Kosten:	Personalkosten	146 200,00 €
	Mietkosten	25 000,00 €
	Energiekosten	25 100,00 €
	Leasingkosten	53 000,00 €
	sonstige Kosten	32 000,00 €

Ermitteln Sie a) den Deckungsbeitrag/Rohgewinn, b) den Reingewinn.

10. Die Rolf Klein Großhandel KG führt die Abteilungen Lebensmittel und Haushaltswaren. Sie erhalten als Mitarbeiter/-in des Unternehmens folgenden Auszug und werden um eine Stellungnahme gebeten:

Aufwendungen/Umsatz in €		Lebensmittel	Haushaltswaren
Variable Kosten:	Wareneinsatz	630 000,00	105 000,00
Fixe Kosten:	Personalkosten	38 000,00	27 000,00
	Energiekosten	36 000,00	8 000,00
	Aufwendungen für Kommunikation	45 500,00	
Nettoumsatz		750 000,00	160 000,00

Die Aufwendungen für Kommunikation sind nach dem Umsatz zu verteilen (Fixkosten).

a) Berechnen Sie den Deckungsbeitrag der Abteilung Lebensmittel und der Abteilung Haushaltswaren.

b) Ermitteln Sie den Deckungsbeitrag für beide Abteilungen zusammen.

c) Überprüfen Sie, ob es sinnvoll ist, die Abteilung Haushaltswaren zu schließen.

11. Die Bäckerei und Konditorei Peter Hauser e. K. ist Kuchenzulieferer einer Handelskette. Bei voller Auslastung eines Backofens kann sie monatlich 8000 Hefekuchen herstellen. Die Gesamtkosten betrugen nach Berechnungen

- bei einer Monatsproduktion von 6600 Kuchen: 67 800,00 €,
- bei einer Monatsproduktion von 7400 Kuchen: 74 200,00 €.

Je Kuchen kann ein Preis von 12,00 € erzielt werden.
Die variablen Kosten sind proportionale Kosten.

a) Erläutern Sie die unterschiedlichen Kosten in Bezug auf den Beschäftigungsgrad.

b) Berechnen Sie
   ba) die variablen Stückkosten,
   bb) die fixen Kosten je Monat insgesamt.

c) Bestimmen Sie die Gewinnschwelle.

d) Stellen Sie in einem Koordinatensystem die Entwicklung der Gesamtkosten und der Gesamterlöse dar und erläutern Sie die einzelnen Verläufe zueinander.

e) Berechnen Sie den Gewinn in Euro bei einem Beschäftigungsgrad von 50 %, 80 % und 100 %. Beschreiben Sie die Gewinnentwicklung und begründen Sie sie betriebswirtschaftlich.

f) Geben Sie den Preis an, zu dem die Bäckerei und Konditorei Peter Hauser e. K. in einem Konkurrenzkampf noch anbieten kann (Preisuntergrenze), und begründen Sie Ihre Entscheidung.

12. Ein Großhandelsbetrieb führt die Artikel A, B und C unter folgenden Bedingungen:

	Artikel		
	A	B	C
Nachfragemenge in ME	900	2100	1200
Verkaufspreis pro ME in €	4,00	2,00	3,00
Variable Kosten pro ME in €	2,00	1,30	2,10

In welcher Reihenfolge sind die Artikel zu fördern?

13. Wodurch unterscheiden sich

a) Rohgewinn in der Vollkostenrechnung und Deckungsbeitrag in der Deckungsbeitragsrechnung,

b) Gewinn in der Vollkostenrechnung und Deckungsbeitrag in der Deckungsbeitragsrechnung?

14. Nennen Sie Situationen, in denen auf die Einrechnung der fixen Kosten verzichtet werden sollte.

15. Erläutern Sie mit Beispielen

a) fixe und variable Kosten,

b) Gesamt- und Stückkosten,

c) Einzel- und Gemeinkosten.

16. Im Großhandelsunternehmen Peter Klein e. K., das drei Warengruppen führt, wurden in der Kostenrechnung für das Abrechnungsjahr folgende Daten in Euro ermittelt:

Warengruppe / Angaben	I	II	III
Warenumsatzerlöse	385 000,00	475 600,00	78 200,00
Wareneinsatz	92 100,00	126 800,00	39 100,00
Variable Handlungskosten	108 600,00	167 500,00	35 700,00
Fixe Handlungskosten		145 800,00	

a) Berechnen Sie den Deckungsbeitrag jeder Warengruppe und insgesamt.

b) Ermitteln Sie das Betriebsergebnis.

c) Welche Auswirkung hätte die Herausnahme der Warengruppe III aus dem Sortiment auf das Betriebsergebnis?

17. Die Kostenrechnung ermittelte in einer Textilgroßhandlung für die vier Warenabteilungen folgende Leistungen und Kosten in Euro:

	Abteilungen	Umsatzerlöse für Waren	Wareneinsatz
1. Etage	Kinderbekleidung	1 560 000,00	865 000,00
	Damenbekleidung	2 890 000,00	1 651 000,00
Erdgeschoss	Sport- und Freizeitbekleidung	892 000,00	695 000,00
	Herrenbekleidung	2 460 000,00	1 230 000,00

	Abteilungen	Zurechenbare fixe Kosten		
		Abteilungen	Etagen	Betrieb
1. Etage	Kinderbekleidung	135 000,00		
	Damenbekleidung	225 000,00	355 000,00	
Erdgeschoss	Sport- und Freizeitbekleidung	200 000,00		580 000,00
	Herrenbekleidung	270 000,00	496 000,00	

a) Berechnen Sie
   aa) die Deckungsbeiträge I, II und III,
   ab) den Betriebsgewinn.

b) Die Geschäftsleitung möchte aufgrund der Ergebnisse die Abteilung „Sport- und Freizeitbekleidung" schließen und dafür die Abteilung mit dem höchsten Deckungsbeitrag auf die frei werdenden Räume ausdehnen. Nehmen Sie dazu Stellung und unterbreiten Sie einen Vorschlag.

18. Marktforschung und Kostenrechnung haben vor der Markteinführung für einen Artikel folgende Daten erfasst:

Verkaufspreis (p) €	Nachgefragte Menge M	Umsatz U	Variable Stückkosten k_v	Fixe Stückkosten k_f	Gesamte Stückkosten k_g	Variable Kosten K_v	Fixe Kosten K_f	Gesamtkosten K_g	Gesamtgewinn G	Stückgewinn g
8,00	10000		2,00				50000,00			
6,00	20000		2,00				50000,00			
5,00	30000		2,00				50000,00			
4,00	40000		2,00				50000,00			
3,50	50000		2,00				50000,00			

a) Vervollständigen Sie die vorstehende Tabelle als Grundlage für preispolitische Überlegungen.

b) Welchen Preis wird das Unternehmen unter Berücksichtigung dieser Daten aus der Marktforschung wahrscheinlich für ein Stück verlangen? Begründen Sie Ihre Entscheidung.

c) Überprüfen Sie, ob eine andere Preisfestsetzung auch denkbar wäre und wenn ja, mit welcher Zielsetzung.

19. Vervollständigen Sie die folgende Tabelle.

Artikel	Abgesetzte Menge in Stück	Fixe Kosten €	Variable Kosten €	Gesamtkosten €	Variable Kosten je Stück €	Fixe Kosten je Stück €	Gesamtkosten je Stück €
Tische	3800	300 000,00	980 000,00	?	?	?	?
Stühle	6600	400 000,00	1 300 000,00	?	?	?	?
Schränke	2800	300 000,00	720 000,00	?	?	?	?
Summen		1 000 000,00	3 000 000,00				

20. Ein Großhändler verkauft an einen Einzelhändler Waren zum Listenpreis von 10 000,00 €. Es werden 20 % Rabatt gewährt und 3 % Skonto vom Kunden in Anspruch genommen. Die Umsatzsteuer beträgt 19 %.

a) Wie viel Euro beträgt der Zielverkaufspreis?
b) Über wie viel Euro lautet die Rechnungssumme?
c) Wie viel Euro werden vom Kunden auf das Bankkonto überwiesen?

21. Nachstehende Kalkulation eines Bücherregals soll in einer Möbelgroßhandlung vervollständigt und zur Kalkulation von 140 verschiedenen Artikeln desselben Lieferers ausgewertet werden:

	€
Listeneinkaufspreis	....
8 % Mengenrabatt	....
Zieleinkaufspreis	....
2,5 % Liefererskonto	....
Bareinkaufspreis	....
Bezugskosten	4,74
Bezugs-/Einstandspreis	....
50 % Handlungskosten	....
Selbstkostenpreis	....
12 % Gewinn	....
Barverkaufspreis	882,00
2 % Kundenskonto	....
Zielverkaufspreis	....
10 % Kundenrabatt	....
Listenverkaufspreis	....

Ermitteln Sie
a) den Listenverkaufspreis,
b) den Bezugs-/Einstandspreis,
c) den Listeneinkaufspreis,
d) den Kalkulationszuschlagssatz (auf eine Stelle nach dem Komma runden),
e) den Kalkulationsfaktor (fünf Stellen nach dem Komma),
f) die Handelsspanne.

22. Erfassen Sie folgende Vorgänge auf den Konten A.f.W./Wareneingang, Verschiedene Aufwendungen, Warenbestände und Warenverkauf/Umsatzerlöse und stellen Sie den Abschluss dar (Werte in Euro):

1. Warenanfangsbestand	280 000,00
2. Warenverkäufe auf Ziel	460 000,00

3.	Warenverkäufe gegen Banküberweisung	200000,00
4.	Wareneinkauf auf Ziel	400000,00
5.	Warenverkauf bar	60000,00
6.	verschiedene betriebliche Aufwendungen durch Banküberweisung	216000,00
7.	Warenendbestand lt. Inventur	320000,00

Ermitteln Sie

a) den Wareneinsatz,
b) den Rohgewinn,
c) den Handlungskostenzuschlagssatz,
d) den Gewinnzuschlagssatz,
e) den Kalkulationszuschlagssatz,
f) die Handelsspanne,
g) den Kalkulationsfaktor.

23. Ein Großhandelsunternehmen kalkuliert den Verkaufspreis von 840,00 € mit einem Kalkulationszuschlag von 60 %, in dem 20 % Handlungskosten, 12,5 % Kundenrabatt und 2 % Kundenskonto berücksichtigt sind.
Ermitteln Sie den Gewinn in Euro und in Prozent.

24. Ergänzen Sie selbstständig Ihre Lerndatei um wichtige Sachwörter zur Deckungsbeitragsrechnung. Stellen Sie Ihre Auswahl, die entsprechenden Fragestellungen und Lösungen der Klasse vor und treffen Sie eine gemeinsame Entscheidung für die Ergänzung Ihrer Lerndatei.

8 Mit Controlling planen, steuern und kontrollieren

8.1 Funktionen des Controllings als Instrument der Unternehmensführung

Die Geschäftsleitung der Primus GmbH beobachtet seit einigen Monaten einen Umsatzrückgang in der Warengruppe „Organisation“. Nach dem ersten Quartal im neuen Geschäftsjahr meldet Herr Zimmer, zuständig für den Bereich KLR/Controlling, eine besorgniserregende Abweichung der Ist-Umsätze von den Umsatzerwartungen. Mit diesen Zahlen wendet sich Herr Müller an Frau Primus: *„Frau Primus, haben Sie schon die neuesten Umsatzzahlen der Warengruppe ‚Organisation‘ gelesen?“*

Frau Primus analysiert zusammen mit Herrn Zimmer und Nicole Höver die entsprechenden Übersichten aus der Controlling-Abteilung: *„Ich denke, dass hier sofort gehandelt werden muss. Daher werde ich eine Hausmitteilung an unsere Abteilungsleiter verfassen, damit wir gemeinsam einen Maßnahmenkatalog entwickeln können. Zu diesem Zweck muss Herr Zimmer uns allerdings noch weitere Zahlen aufbereiten.“*

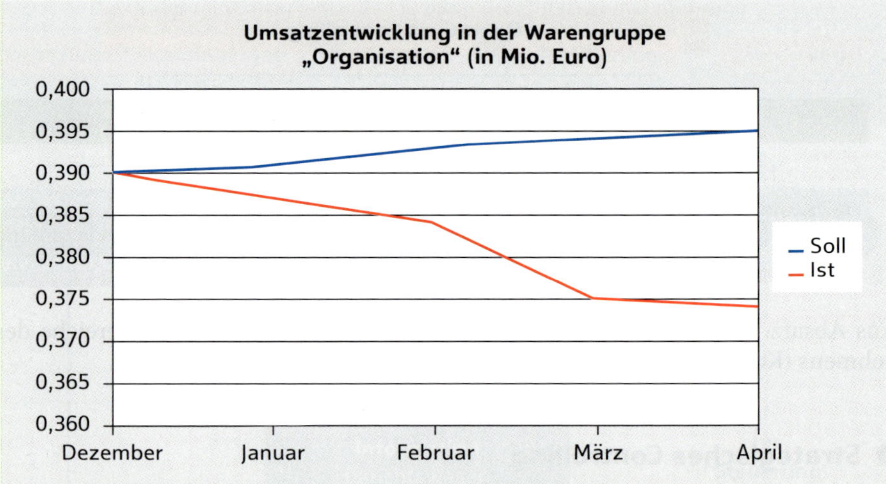

ARBEITSAUFTRÄGE

- Erarbeiten Sie eine Übersicht, aus der hervorgeht, welche Daten das Controlling zu welchem Zeitpunkt und in welchen Abständen der Unternehmensführung zur Verfügung stellt.
- Entwickeln Sie Vorschläge, welche zusätzlichen Daten oder Übersichten für das Treffen der Geschäftsleitung mit den Abteilungsleitern sinnvoll wären.

Eine erfolgsorientierte Unternehmenssteuerung braucht für **künftige Planungen** und **Entscheidungen** regelmäßig **Informationen** über die Ergebnisse früherer Prozesse und Entscheidungen sowie Informationen für künftige Vorhaben. Diese Aufgabe der Bereitstellung von Informationen, die für die Planung und Kontrolle notwendig sind, übernimmt der **Controller**. Er erarbeitet Daten, Methoden, Modelle zur Kontrolle, analysiert die Kontrollergebnisse kritisch und erarbeitet **Veränderungsvorschläge** und **Planungsvorgaben** für künftige Entscheidungen der Unternehmensleitung. Insofern übernimmt der Controller wichtige Assistenz- und Beraterfunktionen der Unternehmensleitung bei der Steuerung des Unternehmens.

Operatives Controlling

Kurz- und **mittelfristig** muss das Controlling sich auf Maßnahmen konzentrieren,

- die die Lebensfähigkeit des Unternehmens sichern, die ihrerseits abhängig ist von der **Liquidität** und der **Verschuldung**,
- die eine ausreichende **Verzinsung des eingesetzten Kapitals** (Eigenkapital-, Gesamtkapitalrentabilität) bewirken,
- die ein günstiges **Verhältnis von Leistungen zu Kosten** (Wirtschaftlichkeit) ermöglichen.

Operatives Controlling ist auf die kurzfristige Planung (Jahresplanung) der betrieblichen Aktivitäten gerichtet, eine Festlegung der Aktivitäten in Budgets und Sicherung des Gewinns, der Rentabilität und Liquidität, aufbauend auf Absatz- und Umsatzplänen.

Verbänden, Instituten, Industrie- und Handelskammern sowie der Handwerkskammer abgerufen, veröffentlichten Jahresabschlüssen u. a. entnommen und aufbereitet werden.

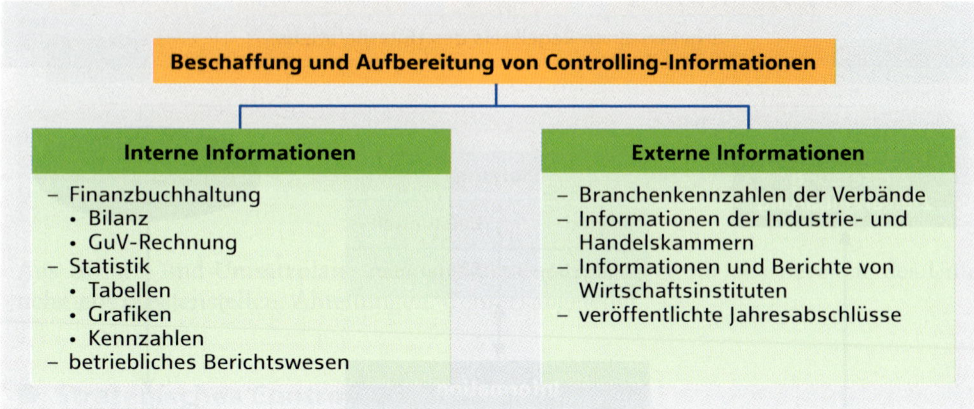

○ Analyse der Informationen

Die Analyse basiert auf regelmäßigen Vergleichen erreichter Ergebnisse mit den Planvorgaben. Sie ist also vergangenheitsorientiert und basiert auf **Soll-Ist-Vergleichen**.

Beispiel Erreichte Umsätze, Absatzzahlen, Kosten werden mit den Soll-Werten lt. Umsatz-, Absatz- und Kostenplänen verglichen.

Bei Abweichungen muss sich die Arbeit des Controllers darauf konzentrieren,

- die Ursachen für die Abweichungen herauszufinden,
- Maßnahmen zur Abstellung einer negativen Entwicklung zu finden und durchzusetzen,
- die Auswirkungen ergriffener Maßnahmen zu beobachten.

○ Steuerung

Aus den Abweichungsanalysen müssen Korrektur- und Steuerungsmaßnahmen abgeleitet werden, die die bisherige Entwicklung verstärken oder korrigieren können. Dabei muss der Controller Prioritäten setzen und sich auf die offensichtlichsten Hindernisse konzentrieren **(Engpassorientierung)**.

● Controlling-Instrumente

Typische Controlling-Instrumente sind der **Zeitvergleich**, der **Betriebsvergleich**, der **Soll-Ist-Vergleich** sowie die **Abweichungsanalyse**.

○ Zeitvergleiche

In Zeitvergleichen werden in regelmäßigen Abständen Daten der Finanzbuchführung und Kosten- und Leistungsrechnung gegenübergestellt. Absolute Zahlen werden in Prozentzahlen umgerechnet und somit vergleichbar gemacht. Vielfach werden die absoluten

Zahlen auch zur Bildung von Kennzahlen verwendet, durch die Beziehungen von Ziel- und Einflussgrößen ausgedrückt werden.

Beispiel Entwicklung der betrieblichen Aufwendungen

Betriebliche Aufwendungen	31.12. des Vorjahres		31.12. des Berichtsjahres	
	€	%	€	%
Wareneinsatz	4426800,00	52,7	4544064,00	48,3
Personalaufwand	2217600,00	26,4	2747136,00	29,2
Abschreibungen	680400,00	8,1	809088,00	8,6
Sonstige betriebliche Aufwendungen	1075200,00	12,8	1307712,00	13,9
Gesamtaufwendungen	8400000,00	100,0	9408000,00	100,0

Aufgabe des Controllings ist es, die Ursachen und Einflussfaktoren für die negative und positive Entwicklung herauszufinden, daraus neue Zielsetzungen und Maßnahmen abzuleiten und der Unternehmensleitung darzustellen.

PRAXISTIPP Zeitvergleiche sind vor allem geeignet, Entwicklungstendenzen sichtbar zu machen.

○ Betriebsvergleiche

Sie dienen dazu, den eigenen Betrieb mit Betrieben derselben Branche zu vergleichen.

Beispiel Vergleiche der Kostenanteile

	Unternehmen		Branche	
	31.12.	31.12.	31.12.	31.12.
	Vorjahr	Berichtsjahr	Vorjahr	Berichtsjahr
Wareneinsatzintensität	52,7	48,3	54,9	51,0
Personalaufwandsintensität	26,4	29,2	23,0	26,5
Abschreibungsintensität	8,1	8,6	10,4	10,3
Intensität der sonstigen betrieblichen Aufwendungen	12,8	13,9	11,7	12,2
	100,0	100,0	100,0	100,0

PRAXISTIPP Betriebsvergleiche sind vor allem geeignet, Schwachstellen und Stärken gegenüber Wettbewerbern zu erkennen.

○ Soll-Ist-Vergleich

Er vergleicht die geplanten **Soll-Werte** mit den tatsächlich erreichten **Ist-Werten**. Soll-Ist-Vergleiche können für alle Betriebsbereiche (Kostenstellen), aber auch für einzelne Aufwendungen und Erträge durchgeführt werden.

Wichtige Voraussetzungen Erfolg versprechender Soll-Ist-Vergleiche sind deren regelmäßige Durchführung in zeitlich kurzen Abständen (monatlich), die Präsentation wesentlicher Abweichungen und die Entwicklung von Maßnahmen der Steuerung und Gegensteuerung mit den betroffenen Personenkreisen.

Beispiel Aufgrund der Planungen zum Ende des letzten Geschäftsjahres werden die Kostenarten der Höhe nach vorgegeben. Am Ende des Geschäftsjahres werden die von der KLR ermittelten Kosten den geplanten Kosten gegenübergestellt.

Kostenarten der Gesamtkosten	Soll-Anteil		Ist-Anteil		Abweichungen der Ist-Kosten	
	in €	in %	in €	in %	in €	in %
Wareneinsatz	2200000,00	64,7	2156015,75	64,4	-43984,25	- 2,0
Personalkosten	1075000,00	31,6	1052500,00	31,4	-22500,00	- 2,1
Abschreibungen	60000,00	1,8	63000,00	1,9	+ 3000,00	+ 5,0
Sonstige betriebliche Aufwendungen	65000,00	1,9	75837,50	2,3	+10837,50	+16,7
Insgesamt	3400000,00	100,0	3347353,25	100,0	-52646,75	- 1,6

In diesem Zusammenhang ist es wichtig, dass der Soll-Ist-Vergleich nicht dazu missbraucht wird, einzelne Personen zu maßregeln. Die Arbeit des Controllers darf nie gegen einzelne Mitarbeiter gerichtet sein. Vielmehr arbeitet er mit der Belegschaft an einer **gemeinsamen Zielverwirklichung**. Es muss erreicht werden, dass die einzelnen Mitarbeiter sich mit den Problemen identifizieren und von sich aus den Dialog mit dem Controller suchen. Dann können sie rechtzeitig geeignete Maßnahmen vorschlagen und zur Problemlösung beitragen. Die Kooperation zwischen Controller und Mitarbeitern aller Bereiche ist hierzu die beste Voraussetzung. Dazu ist wichtig, den Mitarbeitern deutlich zu machen, welche Größen regelmäßig kontrolliert und gesteuert werden sollen.

Beispiel In der Primus GmbH werden die Deckungsbeiträge, die Umsätze und die Wareneinsätze der einzelnen Artikel, die Personalbestands- und Personalkostenentwicklung regelmäßig überprüft.

○ Abweichungsanalyse

Aus dem Soll-Ist-Vergleich ergeben sich Abweichungen, die in Stück, Euro oder in Prozentsätzen ausgedrückt werden können.

Beispiele
- Absatzzahlen einzelner Artikel je Monat in Stück
- Umsätze und Wareneinsätze einzelner Artikel/Warengruppen je Monat in Euro
- Kosten einzelner Kostenstellen in Euro
- Veränderungen gegenüber dem Vormonat oder dem Vergleichsmonat des Vorjahres in Stück und/oder Euro oder in Prozent

Über- und Unterschreitungen der Planwerte, die von Bedeutung für die Zielerreichung sind, müssen untersucht und deren Ursachen festgestellt werden.

Mögliche **Abweichungsursachen** gehen aus folgender Liste hervor:

Abweichungsursachen

- unrealistische Zielvorgaben
- schlecht abgestimmte Planung
- falsche Planumsetzung
- schlecht vorbereitete, informierte, ausgebildete Führungskräfte
- mangelhafte Organisation
- Preiserhöhungen im Einkauf
- Mögliche Kostenvorteile im Einkauf wurden nicht genutzt.
- Kalkulationsfehler, der Artikel ist zu teuer.
- neue Vertriebswege, Organisationsformen
- Personalausfälle
- Inanspruchnahme von Fremdleistungen (z. B. Handelsvertreter)
- Liquiditätsengpässe
- neue Konkurrenten
- sich ändernde Rahmenbedingungen (ökologische Bedingungen)
- veränderte Verbrauchergewohnheiten
- Der Artikel ist zu wenig bekannt, weil zu wenig oder falsch geworben wurde.
- Mitarbeiter sind nicht qualifiziert genug.
- häufig auftretende Mängel

Controlling als Information

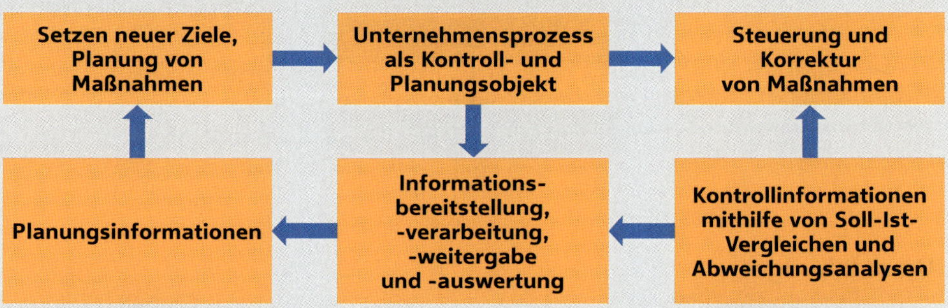

- Setzen von Zielen
  - Aufstellen von Plänen
  - Absatzplan
  - Kostenplan
  - Finanzplan
  - Investitionsplan
  - Beschäftigungsplan
- Vorschläge von Entscheidungsalternativen
- Wirtschaftlichkeitsanalysen
- Ermittlung von Engpässen und Schwachstellen

- Kostenkontrolle
- Umsatzkontrolle
- Erfolgskontrolle
- Kontrolle der Liefertermine
- Kontrolle der Lagerbestände
- Kontrolle der Kundenzahlungen
- Kontrolle der Liquidität
- Feststellung von Abweichungen und deren Ursachen
- Bildung von Richtwerten

Budgetierung

Aufgabe der Budgetierung ist es, die prinzipiell entwickelten Maßnahmenpläne in Einzelbudgets für alle betrieblichen Bereiche umzusetzen. Diese Zielvorgaben können jedoch nur dann erreicht werden, wenn sich die Mitarbeiter, die das Budget erfüllen sollen, damit identifizieren. Es ist daher sinnvoll, die Mitarbeiter schon an der Budgetaufstellung zu beteiligen. Die Beteiligung der Mitarbeiter an der Budgetierung ist damit sowohl ein Mittel der Selbstverantwortung als auch der Motivationserhöhung.

Die Budgetierung ist ein formaler Prozess, aus dem sich das aus mehreren Teilen bestehende Budget ergibt. Die Zahlen des schriftlich fixierten Budgets stellen eine Vorgabe dar, die von den Verantwortlichen mindestens erreicht bzw. nicht überschritten werden sollen. Der Prozess der Budgetierung ist so zu gestalten, dass Einzelbudgets nach dem Baukastenprinzip in einer sachlich zweckmäßigen Reihenfolge erstellt werden.

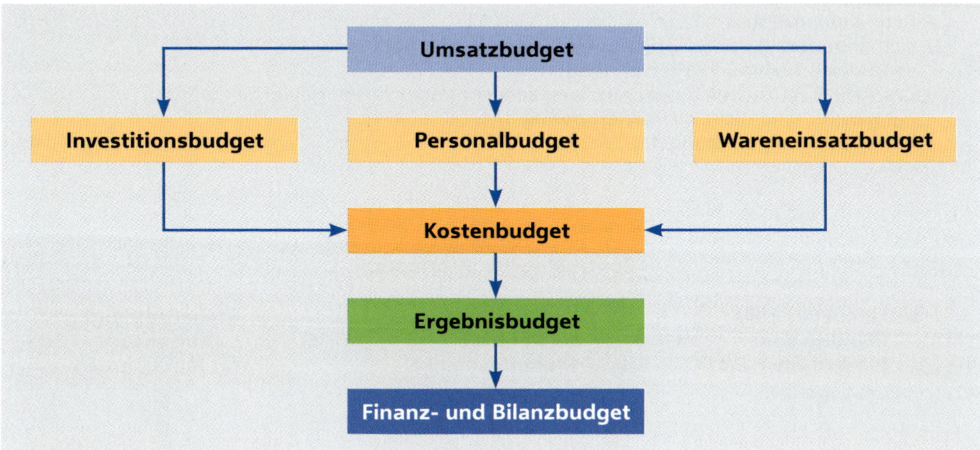

Umsatzbudget

Ausgehend von den Umsatzerwartungen der Geschäftsleitung sowohl für das laufende als auch das kommende Geschäftsjahr lassen sich zunächst die Absatzmengen getrennt nach Artikeln, Warengruppen und Absatzmärkten ermitteln.

Beispiel Umsatzerwartungen im Budgetjahr bezogen auf die Warengruppen „Bürotechnik“ und „Organisation“ aus dem Sortiment der Primus GmbH[1]

Warengruppe	Nettoumsatz im laufenden Geschäftsjahr in €	Mengen-wachstum in %	Nettoumsatz (real) in € im kommenden Geschäftsjahr	Preissteige-rungsrate in %	Nettoumsatz (nominal) in €
Bürotechnik	1 233 783,70	+10	1 357 162,07	+3,5	1 404 662,74
Organisation	390 416,75	+2	398 225,09	+3,5	412 162,97

[1] *Aus Gründen der Vereinfachung werden im weiteren Verlauf des Beispiels nur die Warengruppen „Bürotechnik“ und „Organisation“ der Primus GmbH betrachtet.*

○ Investitions-, Personal- und Wareneinsatzbudget

Im **Investitionsbudget** legt ein Unternehmen einzeln nach Objekten oder pauschal den Investitionsrahmen für das Budgetjahr fest. Das **Personalbudget** erfasst die Gehälter der Beschäftigten unter Berücksichtigung möglicher Beschäftigungsänderungen. Im **Wareneinsatzbudget** wird aus den Umsatzerwartungen der Wareneinsatz abgeleitet.

○ Kostenbudget

In Abhängigkeit von den Umsatzerwartungen des Unternehmens und den Investitions-, Personal- und Wareneinsatzbudgets können die Kosten budgetiert werden. Das Kostenbudget setzt sich zusammen aus:

- **Einzelkosten**: Kosten, die einzelnen Warengruppen direkt zugeordnet werden können

  Beispiele Entgelte für die eingesetzten Waren und deren Beschaffung (Anschaffungskosten), Ausgangsfrachten und Versandverpackungen für bestimmte Kundenaufträge, Kundenskonti

- **Gemeinkosten**: Kosten, die von mehreren Warengruppen oder Artikeln verursacht werden und nicht direkt zugerechnet werden können.

  Beispiele Lagermiete, Gehälter und entsprechende Sozialabgaben, kalkulatorische Kosten, Steuern

Bei der Aufstellung des Kostenbudgets ist zu beachten, dass die Realwerte mit den für das Budgetjahr erwarteten Preisveränderungen hochgerechnet werden (Nominalwerte).

Beispiel Kostenübersicht der Primus GmbH

Position	Kosten in €
Aufwendungen für Waren	2 314 597,85
Personalaufwand	1 219 897,25
sonstige Kosten	389 515,43

○ Ergebnisbudget

Das Betriebsergebnis ist die Differenz zwischen der ergebniswirksamen Leistung und den Gesamtkosten.

Beispiel Budgetiertes Betriebsergebnis der Primus GmbH

Position	Betrag in €
Nettoumsatz (zu Verkaufspreisen)	3 973 203,65
+ Bestandsmehrungen (zu Bezugs-/Einstandspreisen)	127 286,52
Gesamtleistung (ergebniswirksam)	4 100 490,17
– Gesamtkosten	3 924 010,53
= Betriebsergebnis	176 479,64

○ Finanzbudget

Im Finanzbudget wird der Mittelbedarf für die im Budget vorgesehenen Maßnahmen (Mittelverwendung) den verfügbaren bzw. noch benötigten Mitteln (Mittelherkunft) gegenübergestellt. Die einzelnen Positionswerte (z. B. Investitionen, Gewinnausschüttung) werden durch Finanzstrategien vorbestimmt.

● Berichtswesen

Je größer und komplexer das Großhandelsunternehmen ist, über das berichtet werden soll, desto umfangreicher wird das interne Berichtswesen. Grundsätzlich muss das interne

Gestaltung des Berichts

Ein Bericht sollte so knapp wie möglich, aber so lang wie nötig sein. Wichtig ist, einen Bericht derart zu gestalten, dass der Empfänger diesen lesen möchte. Widerstände lassen sich auch durch ein mehr oder weniger gleichbleibendes Aussehen vermeiden, da so der Eindruck des Vertrauten vermittelt wird. Eine ansprechende und übersichtliche Aufmachung verstärkt den Eindruck des Lesers, dass es sich lohnt, den Bericht zu lesen. Tabellen, Schaubilder, Kennzahlen und knappe Texte helfen hier, die Aufmachung zu verbessern.

Präsentation des Berichts

Die Arbeit und die Ergebnisse des Controllings wirken oft abschreckend oder beängstigend, da eine Vielzahl von Datenmaterial zur Verfügung steht. Der Einfluss und die Beachtung der Arbeit des Controllers hängen daher auch mit der Form zusammen, in der die Vorschläge vorgetragen werden: der **Präsentation**.

Die Präsentation ist eine Darstellung von Fakten oder Vorschlägen, die zu einer Diskussion und Entscheidung führen soll. Sie soll informieren, motivieren, überzeugen und auch eine Handlung oder Reaktion auslösen. Dies alles ist nur möglich, wenn die Präsentation empfängerorientiert geplant und durchgeführt wird.

Beispiel Nachdem Herr Zimmer der Geschäftsleitung die monatlichen Daten im Besprechungsraum der Primus GmbH unter Einsatz verschiedener Medien präsentiert hat und anschließend lange über die Interpretation der Daten in gesamtwirtschaftlichen Zusammenhängen diskutiert wurde, besucht er die Abteilungen in ihren Gruppenräumen. Für die Gruppenleiter hat er farbig gestaltete Schaubilder zu den Entwicklungen ihrer Bereiche vorbereitet.

Funktionen des Controllings als Instrument der Unternehmensführung

- **Controlling** ist ein Prozess der Informationsgewinnung, -speicherung, -verarbeitung und -übertragung.
- Es stellt **Kontroll-** und **Planungsinformationen** zur Verfügung.
- **Kontrollinformationen** stellen **Ist-Sachverhalte** dar und dienen der Steuerung und Korrektur getroffener Entscheidungen und Maßnahmen.
- **Planungsinformationen** stellen **Soll-Sachverhalte** dar, die der Unternehmensleitung helfen sollen, neue Ziele zu setzen und Maßnahmen festzulegen.
- Die **Soll-Vorgaben** sind hinterher Messgrößen dafür, ob und inwieweit die gesteckten Ziele erreicht wurden.
- Mithilfe der **Budgetierung** entwickeln Unternehmen Zielvorgaben für **Umsätze**, **Investitionen**, **Personal**, **Wareneinsatz**, **Kosten** und das **Ergebnis**. Aus diesen Vorgaben kann vorab ein Zielergebnis bewertet werden.
- Durch das interne **Berichtswesen** soll die Unternehmensführung ständig vom Controller über die aktuelle Entwicklung informiert werden, sodass jederzeit Veränderungen in den Funktionsbereichen möglich sind. **Berichtsinhalte**, aber auch **Gestaltung** und **Präsentation** der Inhalte sowie die Einhaltung von **Terminen** spielen dabei eine wesentliche Rolle.

1. Erarbeiten Sie die Stellung und Aufgaben des Controllers in Ihrem Ausbildungsbetrieb.
a) Gehen Sie auf seine mögliche Einordnung im Organigramm ein.
b) Nennen Sie typische Aufgaben des Controllers gegenüber der Unternehmensführung.

2. Erläutern Sie die Controlling-Instrumente am Beispiel einer Warengruppe des Kernsortiments Ihres Ausbildungsbetriebs. Gehen Sie dabei auf Inhalte
a) der Budgetierung,
b) des Berichtswesens
ein.
Gestalten Sie Ihre Ergebnisse zielgruppengerecht und präsentieren Sie diese vor der Klasse.

3. Werten Sie die Grafiken zur Quartals- und Tagesentwicklung (vgl. S. 120f.) in einem Bericht aus, indem Sie eine Abweichungsanalyse vornehmen und mögliche Folgen und Maßnahmen daraus ableiten.

4. Erläutern Sie Controlling als Informationssystem anhand des Schaubildes (vgl. S. 117) und übertragen Sie es auf den Funktionsbereich Absatz.

5. Der Controller eines Großhandelsunternehmens stellte folgende Daten zur Auswertung zusammen:

	Vorjahr	Abrechnungsjahr
Anzahl der Mitarbeiter	80	84
Anzahl der Arbeitsstunden	128 800	120 960
Umsatz in €	8 372 000,00	8 588 160,00

a) Ermitteln Sie
aa) die Arbeitsstunden je Mitarbeiter in den Vergleichsjahren,
ab) den Umsatz je Mitarbeiter in den Vergleichsjahren,
ac) den Umsatz je Arbeitsstunde in den Vergleichsjahren.
b) Beurteilen Sie die Umsatzentwicklung im Vergleich zur geleisteten Arbeitszeit.

6. Ein Großhandelsunternehmen führt zehn Sortimentsgruppen, für die im letzten Jahr folgende Daten ermittelt wurden:

	Abrechnungsjahr		Vorjahr	
Sortiments-gruppen	Umsatz in T€	Wareneinsatz in T€	Umsatz in T€	Wareneinsatz in T€
1	1 536	960	1 440	990
2	2 100	1 500	2 030	1 450
3	270	150	500	280
4	2 100	1 200	2 275	1 300
5	102	85	48	40
6	432	320	405	300
7	1 025	820	1 000	800
8	1 540	1 400	1 650	1 500
9	360	120	1 320	440
10	1 080	600	900	500

Die Unternehmensleitung möchte wissen, welche Sortimentsgruppen besonders gefördert werden sollen. Dazu wünscht sie eine Übersicht über
a) den Umsatzanteil,
b) den Anteil am Aufwand für Waren (Wareneinsatz),
c) den Kalkulationszuschlag

der Warengruppen.
Erstellen Sie diese Übersicht und ordnen Sie dabei die Sortimentsgruppen nach Umsatzgröße.

7. Ein Großhandelsunternehmen ermittelte für die abgelaufene und vorangegangene Rechnungsperiode folgende Daten:

	Abrechnungsjahr	Vorjahr
Umsatzerlöse in €	64 640 000,00	68 400 000,00
Personalaufwand in €	16 000 000,00	16 800 000,00
Wareneinsatz in €	34 200 000,00	31 700 000,00
Abschreibungen in €	3 200 000,00	3 300 000,00
Sonstige betriebliche Aufwendungen in €	6 600 000,00	6 200 000,00
Zahl der Beschäftigten	75	80

a) Ermitteln Sie
   aa) die Aufwandsanteile an den Gesamtaufwendungen,
   ab) den Rohgewinn und den Reingewinn,
   ac) den Umsatz je Beschäftigten in beiden Jahren.
b) Werten Sie die Ergebnisse aus.

8. In der Kostenartenrechnung der Primus GmbH wurde festgestellt, dass der Wareneinsatz (Aufwand für Waren) im letzten Jahr gegenüber dem Vorjahr um 40 % auf 3 635 000,00 € gestiegen ist. Demgegenüber stieg der Umsatz nur um 25 % auf 7 128 235,00 €. Die Handlungskosten wurden in beiden Jahren jeweils mit 85 % kalkuliert.
a) Berechnen Sie für das Vorjahr
   aa) den Wareneinsatz,
   ab) den Warenumsatz.
b) Berechnen Sie für beide Jahre
   ba) die Handlungskosten,
   bb) den Gewinn in Euro und in Prozent.
c) Stellen Sie die Ergebnisse in einer Tabelle vergleichend dar.
d) Stellen Sie Gründe zusammen für
   da) die Entwicklung des Wareneinsatzes,
   db) die Entwicklung des Warenumsatzes,
   dc) die vergleichsweise geringere Steigerung des Warenumsatzes gegenüber dem Wareneinsatz.
e) Die Geschäftsleitung hat der Leiterin der Abteilung Einkauf, Frau Konski, falsche Einkaufspolitik vorgeworfen und ihr für das kommende Geschäftsjahr einen um 20 % niedrigeren Kostenrahmen für den Wareneinsatz vorgegeben. Frau Konski hat alle Mitarbeiter aufgefordert, Strategien im Rahmen des Beschaffungsmarketings zu entwickeln mit der Zielsetzung, beim Wareneinsatz zu sparen.
   Zeigen Sie in diesem Zusammenhang Möglichkeiten der Kosteneinsparung auf durch
   ea) Erschließung neuer Bezugsquellen,
   eb) Sortimentsbereinigung,

ec) Bündelung von Bestellungen,
ed) Just-in-time-Rahmenverträge mit Lieferern,
ee) Berechnung der optimalen Bestellmenge bei allen Artikeln,
ef) Durchführung einer ABC-Analyse,
eg) verschärfte Eingangskontrolle der bezogenen Waren.

f) Frau Konski beklagt sich in diesem Zusammenhang darüber, dass ihr vielfach Informationen über die Bedeutung einzelner Artikel und über die Einflussgrößen ihrer Anschaffungskosten fehlten. Herr Zimmer, der Controller, empfiehlt ihr aber, die vielen Informationsquellen, die das Warenwirtschaftssystem und die Finanzbuchhaltung bieten, so z. B. die Artikeldatei und die Warenkonten mit Unterkonten für jede Warengruppe, besser zu nutzen.
   fa) Erläutern Sie den Informationswert der Artikeldatei und der Warenkonten in diesem Zusammenhang.
   fb) Zeigen Sie auf, welche möglichen Entscheidungen auf diese Informationsquellen gestützt werden könnten.

8.2 Kennziffern aus betrieblichen Prozessen im Controlling berücksichtigen

Beim Mittagessen berichtet Nicole Höver von einem Gespräch zwischen Frau Primus und Herrn Zimmer, dem neuen Controller. *„Herr Zimmer möchte der Frage auf den Grund gehen, weshalb der Gewinn im letzten Jahr nicht im gleichen Maße gestiegen ist wie der Umsatz. Wenn Gewinn und Rentabilität bei gestiegenem Umsatz nicht gewachsen sind, heißt das, dass einzelne Bereiche nicht mehr so produktiv und so wirtschaftlich arbeiten. Um das zu überprüfen, soll Frau Lapp ihm den Umsatz aufgeschlüsselt nach Warengruppen und nach Mitarbeiterinnen/Mitarbeitern zusammenstellen. Der will sich wohl gleich richtig beliebt machen."*
„Irgendwie wollen alle nach Tarif bezahlt werden, dann muss der Unternehmer wohl auch eine Gegenleistung erwarten können, und das von uns allen. Dann ist es wohl auch ein Recht des Unternehmers, Leistungen und Kosten aller Mitarbeiter/-innen zu überprüfen und zu vergleichen", entgegnet ihr Andreas Brandt aus dem dritten Ausbildungsjahr.

ARBEITSAUFTRÄGE

- Erläutern Sie, warum der Controller eine Umsatzgliederung nach
  - Warengruppen und
  - Mitarbeiterinnen/Mitarbeitern

  wünscht.
- Stellen Sie
  - Rentabilität,
  - Wirtschaftlichkeit und
  - Produktivität

  gegenüber und machen Sie Vorschläge zu ihrer Überprüfung.
- Erläutern Sie Maßnahmen zur Verbesserung dieser Kennziffern.

● Rentabilität

Legt ein Kaufmann Kapital an, z. B. bei einer Bank oder in einem Unternehmen, erwartet er eine Rendite. Die Anlage seines Kapitals bei einer Bank bringt ihm Zinsen, für die Bereitstellung als Eigenkapital im Unternehmen erhält er einen Anteil am Gewinn. Zum Vergleich rechnet er daher den absoluten Gewinn aus jeder Anlage in eine Rendite des investierten Kapitals um. Dadurch erhält er eine vergleichbare Aussage zur Ertragskraft des im Betrieb angelegten Kapitals.

Beispiel Im letzten Geschäftsjahr erzielte die Primus GmbH mit einem Fremdkapital von 595 000,00 € und einem Eigenkapital von 805 000,00 € einen Umsatz von 3 564 117,50 € und einen Gewinn von 201 742,50 €. In den Aufwendungen von 3 362 375,00 € sind 12 350,00 € Fremdkapitalzinsen enthalten.

Um vergleichbare Aussagen über die Ertragskraft des im Unternehmen eingesetzten Kapitals mit Erträgen anderer Anlageformen zu erhalten, muss der Gewinn mit den Größen verglichen werden, die ihn hervorgebracht haben, nämlich dem **eingesetzten Eigenkapital** oder dem **Gesamtkapital** und dem erzielten **Umsatz**.

Zu unterscheiden sind also:

Eigenkapitalrentabilität	Gesamtkapitalrentabilität	Umsatzrentabilität

○ Eigenkapitalrentabilität (Unternehmerrentabilität)

Sie ist ein Maßstab dafür, mit welchem Erfolg das Eigenkapital eingesetzt wurde. Sie wird durch das prozentuale Verhältnis des Gewinns zum Eigenkapital ausgedrückt. Bei der Berechnung wird in der Praxis vielfach das Anfangskapital[1] zugrunde gelegt.

Beispiel

$$\text{Eigenkapitalrentabilität} = \frac{\text{Gewinn} \cdot 100}{\text{Eigenkapital am Jahresanfang}} \qquad \frac{201\,742{,}50 \cdot 100}{805\,000} = \underline{\underline{25{,}06\,\%}}$$

Die Eigenkapitalrentabilität von 25,06 % besagt, dass sich das eingesetzte Eigenkapital in der Primus GmbH mit diesem Zinssatz verzinst hat. Bei einer Anlage des Kapitals bei einem Kreditinstitut würde Frau Primus nur eine Verzinsung von 4 % erzielen.

Es ist allerdings zu bedenken, dass der Gewinn neben der **Verzinsung des Eigenkapitals** das Arbeitsentgelt für den Unternehmer **(Unternehmerlohn)** und eine Risikoprämie für das übernommene **Unternehmerwagnis** enthält.

Die Eigenkapitalrentabilität wird auch als Unternehmerrentabilität bezeichnet. Eine geringe Eigenkapitalrentabilität (z. B. unter dem Zinssatz für langfristiges Fremdkapital) lässt auf niedrige Gewinnerzielung und -ausschüttung schließen.

LF 1 In Kapitalgesellschaften (AG, GmbH) führen niedrige Eigenkapitalrentabilitäten dazu, dass Gesellschafter ihre Anteile veräußern und der Börsenkurs fällt. Gleichzeitig lässt das Interesse möglicher Anleger nach.

---

[1] *Häufig auch das durchschnittliche Eigenkapital:* $\frac{\text{Anfangsbestand} + \text{Endbestand}}{2}$

○ Rentabilität des Gesamtkapitals (Unternehmensrentabilität)

Hierbei wird der mit dem Gesamtkapital erzielte Reinertrag

- Gewinn für das Eigenkapital,
- Fremdkapitalzinsen für das Fremdkapital
- dem Gesamtkapital am Jahresanfang gegenübergestellt.

Beispiel
(Fortsetzung von S. 126)

$$\text{Gesamtkapitalrentabilität (Unternehmensrentabilität)} = \frac{(\text{Gewinn} + \text{Fremdkapitalzinsen}) \cdot 100}{\text{Gesamtkapital}}$$

$$\frac{(201\,742{,}50 + 12\,350{,}00) \cdot 100}{805\,000 + 595\,000} = \frac{214\,092{,}50 \cdot 100}{1\,400\,000} = 15{,}29\,\%$$

Mit der Gesamtkapitalrentabilität kann nachgewiesen werden, ob der Einsatz des Fremdkapitals sich gelohnt hat. Liegt sie über dem landesüblichen Zinssatz, kann die Eigenkapitalrentabilität durch fremdfinanzierte Investitionen verbessert werden. Umgekehrt tritt eine Minderung der Eigenkapitalrentabilität ein, wenn der Zinssatz für Fremdkapital die Gesamtkapitalrentabilität übersteigt.

○ Umsatzrentabilität

Sie gibt den prozentualen Anteil des Gewinns am Umsatzerlös für Waren an:

Beispiel
(Fortsetzung von S. 126)

$$\text{Umsatzrentabilität} = \frac{\text{Gewinn} \cdot 100}{\text{Umsatzerlöse für Waren}}$$

$$\frac{201\,742{,}50 \cdot 100}{3\,564\,117{,}50} = 5{,}66\,\%$$

Die Umsatzrentabilität drückt den Gewinnanteil je 100,00 € Umsatzerlös aus, der für Investitionen oder Ausschüttungen verwendet werden kann. Diese Kennziffer ist nicht abhängig von den Finanzierungsformen. Sie ist ein Maßstab für Auswirkungen von Preisänderungen und konjunkturellen Änderungen.

● Wirtschaftlichkeit

Da finanzielle Mittel knapp sind,

- konkurrieren alternative Anlagemöglichkeiten um das zur Verfügung stehende Kapital,
- trachten Anleger danach, ihr Kapital möglichst in Anlagemöglichkeiten mit dem höchsten Ertrag zu bringen.

Ob neue Mitarbeiter/-innen eingestellt, neue Verkaufs-, Lager- oder Verwaltungsräume dazu gemietet werden, immer muss sich der Kaufmann nach der Wirtschaftlichkeit fragen, d.h. ob der Ertrag den Aufwand deckt.

Beispiel
(Fortsetzung von S. 126)

$$\text{Wirtschaftlichkeit} = \frac{\text{Umsatzerlöse für Waren (Leistungen)}}{\text{betrieblicher Aufwand (Kosten)}}$$

$$\frac{3\,564\,117{,}50}{3\,362\,375} = 1{,}06\,€$$

Sie gibt den Ertrag (im Beispiel 1,06 €) für 1,00 € Kosteneinsatz an.

Die Wirtschaftlichkeit gibt also Auskunft darüber, in welchem Maß das **ökonomische Prinzip** verwirklicht wurde:

- einen bestimmten Umsatz mit möglichst wenig Kosten zu erzielen oder
- mit vorgegebenem Aufwand einen möglichst hohen Umsatz zu erwirtschaften.

Damit sind auch die Einflussfaktoren der Wirtschaftlichkeit benannt:

- **Umsatzerlöse für Waren** (Leistungen): Absatzmenge, Verkaufspreise
- **Kosten** (betrieblicher Aufwand): Wareneinsatz, Miete, Pflege-, Wartungs-, Reparaturkosten, Energie, Personalkosten u. a.

PRAXISTIPP Ziel muss es immer sein, knappe Ressourcen in Maßnahmen, Artikel u. Ä. zu lenken, die den größeren Umsatzerlös versprechen.

Produktivität

Setzt man die Leistung (Umsatz) oder den Absatz ins Verhältnis zu der Menge der eingesetzten Produktionsfaktoren (z. B. Arbeitsstunde, Raumfläche), so erhält man die Produktivität. Sie gibt Auskunft über die Ergiebigkeit (Effizienz, Wirkung) eingesetzter Produktionsfaktoren, d. h., sie gibt z. B. den Umsatz je Mitarbeiter oder den Umsatz je Quadratmeter Verkaufsfläche an.

Entsprechend sind Personal-, Raum-, Kundenproduktivität und andere zu unterscheiden.

Beispiel Die Primus GmbH erzielte im letzten Jahr auf einer Gesamtfläche von 1400 m^2 bzw. einer Lager- und Verkaufsfläche von 1200 m^2 mit 40 Mitarbeiterinnen und Mitarbeitern in 80080 Stunden einen Umsatz von 3564117,50 €. Dabei wurden 12125 Kunden lt. vorliegenden Ausgangsrechnungen erfolgreich bedient.

Beispiele
(Fortsetzung von S. 126)

Personalproduktivität $= \frac{\text{Umsatz}}{\text{Anzahl der Mitarbeiter/-innen}}$	$\frac{3564117{,}50}{40} = 89102{,}94$ €
Personalstundenproduktivität $= \frac{\text{Umsatz}}{\text{Anzahl der Mitarbeiterstunden}}$	$\frac{3564117{,}50}{80080} = 44{,}51$ €
Raumproduktivität $= \frac{\text{Umsatz}}{m^2 \text{ Geschäftsfläche}}$	$\frac{3564117{,}50}{1400} = 2545{,}80$ €
Verkaufsraumproduktivität $= \frac{\text{Umsatz}}{m^2 \text{ Verkaufsfläche}}$	$\frac{3564117{,}50}{1200} = 2970{,}10$ €
Kundenproduktivität $= \frac{\text{Umsatz}}{\text{Anzahl der Kunden (Bon-Anzahl)}}$	$\frac{3564117{,}50}{12125} = 293{,}95$ €

○ Maßnahmen aufgrund von Produktivitätskennziffern

Die Produktivitätskennziffern sind im Zeitvergleich von Jahr zu Jahr, Quartal zu Quartal, Monat zu Monat, Tag zu Tag, Stunde zu Stunde oder im Betriebsvergleich (Filialen, Abteilungen) von Interesse und nicht selten Auslöser von betrieblichen Entscheidungen: Arbeitseinsatzplanung, Arbeitszeitverteilung, Öffnung und Schließung von Kassen, Personalschulung, Kündigungen, Angebote von Aufstiegsmöglichkeiten u. a.

Abschließend sei auf den Zusammenhang von Produktivität, Wirtschaftlichkeit und Rentabilität hingewiesen: Je größer die Wirksamkeit der einzelnen Einheiten der Produktionsfaktoren ist, desto wirtschaftlicher wird der Betrieb aufgrund der hierfür zu tragenden Kosten, desto rentabler wird das eingesetzte Kapital, desto mehr liquide Mittel für Reinvestitionen und Verteilung werden erwirtschaftet.

● Umsatzkennzahlen

Ähnlich wie die Produktivitätskennziffern verdient der Umsatz besondere Beobachtung, weil er Einflussgröße aller oben beschriebenen Kennziffern ist.

Kennzahlen	Beispiele
Planabweichung (Soll-Ist-Vergleich) $= \frac{(\text{Ist-Umsatz} - \text{Planumsatz}) \cdot 100}{\text{Planumsatz}}$	$\frac{(3\,564\,117{,}50 - 3\,400\,000{,}00) \cdot 100}{3\,400\,000} = +4{,}83\,\%$
Umsatzentwicklung $= \frac{\text{Umsatz Berichtsjahr} \cdot 100}{\text{Umsatz Vorjahr}}$	$\frac{3\,564\,117{,}50 \cdot 100}{3\,402\,000} = 104{,}77\,\%$
Umsatzindex $= \frac{\text{Umsatz Berichtsjahr} \cdot 100}{\text{Umsatz Basisjahr 1}}$	$\frac{3\,564\,117{,}50 \cdot 100}{3\,250\,000} = 109{,}67\,\%$
Umsatzstruktur $= \frac{\text{Umsatz Weiße Ware} \cdot 100}{\text{Gesamtumsatz}}$	$\frac{1\,432\,000{,}00 \cdot 100}{3\,564\,117{,}50} = 40{,}18\,\%$
Kurzfristige Umsatzbeobachtung $= \frac{\text{Umsatz Monat Januar} \cdot 100}{\text{Jahresumsatz}}$	$\frac{442\,600 \cdot 100}{3\,564\,117{,}50} = 12{,}42\,\%$

Kennziffern aus betrieblichen Prozessen im Controlling berücksichtigen

- **Rentabilität**
  - **Kapitalrentabilität:** Ertrag für 100,00 € eingesetzten Kapitals

    Eigenkapitalrentabilität $= \frac{\text{Gewinn} \cdot 100}{\text{Eigenkapital}}$

    Gesamtkapitalrentabilität (Unternehmensrentabilität) $= \frac{(\text{Gewinn} + \text{Fremdkapitalzinsen}) \cdot 100}{\text{Gesamtkapital}}$
  - **Umsatzrentabilität:** Gewinn bei 100,00 € Umsatz

    Umsatzrentabilität $= \frac{\text{Gewinn} \cdot 100}{\text{Umsatzerlöse}}$
- **Wirtschaftlichkeit** $= \frac{\text{Umsatzerlöse für Waren (Leistungen)}}{\text{betrieblicher Aufwand (Kosten)}}$

  Ertrag für 1,00 € Kosteneinsatz

- **Produktivität**: Sie misst die Wirksamkeit einer Einheit einzelner eingesetzter Produktionsfaktoren:
  - Personalproduktivität
  - Verkäuferproduktivität
  - Verkaufsraumproduktivität
  - Kundenproduktivität
- **Umsatzkennzahlen**: Vergleichszahlen, die nähere Informationen über den Umsatz erschließen:
  - Planabweichung
  - Umsatzentwicklung
  - Umsatzindex
  - Umsatzstruktur
  - kurzfristige Umsatzbeobachtung

1. Die Brüder Frank und Kevin erben je 750000,00 €. Frank gründet ein Großhandelsunternehmen, Kevin legt das Kapital in festverzinslichen Wertpapieren mit einer Verzinsung von 7,5 % an. Nach einigen Jahren treffen sie sich wieder und stellen fest, dass Frank einen durchschnittlichen Jahresgewinn von 100000,00 € erwirtschaftet hat, Kevin hingegen erhält jährlich 56250,00 € Zinsen. Kevin findet es ungerecht, dass sein Bruder fast die doppelte Rendite erzielt und schimpft auf die Unternehmer. Frank ist da ganz anderer Meinung.
Nehmen Sie zu den Standpunkten der Brüder Stellung.

2. Ein Großhändler möchte die Produktivität des Personals und der Verkaufsfläche seiner beiden Standorte vergleichen. Die Buchhaltung liefert ihm folgende Zahlen:

	Standort A	Standort B
Umsatz in €	2500000,00	2800000,00
Mitarbeiter/-innen	12	13
Lager- und Verkaufsfläche in m^2	1250	1200

Errechnen Sie die Personal- und Flächenproduktivität und vergleichen Sie die Standorte miteinander.

3. Ein Großhandelsunternehmen hat folgende Zahlen vorliegen:

- Eigenkapital 2720000,00 €
- Gesamtkapital 5200000,00 €
- Reingewinn 680000,00 €
- Umsatzerlöse 13600000,00 €
- Zinsaufwendungen 204000,00 €

Ermitteln Sie
a) die Eigenkapitalrentabilität,
b) die Unternehmensrentabilität,
c) die Umsatzrentabilität.

4. Ein Großhandelsunternehmen weist folgende Zahlen aus:

- Eigenkapital 3000000,00 €
- Gesamtkapital 5000000,00 €
- Reingewinn 900000,00 €
- Umsatzerlöse 14000000,00 €
- Fremdkapitalzinsen 100000,00 €

Ermitteln Sie
a) die Eigenkapitalrentabilität,
b) die Unternehmensrentabilität,
c) die Umsatzrentabilität.

5. Ein Großhandelsunternehmen erzielte im vergangenen Jahr einen Nettoumsatz von 12 000 000,00 €; dabei wurde ein Reingewinn von 600 000,00 € erzielt. In diesem Jahr betrug der Nettoumsatz 14 400 000,00 €, die Umsatzrentabilität betrug 2,2 %.
Ermitteln Sie
a) die Umsatzrentabilität für das vergangene Jahr,
b) den Gewinn, den das Großhandelsunternehmen dieses Jahr erzielte,
c) die prozentuale Steigerung des Gewinnes in diesem Jahr gegenüber dem Vorjahr,
d) die prozentuale Abnahme der Umsatzrentabilität in diesem Jahr gegenüber dem Vorjahr.

6. Folgende Bilanzen und GuV-Rechnungen (auszugsweise) sind auszuwerten:

Vorjahr

A	Bilanz		P
...		EK	2 000 000,00
		FK	4 000 000,00

S	GuV		H
Aufw.		Umsatzerl.	6 000 000,00
f. Waren	4 000 000,00		
Gehälter	1 000 000,00		
FK-Zinsen	400 000,00		
Gewinn	600 000,00		

Berichtsjahr

A	Bilanz		P
...		EK	2 600 000,00
		FK	4 000 000,00

S	GuV		H
Aufw.		Umsatzerl.	6 500 000,00
f. Waren	4 500 000,00		
Gehälter	1 000 000,00		
FK-Zinsen	480 000,00		
Gewinn	520 000,00		

a) Errechnen Sie für das Vorjahr und das Berichtsjahr folgende Werte:
   aa) Eigenkapitalrentabilität
   ab) Gesamtkapitalrentabilität,
   ac) Umsatzrentabilität.
b) Berechnen Sie für beide Jahre die Wirtschaftlichkeit.
c) Stellen Sie dar, in welcher Weise sich Wirtschaftlichkeit und Rentabilität im vorliegenden Fall beeinflussen.

7. Der Jahresabschluss eines Großhandelsunternehmens weist folgende Angaben in Tausend Euro aus:

– Eigenkapital	4 000	– Fremdkapitalzinsen	600	– Reingewinn	800
– Fremdkapital	6 000	– Umsatzerlöse	25 000		

Ermitteln Sie
a) die Eigenkapitalrentabilität,
b) die Gesamtkapitalrentabilität,
c) die Umsatzrentabilität,
d) die Wirtschaftlichkeit.

8. Bestimmen Sie, mit welcher der nachstehenden Formeln die Wirtschaftlichkeit eines Unternehmens errechnet wird.

a) $\frac{\text{Gewinn} \cdot 100}{\text{Eigenkapital}}$ b) $\frac{\text{Wareneinsatz}}{\text{Umschlaghäufigkeit}}$

17.

S	GuV		H
Aufwendungen für Waren	6 600 000,00	Umsatzerlöse für Waren (Warenverkauf)	10 256 400,00
Aufwendungen für Materialien und Leistungen (Verpackung, Energie, Reinigung, Abfallentsorgung)	154 000,00		
Gehälter	1 964 400,00		
Gesetzliche Sozialaufwendungen	225 000,00		
Abschreibungen	264 000,00		
Mieten	98 000,00		
Büromaterial	75 600,00		
Werbung, Dekoration	222 000,00		
Betriebliche Steuern	165 000,00		
Eigenkapital (Gewinn)	488 400,00		
	10 256 400,00		10 256 400,00

a) Ermitteln Sie anhand des GuV-Kontos
   aa) den Wareneinsatz,
   ab) die Handlungskosten in Euro,
   ac) den Handlungskostenzuschlagssatz,
   ad) die Selbstkosten,
   ae) den Gewinn in Euro,
   af) den Gewinnzuschlagssatz,
   ag) den Rohertrag (Rohgewinn),
   ah) die Umsatzrentabilität,
   ai) die Wirtschaftlichkeit.

b) Das Ergebnis wurde mit 25 Mitarbeiterinnen und Mitarbeitern auf einer Lager- und Verkaufsfläche von 1500 m² erzielt.
   Ermitteln Sie
   ba) die Personalproduktivität,
   bb) die Raumproduktivität.

18. Folgende Daten eines Großmarkts sind auszuwerten:

	Berichtsjahr	Vorjahr
Geschäftsfläche des Großmarkts in m²	10 500	10 500
Verkaufsfläche in m²	10 000	10 000
Umsatzerlöse in €	12 691 000,00	11 634 800,00
Mitarbeiter/-innen	65	62
Kundenzahl	20 650	19 870
Handlungskosten (davon 50 000,00 € Fremdkapitalzinsen im Berichtsjahr und 65 000,00 € im Vorjahr)	3 626 000,00	3 558 880,00
Wareneinsatz in €	7 252 000,00	6 844 000,00
Arbeitsstunden	118 300	109 616
Eigenkapital in €	4 000 000,00	3 500 000,00
Fremdkapital in €	8 000 000,00	7 000 000,00

a) Ermitteln Sie für das Berichtsjahr und das Vorjahr
   aa) den Umsatz/m² Geschäftsfläche,
   ab) den Umsatz/m² Verkaufsfläche,
   ac) den erreichten Kalkulationszuschlagssatz,
   ad) den Umsatz pro Kunde,
   ae) den Umsatz pro Mitarbeiter/-in,
   af) den Umsatz pro Arbeitsstunde,
   ag) den Rohgewinn,
   ah) die Wirtschaftlichkeit,
   ai) die Eigenkapitalrentabilität,
   aj) die Gesamtkapitalrentabilität,
   ak) die Umsatzrentabilität,
   al) die Umsatzentwicklung gegenüber dem Vorjahr.

b) Schreiben Sie einen kurzen Bericht zur Aussage der einzelnen Kennzahlen und zu ihrer Entwicklung.
c) Nennen Sie geeignete Maßnahmen in Fällen, in denen sich die Kennziffern verschlechtert haben.

19. Nehmen Sie folgende Sachwörter in Ihre Lerndatei auf: Eigenkapitalrentabilität, Gesamtkapitalrentabilität, Umsatzrentabilität, Wirtschaftlichkeit, Produktivität, Personalproduktivität, Verkäuferproduktivität, Raumproduktivität, Kundenproduktivität, Personalstundenproduktivität, Umsatzkennzahl.

20. Stellen Sie die Kennziffern zur Wirtschaftlichkeit, Rentabilität und Produktivität in Ihrem Ausbildungsbetrieb zusammen und vergleichen Sie Ihre Ergebnisse
a) mit denen Ihrer Mitschüler in deren Ausbildungsbetrieb,
b) mit den entsprechenden Kennziffern der jeweiligen Branchen.

Wiederholung zu Lernfeld 10

Übungsaufgaben

1. Die Finanzbuchhaltung eines Großhandelsbetriebes wies für das abgelaufene Geschäftsjahr folgende Werte aus:

Konto	Kontobezeichnung	Beträge in €	Beträge in €
211	Zinsaufwendungen	35 000,00	–
242	Betriebsfremde Erträge	–	180 000,00
261	Zinserträge	–	1 000,00
301	Wareneingang/Aufwend. f. Waren	1 450 000,00	–
40	Personalkosten	1 300 000,00	–
42	Betriebliche Steuern	130 000,00	–
44	Werbe- und Reisekosten	250 000,00	–
47	Betriebskosten/Instandhaltung	185 000,00	–
48	Allgemeine Verwaltung	510 000,00	–
49	Abschreibungen auf Sachanlagen	250 000,00	–
801	Warenverkauf/Umsatzerlöse	–	4 200 000,00

Zu den obigen Positionen liegen folgende Informationen vor:

Konto	Anmerkungen	Beträge in €
211	Zinsaufwendungen für betrieblich notwendiges Fremdkapital	35 000,00
242	Mieterträge	180 000,00
261	Verzugszinsen für verspätet bezahlte Kundenrechnungen	1 000,00
301	Warenverderb, Warendiebstahl	21 000,00

Konto	Anmerkungen	Beträge in €
42	a) Gewerbesteuernachzahlung für das vergangene Geschäftsjahr b) Grundsteuer für vermietete Gebäudeteile	15 000,00 2 500,00
47	Reparaturen a) am vermieteten Gebäudeteil b) am betrieblich genutzten Gebäudeteil	12 000,00 63 000,00
49	Davon entfallen auf den vermieteten Gebäudeteil	12 000,00
	Ansonsten handelt es sich um betrieblich ordentliche Erträge und um Zweckaufwand	

Führen Sie die Abgrenzungsrechnung durch und stimmen Sie die Ergebnisse miteinander ab.

2. Für die Warengruppe „Haushaltsgeräte“ in einer Elektrogerätegroßhandlung wurden für die beiden letzten Jahre in der Kostenrechnung folgende Ergebnisse (in Euro) ermittelt:

	Berichtsjahr	Vorjahr
Umsatzerlöse für Waren	962 172,00	957 444,00
Wareneinsatz	445 450,00	520 350,00
Handlungskosten:		
Personalkosten	259 200,00	225 600,00
Miete	32 000,00	32 000,00
Energie	10 450,00	8 670,00
Reinigung	6 840,00	6 260,00
Bürokosten	3 160,00	4 200,00
Werbung	27 600,00	21 470,00
Instandsetzungen	4 450,00	3 860,00
Gewerbesteuer	12 660,00	10 150,00
Verkaufsfläche in m^2	500	450
Verkaufspersonal	6	7

a) Stellen Sie die Abweichungen gegenüber dem Vorjahr in Prozent fest.
b) Ermitteln Sie für beide Jahre
   ba) den Handlungskostenzuschlagssatz,
   bb) den Gewinnzuschlagssatz,
   bc) die Wirtschaftlichkeit,
   bd) die Verkaufsflächenproduktivität,
   be) die Mitarbeiterproduktivität.
c) Stellen Sie in einem kurzen Bericht die wesentlichen Veränderungen zusammen.
d) Nennen Sie Ursachen für die Veränderungen und Maßnahmen zur Verbesserung.

3. a) In einem Bekleidungsgroßhandel sind nach folgenden Angaben die Gemeinkosten des letzten Quartals auf die Abteilungen „Schuhe“ und „Strickwaren“ zu verteilen:

Gemeinkosten	Beträge in €	Verteilungs-grundlage	Verteilungs-schlüssel	Schuhe in €	Strick-waren in €
Gehälter	135 700,00	Gehaltsliste	–	72 400,00	63 300,00
Mieten	24 400,00	Fläche in m²	s. u.		
Reinigung	3 140,00	Umsatz	s. u.		
Energie	2 450,00	Fläche in m²	s. u.		
Büromaterial	1 240,00	Belege	–	810,00	430,00
Werbung/Dekoration	12 804,00	Umsatz	s. u.		
Gewerbesteuer	5 160,00	Umsatz	s. u.		
Sonstige Gemeinkosten	22 630,00	Umsatz	s. u.		
Handlungskosten insgesamt	207 524,00				

Abteilungsbezogene Angaben	Insgesamt	Schuhe	Strickwaren
Umsatz des letzten Quartals	726 334,00	472 117,00	254 217,00
Wareneinsatz	415 048,00	259 405,00	155 643,00
Fläche in m²	250	160	90
Zahl der Mitarbeiter	14	6	8

b) Werten Sie die Ergebnisse unter Berücksichtigung folgender abteilungsbezogenen Angaben aus und ermitteln Sie
- ba) den durchschnittlichen Handlungskostenzuschlagssatz des Betriebes und der beiden Abteilungen,
- bb) den Gewinn des Betriebes und beider Abteilungen,
- bc) den durchschnittlichen Gewinnzuschlagssatz des Betriebes und beider Abteilungen,
- bd) die Wirtschaftlichkeit des Betriebes und beider Abteilungen,
- be) die Flächenproduktivität des Betriebes und beider Abteilungen,
- bf) die Mitarbeiterproduktivität des Betriebes und beider Abteilungen.

c) Vergleichen Sie beide Abteilungen anhand der Ergebnisse und leiten Sie Maßnahmen daraus ab.

4. In einer Spielwarengroßhandlung wurden folgende Planwerte zu Beginn des Quartals und Ist-Werte am Ende des Quartals in Euro ermittelt:

	Planwerte	Ist-Werte
Umsatzerlöse	628 000,00	599 960,00
Wareneinsatz	322 000,00	304 800,00
Handlungskosten:		
Personalkosten	134 400,00	138 620,00
Miete	10 000,00	9 600,00
Energie/Reinigung	2 100,00	3 160,00
Bürokosten/Telekommunikation	1 500,00	1 840,00
Instandsetzungen	1 000,00	1 350,00
Werbung	8 000,00	9 460,00
Gewerbesteuer	4 000,00	3 600,00

a) Ermitteln Sie die Planabweichungen in Euro und in Prozent.

b) Stellen Sie in einer Plankalkulation fest, welcher Handlungskosten- und welcher Gewinnzuschlagssatz geplant wurde.

c) Stellen Sie in einer Nachkalkulation auf der Basis der Ist-Kosten fest, welcher Handlungskosten-, und welcher Gewinnzuschlagssatz erreicht wurde.

d) Stellen Sie die Ursachen der Abweichungen und Maßnahmen zur Verbesserung zusammen.

5. In einer Nahrungs- und Genussmittelgroßhandlung soll die Deckungsbeitragsrechnung für den Sortimentsbereich „Kaffee, Tee, Kakao" für das vergangene Halbjahr durchgeführt werden. Folgende Zahlen liegen vor:

Umsatz		325 000,00 €		
Variable Kosten:	Wareneinsatz	291 141,00 €		
Fixe Kosten:	Personalkosten	8 804,00 €	Werbekosten	7 696,00 €
	Mietkosten	1 674,00 €	Sonstige Kosten	5 839,00 €

Ermitteln Sie

a) den Deckungsbeitrag, b) den Reingewinn.

6. Der Inhaber einer Nahrungsmittelgroßhandlung erteilt Ihnen einen Auftrag, die Deckungsbeitragsrechnung für die Abteilung „Brot und Backwaren" mithilfe nachfolgender Zahlen durchzuführen:

Umsatz		935 400,00 €		
Variable Kosten:	Wareneinsatz	450 100,00 €		
Fixe Kosten:	Personalkosten	146 200,00 €	Leasingkosten	53 000,00 €
	Mietkosten	25 000,00 €	Sonstige Kosten	32 000,00 €
	Energiekosten	25 100,00 €		

Ermitteln Sie

a) den Deckungsbeitrag, b) den Reingewinn.

7. Die Klein Lebensmittelgroßhandel KG führt die Abteilungen Lebensmittel und Frischkäse. Sie erhalten als Mitarbeiter des Unternehmens folgenden Auszug und werden um eine Stellungnahme gebeten:

Aufwendungen/Umsatz in €		Lebensmittel	Frischkäse
Variable Kosten:	Wareneinsatz	630 000,00	105 000,00
Fixe Kosten:	Personalkosten	38 000,00	27 000,00
	Energiekosten	36 000,00	8 000,00
	Aufwendungen für Kommunikation	45 500,00	
Nettoumsatz		750 000,00	160 000,00

Die Aufwendungen für Kommunikation sind nach dem Umsatz zu verteilen (Fixkosten).

a) Berechnen Sie den Deckungsbeitrag der Abteilung Lebensmittel und der Abteilung Frischkäse.

b) Ermitteln Sie den Deckungsbeitrag für beide Abteilungen zusammen.

c) Überprüfen Sie, ob es sinnvoll ist, die Abteilung Frischkäse zu schließen.

8. Die Kostenrechnung der Colonia Großhandlung GmbH ermittelt für das abgeschlossene Geschäftsjahr folgende Daten für die Warengruppe „Lederwaren/Schuhe":

Umsatz	2 050 000,00 €
Wareneinsatz	1 538 500,00 €
Handlungskosten	450 000,00 €

Ermitteln Sie a) den Deckungsbeitrag (Rohgewinn), b) den Gewinn.

Aufgaben zur Prüfungsvorbereitung

1.

BÜRODESIGN GMBH

Ein ökologisch orientiertes Unternehmen mit Zukunft

Bürodesign GmbH · Stolberger Str. 188 · 50933 Köln

Primus GmbH
Groß- und Außenhandel für Bürobedarf
Koloniestraße 2 – 4
47057 Duisburg

Ihr Zeichen: ko
Ihre Nachricht vom: 24.07.20..
Unser Zeichen: kö, be
Unsere Nachricht vom:

Name: Helmut Behrendt
Telefon: 0221 6683-550
Fax: 0221 6683-57
E-Mail: helmut.behrendt@buerodesign-online.de

Datum: 28.07.20..

Ihre Anfrage vom 24. Juli 20.. für den Schreibtisch Komfort

Sehr geehrte Frau Konski,

wir danken Ihnen für Ihr Interesse an unserem

Schreibtisch Komfort, Bestell-Nr. 100401,

den wir Ihnen zum Listenpreis von 148,00 € abzüglich 6 % Einführungsrabatt anbieten können. Darüber hinaus gewähren wir auf den Einführungspreis bei einer Abnahme von 10 Stück einen Mengenrabatt von 4 %. Die Preise gelten ab Werk Köln. Bei Lieferungen mit unseren eigenen Werkfahrzeugen berechnen wir eine Lieferpauschale von 51,20 €.

Zum Rechnungsausgleich gewähren wir Ihnen ein Zahlungsziel von 50 Tagen, bei Zahlungen innerhalb von 14 Tagen 2 % Skonto.

Erfüllungsort und Gerichtsstand sind Köln.

Wir erwarten Ihre Bestellung und sichern Ihnen eine Lieferung binnen 10 Tagen zu.

Mit freundlichen Grüßen

Bürodesign GmbH

i. A. *Behrendt*

Helmut Behrendt

a) Werten Sie das Angebot der Bürodesign GmbH für die Kalkulation aus und ermitteln Sie
   aa) den Bezugs-/Einstandspreis für einen Schreibtisch Komfort bei einer werkseitigen Lieferung der Bürodesign GmbH, einer Abnahmemenge von 10 Stück und Skontoinanspruchnahme,
   ab) den Verkaufspreis unter Berücksichtigung von 50 % Handlungskosten, 20 % Gewinn, 2 % Kundenskonto, 10 % Kundenrabatt (auf zwei Stellen genau).

b) Im Rahmen der Einführung soll der Verkaufspreis von 238,00 € nicht überschritten werden. Ermitteln Sie
   - ba) den Kalkulationszuschlagssatz,
   - bb) den Kalkulationsfaktor (auf drei Stellen genau),
   - bc) den verbleibenden Gewinn pro Schreibtisch in Euro und in Prozent (auf zwei Stellen genau),
   - bd) den verbleibenden Gewinn in Prozent (auf zwei Stellen genau).

2. Bestimmen Sie, in welchen der Spalten 1 bis 6 der Abgrenzungsrechnung lt. folgender Grafik die unten stehenden Sachverhalte der Primus GmbH erfasst werden.

Abgrenzungsrechnung / Aufwands- und Ertragspositionen	I		II		III	
	Werte der Finanzbuchführung		Abgrenzungsrechnung		Kosten- und Leistungsarten	
	1	2	3	4	5	6
Bezeichnung	Aufwendungen	Erträge	Betriebsfremde und betriebl. a.o. Aufwendungen	Betriebsfremde und betriebl. a.o. Erträge und verrechn. kalk. Kosten	Kosten	Leistungen

Sachverhalte:

a) Umsatzerlöse/Warenverkäufe
b) Wareneinsatz
c) bilanzmäßige Abschreibung
d) Instandhaltung vermieteter Gebäudeteile
e) kalkulatorische Abschreibung
f) Mieterträge aus vermieteten Gebäudeteilen
g) Warenverderb
h) Anlagenverkäufe über Buchwert

3. Es muss festgestellt werden, ab welcher Absatzmenge der Aktenschrank „archivo" Gewinn erzielt. Dabei soll unterstellt werden, dass alle eingekauften Aktenschränke auch verkauft werden können. Folgende Daten liegen aus dem Rechnungswesen vor: variable Stückkosten 400,00 €, fixe Kosten 300 000,00 €, Verkaufspreis 1 000,00 €.

a) Erstellen Sie eine Break-even-Point-Analyse (BEP) in Tabellenform. Beginnen Sie mit der Menge 0 und erhöhen Sie jeweils um 100 Einheiten.
b) Übertragen Sie Ihre Ergebnisse in eine Grafik.
c) Berechnen Sie den BEP mithilfe von Gleichungen.
d) Erläutern Sie, was der BEP für die Preisbildung aussagt.

4. Aufgrund der eingeschränkten Lagerkapazität der Primus GmbH soll mit der Neueinführung der Öko-Büroeinrichtungsmodule des Lieferanten Bürodesign GmbH auch eine Optimierung des Sortiments in der Warengruppe „Büroeinrichtung" erfolgen. Nicole Höver bekommt den Auftrag, anhand der Deckungsbeitragsrechnung zu ermitteln, welche Artikel in welchem Umfang zum Erfolg der Primus GmbH beitragen. Die Fixkosten betragen 24 000,00 €.

a) Ermitteln Sie die Deckungsbeiträge für die Artikel A, B und C.

	Artikel A	Artikel B	Artikel C
Umsatzerlöse der letzten Rechnungsperiode	5 950,00 €	11 500,00 €	17 000,00 €
Variable Kosten der letzten Rechnungsperiode	3 150,00 €	7 600,00 €	10 200,00 €
Deckungsbeitrag			

b) Erläutern Sie auf Basis Ihrer Ergebnisse, ob es sinnvoll ist, aufgrund der begrenzten Lagerkapazität einen der Artikel A, B oder C aus dem Sortiment zu nehmen.

c) Beschreiben Sie drei Möglichkeiten, wie die Primus GmbH ohne die Sortimentsoptimierung eine Neueinführung der Bürolinie realisieren kann.

5. Die Primus GmbH konnte mit ihrem Lieferanten, der Bürodesign GmbH, für den neuen Öko-Bürostuhl einen Bezugs-/Einstandspreis von 200,00 € aushandeln.

1. Ermitteln Sie rechnerisch nachvollziehbar unter Anwendung des Kalkulationschemas den Listenverkaufspreis der Primus GmbH, wenn folgende Kalkulationsgrößen zu berücksichtigen sind:
   - Kundenrabatt: 15 %
   - Handlungskosten: 16 %
   - Kundenskonto: 2 %
   - Gewinnzuschlag: 10 %
2. Die Feld OHG, ein Konkurrent aus dem Bereich Bürobedarf, bietet den Bürostuhl zum Listenverkaufspreis von 285,75 € an. Berechnen Sie mithilfe des Kalkulationsschemas den Bezugs-/Einstandspreis, den die Primus GmbH maximal zahlen kann, um mit der Feld OHG bei gleichbleibenden Kalkulationssätzen konkurrieren zu können.

6. Ein Großhandelsunternehmen verkaufte im letzten Jahr bei einem Beschäftigungsgrad von 65 % 19 500 Stück eines Artikels zum Verkaufspreis von 798,00 €. Der Artikel verursachte variable Kosten von 448,00 € je Stück und fixe Kosten von insgesamt 4 567 500,00 €. Ermitteln Sie

a) den Stückdeckungsbeitrag,

b) die Gewinnschwellenmenge,

c) den Erfolg,

d) die Maximalkapazität in Stück,

e) die Kosten, die Erlöse und den Beschäftigungsgrad bei der Gewinnschwelle.

7. In einem Lebensmittelgroßhandelsunternehmen soll die Deckungsbeitragsrechnung für den Sortimentsbereich „Kaffee, Tee, Kakao“ für den vergangenen Monat durchgeführt werden. Folgende Zahlen liegen vor:

Nettoumsatz		347 350,00 €
Variable Kosten:	Wareneinsatz	291 141,00 €
Fixe Kosten:	Personalkosten	8 804,00 €
	Mietkosten	1 674,00 €
	Werbekosten	7 696,00 €
	Sonstige Kosten	5 839,00 €

Ermitteln Sie

a) den Deckungsbeitrag/Rohgewinn, b) den Reingewinn.

8. Ordnen Sie die folgenden Begriffe aus der Kosten- und Leistungsrechnung den jeweiligen Erklärungen für die Begriffe zu.

Begriffe aus der Kosten- und Leistungsrechnung

1. Einzelkosten	5. Grundkosten
2. Gemeinkosten	6. Betriebskosten
3. fixe Kosten	7. Zusatzkosten
4. variable Kosten	8. Anderskosten

Erklärungen zu den Begriffen

Kosten, die vom Beschäftigungsgrad abhängig sind (bezogen auf die Gesamtkosten)	
Kosten, die keine Aufwendung sind	
Kosten, die einem bestimmten Artikel zugerechnet werden können	

9. Für die Kalkulation von Flipchart-Tafeln liegen einem Großhändler für Büroartikel folgende Zahlen vor:

- bisheriger Bezugs-/Einstandspreis (netto): 39,99 €
- Kalkulationszuschlag: 45 %
- Listenverkaufspreis (netto): 57,99 €

Durch einen Wechsel des Lieferers konnte der Bezugs-/Einstandspreis für Flipchart-Tafeln um 5 % gesenkt werden. Der Kalkulationszuschlag bleibt unverändert.
Ermitteln Sie den neuen Listenverkaufspreis.

10. Vervollständigen Sie folgende Tabelle.

Artikel	Produzierte Menge in Stück	Anteilige fixe Kosten in €	Variable Kosten in €	Gesamtkosten in €	Variable Kosten je Stück in €	Fixe Kosten je Stück in €	Gesamtkosten je Stück in €
Tische	3800	300 000,00	980 000,00				
Stühle	6600	400 000,00	1 300 000,00				
Schränke	2800	300 000,00	720 000,00				
Summen		1 000 000,00	3 000 000,00				

11. S 930 Gewinn und Verlust des Bürofachgeschäfts Herbert Blank e. K. H

S		H	
211 Zinsaufwendungen	11 500,00	801 Warenverkauf/UE	1 194 441,00
301 Wareneingang/AfW	597 220,50		
400 Personalkosten	225 250,00		
420 Steuern/Versicherungen	56 720,50		
430 Energie	13 550,00		
440 Werbung	42 700,00		
480 AVK	33 550,00		

Das Eigenkapital betrug zu Beginn des Geschäftsjahres 1 400 000,00 €.

a) Ermitteln Sie
  aa) den Rohgewinn,
  ab) den durchschnittlichen Kalkulationszuschlagssatz,

- ac) den durchschnittlichen Handlungskostenzuschlagssatz (auf zwei Stellen genau),
- ad) den Reingewinn in Euro,
- ae) den Gewinnzuschlagssatz (auf zwei Stellen genau),
- af) das Eigenkapital zum Jahresende.

b) Bilden Sie die Buchungssätze zum Abschluss der Konten
- ba) Gewinn und Verlust,
- bb) Eigenkapital.

12. Ein Konkurrenzunternehmen der Primus GmbH verkaufte im letzten Jahr weltweit bei einem Beschäftigungsgrad von 72 % 10800 Stück des PC-Tisches „Modulo“ zum Verkaufspreis von 398,00 €. Der PC-Tisch verursachte variable Kosten von 248,00 € je Stück und fixe Kosten von insgesamt 1 072 500,00 €.
Ermitteln Sie
a) den Stückdeckungsbeitrag,
b) die Gewinnschwellenmenge,
c) den Erfolg,
d) die Maximalkapazität in Stück,
e) Kosten und Erlöse bei der Gewinnschwellenmenge,
f) den Beschäftigungsgrad bei der Gewinnschwellenmenge (auf ganze Zahl aufrunden).

Gesichtspunkte bei der warengerechten Lagerung	Beispiele
Belüftung	Holz, Bücher, Papierwaren, Textilien, Tabakwaren u. a. bedürfen gut durchlüfteter Lagerräume.
Licht	Bestimmte Nahrungsmittel und einige Textilien sind lichtempfindlich, sie dürfen keinen starken Lichtquellen ausgesetzt sein.
Temperatur	Einige Lebensmittel müssen kühl gelagert werden, bei Tiefkühlkost darf auf keinen Fall die Kühlkette unterbrochen werden; einige Waren (z. B. Farben, Lacke, USB-Sticks) dürfen nicht zu kalt gelagert werden.
Luftfeuchtigkeit	Papierwaren, Metallwaren, Holz- und Lederwaren benötigen eine bestimmte Luftfeuchtigkeit.
Staubschutz	Unverpackte Ware muss vor Staub geschützt werden (Bekleidung, einige Lebensmittel).
Schädlingsbefall	Schutz der Ware vor Schädlingen wie Motten bei Textilien, Schimmel bei Lebensmitteln, Holzwurm bei Holzmöbeln usw.

○ Geräumigkeit

Im Großhandel werden im Lager häufig noch **zusätzliche Arbeiten** erledigt. Die Ware wird angenommen, aus- und umgepackt, abgewogen usw. Hierzu muss genügend Platz vorhanden sein, damit durch Umräumarbeiten nicht zusätzlich Zeit benötigt und zusätzliche Kosten verursacht werden. Die Artikel müssen mühelos aus den Regalen entnommen und transportiert werden können. Es muss auch genügend Platz für unvorhergesehene Warenlagerungen vorhanden sein, z. B. für einen günstigen Großeinkauf. Ist ein Lager nicht groß genug, so können keine maschinellen Hilfen wie Gabelstapler, Hubwagen usw. eingesetzt werden. Nicht nur die Fläche, sondern auch die Höhe eines Lagers ist wichtig. So können bei geeigneten Regalsystemen (Hochregallager, vgl. S. 154) Lagerflächen vergrößert werden.

○ Übersichtlichkeit

Ein Lager muss so gestaltet sein, dass benötigte Ware schnell und ohne Verwechslung gefunden werden kann. Das Lager wird in übersichtliche Zonen gegliedert, jede Warengruppe erhält einen eigenen Bereich. Dies ermöglicht auch eine zügige Bestandskontrolle und vereinfacht die Inventurarbeiten. Es gilt meist der Grundsatz **First in – first out** (Fifo), d. h., neue Ware wird hinter der alten einsortiert (vgl. S. 154). Damit wird vermieden, dass zuerst eingelagerte Ware veraltet und unverkäuflich wird.

○ Sachgerechte Einrichtung von Lagern

Art und Umfang der Lagerausstattung müssen **zweckmäßig und wirtschaftlich** sein. Die Lagerarbeiten müssen reibungslos ablaufen. Hierzu ist eine sinnvolle Lagerausstattung erforderlich. Sie hängt wesentlich von Art und Menge der Ware ab. Zur Lagerausstattung gehören alle Hilfsmittel, die der Aufbewahrung, Pflege, dem Auffinden und dem Transport der Ware dienen. Hierzu gehören Regale, Ständer, Leitern, Transportkörbe, Hebemaschinen (z. B. Hubwagen) usw.

Gabelniederhubwagen

Elektro-Hochhubwagen

Elektro-Gabelstapler

Schubmaststapler

○ Grundsätze zur Warenpflege

Die gelagerten Güter sind Vermögenswerte. Um Beschädigungen und Verderb der Waren zu vermeiden, müssen sie gepflegt werden. Die Warenpflege umfasst neben der warengerechten Lagerung (vgl. S. 145) alle Arbeiten, die Waren in einen verkaufsfähigen Zustand versetzen und diesen erhalten.

Beispiele Bügeln von Kleidungsstücken; Aussortieren verdorbener Ware (bei Obst, Gemüse usw.); Aussortieren von Lebensmitteln, deren Verfallsdatum überschritten ist; Reinigen, Entstauben von unverpackter Ware; Polieren von Bestecken, Schmuck, Glasware usw.

Lagerarten

Folgende Lagerarten können unterschieden werden:

Offene und geschlossene Lager

Offene Lager dienen der Lagerung von witterungsbeständigen Waren.

Beispiele Steine, Sand, Klinkersteine

Geschlossene Lager dienen der Lagerung von Waren, die vor Witterungseinflüssen zu schützen sind.

Zentrale und dezentrale Lager

Bei der **zentralen Lagerung** werden alle Waren an einem Ort, der betriebszentral gelegen ist, untergebracht (typisch für Klein- und Mittelbetriebe). Bei der **dezentralen Lagerung** wird der gesamte Warenbestand auf mehrere Lager verteilt. Aufgrund der Beschaffenheit von Waren oder aufgrund gesetzlicher Vorschriften ist häufig eine Trennung der Waren erforderlich.

Beispiele Lagerung im Freien von Bauholz, Sand, usw., Lagerung in Speziallagern von brennbaren oder explosiven Stoffen

Vorteile der zentralen Lagerung	Vorteile der dezentralen Lagerung
- gute Übersicht über alle Lagergüter - einfachere Verwaltung und bessere Kontrolle - geringere Raumkosten durch bessere Nutzung des Lagerraums - niedrigere Personalkosten - geringere Lagermengen, da Mindestbestand nur einmal vorhanden ist	- kürzere Transportwege bei der Warenein- und -auslagerung - schnellere Warenausgabe - Einsatz von besonders ausgebildetem Fachpersonal für gefährliche Materialien (Chemikalien, explosive Stoffe) - größere räumliche Nähe zu den Kunden

Eigen- oder Fremdlager

Waren können in eigenen oder angemieteten Lagern gelagert werden (vgl. S. 219).

Warenlager

Verkaufslager

Verkaufslager

Hier wird der **Verkaufsraum**, z.B. im Cash-and-carry-Großhandel, gleichzeitig **als Vorratslager** genutzt. Die Waren werden nach kundengerechten Gesichtspunkten präsentiert und werbewirksam ausgestellt. Insbesondere bei der Selbstbedienung und im Vorwahlsystem wird den Kunden dadurch ein unmittelbarer Kontakt zur Ware ermöglicht. Gleichzeitig wird eine große Menge von Waren verkaufsbereit gehalten. Beim Verkaufslager ist es erforderlich, dass Verpackungsmaterial sofort nach der Warenlieferung entfernt und die Ware in die Regale, Ständer usw. eingeräumt wird. Im Verkaufsraum werden oft auch alle Lagerarbeiten erledigt (Warenannahme, -prüfung usw.).

Reservelager

Reservelager

Das Reservelager dient besonders bei Cash-and-carry-Märkten dem **schnellen Auffüllen der Bestände im Verkaufsraum**. Häufig befindet es sich unmittelbar neben dem Verkaufsraum, um Transportwege und -zeiten zu sparen. Hier wird auch die Warenannahme abgewickelt, die Ware ausgepackt, ausgezeichnet usw. Die Kunden haben zum Reservelager keinen Zutritt.

Große Großhandelsunternehmen mit mehreren Filialen (Cash-and-carry-Märkte) haben neben ihrem meist kleinen Reservelager in der Nähe der Verkaufsräume noch großflächige Außenlager, die aus Kostengründen in verkehrsgünstigen Stadtrandlagen angelegt werden. Hier lagern oft Waren für mehrere Filialen. Die Filialen fordern vom Außenlager die Waren an und halten nur kleine Bestände im eigenen Reservelager. Die Außenlager sind häufig Zentrallager, von denen die Filialen eines Gebietes beliefert werden. Die Lieferanten bringen die Waren zum Zentrallager, wo sie dann umgepackt werden und an die einzelnen Filialen in den angeforderten Mengen versandt werden.

Beispiele Metro, Handelshof

○ Zusatzlager

Neben dem Reservelager benötigen einige Großhandelsunternehmen noch besondere Räume und Flächen für die **Lagerung von Verpackungsmaterial**, das bei der Warenanlieferung anfällt und nicht sofort entsorgt werden kann, z. B. Lager für Europaletten, Kisten, Kartons u. Ä. Ebenso muss das Verpackungsmaterial, das Kunden beim Einkauf zurücklassen oder zurückbringen, bis zur Entsorgung gelagert werden. Lebensmittelbetriebe mit Mehrwegflaschen für Getränke benötigen darüber hinaus noch **Stellflächen für das Leergut.**

Darüber hinaus benötigt jeder Großhändler **Lagerfläche für Warenträger** (Ständer, Gondeln), für Displays, Werbematerial, Dekorationen sowie für Verpackungsmaterial (Tragetaschen, Tüten usw.).

○ Boden- und Regallagerung

Nachdem der Wareneingang erfasst wurde, können die Waren einem Lagerplatz zugeordnet werden. **Hierbei stehen zwei Möglichkeiten zur Verfügung**:

Die **Bodenlagerung**: Diese stellt die einfachste Form der Lagerung dar, da die Waren auf dem Lagerboden abgelegt werden.

Beispiele Kies, Sand, Gartenhäuser

Die **Regallagerung** ist besonders für empfindliche oder stapelbare Waren angebracht. Dies gilt besonders für Waren im Einzelhandel oder im Cash-and-carry-Großhandel.

○ Konsignationslager[1]

In diesem Lager werden Waren von einem Lieferer aufgenommen, zwischengelagert, nach Bedarf bearbeitet, eventuell verpackt, zu kleinen Einzelpartien zusammengestellt und zur Auslieferung an die Empfänger bereitgestellt. Aus diesem Lager **kann ein Kunde Waren abrufen**. Der Lieferer bleibt bis zum Abruf der Kunden Eigentümer der Ware. Das Lager befindet sich i. d. R. in der Nähe der Kunden oder bei einem Logistikdienstleister.

Es werden Waren jeder Art gelagert, insbesondere industrielle Fertigerzeugnisse, die über den Einzelhandel an den Verbraucher verkauft werden.

Beispiele Nahrungsmittel, Textilien, Haushaltswaren, elektronische Artikel, Maschinen, Fahrzeugteile

Bei der Einlieferung in das Konsignationslager werden die Art der Ware, die Anzahl der Kartons und der Zustand der Verpackung anhand der vom Auftraggeber vorgegebenen Mengenlisten kontrolliert. Jeder Karton wird mit einem Etikett versehen, das die Bezeichnung des Lagerguts, die Art und Menge der Ware und den Lagerort enthält. Danach erfolgt die Einlagerung in das Palettenregal bis zum Abruf der Einheiten.

[1] *lateinisch consignatio = Verbriefung, Urkunde*

Bedeutung der Lagerhaltung für ein Großhandelsunternehmen analysieren

Aufgaben der Lagerhaltung

- Ein Lager ist der Ort, an dem Ware auf Vorrat aufbewahrt wird. Es hat folgende **Aufgaben**:
  - Ausnutzung von Preis- und Kostenvorteilen
  - Sicherung der Verkaufsbereitschaft bei Lieferstörungen
  - Umformung (bedarfsgerechte Verkaufsmengen, -packungen)
  - Veredlung (Reifezeit bei Lebensmitteln)
  - zeitliche Überbrückung zwischen Beschaffung und Verkauf
- **Lagergrundsätze**

Warengerechte Lagerung	Berücksichtigung der Wirkungen von Licht, Temperatur, Feuchtigkeit, Staubbildung usw.
Geräumigkeit	Transportwege und Arbeitsflächen berücksichtigen
Übersichtlichkeit	Lagerplan einhalten, kurze Lagerwege, alte Ware vor neuer Ware lagern (First in – first out = Fifo)
Sachgerechte Lagerausstattung	Regale, Ständer, Leitern, Körbe, Hubwagen, Gabelstapler
Warenpflege	Waren verkaufsfähig erhalten, Beschädigungen, Verderb usw. vermeiden

- **Lagerarten**
  - **Warenlager**: Waren werden für den Verkauf gelagert.
  - **Verkaufslager**: Waren werden im Verkaufsraum gelagert.
  - **Reservelager**: Zusätzliches Lager zum Auffüllen des Verkaufslagers.
  - **Zusatzlager**: Lager für Verpackung, Dekorationen, Paletten, Leergut usw.
  - **Zentrallager**: Waren werden an einem Ort gelagert.
  - **Dezentrale Lager**: Der Warenbestand wird auf mehrere Lager verteilt.
  - **Eigenlager**: Das Lager gehört dem Großhändler.
  - **Fremdlager**: Der Lagerraum ist angemietet (z. T. nur kurzfristig).
  - **Bodenlagerung**: Die Ware wird auf dem Lagerboden gelagert.
  - **Regallagerung**: für stapelbare oder empfindliche Ware geeignet
  - **Konsignationslager**: Lager bei einem Verkaufskommissionär

1. Erläutern Sie die Aufgaben des Lagers in Ihrem Ausbildungsbetrieb.

2. Erläutern Sie anhand eines Beispiels, wie es durch die Lagerhaltung möglich ist, Preis- und Kostenvorteile bei der Warenbeschaffung auszunutzen.

3. Überprüfen Sie, warum einige Großhändler trotz hoher Mengenrabatte und ausreichender Lagerfläche kleinere Bestellmengen bevorzugen. Beantworten Sie die Frage für einen Lebensmittelgroßhändler und einen Baustoffgroßhändler.

4. Erklären Sie die Unterschiede zwischen
a) Verkaufs- und Reservelager, b) Eigen- und Fremdlager.

5. Die Großhandlung Sportgeräte GmbH in der City einer Großstadt möchte ein Außenlager errichten. Erläutern Sie einige Gründe, die für diese Entscheidung vorliegen können.

6. Erklären Sie, was man unter einem Zentrallager versteht.

7. Beschreiben Sie die Lagerarten in Ihrem Ausbildungsbetrieb.

8. Lagerräume und -flächen sind teuer. Erläutern Sie, warum ein Lager trotzdem geräumig sein sollte.

9. Stellen Sie fest, welche besonderen Anforderungen an die Lagerung folgender Waren gestellt werden:

a) Konserven	e) Backwaren	i) Holz
b) Frischfleisch	f) Stoffe	j) Papierwaren
c) Korbwaren	g) Anzüge, Mäntel, Kleider	k) Lederwaren
d) Metallwaren	h) Fotoartikel	l) Computer und Zubehör

2 Sich über Bereiche und Abläufe im Lager informieren

Andreas Brandt ist seit über zwei Wochen im Lager der Primus GmbH tätig. Unter anderem trifft eine Sendung der Bürodesign GmbH über 80 Bandscheiben-Drehstühle Superstar ein. Andreas ist der Ansicht, dass die Sendung nach der Wareneingangskontrolle so schnell wie möglich auf einem freien Lagerplatz abgestellt werden sollte. *„Wenn wir unsere gesamte Ware so unsystematisch lagern würden, dann würden wir sehr schnell nichts mehr wiederfinden"*, sagt der Abteilungsleiter Peter Patt zu Andreas. *„Vor der Einlagerung müssen wir uns erst einmal Gedanken über die warengerechte Lagerung, über Einlagerungsgesichtspunkte bis hin zur Entsorgung der Verpackung machen, denken Sie darüber mal nach. Machen Sie einen Rundgang im Lager und überprüfen Sie, nach welchem System wir die Waren einlagern"*, fährt Peter Patt fort.

ARBEITSAUFTRÄGE
- Stellen Sie fest, welche Einlagerungsgesichtspunkte zu beachten sind.
- Beschreiben Sie die systematische und chaotische Lagerplatzanordnung.
- Erläutern Sie die unterschiedlichen Verfahren der Kommissionierung.
- Stellen Sie die Bedeutung der Sicherheit und des Umweltschutzes im Lager dar.

Arbeitsabläufe im Lager

Da die Lagerhaltung in einem Großhandelsbetrieb hohe Kosten verursacht, sollten alle anfallenden Arbeiten möglichst kostengünstig ausgeführt werden. Die Lagerhaltung erfordert folgende Lagerarbeiten:

Beispiel Lagerarbeiten bei der Primus GmbH

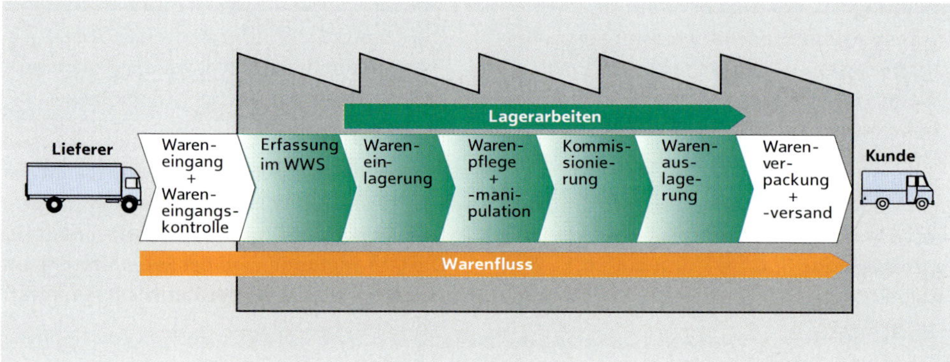

○ Wareneingang, Erfassung im WWS und Wareneinlagerung

Nach der **Wareneingangskontrolle** (vgl. S. 164) wird grundsätzlich nur **mangelfreie Ware** eingelagert. Die Waren können nach verschiedenen Gesichtspunkten eingelagert werden, wobei sich die einzelnen Gesichtspunkte überschneiden können:

Beispiel Einlagerung bei der Primus GmbH

Einlagerungsgesichtspunkte	Beispiele
Art des Lagergutes, d. h., Waren einer Warengruppe lagern zusammen (Ordnung nach Warengruppen).	Bei der Primus GmbH ist das Lager in vier Bereiche eingeteilt, für jede Warengruppe (Bürotechnik, -einrichtung, Verbrauch, Organisation) steht ein Bereich zur Verfügung.
Wert des Lagergutes, d. h., hochpreisige Waren lagern an übersichtlichen Stellen, preiswertere in anderen Bereichen des Lagers.	Die Warengruppe „Bürotechnik“, die viele teure Artikel enthält, liegt im Lager der Primus GmbH in Sichtweite des Lagerbüros.
Zugriffshäufigkeit des Lagergutes, d. h., die Artikel, die am häufigsten verlangt werden (A-Artikel), lagern in Griffnähe, die Artikel, die am wenigsten verlangt werden, lagern weiter hinten oder in den oberen Regalzonen (Ordnung nach Gängigkeit der Waren).	Die Primus GmbH lagert den Artikel „Bürobox aus Kunststoff“ im oberen Bereich des Lagerregals, da dieser Artikel umsatzschwach (C-Artikel) ist. Der Artikel Primus Ordner A4, der umsatzstark ist (A-Artikel), wird zentral an einem Hauptgang gelagert.

Einlagerungsgesichtspunkte	Beispiele
Transportiereigenschaften des Lagergutes, d. h., schwere Waren sollten unten und leichte Waren oben im Regal gelagert werden (Ordnung nach Gewicht und Volumen).	Die Primus GmbH lagert alle Schreibtische auf Paletten auf dem Boden, während die Bürodrehstühle im oberen Bereich der Regale gelagert werden.
Reihenfolge der Warenausgabe **Fifo-Methode** (First in – first out), d. h., die neue Ware wird hinter der alten einsortiert. **Lifo-Methode** (Last in – first out), d. h., die zuletzt eingelagerte Ware wird zuerst wieder ausgelagert.	Die Primus GmbH benutzt für alle Waren die Fifo-Methode, da z. B. die Waren der Bürotechnik sonst zu schnell veralten würden. Die Lifo-Methode wird bei Baustoffgroßhandlungen, z. B. für Schüttgüter wie Sand, Kies usw. angewandt.

Die Einlagerung der Ware erfolgt auf der Grundlage eines **Lagerplanes**, der eine Übersicht über die Anordnung der Lagerstellen und der Lagerwege enthält.

Bei der systematischen Lagerplatzanordnung (Festplatzsystem) werden die Waren nach einem vorgegebenen System an bestimmten gleich bleibenden Plätzen (Plätze mit fester Lagernummer) eingeordnet. Für jeden Lagerplatz wird eine Nummer **(Lageradresse)** vergeben. Zur schnelleren Erfassung mit **Barcodeleser (Scanner**, vgl. S. 158) sowie zur sofortigen Kontrolle können zusätzlich Barcodes (Balkencodes) an den jeweiligen Lagerplätzen verwendet werden. Hierdurch wird das Finden der Waren erleichtert.

LF 3

Beispiel Das Lager der Primus GmbH hat sechs Hauptgänge (A–F), die durch Nebengänge in zwölf Zonen (I–XII) unterteilt sind. Jede Zone hat 50 Regalfächer.

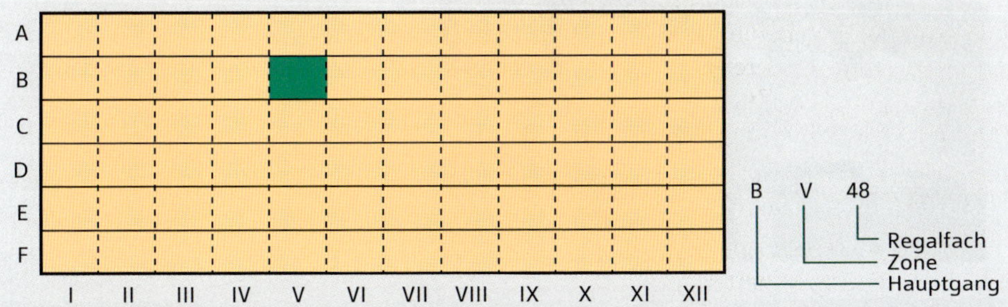

Zusätzlich ist an jedem Regalfach ein Aufkleber (Markierungsetikett) mit Angabe der Warenart, der Artikel- und der Bestellnummer als zusätzliche Kontrolle und Orientierungshilfe angebracht.

Gang: B	Zone: V	Fach: 48
Primus Bleistifte 12 Stück Artikelnummer: 253B989 Bestellnummer: 420100		

Bei der **chaotischen Lagerplatzanordnung (Freiplatzsystem)**, die insbesondere in **Hochregallagern** verwandt wird, werden die Regale dort belegt, wo gerade ein freier Lagerplatz ist. Feste Lagerplätze gibt es bei dieser Lageranordnung nicht. Dieses setzt allerdings eine **Steuerung des Lagers per EDV** voraus, um die Waren wieder zu finden. **Hauptvorteil** der chaotischen Lagerhaltung ist wegen der optimalen Ausnutzung der vorhandenen Lagerfläche die **Kostenersparnis**. Der genutzte Anteil des Lagerraumes im Verhältnis zum verfügbaren Lagerraum ist bei dieser Lagerorganisation erheblich höher als bei der systematischen Lagerung von Waren. Allerdings setzt die chaotische Lagerplatzordnung eine perfekte Handhabung der vorhandenen Datenverarbeitung und eine aufwendige Lagersteuerungsanlage voraus. Eine falsche Eingabe in dieses System verhindert in der i. d. R. das Wiederfinden der Waren, da nur der Computer den jeweiligen Lagerort kennt und ein manuelles Ein- und Auslagern aufgrund der vollautomatischen Transportsysteme nicht mehr möglich ist.

○ Warenpflege und -manipulation

Die gelagerten Waren repräsentieren große kapitalbindende Vermögenswerte. Zu ihrer Erhaltung und um Beschädigungen und Verderb der Waren zu vermeiden, müssen sie gepflegt werden. Die **Warenpflege** umfasst neben der warengerechten Lagerung (vgl. S. 147) alle Arbeiten, die die Waren in einen verkaufsfertigen Zustand versetzen oder diesen erhalten. Zur Warenpflege gehört insbesondere die Sauberhaltung der Lagerräume und des Lagergutes. Zur **Warenmanipulation** zählt man alle Tätigkeiten an den Lagergütern, die die Verwendungsreife herbeiführen, erhöhen oder erhalten.

Beispiele Reifelagerung (Bananen, Cognac), Ablagerung zur Trocknung (Holz, Tabak, Gewürze), Sortieren (Obst, Eier), Mischen (Futtermittel)

Zusätzlich zählt man zur Warenmanipulation auch die **verkaufsvorbereitenden Tätigkeiten** und **verkaufsbegleitenden Arbeiten**.

Beispiele
- **Verkaufsvorbereitende Tätigkeiten:** Die Primus GmbH versieht für die Herstadt Warenhaus GmbH alle Waren mit Preisetiketten, falls die Waren nicht mit einem Balkencode versehen sind.
- **Verkaufsbegleitende Arbeiten:** Die Primus vermittelt für ihre Kunden den Aufbau von Büromöbeln und die Installation der Waren der Bürotechnik.

○ Kommissionierung

Unter Kommissionierung versteht man, dass die vom Kunden bestellten Waren im Lager zu einer Lieferung **(Kommission = Auftrag)** zusammengestellt werden. Es handelt sich somit um eine der Hauptaufgaben des Großhandels, nämlich die Zerlegung von großen Warenmengen in abnehmergerechte kleinere Mengen. Diese Aufgabe wird im Zustell- und Abholgroßhandel vom Personal des Großhandelsunternehmens ausgeführt. Im Selbstbedienungsgroßhandel (Cash-and-carry-Großhandel) übernimmt der Kunde diese Tätigkeit. Das Kommissionieren ist für den Großhändler insofern von großer Bedeutung, als falsche Warenzusammenstellungen sich unmittelbar auf die **Kundenzufriedenheit** auswirken. Ferner entstehen dem Handel durch das Kommissionieren hohe Kosten, da es einen erheblichen Personal- und Sachmitteleinsatz erfordert.

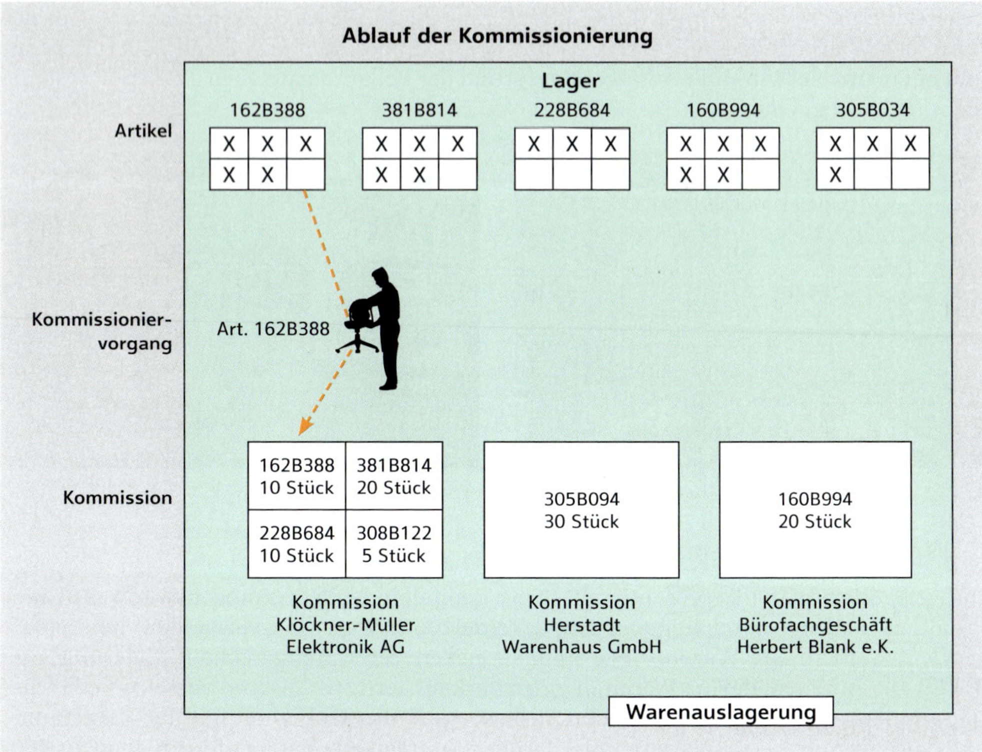

Nur fehlerfreie **Kommissionierunterlagen** führen zu einer Fehlerfreiheit der Auslieferung und damit zur Kundenzufriedenheit.

Beispiel Eine zunehmend an Bedeutung gewinnende, kostensparende Art und Weise der Erstellung der Kommissionierunterlagen und der darauf basierenden Auftragszusammenstellung vollzieht sich folgendermaßen (auf der Basis eines **Warenwirtschaftssystems**):

1. Die Bestellung wird vom Kunden direkt an das EDV-System des Großhändlers übermittelt. Dies kann über eine Onlineverbindung oder auch über Telefon erfolgen.
2. Das System sammelt die Aufträge und erstellt daraus automatisch die Kommissionierunterlagen. Dabei wird jede Kommissionierposition auf einem separaten Klebeetikett ausgedruckt. Die Etiketten befinden sich auf einem Endlospapier, welches vom Drucker nach der letzten Kommissionierposition abgeschnitten wird.
3. Der Kommissionierer klebt nun bei jedem zu sammelnden Artikel das entsprechende Etikett auf die Wareneinheit. Dadurch wird sichergestellt, dass weder eine Sammelposition vergessen wird (sonst bliebe ja ein Etikett übrig), noch ein Artikel doppelt kommissioniert wird (für ihn wäre kein Etikett mehr verfügbar). Der einzige durch diese Verfahrensweise nicht ausschließbare Fehler besteht in einer falschen Zuordnung eines Etiketts zu einem Artikel.

Der Lagerabgang der reservierten Artikel wird mit Datum in den Rechner eingegeben bzw. bei Einsatz eines Warenwirtschaftssystems durch dieses bei Erstellung der Kommissionieretiketten weiterverarbeitet. Die Bestandsmengen werden durch die meisten Programme automatisch korrigiert. Bei vernetzten Anlagen bzw. einem Warenwirtschaftssystem gilt dies auch für die Rechner aller beteiligten Abteilungen, ansonsten müsste dorthin eine Rückmeldung erfolgen.

Prinzipien der Kommissionierung

Prinzip „Person zur Ware“

Bei der **statischen** Bereitstellung bewegt sich der Kommissionierer zur Ware. Deshalb bezeichnet man diese Vorgehensweise auch als „Person-zur-Ware-Konzept“. Handelt es sich um kleine und leichte Erzeugnisse, so bedarf es keinerlei Hilfsmittel, um die Kommissionierung vorzunehmen.

Beispiel Bei der Primus GmbH werden die Rollcontainer Primo, wenn sie in kleinen Mengeneinheiten angefordert werden, je nach Bedarf von den Kommissionierern aus dem Lager geholt, um Zeit und Organisationsaufwand zu sparen. Ähnlich verfährt man mit Ersatzteilen, die vom Bürofachhandel bestellt wurden.

Prinzip „Ware zur Person“

Bei der **dynamischen** Bereitstellung bewegt sich die Ware zur Person. Die angeforderten Artikel werden i. d. R. mithilfe einer automatisierten Transportanlage zum Kommissionierer gebracht, der dann nur noch die Ware entnehmen muss. Diese Form der Kommissionierung reduziert den Einsatz der Arbeitnehmer auf die Tätigkeiten, die eine Maschine nur mit einem großen automatisierten Aufwand durchführen kann, und zwar das Erkennen, Greifen und Bestätigen des angeforderten Entnahmeartikels. Ein weiterer Vorteil besteht darin, dass die Arbeitsplätze optimal mit Hilfsmitteln wie Bildschirmterminals, Lesestiften, Druckern, Zählwaagen und Handhabungsgeräten für schwere Lasten ausgestattet werden können.

Beispiel Bei der Primus GmbH werden Ersatzteile wie Rollen und Schutzrohre automatisiert einem rollierenden Kleinteillager entnommen und mithilfe eines Transportbandes zum Kommissionierplatz befördert.

Formen der Kommissionierung

Einstufige Kommissionierung

Einstufig bedeutet, dass die Entnahme der Erzeugnisse immer aus dem Hauptlager in der **Gesamtmenge** der für **einen** Auftrag erforderlichen Stückzahl erfolgt.

Beispiel Bei der Primus GmbH erfolgt die Kommissionierung i. d. R. einstufig. Dies bedeutet, dass jeweils ein Arbeitnehmer für die Kommissionierung eines bestimmten Kundenauftrages verantwortlich ist. So stellt ein Mitarbeiter für die Herstadt Warenhaus GmbH den kompletten Auftrag über 18 Schreibtische Primo, 20 Bandscheiben-Drehstühle Steifensand und 25 Bürodrehstühle Modell 1640 zusammen. Er hat einen klaren Überblick über die Vollständigkeit der Kommissionierung und ist für die richtige Datenerfassung verantwortlich. Eine Kundenreklamation bedingt durch Fehlmengen geht zu seinen Lasten.

Mehrstufige Kommissionierung

Hier wird die **Teilmenge** dem Hauptlagerplatz entnommen, die zur Erledigung aller anstehenden Aufträge erforderlich ist. Auf diese Weise werden Wegstrecken eingespart.

Beispiel Zur Bewältigung von Auftragsspitzen, d. h., wenn sehr viele Aufträge zu kommissionieren sind und ein hoher Zeitdruck besteht, weicht man bei der Primus GmbH von der einstufigen Kommissionierung ab. Die für alle Aufträge notwendigen und identischen Artikel werden gleichzeitig von den Lagerarbeitern gebracht, die Teilmengen für die jeweiligen Einzelaufträge werden entnommen und dann den Kundenaufträgen zugeordnet. Der einzelne Arbeitnehmer ist nur noch dafür zuständig, dass ein bestimmter Artikel, z. B. 18 Drehstühle in den Auftrag der Stadtverwaltung Duisburg, 22 Drehstühle in den Auftrag der Krankenhaus GmbH Duisburg, in die Kommissionierung einfließt. Die Arbeitsteilung beschleunigt den Kommissionierungsvorgang, führt aber auch schneller zu einem Fehler.

Pick-to-pack-Kommissionierung

Man berechnet vorher die für den Auftrag erforderliche Packgröße. Die Ware wird dann **direkt beim Kommissionieren in den Versandkarton eingelegt**. Auf diese Weise muss die Ware später nicht noch einmal umgepackt werden. Es sind keine Kommissionierbehälter notwendig. Rücklauf und Lagerung dieser Behälter entfallen, gleichzeitig wird der meist flächenintensive Verpackungsbereich reduziert.

Beispiel Die Primus GmbH verwendet das Pick-to-pack-System für den Versand von Ersatzteilen an den Bürofachhandel. Hat ein Händler z. B. 10 Schutzrohre, 12 Auslösehebel und 15 Zugfedern bestellt, so wird der Auftrag nach dem Prinzip „Person zur Ware" seriell, d. h. nacheinander, im Lager abgearbeitet. Die Teile werden direkt in den Versandkarton abgelegt.

Mobile Datenerfassung

Mobile Datenerfassungsgeräte **(MDE)** sind ein wichtiges Kommunikationshilfsmittel im Bereich der Versandlogistik. Über Datenfunk besteht eine ständige Verbindung zum Lagerverwaltungsrechner. Somit können zu jedem Zeitpunkt Informationen ausgetauscht werden.

Beispiel In einem Lagerregal sind die für die Entnahme notwendigen Laser-Multifunktionsgeräte nicht ausreichend vorhanden. Über das Onlineterminal wird dies sofort gemeldet und der Lagerverwaltungsrechner kann eventuell einen neuen oder weiteren Entnahmeplatz angeben.

Der Einsatz mobiler Datenerfassungsgeräte erspart in vielen Fällen die aufwendige Bearbeitung von Kommissionierbelegen. Die Terminals bestehen aus einer mobilen Einheit mit mehrzeiligem Display, Tastatur, Scanner und der Datenfunksende- und -empfangseinheit. Der Mitarbeiter wird über das Terminal geführt. Die Entnahmepositionen werden vom Lagerverwaltungsrechner in einer wegoptimierten Reihenfolge sortiert und nacheinander auf dem Display des Terminals angezeigt.

Die Entnahme wird durch Lesen der entsprechenden Behälterinformationen quittiert. Auf diese Weise wird sichergestellt, dass die richtige Ware aus dem richtigen Lagerfach entnommen wurde. Ähnlich wird verfahren, wenn die Ware in den Kommissionierbehälter oder bei Pick-to-pack-Kommissionierung in den Versandkarton gelegt wird. Zur Quittierung wird wiederum das Label des Kommissionierbehälters oder Versandkartons gelesen, um sicherzustellen, dass die richtige Ware auch den richtigen Empfänger erreicht.

Beleghafte und beleglose Kommissionierung

Beleghafte Kommissionierung

Bei der beleghaften Kommissionierung kommen Belege wie Kommissionierlisten und Richtzettel für einen Kommissionierauftrag zum Einsatz, wohingegen bei der beleglosen Kommissionierung der Kommissionierer ohne Papiereinsatz einen Kommissionierauftrag im Lager erledigt. Viele Lager können jedoch nicht vollautomatisch betrieben werden, da sie von individuellen Bestellungen und möglichst schneller Lieferzeit bestimmt sind. Wo aber Menschen arbeiten, werden zwangsläufig auch Fehler gemacht.

Beispiele Zählfehler, Verwechslungen, Lesefehler, falsche Entnahmen, nicht durchgeführte Bestandskorrekturen

Beleglose Kommissionierung

Insbesondere Geräte zur mobilen Datenerfassung sind hierbei eine große Hilfe. Die beleglose Kommissionierung trägt aber auch dazu bei, die Papierflut einzudämmen und Lesefehler zu vermeiden. Es gibt eine Reihe von beleglosen Kommissioniersystemen, wobei es von den Anforderungen jedes Unternehmens und der betrieblichen Situation abhängig ist, welche Form letztendlich gewählt wird.

- **Pick by Barcode**
  Hierbei werden der Kommissionierauftrag und der Kommissionierbehälter durch **Scannen** miteinander verbunden. Dadurch wird bei der Warenentnahme jeder Artikel gescannt und direkt online überprüft.

- **Pick by RFID**
  Gleicher Ablauf wie bei Pick by Barcode, wobei der Unterschied darin besteht, dass die Waren statt mit einem Barcode mit einem **RFID-Sender** versehen sind und der Kommissionierer das entsprechende Lesegerät verwendet.

- **Pick by Light**
  Bei diesem optischen Verfahren, das insbesondere bei Kleinteilen eingesetzt wird, weist ein **Lichtsignal** auf das jeweils nächste Fach hin. Am Fach selber wird auf einem Display die Menge der Artikel angezeigt, wobei die Menge nach Entnahme per Tastendruck bestätigt wird.

- **Pick by Vision**
  Hierbei erhält der Kommissionierer alle erforderlichen Informationen zu Stellplatz, Artikel und Menge **per WLAN über eine Datenbrille**, die ihn visuell zum Lagerplatz führt. Über das Headset, Display oder den Scanner erfolgt das Quittieren.

- **Pick by Voice**
  Dies ist ein akustisch gesteuertes Verfahren, bei dem dem Kommissionierer Lagerplätze und Entnahmemengen per **Sprachbefehl über ein Headset** mitgeteilt werden, wobei das Quittieren ebenfalls per Spracheingabe erfolgt. Vorteil dieses Systems ist, dass der Kommissionierer beide Hände für die zu erledigende Arbeit frei hat.

Pick by Light

Pick by Voice

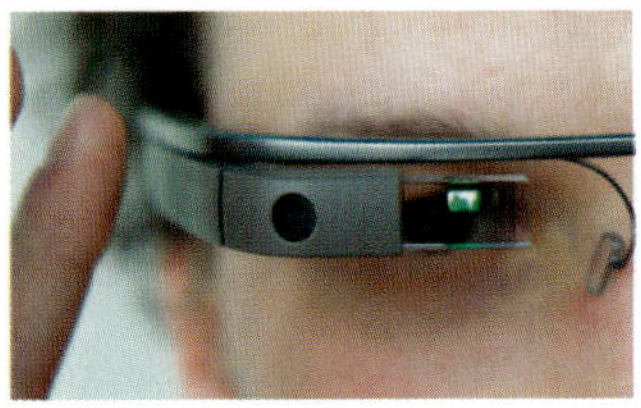
Pick by Vision

○ Warenauslagerung

Nach der Kommissionierung der Waren werden die Kommissionen zum Warenausgang transportiert. Die einzelnen Kommissionen dürfen das Lager erst dann verlassen, wenn die Warenentnahme durch **Bestätigung auf Kommissionierbelegen** (z. B. Entnahmeschein, Packzettel) festgehalten worden ist. Vor der Übergabe an den Frachtführer (vgl. S. 172) werden die ausgelagerten Kommissionen zu bedarfsgerechten Transporteinheiten verpackt und zum Verladen bereitgestellt. Dazu sind die erforderlichen Lieferscheine (Warenbegleitpapier) und Transportpapiere zu erstellen.

○ Warenverpackung und Versand

Verpackungsmöglichkeiten

Kartons
Sie bilden eine preiswerte Möglichkeit der Verpackung. Die Belastbarkeit ist jedoch gering. Die Gefahr der Beschädigung des Versandgutes durch Stapeldruck, Nässe und

Kontakt mit anderen Ladegütern durch Erschütterungen ist relativ groß. Andererseits ergeben sich geringe Probleme bei der Entsorgung, ein kostenaufwendiger Austausch bzw. Rücktransport entfällt.

Kisten
Sie werden meist individuell nach den Wünschen des Versenders aus Holz gefertigt und den Abmessungen des Versandgutes angepasst. Der Einsatz von Kisten ist dann notwendig, wenn das Versandgut ein größeres Gewicht aufweist und Beschädigungen durch Stapeldruck vermieden werden sollen.

Collis
Als Collis (Abkürzung für Collico = zusammenlegbare, bahneigene **Transportkiste aus Metall**) bezeichnet man Metallfaltkisten mit einem Volumen bis 440 Liter Inhalt. Collis durchlaufen meist den gesamten Transportkreislauf. Sie wandern von der Warenannahme über ein automatisches Behälterlager, dann durch die Produktion, das Fertigerzeugnislager und enden wieder im Versand.

Blisterverpackungen (Sichtverpackungen)
Unter einer Blisterverpackung versteht man eine Produktverpackung, die **zur Verkaufsförderung im Handel verwendet wird** und die es dem Käufer erlaubt, die verpackte Ware zu sehen (Blister = feste, geformte und durchsichtige Kunststofffolie zur Verpackung i. d. R. kleinerer Waren). Hierbei werden die Produkte vor einer mit Informationen bedruckten Papprückwand präsentiert und vorne mit einem Kunststoff-Folienteil fixiert. Die Sichtverpackung hat für den Händler Vorteile, da die Waren auf standardisierte Halterungen aufgeschoben werden können, wodurch die Präsentation und die Inventur erleichtert werden. Zudem wird durch die große Verpackung kleiner Gegenstände der Ladendiebstahl erschwert.

Beispiele Batterien, Kosmetika, Glühlampen, Büromaterial

Informationen auf der Packeinheit

Beispiel Bei der Primus GmbH enthält die Packeinheit für einen Bandscheiben-Drehstuhl Steifensand die folgenden Informationen:

01 Artikelbezeichnung	Bandscheiben-Drehstuhl Steifensand
02 Artikelnummer	120B592
03 Mengeneinheit	1
04 EAN-Code	4010993081028
05 Abpackdatum	20.01.20..
06 Versanddatum	22.01.20..
07 Packmaße	Breite: 64,5 Tiefe: 65,0 Höhe: 37,5
08 Gewicht netto und brutto	14,5 kg–15,4 kg
09 Volumen	0,169 m^3
10 Verpackungsmaterial	PE
11 Transport- und Lagervorschriften	Vor Feuchtigkeit schützen!
12 Öffnungshinweise	Nicht mit dem Messer öffnen!

○ Versandbereitstellung mithilfe von Förderhilfsmitteln

Europaletten

Sie besitzen die genormten Abmessungen 12000 mm × 8000 mm. Das Euro-Grundmodul für Verpackungen beträgt 8000 mm × 6000 mm, sodass die Europaletten in der Fläche zwei Grundmodule aufnehmen können. Die übrigen Verpackungsmodule ergeben sich ähnlich wie bei den Papiergrößen durch Teilung oder Multiplikation der Abmessungen. Europaletten sind mit das **beliebteste Ladehilfsmittel**. Sie sind preiswert, ihr Wert liegt zurzeit bei etwa 12,50 € und sie nehmen bei der Rücknahme sehr wenig Platz ein.

Schrumpffolien

Häufig werden Paletten mit offener Ware bestückt. Um Ware vor **Nässe, Staub und ihrem Auseinanderfallen aus der Ladeeinheit** zu schützen, wird die gesamte Palette einschließlich der Ware mit einer Polyäthylenfolie verschrumpft. Zwar ist ein Aufeinanderstapeln der Paletten in den seltensten Fällen möglich, andererseits erspart man sich auf diese Weise einen erheblichen Verpackungs- und Entsorgungsaufwand.

Gitterboxpaletten

Diese Paletten haben zusätzlich **feste Seiten aus einem Stahlgeflecht**. Der Vorteil liegt darin, dass man sie mit Kleinteilen füllen kann und hierdurch Verpackungskosten spart. Gleichzeitig nehmen sie den Stapeldruck auf, sodass unter Umständen eine bessere Höhenausnutzung beim Transport erreicht werden kann. Gitterboxpaletten sind erheblich teurer als Flachpaletten, sie kosten zurzeit etwa 125,00 €, also das Zehnfache einer normalen Europalette.

Container

Unter einem Container versteht man einen **Stahlbehälter mit einem Rauminhalt bis zu 40 m^3**. Mit einem Container können Waren lose oder nur wenig verpackt, ohne dass die Ware selbst umgeladen wird im gebrochenen Verkehr, d.h. mit unterschiedlichen Verkehrsmitteln auf der Straße, im Seeverkehr oder als Luftfracht, befördert werden. Container bieten einen hohen Schutz gegen Witterungseinflüsse und Diebstahl.

Wechselbrücken

Wechselbrücken sind **austauschbare Karosserieaufbauten für Lkws**. Meist werden sie von den Speditionsunternehmen an den Verladerampen bereitgestellt und können permanent beladen werden. Hierdurch wird Pufferfläche im Lager für die Versandbereitstellung eingespart und der Materialfluss um einen Vorgang, nämlich den der Zwischenlagerung bis zur Abholung, reduziert.

Gleichzeitig kann das Ladegut je nach Empfänger schon in getrennten Wechselbrücken vorsortiert werden. In den einzelnen Wechselbrücken wird das Ladegut nach einem vorher berechneten Ladeplan platziert, der eine Optimierung nach Gewicht, Volumen und Gefahrengutklasse anstrebt.

Sich über Bereiche und Abläufe im Lager informieren

- **Arbeitsabläufe im Lager**
  - Bei der **Wareneinlagerung** sollten die Gesichtspunkte Art, Wert, Zugriffshäufigkeit und Transporteigenschaften des Lagergutes für die Reihenfolge der Warenausgabe berücksichtigt werden.
  - **Fifo-Methode**: Neue Ware wird hinter der alten einsortiert.
  - **Lifo-Methode**: Neue Ware wird zuerst wieder ausgelagert.

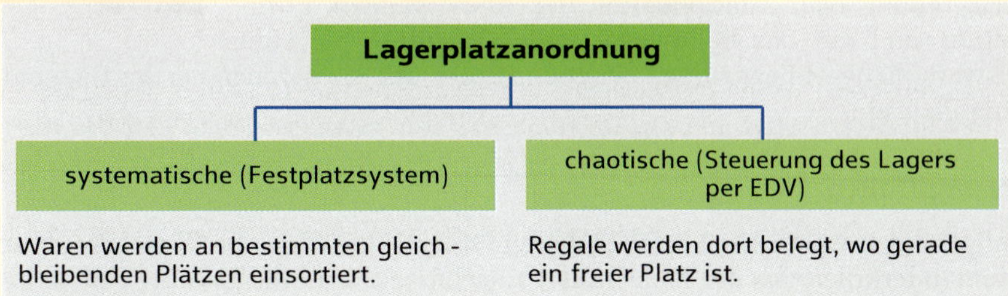

  - Die **Warenpflege** umfasst alle Arbeiten, um die Waren in einem verkaufsfertigen Zustand zu erhalten.
  - Die **Warenmanipulation** umfasst zusätzlich die verkaufsvorbereitenden und die verkaufsbegleitenden Tätigkeiten.
  - **Kommissionierung**: Zusammenstellung der vom Kunden bestellten Waren im Lager zu einer Lieferung.
  - **Warenauslagerung**: Kommissionen dürfen das Lager erst verlassen, wenn die Warenentnahme auf Kommissionierbelegen quittiert worden ist.

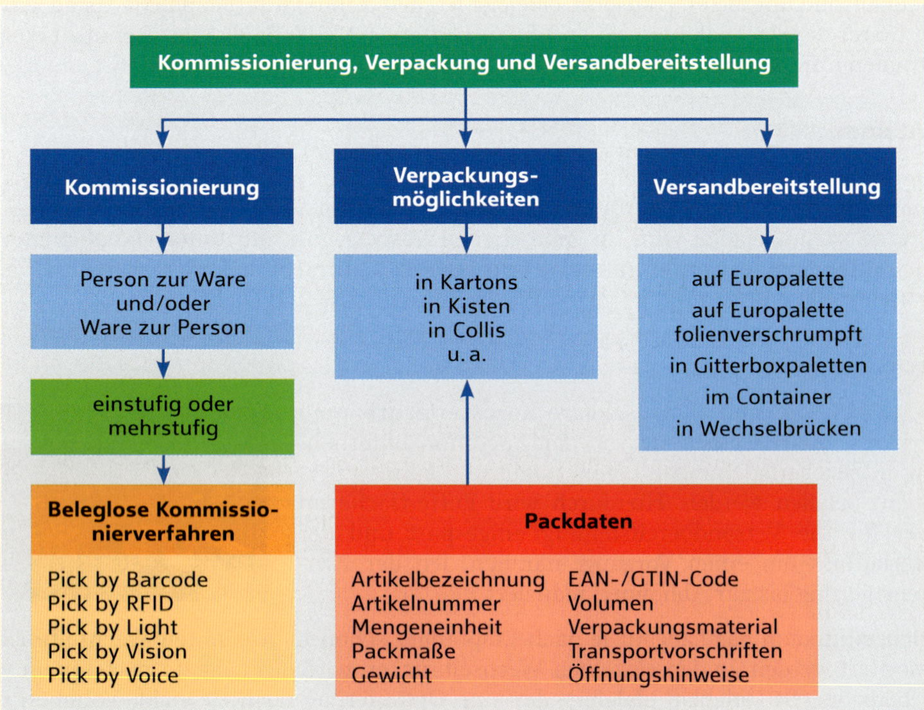

1. Erläutern Sie, welche Lagerarbeiten in einem Großhandelsunternehmen anfallen können.

2. Schildern Sie die Vorgänge der Wareneinlagerung, Kommissionierung und Warenauslagerung in Ihrem Ausbildungsbetrieb.

3. Beschreiben Sie anhand der Sortimentsliste der Primus GmbH, wie die einzelnen Waren warengerecht gelagert werden können.

4. Erklären Sie die Grundsätze „First in – first out (Fifo)“ und „Last in – first out (Lifo)“ anhand von Beispielen.

5. Erläutern Sie, was man unter einem systematischen und einem chaotischen Lager versteht und welche Vorteile und Nachteile sich aus der jeweiligen Lagerorganisation ergeben.

6. Ein Lagergut kann nach verschiedenen Gesichtspunkten eingelagert werden. Erläutern Sie beispielhaft vier Möglichkeiten.

7. Untersuchen Sie die angewendeten Formen der Kommissionierung in Ihrem Ausbildungsbetrieb und finden Sie hierfür eine Begründung.

8. Beschreiben Sie die Verfahren der beleglosen Kommissionierung.

3 Wareneingangskontrolle und Überwachung der störungsfreien Erfüllung des Kaufvertrages durchführen

Der Auszubildende Andreas Brandt wird bei der Primus GmbH seit einer Woche in der Warenannahme im Lager eingesetzt. Kurz vor Geschäftsschluss kommt ein Frachtführer des Lieferers Computec GmbH & Co. KG und liefert drei Paletten mit Bürogeräten. Damit Andreas rechtzeitig nach Hause kommt, lässt er die drei Paletten in einer Ecke des Lagers stehen. Am nächsten Morgen hat er die Warenlieferung schon vergessen. Zwei Tage später sieht Peter Patt, die Abteilungsleiterin Einkauf, die Kartons. Er fordert Andreas auf, die Waren unverzüglich auszupacken und zu überprüfen. Bei der Überprüfung der Waren stellt sich heraus, dass in drei Kartons mehrere Artikel beschädigt sind und sich in einem Karton nicht bestellte Artikel befinden. Peter Patt ist wütend auf Andreas: *„Einem zukünftigen Kaufmann für Groß- und Außenhandelsmanagement darf so etwas nicht passieren.“* Andreas entschuldigt sich damit, dass er wegen Arbeitsbelastung noch nicht dazu gekommen sei, die Kartons zu prüfen. Außerdem könnten die festgestellten Mängel jetzt auch noch beim Lieferer gerügt werden.

ARBEITSAUFTRÄGE

- Stellen Sie fest, innerhalb welcher Frist eingehende Waren geprüft werden müssen.
- Stellen Sie fest, wie die ordnungsgemäße Erfüllung des Kaufvertrags überwacht werden kann.
- Erstellen Sie einen Ablaufplan aller Aufgaben bei der Warenannahme.

Eine Bestellung bei einem Lieferer bewirkt eine Vielzahl von Arbeitsschritten. Art und Reihenfolge der Arbeitsschritte richten sich nach den jeweiligen betrieblichen Gegebenheiten.

Kontrolle des Liefertermins

LF 5 Um den betrieblichen Arbeitsablauf durch verspätete Lieferungen nicht zu gefährden, ist eine permanente Kontrolle der vereinbarten Liefertermine vorzunehmen. Zum Zwecke der Terminüberwachung können die Bestelldaten mithilfe der EDV in einer **Bestelldatei**, in der alle ausstehenden Bestellungen erfasst sind, gespeichert werden. Hält ein Lieferer den vereinbarten Liefertermin nicht ein, muss dieser umgehend gemahnt werden.

Kontrolle des Wareneingangs in einem Unternehmen

Bestellte Waren werden dem Unternehmen meist durch die Deutsche Post DHL Group, die DB Cargo AG, Paketzustelldienste (Frachtführer, vgl. S. 248) oder Speditionen zugestellt. Damit das Unternehmen nicht seine **Rechte aus Reklamationen** (Mängelrüge) beim Lieferer verliert, müssen bei der Warenannahme **Prüfungen** vorgenommen werden.

Äußere Prüfung der Warensendung

In Anwesenheit des **Frachtführers** muss vom Käufer **sofort**, d. h. ohne jede Verzögerung, geprüft werden, ob

- die **Anschriften des Absenders und des Empfängers** auf dem Lieferschein zutreffend sind,
- die **Waren bestellt waren** (Vergleich von Frachtbrief/Lieferschein und Bestellung),
- die Verpackung **Beschädigungen** aufweist und
- die Anzahl und das Gewicht der Versandstücke (Colli) mit dem **Frachtbrief/Lieferschein und der Bestellung** (Soll-Ist-Vergleich) übereinstimmen.

Absender
Computec GmbH & Co. KG
Volksparkstr. 12 – 20
22525 Hamburg

Ihre Bestellung vom
20.01.20..

Ihre Bestell-Nr./-Abtlg.
1760

Empfänger
Primus GmbH
Koloniestr. 2–4
47057 Duisburg

Versandart
Frachtgut TEDEX GmbH

Frei/Unfrei
Unfrei

Gepackt am 22.01.20.. von Wolf

Kontrolle
Müller

Frachtbrief/Lieferschein Nr. 486 Datum 23.01.20..

100	Aktenvernichter Fellowes PS 50	289934
30	Laser-Multifunktionsgerät FX640 TI	237060
20	drahtlose Alarmanlage Primus Protect	237062
	Waren angenommen Andreas Brandt	

Vermerke des Absenders (bitte nicht durchschreiben)

Die gelieferte Ware bleibt bis zur vollständigen Bezahlung Eigentum des Lieferanten.

Falls sich bei der sofortigen Prüfung Beanstandungen ergeben, erstellt der Käufer eine **Tatbestandsaufnahme (Schadensprotokoll)** in Gegenwart des Frachtführers. Hierin werden die Mängel schriftlich erfasst und vom Frachtführer durch seine Unterschrift bestätigt. Der Käufer erklärt, dass er die Waren nur „unter Vorbehalt" annimmt, d.h., er behält sich weitere rechtliche Schritte gegen den Lieferer vor. Der **Empfang** der Ware wird auf den **Warenbegleitpapieren** bestätigt.

Nach der äußeren Prüfung der Warensendung erfolgt eine Benachrichtigung an den Einkauf über die erfolgte Lieferung.

Beispiel In der Primus GmbH werden bei der Warenannahme beschädigte oder fehlende Kartons sofort beim Frachtführer reklamiert. Durch die Überprüfung der Lieferanschrift wird vermieden, dass Irrläufer (Empfänger ist z. B. eine andere Filiale) angenommen werden.

Primus GmbH Büroeinrichtung und Zubehör

Koloniestraße 2 – 4
47057 Duisburg

Schadensprotokoll

Wareneingang:

Lieferer:
Computec GmbH & Co. KG
Hard- und Softwarevertrieb
Volksparkstr. 12 – 20
22525 Hamburg

Fehlermeldung

Ware	Best.-Nr.	Gelieferte Anzahl	Fehlerhafte Anzahl	Beanstandung
Aktenvernichter Fellowes PS 50	289934	97	3	3 Stück wurden zu wenig geliefert.
Laser-Multifunktionsgerät FX640 TJ	237060	30	3	Kartons sind eingedrückt.
drahtlose Alarmanlage Primus Protect	237062	20	20	Statt der drahtlosen Alarmanlage Primus Protect wurde die Alarmanlage Senator geliefert.

Unterschrift Frachtführer: Menne

erstellt: Brandt geprüft: Patt Datum: 23.01.20..

Innere (inhaltliche) Prüfung der Warensendung

Bei der Überprüfung des Inhalts der Sendung geht es darum, festzustellen, ob Artikel, Mengen (Quantität), Art (Identität) und Güte (Qualität und Beschaffenheit) der Warensendung in Ordnung sind. Hierzu ist es erforderlich, verpackte Waren auszupacken. Die Prüfung kann bei umfangreichen Lieferungen **auch stichprobenartig** erfolgen. Sie ist **unverzüglich** vorzunehmen, d. h., der Käufer darf die Warenprüfung nicht schuldhaft verzögern, sondern er muss die Ware zum nächstmöglichen Zeitpunkt auf mögliche Mängel prüfen, sonst verliert er seine Rechte aus der Mängelrüge.

Beispiel Bei der Primus GmbH wird eine Lieferung von vier Kartons mit Bürogeräten am Dienstag um 17:15 Uhr angeliefert. Die sofortige Warenprüfung in Gegenwart des Frachtführers ergibt keine Beanstandungen. Aufgrund eines Versehens eines Mitarbeiters werden die Waren erst vier Tage später ausgepackt und im Einzelnen geprüft. Die Prüfung der Ware wurde von der Primus GmbH mit schuldhafter Verzögerung durchgeführt, sie handelte somit nicht unverzüglich.

Wareneingangsbuch

In vielen Unternehmen wird ein **Wareneingangsbuch** geführt. Hierin werden alle Wareneingänge mit Datum, Lieferer, Frachtführer, Warenart, -menge usw. festgehalten. Außerdem wird die Einkaufsabteilung über den Wareneingang informiert, die dann die Begleichung der Rechnung (betriebliches Rechnungswesen) einleitet. Wurde die Ware ordnungsgemäß ohne Mängel geliefert, so ist sie nach dem entsprechenden **Lagerplan** einzulagern.

Umgang mit Retouren

Das **Retourenmanagement** beschäftigt sich mit der Steuerung und Planung von Retouren. Falsch angelieferte oder beschädigte Waren werden an einem besonderen Platz im Lager versandfertig abgelegt. Diese Waren werden dem Frachtführer entweder direkt oder zu einem späteren Zeitpunkt beim nächsten Liefertermin gegen Quittung und Übergabe einer **Retourenliste** übergeben. Die Retouren werden komplett verpackt und auf Paletten zum Lieferanten zurückbefördert. Um Retouren möglichst effizient zu bearbeiten und in den Kreislauf zurückführen zu können, sollten folgende Gesichtspunkte beachtet werden:

- Erstellung von Rücksendeformularen
- Verfolgung der Rücksendung per E-Mail
- Optimierung der Logistikprozesse, um Zeit und Kosten zu sparen
- Kontrolle der Produktqualität bei Rücklieferungen

Rechnungsprüfung

Im Rahmen der Rechnungsprüfung wird die mit dem Eingangsstempel versehene Rechnung auf ihre Richtigkeit geprüft. Es wird geprüft, ob sie

- **sachlich korrekt** ist, d.h. Vergleich der Rechnung mit der Bestellung (Soll-Ist-Vergleich),
- **rechnerisch korrekt** ist, d.h. Überprüfung der Mengen, Einzel- und Gesamtpreise, Rabatte, Skonti, Fracht- und Verpackungskosten. Nach der Rechnungsprüfung erfolgt die Buchung auf den entsprechenden Konten.

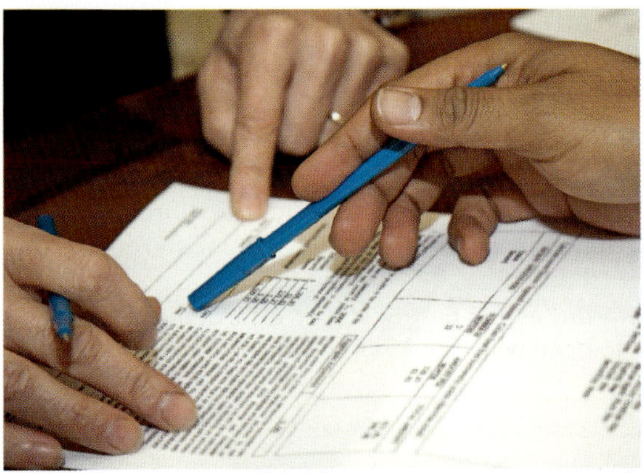

Zahlungstermin

LF5 Die Zahlung an den Lieferer sollte am Fälligkeitstag erfolgen. So wird vermieden, dass man in **Zahlungsverzug** gerät und möglicherweise Verzugszinsen zahlen muss. Der Rechnungsbetrag sollte abzüglich Skonto vor dem letzten Tag der Skontofrist überwiesen werden, damit der zu überweisende Rechnungsbetrag vor oder spätestens am letzten Tag des Zahlungsziels beim Gläubiger eintrifft.

LF3 **Skonto** sollte immer ausgenutzt werden, da die Nichtausnutzung von Skonto immer teurer ist als ein Kontokorrentkredit bei der eigenen Bank.

Wareneingangskontrolle und Überwachung der störungsfreien Erfüllung des Kaufvertrages durchführen

- Die **Terminüberwachung** ist erforderlich, da der Fertigungsablauf bei verspäteter Lieferung gestört werden kann.
- Bei der Warenannahme **muss die gelieferte Ware geprüft werden**, damit das Unternehmen nicht die Rechte aus Reklamationen (Mängelrüge) beim Lieferer verliert. Es wird geprüft:

Sofort in Anwesenheit des Transporteurs	Unverzüglich
– Berechtigung der Lieferung – Zustand der Verpackung – Anzahl der Versandstücke	– Art – Qualität – Beschaffenheit der Ware
Bei Beanstandungen: Tatbestandsaufnahme (Schadensprotokoll)	**Bei Beanstandungen:** Mängelrüge

- Bei Beanstandungen von gelieferten Waren erstellt der Käufer in Gegenwart des Frachtführers ein **Schadensprotokoll.**
- Es ist ein Vergleich der Wareneingangsmeldung mit der Bestellung durchzuführen **(Soll-Ist-Vergleich).**
- Jede Eingangsrechnung muss auf ihre **sachliche und rechnerische Richtigkeit (Rechnungsprüfung)** überprüft werden (Soll-Ist-Vergleich).
- Eingangsrechnungen sollten rechtzeitig zur Zahlung angewiesen werden **(Kontrolle des Zahlungstermins)**, um Verzugszinsen zu vermeiden.
- **Retouren** werden an einem besonderen Platz abgelegt und dem Frachtführer entweder direkt oder zu einem späteren Zeitpunkt gegen Quittung und Übergabe einer Retourenliste übergeben.

1. Beschreiben Sie den Vorgang einer Bestellung in Ihrem Ausbildungsbetrieb von der Abgabe der Bestellung bis zur Kontrolle des Zahlungstermins.

2. Begründen Sie, warum es für den Besteller erforderlich ist, die genaue Einhaltung des Liefertermins zu überwachen.

3. Geben Sie an, welche Daten bei einer Eingangsrechnung zu überprüfen sind.

4. Die Primus GmbH erhält per Lkw eine Lieferung mit 20 Tonnen Ware, verpackt in 500 Kartons. Reicht es aus, wenn bei der Warenannahme stichprobenartig die Verpackung untersucht wird? Begründen Sie Ihre Antwort.

5. Begründen Sie, weshalb bei einer Warenlieferung auf Verpackungsschäden geachtet werden muss.

6. Erstellen Sie eine Tatbestandsaufnahme mit Angaben aus Ihrem Ausbildungsbetrieb.

7. Erklären Sie den Begriff „unverzüglich" anhand eines Beispiels.

8. Erläutern Sie, welche Kontrollen beim Wareneingang in Anwesenheit des Frachtführers durchgeführt werden müssen.

9. Erläutern Sie, wie sich ein Unternehmen verhalten soll, das bei der Warenannahme Beanstandungen hat.

10. Beschreiben Sie die Kontrolle und die Erfassung des Wareneingangs in Ihrem Ausbildungsbetrieb.

4 Wareneingang, Lagerplatzverwaltung, Lagerbestandsführung und Warenausgang computergesteuert abwickeln

Andreas Brandt hat veranlasst, dass angelieferte Bandscheiben-Drehstühle auf dem vorgesehenen Lagerplatz abgestellt werden. Danach legt er den Lieferschein des Spediteurs in den Ablagekorb auf seinem Schreibtisch. Zwei Stunden später erscheint Herr Patt und fragt: *„Warum haben Sie noch nicht veranlasst, dass die Daten des Lieferscheins in den Rechner eingegeben werden?"* Andreas, der aufgrund der letzten Kritik von Herrn Patt noch ein bisschen verunsichert ist, antwortet: *„Das hat mir keiner gesagt, aber ich werde es gleich nachholen."* Gleichzeitig denkt er: *„Woher weiß Herr Patt, dass ich das noch nicht gemacht habe?"*

ARBEITSAUFTRÄGE

- Erläutern Sie, welche Arbeiten mit einem computergestützten Warenwirtschaftssystem beim Eingang von Waren erledigt werden müssen.
- Beschreiben Sie die computergestützte Lagerbestandsführung.
- Erläutern Sie den computergestützten Warenausgang.

Neben den körperlichen Warenbewegungen im Lager laufen ständig Informations- und Entscheidungsvorgänge im Warenwirtschaftssystem ab. Hierzu zählen computergestützte(r) Wareneingang und Lagerplatzverwaltung, Lagerbestandsführung und Warenausgang.

● Computergestützte(r) Wareneingang und Lagerplatzverwaltung

○ Wareneingang

Im **Warenwirtschaftsprogramm (Warenwirtschaftssystem = WWS)** werden beim Wareneingang nach der Wareneingangsprüfung alle anfallenden Informationen (Daten) erfasst.

Beispiele Art und Menge der Ware, Lieferer, Differenzen zwischen Bestellung und Lieferschein

Durch die Erfassung der Wareneingangsdaten mithilfe von **Wareneingangsmeldungen** wird zudem die gesetzliche Vorschrift erfüllt, ein **Wareneingangsbuch** (vgl. S. 167) zu führen. Ferner gibt das Warenwirtschaftssystem Auskunft darüber, ob die vereinbarten Liefertermine eingehalten und die Waren mangelfrei geliefert wurden.

○ Lagerplatzverwaltung

In den meisten Warenwirtschaftsprogrammen ist das **Modul „Lagerplatzverwaltung"** enthalten. Dieses Modul steuert die Lagerplatzänderungen und gibt Auskunft über die aktuelle Lagerbewegung sowie die Kapazitätsauslastung des Lagers. Bei der Festlegung der **Lagerplätze (Lagerplatzanordnung)** werden artikelbezogene Einlagerungsgesichtspunkte (Art, Wert, Zugriffshäufigkeit des Lagergutes usw., vgl. S. 153) berücksichtigt. Aus den **Lagerplatzdaten** (vorhandene Lagerfläche) und der Lagerbewegungsdatei (freie bzw. belegte Lagerplätze) kann der **optimale Lagerplatz** ermittelt und zugewiesen werden.

Bei der Einlagerung sind die Warenbewegungen abhängig von der Lagerplatzanordnung.

- Bei der **systematischen Lagerplatzanordnung** (vgl. S. 154) richtet sich das Warenwirtschaftsprogramm nach dem im System gespeicherten Lagerplan für die einzulagernde Ware. Der für die Einordnung in das feststehende Regal zuständige Lagermitarbeiter übernimmt eine Kontrollfunktion in der Weise, dass er die Art, Menge und den Zustand der Waren beim Einräumen noch einmal kontrolliert.

  Beispiel Die Primus GmbH hat für jeden Artikel einen feststehenden Lagerplatz eingerichtet.

- Bei der **chaotischen Lagerplatzanordnung** (vgl. S. 154) weist das Warenwirtschaftsprogramm für die einzulagernde Ware einen freien Lagerplatz zu. Akzeptiert der Mitarbeiter den vom Warenwirtschaftsprogramm vorgeschlagenen Lagerplatz, muss der Lagermitarbeiter nur noch das Barcode- oder Markierungsetikett, das mit dem Barcodeleser (Scanner) erfasst wird, an der Ware oder dem Behälter anbringen und die Einlagerungsmenge bestätigen. Das Förderfahrzeug transportiert dann vollautomatisch die Waren an die vorgesehene Stelle. Die Information, an welchem Lagerplatz sich welcher Artikel in welcher Menge befindet, kann nur über die Datenbank des Warenwirtschaftsprogramms abgefragt werden, d.h., bei dieser Lagerplatzanordnung werden die Waren völlig ungeordnet einsortiert, da jeder Lagerplatz rechnergesteuert gespeichert wird.

Beispiel Steuerungszentrale des Hochregallagers bei der Primus GmbH

● Computergestützte Lagerbestandsführung

Durch die artikelgenaue Erfassung aller Ein- und Ausgangsdaten im Warenwirtschaftsprogramm erfolgt im Großhandel eine **artikelgenaue Bestandsführung**. Zur Lagerbestandsführung zählen **LF3**

- die Erfassung der Warenzugänge (Lagerbestand erhöht sich, Bestellbestand verringert sich),
- die Erfassung der Warenabgänge durch Kundenbestellungen,
- die Erfassung der Retouren (Warenrücksendungen von Kunden),
- die permanente Inventur und die Stichtagsinventur (vgl. S. 186).

Wenn die Warenbewegungen vollständig und zeitnah erfasst und fortgeschrieben werden, ist zu jeder Zeit ein Ausweis aller mengen- und wertmäßigen Bestände möglich **(Lagerbuchhaltung)**. Dieses ist die Voraussetzung für den Datenaustausch mit dem Softwarebaustein „Finanzbuchhaltung". **LF5**

Das Warenwirtschaftsprogramm liefert laufend Daten über die Bestandsbewegungen im Lager. Durch die zusätzliche Bewertung der Waren in Euro sind die Voraussetzungen für die **permanente Inventur** erfüllt. Somit kann der Warenbestand nach Art, Menge und Wert am Abschlussstichtag festgestellt werden.

Bearbeitung eines Vorganges von der Bestellung bis zur Erfassung der Eingangsrechnung mithilfe der CTO Warenwirtschaft

Beispiel Paul Schneiders erhält von Peter Patt um 7:45 Uhr die Kopie der Bestellung der Primus GmbH von Waren beim Lieferer Bürotec GmbH mit dem Hinweis, die Warenannahme durchzuführen – der Fahrer wartet bereits auf ihn am Tor 3. Dort übergibt ihm der Fahrer den Lieferschein (vgl. S. 175).

Arbeitsaufträge

a) Erstellen Sie für Paul Schneiders eine Checkliste der zu erledigenden Arbeiten unter Berücksichtigung des Lagerplans der Primus GmbH (vgl. S. 176)
   aa) bei der Warenannahme in Anwesenheit des Fahrers,
   ab) vor der Wareneinlagerung ins Lager,
   ac) bei der Einlagerung.

b) Erfassen Sie die Warenzugänge im Warenwirtschaftssystem.

Primus GmbH Büroeinrichtung und Zubehör

Primus GmbH · Koloniestraße 2 – 4 · 47051 Duisburg
Bürotec GmbH
Fabrikstr. 24 – 30
04129 Leipzig

Ihr Zeichen: ra-bi
Ihre Nachricht vom: 22.05.20..
Unser Zeichen: no-ko
Unsere Nachricht vom: 27.05.20..

Name: Jörg Nolte
Telefon: 0203 44536-90
Fax: 0203 44536-98
E-Mail: joerg.nolte@primus-bueroeinrichtung.de

Datum: 29.05.20..

Bestellung (Bestellnummer: 547)

Sehr geehrte Damen und Herren,

hiermit bestellen wir folgende Artikel:

Bestell-nummer	Menge in Stück	Artikelbezeichnung	Stückpreis in €	Gesamt-preis in €
289922	50	Primus Wanduhr weiß S 926	28,21	1 410,50
289934	10	Aktenvernichter Fellowes PS 50	33,86	338,60
289910	40	Bürodrehstuhl Modell 1640	97,50	3 900,00
289958	20	Bildschirm-Arbeitstisch Charm	64,77	1 295,40
289905	100	Registraturlocher	4,49	449,00
289915	100	Bürobox aus Kunststoff	5,88	588,00

Nettosumme in €	19 % USt.	USt. in €	Gesamtbetrag in €
7 981,50	(1)	1 516,49	9 497,99

Bei Fragen wenden Sie sich bitte an unsere Einkaufsabteilung.

Mit freundlichen Grüßen

Primus GmbH

i. A. *Nolte*
Jörg Nolte, Gruppenleiter Bürotechnik/-einrichtung

Anlage 2

Bürotec GmbH

— Büroeinrichtung aller Art —

Bürotec GmbH, Fabrikstr. 24 – 30, 04129 Leipzig
Primus GmbH
Koloniestraße 2 – 4
47057 Duisburg

Lieferscheinnr.	**Lieferdatum** 30.05.20..
Versandart Werkzustellung frei Haus	**Lagerort** Duisburg, Koloniestr. 2 – 4 Tor 1
Auftragsnr. 407	**Auftragsdatum** 29.05.20..
Bestellnr. 277	**Bestelldatum** 29.05.20..
Rechnungsempfänger Primus GmbH – D10223	

Lieferschein

Artikelnummer	Artikelbezeichnung	Menge in Stück
289922	Primus Wanduhr weiß S 926	50
289934	Aktenvernichter Fellowes PS 50	10
289910	Bürodrehstuhl Modell 1640	40
289958	Bildschirm-Arbeitstisch Charm	20
289905	Registraturlocher	100
289915	Bürobox aus Kunststoff	100

Verlader:	Datum	Unterschrift Fahrer	Unterschrift Empfänger
Geprüft: *Reinhardt*	30.05.20..	*Klose*	*Schneiders*

Bürotec GmbH
Fabrikstraße 24 – 30
04129 Leipzig

Telefon: 0341 554-645
Fax: 0341 554-849
E-Mail: info@buerotec.com
Internet: www.buerotec.com

Handelsregistereintragung:
Amtsgericht Leipzig
HRB 651-4523

Steuernummer: 230/3390/8420
USt-IdNr.: DE394352088
Geschäftsführung:
Astrid Asbach

Bankverbindung:
Deutsche Bank Leipzig
IBAN:
DE85860700000091111723
BIC: DEUTDE8LXXX

Lagerplan

	I	II	III	IV	V	VI	VII	VIII	IX	X	XI	XII
Kommissionierzone	↑	↑	↑	↑	↑	↑	↑	↑	↑	↑	↑	↑
	K 8135	K 8142	K 8155	K 8326	K 8453	K8564	K 8671	K 8784	KSO	KSO	KSO	KSO
A	182B238	182B238	119B263	118B364	200B071	310B615	138B859	240B804	194B340	296B673	296B673	128B579
					Warengruppe 4: Organisation							
B	125B567	313B221	316B158	253B989	128B488	312B561	236B596	116B319	250B423	705B251	239B632	251B926
					Warengruppe 3: Verbrauch							
C	159B574		159B590	159B590		159B632	159B616		308B049	308B049		308B122
					Warengruppe 2: Büroeinrichtung							
D	120B592		162B388	162B388		381B814	228B684		160B994	160B994		305B094
E	335B927			235B614		230B912	237B750		229B906			155B440
					Warengruppe 1: Bürotechnik							
F			150B391			149B393				261B289		

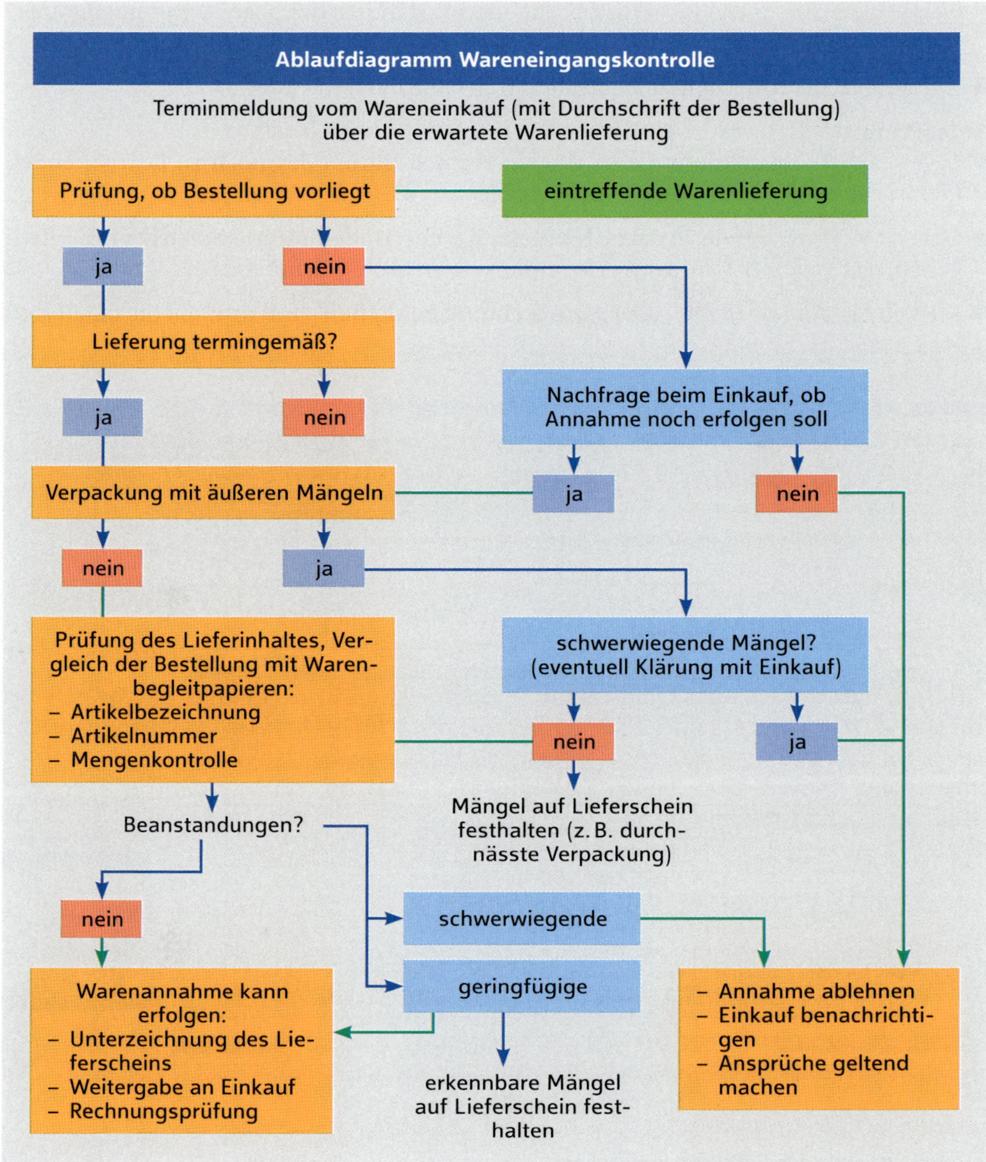

○ Bestellung bearbeiten[1]

- Klicken Sie mit der Maus auf das Icon „**Bestellung**" und danach auf „**Neue Bestellung**".
- Es erscheint die Erfassungsmaske „**Bestellung 2 netto**". Geben Sie dort als Bestellnummer 547 ein.
- Verfahren Sie bei der **Eingabe der Bestellung** genau wie bei der Auftragserfassung (F4 = Kundendatei/Liefererdatei, F3 = Artikeldatei, weitere Hinweise zur Vorgehens-

[1] *Hinweise zur Vorgehensweise finden Sie in Band 1 auf S. 194 ff.*

weise finden Sie unter BuchPlusWeb zu Band 1, Handreichung zur Arbeit mit der CTO Warenwirtschaft).

- Klicken Sie auf „**Übernehmen**“ und bestätigen Sie dann mit „**OK**“.

Anmerkung:

- Legen Sie das **Bestelldatum eine Woche vor das Datum des noch zu bearbeitenden Lieferscheins** des Lieferers Bürotec GmbH.
- Geben Sie ferner bei der **Artikel-Nr. diejenige des Modellunternehmens** ein, die Artikel-Nr. des Lieferers wird vom Programm automatisch übernommen.
- Klicken Sie auf „**Beenden**“ oder „**Drucken und Schließen**“ und drucken Sie die Bestellung aus.

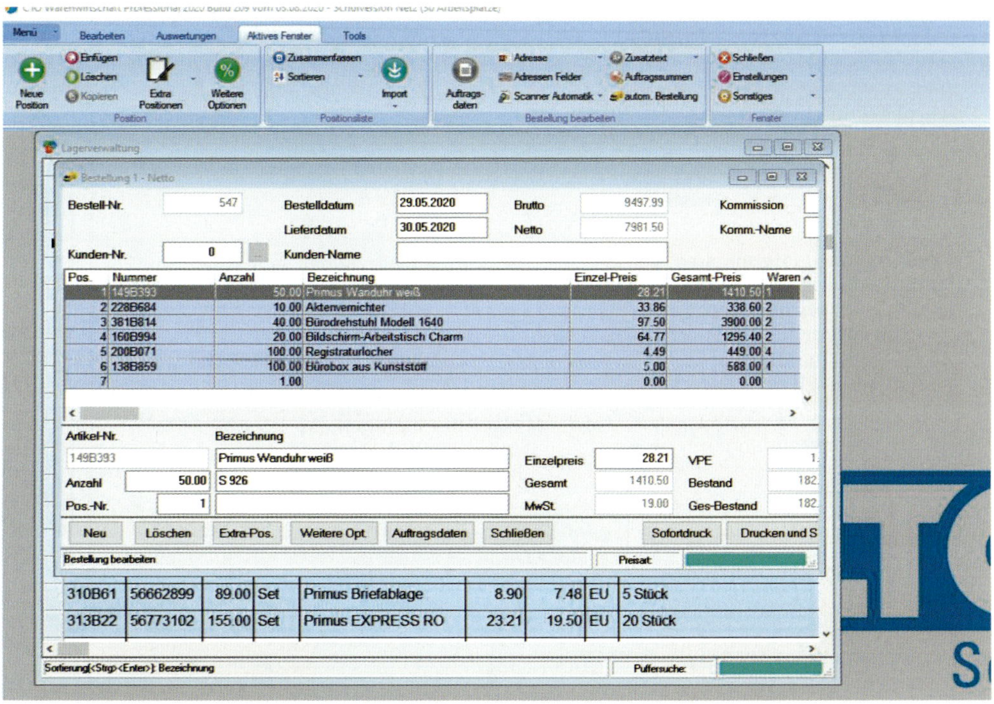

○ Erfassung der Warenzugänge

- Klicken Sie mit der Maus auf das Icon „**Bestellung**“ und danach auf „**Liste**“. Die Datei „**Bestellwesen**“ erscheint.
- Es erscheint die alte Bestellung. Unterlegen Sie diese Bestellung mit dem Balken.
- Rufen Sie den Menüpunkt „**Warenzugang**“ auf oder drücken Sie die Taste **F8**. Es erscheint eine Übersicht der bestellten Waren.
- Geben Sie die tatsächlich gelieferte Anzahl bei „**gelieferte Anzahl**“ des jeweils grün unterlegten Artikels ein und klicken Sie auf „**geliefert**“. Somit wird jeder Artikel aus der Bestellung gelöscht. Es erscheint „**Bestellung erledigt**“.

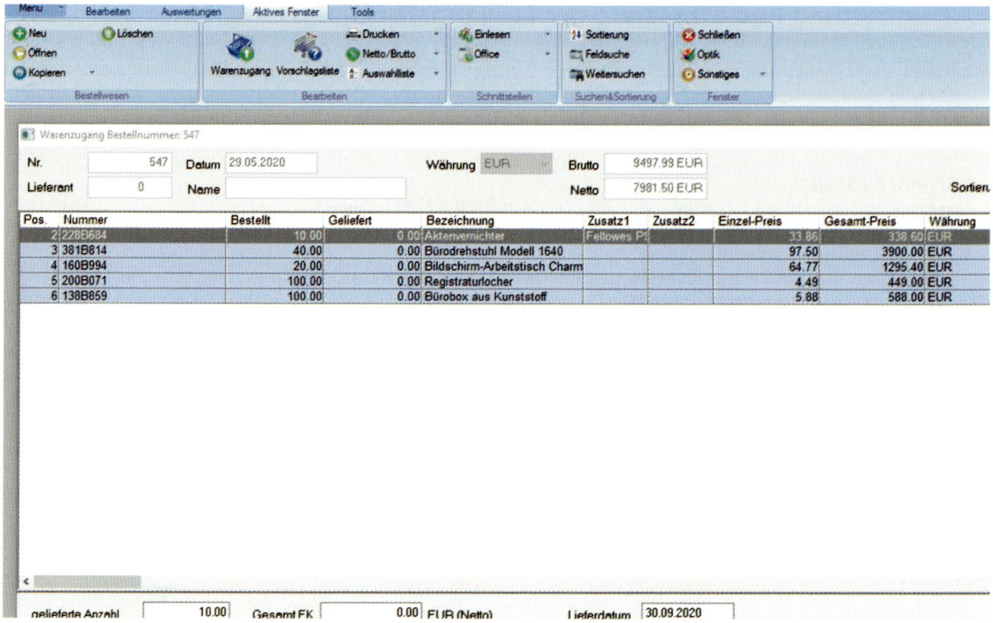

- Es erfolgt die Meldung „**Warenzugang – Bestellung erledigt**". Bestätigen Sie mit „**OK**". **Anmerkung**: Falls nicht die bestellte Menge geliefert wurde, ist „**Teillieferung**" anzuklicken.
- Sie können sich jetzt ein Wareneingangsprotokoll ausdrucken lassen, indem Sie unter dem Menüpunkt „**Lager**" → „**Pflege & Kalkulation**" „**WE-Protokoll**" anklicken.

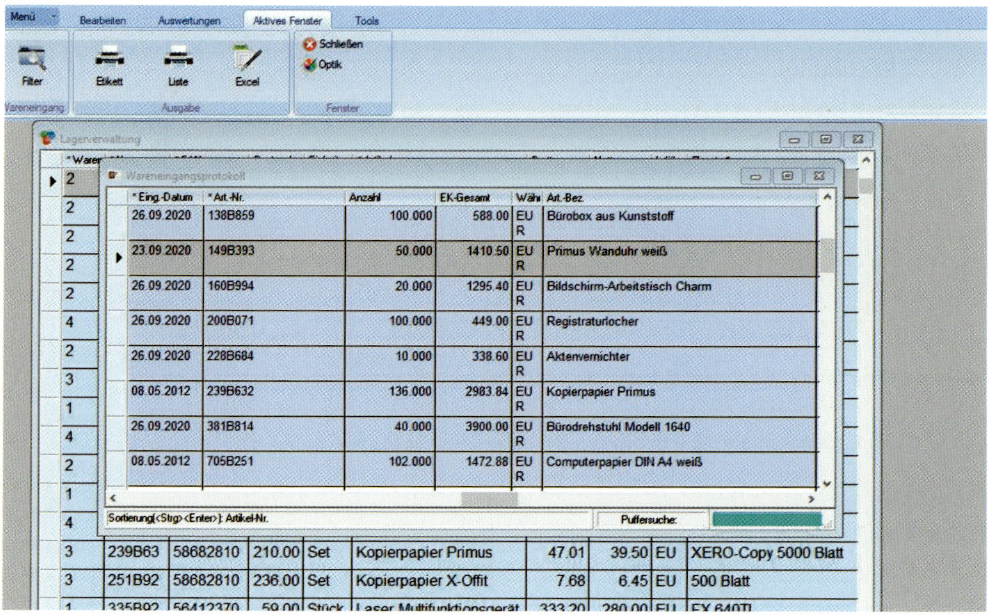

○ Bearbeitung und Erfassung der Eingangsrechnung

Beispiel Zwei Tage nach der Lieferung der Bürotec GmbH erhält die Primus GmbH die entsprechende Rechnung. Von der Poststelle in der Verwaltung wird diese Rechnung der Abteilungsleiterin Einkauf, Helga Konski, mit der Bitte um Bearbeitung und Weitergabe an Frau Lapp in der Finanzbuchhaltung zugestellt.

Arbeitsaufträge

a) Erstellen Sie eine Checkliste der zu erledigenden Arbeiten
  - in der Abteilung Einkauf,
  - im Rechnungswesen.

b) Erfassen Sie die Eingangsrechnung im Warenwirtschaftssystem
  - im Rechnungseingangsbuch,
  - in der Fibu.

Bürotec GmbH

— Büroeinrichtung aller Art —

Kundennummer: 26321
Rechnungsnummer: 02984

Bürotec GmbH, Fabrikstr. 24 – 30, 04129 Leipzig

Primus GmbH
Koloniestraße 2 – 4
47057 Duisburg

Telefon: 0341 554-645
Fax: 0341 554-849
E-Mail: info@buerotec.com
Internet: www.buerotec.com

Datum: 30.05.20..

Beleg Nr. 57

Rechnung

Artikelnummer	Menge in Stück	Artikelbezeichnung	Einzelpreis in €	Gesamtpreis in €
289922	50	Primus Wanduhr weiß S 926	28,21	1 410,50
289934	10	Aktenvernichter Fellowes PS 50	33,86	338,60
289910	40	Bürodrehstuhl Modell 1640	97,50	3 900,00
289958	20	Bildschirm-Arbeitstisch Charm	64,77	1 295,40
289905	100	Registraturlocher	4,49	449,00
289915	100	Bürobox aus Kunststoff	5,88	588,00

Nettosumme in €	19 % USt.	USt. in €	Gesamtbetrag in €
7 981,50	(1)	1 516,49	9 497,99

Bei Fragen wenden Sie sich bitte an unsere Rechnungsabteilung.

○ Erfassung der Eingangsrechnung im Warenwirtschaftssystem im Rechnungseingangsbuch

- Klicken Sie mit der Maus auf das Icon **„Rech.-Eing."** und danach auf **„neue Eingangsrechnung"**. Es erscheint das Fenster **„Rechnungseingang"**.
- Geben Sie auf der ersten Seite **(„Lieferanten-Datei")** die Beleg-Nr. 57 sowie die Bestell-Nr. 547 ein.
- Die Daten des Lieferanten sind aus der Adressendatei mit **F5** zu übernehmen.

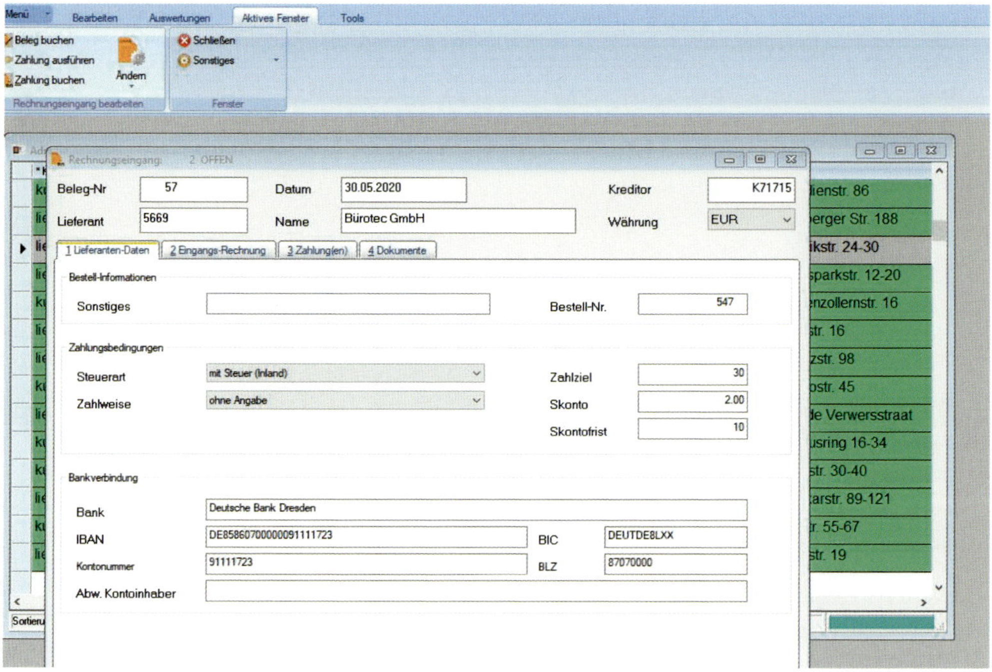

- Auf der zweiten Seite **(„Eingangs-Rechnung")** geben Sie den **Netto-Betrag**, den **Buchungs-Text** (Wareneinkauf auf Ziel) und den **Bearbeiter** (3) ein.
- Wenn Sie **„Beleg buchen"** anklicken, wird der Beleg in die **Schnittstellen-Datenbank für die Fibu** geschrieben.

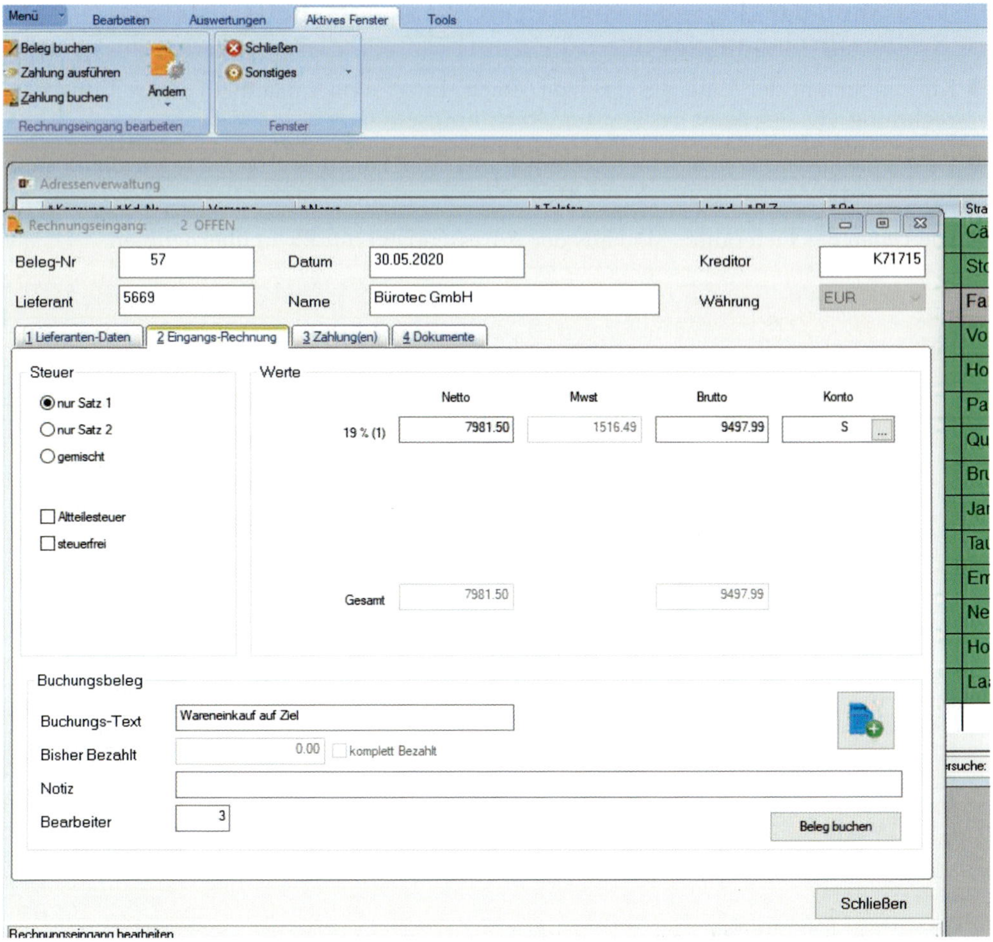

- Auf der dritten Seite (**„Zahlung“**) geben Sie an, ob die Rechnung mit oder ohne Ausnutzung des Zahlungsziels beglichen werden soll. Geben Sie ferner als Zahlweise **„Überweisung“** an.

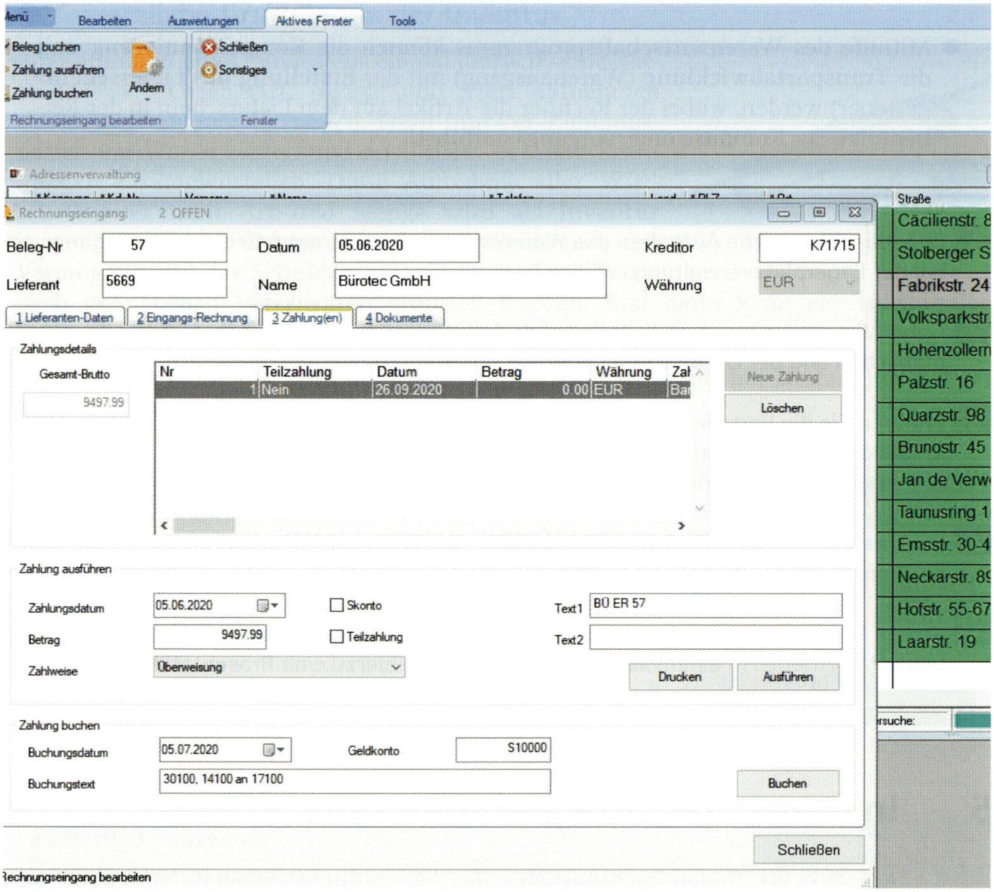

- Wenn Sie auf „**Buchen**" klicken, erfolgt wieder eine Übergabe in die Schnittstellen-Datenbank für die Fibu.

Wareneingang, Lagerplatzverwaltung, Lagerbestandsführung und Warenausgang computergesteuert abwickeln

- **Computergestützte(r) Wareneingang und Lagerplatzverwaltung** steuern die Erfassung des Wareneingangs, die Lagerplatzänderungen und geben Auskunft über die aktuelle Lagerbewegung.
- Mithilfe der Lagerplatzdaten, der Lagerbelegungsdatei und der Verkaufsdaten wird **der optimale Lagerplatz** für einen Artikel bestimmt.
- Mithilfe der **computergestützten Lagerbestandsführung** werden alle Warenbewegungen vollständig erfasst und fortgeschrieben.
- Mithilfe des Warenwirtschaftsprogramms können alle **Arbeiten bei einer Inventur** vom Druck der Inventuraufnahmelisten, über das Erfassen der Bestände durch den Einsatz von Barcodelesern und die Korrektur der buchmäßigen Bestände (Soll-Bestände) bis zum Druck einer Inventurliste erledigt werden.

Körperliche Inventur

Beispiele

- Im Lager der Primus GmbH werden am Aufnahmetag 24 Stück des Bildschirms „Smart-19“ gezählt und mit einem Bezugspreis von 190,00 € bewertet. Somit ergibt sich ein Inventurbestand von 4 560,00 €.

- Beim Zählen des Bargeldes ergibt sich am Aufnahmestichtag ein Bestand von 15 480,00 €.

Buchinventur

Beispiele

- Die Forderungen an Kunden werden durch Addition der Ausgangsrechnungen ermittelt. Das Kundenkonto (Debitorenkonto) weist zum 31.12.20.. einen offenen Posten von 37 200,00 € aus.

D 10140 Krankenhaus GmbH Duisburg				
Datum	**Beleg**	**Text**	**Soll in €**	**Haben in €**
02.01.20..		Saldovortrag AR 2902	10 440,00	
10.01.20..	BA 009	Überweisung AR 2902		10 440,00
12.03.20..	AR 278	Zielverkauf von Waren	17 980,00	
30.03.20..	BA 078	Überweisung AR 0310		17 980,00
15.10.20..	AR 1664	Zielverkauf von Waren	37 200,00	
31.12.20..		Saldo AR 1664		37 200,00

- Das Bankguthaben wird mithilfe von Kontoauszügen ermittelt. Es umfasst zum 31.12.20.. ein Guthaben von 176 900,00 €.

SEPA-Girokonto IBAN: DE12 3505 0000 0360 0587 96 BIC: DUISDE33XXX **Kontoauszug** 312 **Blatt** 1

Sparkasse Duisburg

Datum	Erläuterungen		Betrag
Kontostand in Euro am 13.06.20.., Auszug Nr. 311			146 400,00+
28.12.20..	Bareinzahlung KASSENEINZAHLUNG 27.12.20..	Wert: 28.12.20..	31 600,00+
29.12.20..	Überweisung BUERODESIGN GMBH, KOELN, Kred.-Nr. 71712	Wert: 29.12.20.. Rechnungsnr.: 12936 v. 15.12.20..	1 100,00−
Kontostand in Euro am 29.12.20.., 16:00 Uhr			176 900,00+

Ihr Dispositionskredit: 80 000,00 €

Primus GmbH

Zeitpunkt der Inventur

Der Gesetzgeber fordert die Inventur für den Schluss des Geschäftsjahres, z. B. zum 31.12.20.. (**Inventurstichtag**). Wegen des Arbeitsumfangs räumt die Finanzverwaltung den Unternehmen Freiräume in Form von verschiedenen Inventurmethoden ein, um den Zeitraum der Inventur flexibler und eigenständiger zu gestalten.

Stichtagsinventur

Eine ordnungsgemäße Bestandsaufnahme ist grundsätzlich am **Bilanzstichtag** oder innerhalb von **zehn Tagen vor oder nach** dem Stichtag durchzuführen. Bestandsveränderungen zwischen dem Tag der Bestandsaufnahme und dem Stichtag sind **mengen- und wertmäßig** zu berücksichtigen.

Zeitlich verlegte Inventur	Die körperliche Bestandsaufnahme kann auch an einem Tag innerhalb der letzten **drei Monate vor oder der ersten zwei Monate nach dem Bilanzstichtag** durchgeführt werden. In diesem Fall ist sicherzustellen, dass alle Bestandsveränderungen, die zwischen dem Bilanzstichtag und der tatsächlichen Bestandsaufnahme liegen, anhand von Fortschreibungs- oder Rückrechnungsverfahren **wertmäßig** berücksichtigt werden.	

Fällt die Inventur nicht auf den Inventurstichtag, so müssen die **Bestandsveränderungen** zwischen dem Bilanzstichtag und dem früher oder später liegenden Aufnahmetag anhand von Belegen ordnungsgemäß **mengen- und wertmäßig berücksichtigt werden.**

Permanente Inventur	Das Großhandelsunternehmen erfasst alle Wareneingänge und Warenausgänge artikelgenau mittels Warenwirtschaftssystem. Dadurch ist es in der Lage, den Warenbestand jederzeit ausdrucken zu lassen. Das ist eine Voraussetzung der permanenten Inventur, bei der unterstellt wird, dass der aus den Bestandsdateien übernommene Soll-Bestand mit dem Ist-Bestand übereinstimmt. Dabei ist zu beachten, dass zu einem beliebigen Zeitpunkt, **mindestens einmal im Geschäftsjahr**, der Buchbestand durch **körperliche Bestandsaufnahme** zu überprüfen ist.

Beispiel

Warenlagerdatei **Nr. 1**

Lagerstelle:	Ware:	Verpackungseinheit:	Art.-Nr.:	Anschaffungswert (Bezugspreis):
Bürotechnik	USB-Stick	4 Stück	155B440	16,25 €/Stück

Bezeichnung:	Meldebestand:	Höchstbestand:	1200 Stück
USB-Stick 4er-Pack 16 GB	600 Stück	Mindestbestand:	450 Stück

Datum	Vorgang	Zugang	Abgang	Bestand	Anmerkung
01.01.20..	Inventurbestand			1100	
05.04.20..	Abgang lt. AR 294		400	700	
06.06.20..	Zugang lt. ER der Computec GmbH & Co. KG	500		1200	
16.07.20..	Abgang lt. AR 1380		283	917	
25.09.20..	Abgang lt. AR 8258		457	460	
01.10.20..	Körperliche Inventur Zugang			460	gez.: J. Lapp
06.10.20..	lt. ER der Computec GmbH & Co. KG	750		1210	
25.10.20..	Abgang lt. AR 54357		582	628	
23.11.20..	Zugang lt. ER der Computec GmbH & Co. KG	500		1128	
21.12.20..	Abgang lt. AR 99479		600	528	
31.12.20..	Soll-Bestand			528	

PRAXISTIPP Die permanente Inventur ist eine enge Kombination von Buchinventur und körperlicher Inventur. Sie empfiehlt sich besonders bei der Bestandsaufnahme von Waren, um Arbeitsspitzen und die Schließung des Geschäftes während der Inventur zu vermeiden. Die Bestände sollten aufgenommen werden, wenn sie gegen null gehen, z. B. beim Erreichen des Meldebestandes.

Planung einer Inventur

Die Inventur ist u. a. die Grundlage für die korrekte Vermögens- und Schuldenermittlung des Unternehmens. Deshalb sollten die Planungen und **Vorbereitungen einer Inventur** gewissenhaft erfolgen. **Wesentliche Planungsbausteine** einer Inventur sind:

Zeitplanung	Personalplanung	Hilfsmittelplanung

Zeitplanung

Steht der Inventurtermin fest, müssen die notwendigen Vorarbeiten zur Inventur so geplant werden, dass die Inventur auch tatsächlich durchgeführt werden kann.

Beispiel Nachdem entschieden wurde, die Inventur am 21. und 22. Dezember durchzuführen, hat Herr Schubert folgenden Zeitplan erstellt:

Bis 15. Dezember Vorbereitung I	**Bis 20. Dezember** Vorbereitung II	**21./22. Dezember** Aufnahme	**Bis 31. Dezember** Nachbereitung
– Checklisten erstellen – Organisationsanweisung schreiben – Aushilfen organisieren – Aufnahmeteams zusammenstellen – Mitarbeiter/ Aushilfen einteilen – Kunden und Lieferanten benachrichtigen – …	– offene Ein- und Ausgangsrechnungen zusammenstellen – Lager aufräumen – Kennzeichnung der Regale und Fächer – Regal- und Fachnummern anbringen – Inventurlisten erstellen – …	– Aushändigen der Inventurlisten und Erfassungsgeräte – Einweisung in die Aufnahmebezirke – …	– alle offenen Bewertungen abschließen – Inventurberechnungen zusammenfassen – Aufstellung des Inventars – Verbesserungsvorschläge für die kommende Inventur dokumentieren – …

○ Personalplanung

Je mehr gut eingewiesene Personen am Aufnahmetag zur Verfügung stehen, desto schneller kann der normale Geschäftsbetrieb wieder aufgenommen werden. Deshalb stellen viele Unternehmen für die Inventurarbeiten **Aushilfen** ein. Wichtig ist die Zusammenstellung der Aufnahmeteams.

PRAXISTIPP Es hat sich bewährt, jeweils zwei Personen zu einem **Aufnahmeteam** zusammenzustellen und ihnen einen klar begrenzten Aufnahmebereich zuzuweisen. Ein Teammitglied diktiert, während das andere schreibt. Für jeden größeren Aufnahmebereich ist zudem ein **Prüfer** zu bestimmen, der die Aufnahmeteams stichprobenartig überprüft und die Inventurlisten mitzeichnet.

○ Hilfsmittelplanung

Zu den sachlichen Vorbereitungen gehört das Bereitstellen von geeigneten Hilfsmitteln für die Aufnahmeteams, wie Wiege- und Messwerkzeuge, Schreibwaren oder Tablets und Scanner. Zentrales Hilfsmittel für die ordnungsgemäße Erfassung sind die **Inventuraufnahmeblätter (Inventurlisten)**. Diese können analog oder digital vorliegen und sollten die folgenden Angaben enthalten:

- genaue Angabe nach Zahl, Maßen, Volumen und Gewichten
- fachgerechte (handelsübliche) Bezeichnung der Gegenstände nach Art und Größe
- Wert je Einheit und Gesamtwert des jeweiligen Postens
- Datum der Bestandsaufnahme und Unterschriften des Aufnahmeteams sowie des Prüfers

Beispiel Herr Schubert greift auf die bewährten Inventurlisten der vergangenen Jahre zurück. Diese werden durchnummeriert und an die Aufnahmeteams ausgegeben.

Inventurliste Primus GmbH

Abteilung/Lagerort: Verbrauchsartikel; Gang 03 — Aufnahmetag: 21.12.20..

Waren-Nr.	Gegenstand		Festgestellte		Bezugs-/Einstandspreis in €	Listenverkaufspreis; netto in €	Minus		Inventurwert in €
	Handelsübliche Bezeichnung	Beschaffenheit	Menge Anzahl	Stück, kg, m			in %	Wertabschlag in €	
1	Magister-Flipchart-Tafel	1	15	Stück	22,50	45,00			337,50
2	Bürodrehstuhl Modell 1640	1	10	Stück	97,50	214,50			975,00
3	Bürodrehstuhl Modell 1640	2	2	Stück	97,50	214,50			136,50

Datum 21.12.20.. — *aufgenommen* Andreas Braudt — *geprüft* H. Schubert

Beschaffenheit: 1 = einwandfrei, 2 = Wertabschlag 30 % – verschmutzt oder leicht defekt, 3 = Wertabschlag 100 % – Ware ist unverkäuflich.

Viele Großhandelsbetriebe setzen **mobile Datenerfassungsgeräte** ein. Diese erleichtern die Aufnahme großer Artikelmengen. Zur Aufnahme ist das mobile Erfassungsgerät (Scanner) an den Strichcode zu halten, mit dem die Artikel ausgezeichnet sind. Anschließend ist die entsprechende Artikelzahl einzugeben und somit ist der tatsächlich vorhandene Warenbestand erfasst.

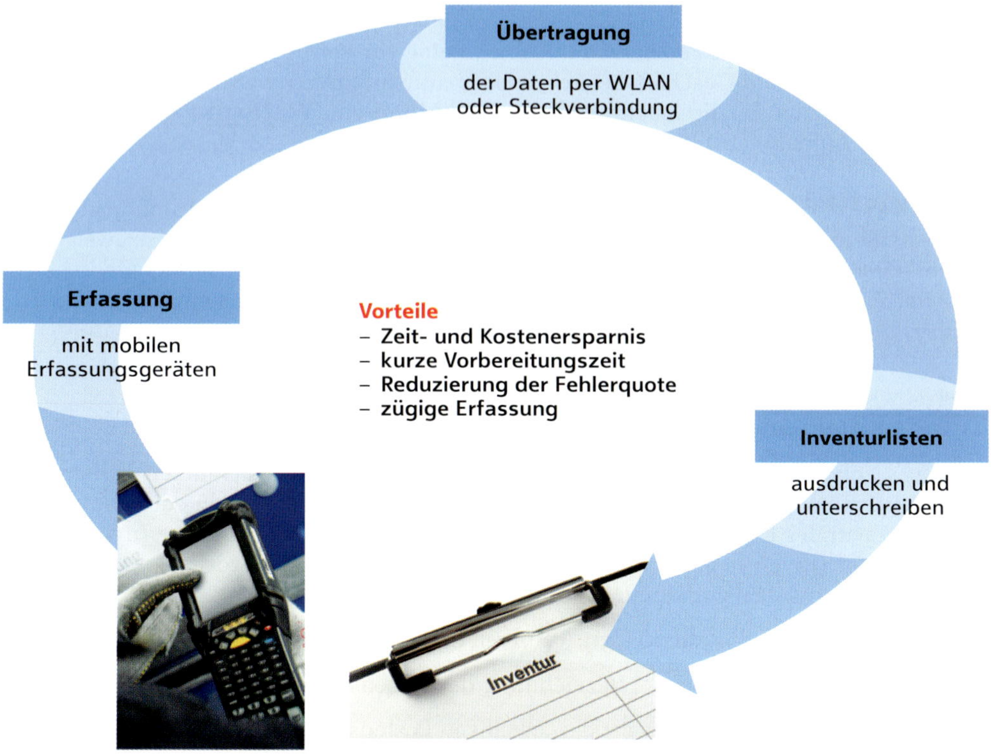

Durchführung einer Inventur

Um die Inventur ohne wesentliche Störungen durchführen zu können, sollten die Planungen zur Vorbereitung der Inventur konsequent umgesetzt werden.

Im Handelsgesetzbuch und der Abgabenordnung (AO) sind die wesentlichen **Vorschriften für eine ordnungsgemäße Inventurdurchführung** festgelegt:

- Belege und/oder sonstige Unterlagen sind durchzunummerieren.
- Aufzeichnungen sind in einer lebenden Sprache vorzunehmen.
- Die Aufzeichnung darf nicht verändert werden, sodass der ursprüngliche Inhalt nicht mehr feststellbar ist, d. h. Kugelschreiber oder Drucker verwenden, aber keinen Bleistift.
- Es darf nicht radiert oder Korrekturlack verwendet werden.
- Korrekturen sind abzuzeichnen.

Nachbereitung der Inventur

Wurden das Vermögen und die Schulden erfasst, so sind noch etliche Nacharbeiten nötig. Hauptaufgaben in dieser Phase sind:

- Bewertung von Vermögensgegenständen und Schulden

- Addition der erfassten Werte in den Inventurlisten
- Erstellen des Inventars

Weitaus schwieriger als die mengenmäßige Erfassung von Vermögen und Schulden ist deren **korrekte Bewertung** – insbesondere der Vermögensgegenstände.

Das Handelsgesetzbuch (HGB) gibt hierfür einen Rahmen vor. Nach § 252 HGB stellen die **Anschaffungskosten** die **Wertobergrenze der Vermögensgegenstände (Anschaffungskostenprinzip)** dar. Es muss jedoch ein niedrigerer Wert angesetzt werden, wenn der Vermögensgegenstand seit der Anschaffung an Wert verloren hat. Man spricht vom **Niederstwertprinzip**.

LF 8

Beispiel Während der Inventur der Primus GmbH wurden die folgenden Vermögensgegenstände erfasst:

Vermögensgegenstand	Bewertungsansatz
Grundstücke 	**Nicht abnutzbare Gegenstände des Anlagevermögens** wie Grundstücke sind **höchstens** (**Wertobergrenze**) mit ihren **Anschaffungskosten** anzusetzen. Nur wenn der Verkehrswert langfristig darunterfällt, ist der niedrigere Tageswert anzusetzen. **Beispiel** Das Geschäftsgrundstück der Primus GmbH wurde vor fünf Jahren von der Primus GmbH für 120 000,00 € gekauft. Sein Verkehrswert ist seitdem auf 180 000,00 € gestiegen. Die Bewertung im Inventar erfolgt zu den Anschaffungskosten in Höhe von 120 000,00 €.
Fuhrpark 	**Abnutzbare Gegenstände des Anlagevermögens,** wie Fahrzeuge, Schreibtische, Computer, Kassen, Regale, Kühltheken u. Ä., sind bei ihrer Anschaffung mit ihren **Anschaffungskosten** und dann zum Inventurstichtag neu zu bewerten. Ihr Wert ist jährlich um einen **Abschreibungsbetrag** zu korrigieren. **Beispiel** Der Kleintransporter wurde zu einem Preis von 45 000,00 € angeschafft. Seine Nutzungsdauer beträgt neun Jahre. Er verliert somit jedes Jahr 1/9 seines Wertes – 5 000,00 €. Sein Inventurwert beträgt nach zwei Jahren Nutzung demnach nur noch **35 000,00 €.**
Waren 	Waren sind mit ihrem jeweiligen **Listeneinkaufspreis** zu bewerten. **Beispiel** Der Bürodrehstuhl Modell 1640 hatte lange Zeit einen Listeneinkaufspreis von 89,00 € pro Stück. Die auf Lager befindlichen Stühle wurden zu diesem Preis beschafft. Zwischenzeitlich ist der Preis auf 92,50 € gestiegen. In einem solchen Fall sind Waren höchstens mit ihren **Anschaffungs- oder Bezugspreisen** anzusetzen (Niederstwertprinzip). Dies bedeutet, dass sich für die zehn Bürostühle ein Inventurwert von 890,00 € ergibt.

<table>
<tr><th>Vermögensgegenstand</th><th>Bewertungsansatz</th></tr>
<tr><td>

Forderungen aus Lieferungen und Leistungen

<table>
<tr><th colspan="5">D 10140 Krankenhaus GmbH Duisburg</th></tr>
<tr><th>Datum</th><th>Beleg</th><th>Text</th><th>Soll in €</th><th>Haben in €</th></tr>
<tr><td>02.01.20..</td><td></td><td>Saldovortrag AR 2902</td><td>10440,00</td><td></td></tr>
<tr><td>10.01.20..</td><td>BA 009</td><td>Überweisung AR 2902</td><td></td><td>10440,00</td></tr>
<tr><td>12.03.20..</td><td>AR 278</td><td>Zielverkauf von Waren</td><td>17980,00</td><td></td></tr>
<tr><td>30.03.20..</td><td>BA 078</td><td>Überweisung AR 0310</td><td></td><td>17980,00</td></tr>
<tr><td>15.10.20..</td><td>AR 1664</td><td>Zielverkauf von Waren</td><td>37200,00</td><td></td></tr>
<tr><td>31.12.20..</td><td></td><td>Saldo AR 1664</td><td></td><td>37200,00</td></tr>
</table>

</td><td>

Forderungen aus Lieferungen und Leistungen gegenüber Kunden sind zum Inventurstichtag **einzeln zu bewerten** und grundsätzlich mit dem Nennbetrag lt. Ausgangsrechnung anzusetzen. Dieser ist in der Kunden- oder Debitorendatei festgehalten.

</td></tr>
<tr><td>

Bank oder Kreditvertrag

</td><td>

Schulden wie Verbindlichkeiten aus Lieferungen und Leistungen und Verbindlichkeiten gegenüber Banken aufgrund von Kreditverträgen sind grundsätzlich mit ihrem **Nennwert lt. Eingangsrechnung** bzw. **lt. Kreditvertrag** zu bewerten; Tilgungen sind dabei zu berücksichtigen.

</td></tr>
</table>

Inventurdifferenzen

Bei der körperlichen Inventur werden oft Abweichungen zwischen dem **Ist-** und dem **Soll-Bestand** festgestellt. Diese Abweichung wird **Inventurdifferenz** genannt. In den meisten Fällen sind die Ist-Bestände kleiner als die Soll-Bestände. Deshalb muss den jeweiligen Ursachen im Rahmen der Inventurnachbereitung nachgegangen werden.

Mögliche **Ursachen** für Inventurdifferenzen können sein:

- Aufnahmefehler bei der Inventur
- Fehler bei der Eingabe von Zugängen und Abgängen im Warenwirtschaftsprogramm
- Verderb und Diebstahl
- nicht gemeldeter und nicht erfasster Verderb oder Bruch von Waren

Vermeidungsmöglichkeiten von Inventurdifferenzen: Schulung des Personals, Maßnahmen zur Vermeidung von Diebstahl.

Inventur im Unternehmen durchführen

- **Inventur**: Aufnahme aller Vermögensteile nach Art, Menge und Einzelwerten und aller Schulden zu einem bestimmten Zeitpunkt
- **Ziele der Inventur**:
  - Kontrolle der Soll-Bestände durch Aufnahme der Ist-Bestände
  - Feststellung, Klärung und Erfassung von Bestandsdifferenzen
  - vorsichtige Bewertung der Vermögensteile und Schulden zur Darstellung der tatsächlichen Vermögenslage für alle Interessierten

Inventur

Zeitpunkte	Gegenstand	Verfahren
– **Beginn** oder **Übernahme des Betriebes** – zum **Schluss jedes Geschäftsjahres** – **Auflösung** oder **Veräußerung des Betriebes**	– **Erfassung aller Vermögensteile und Schulden** nach **Art, Menge, Einzelwert und Gesamtwert gleichartiger Vermögensteile** und **Schulden**	– **nach der Art der Bestandsaufnahme:** • körperliche Inventur • Buchinventur – **nach dem Zeitpunkt der Bestandsaufnahme:** • Stichtagsinventur • zeitnahe Inventur • permanente Inventur

- **Inventurplanung**
  - Sie umfasst die Zeitplanung, die Personalplanung und die Hilfsmittelplanung, wie vorbereitete Inventurlisten und Aufnahmegeräte.
  - **Zeitplanung**: Jede Inventur benötigt eine intensive Vor- und Nachbereitung.
  - **Personalplanung**: Die Bestandsaufnahme erfolgt durch Aufnahmeteams.
  - **Hilfsmittelplanung**: Wiege- und Messwerkzeuge, radierfestes Schreibzeug und Inventurlisten sowie Lesegeräte sind für den Inventurtag bereitzustellen.
- Bei der **Bewertung** der Vermögensgegenstände sind
  - das **Anschaffungskostenprinzip** (Wertobergrenze) und
  - das **Niederstwertprinzip**

  zu beachten.
- **Auswertung der Inventurergebnisse**: Differenzen von Soll- und Ist-Werten werden festgestellt und in Kasse und Warenwirtschaftsprogramm angepasst.
- **Inventurdifferenzen** sind die Differenz zwischen dem Soll-Bestand in der Buchführung und dem tatsächlich bei einer Inventur gezählten Ist-Bestand.

1. a) Geben Sie den Zeitraum zur Durchführung einer zeitnahen Inventur an, wenn das Geschäftsjahr vom 1. Januar bis zum 31. Dezember 20.. dauert.

b) Berechnen Sie den Inventurbestand zum 31. Dezember 20.. im Wege der Rückrechnung für den Artikel „Regalelement Classic“, Art.-Nr. 308B122, aufgrund folgender Angaben:

Bestand bei der Aufnahme am 09.01. . . . . 180 Stück à 58,86 €
Einkauf von Regalelementen am 05.01. . . . . 150 Stück à 58,86 €
Verkauf von Regalelementen am 03.01. . . . . 160 Stück
Verkauf von Regalelementen am 07.01. . . . . 70 Stück

2. Führen Sie nach dem Muster auf S. 189 eine Inventurliste des Lagers „Organisation“ der Primus GmbH, deren Geschäftsjahr mit dem Kalenderjahr übereinstimmt.

1. Aufnahmedatum: 21. Dezember 20..	4. Einstandspreis mit Bezugskosten 1,00 €/St.
2. Lagerort: Organisation	5. Beschaffenheit: keine Mängel
3. Handelsübliche Bezeichnung: Primus Ordner 6 Farben A4	6. Menge/Anzahl: 750 St.
	7. Aufgenommen durch: Isabel Lapp

a) Tragen Sie diese Daten in die Inventurliste ein und berechnen Sie den Inventurpreis.

b) Um welche Inventurart handelt es sich?
c) Welcher Bestand ergibt sich zum 31. Dezember 20.., wenn noch folgende Vorgänge zu berücksichtigen sind?

22.12.: ER über Primus Ordner 6 Farben A4:	5000 St. zu je 1,00 €
22.12.: Verkauf:	2800 St. zu je 2,00 €
28.12.: Verkauf:	1600 St. zu je 2,00 €

3. Erläutern Sie die Aufgaben der Inventur.

4. Erläutern Sie die Begriffe „Inventuranweisungen" und „Inventurablaufplanung".

5. Es gibt nach Art der Inventurdurchführung die „Buchinventur" und die „körperliche Inventur". Nennen Sie die jeweils zweckmäßigste Inventurart für folgende Wirtschaftsgüter: Kassenbestand, Bankguthaben, Forderungen a. LL., Waren, Verbindlichkeiten a. LL.

6. Die Primus GmbH hat 20 Regalelemente Classic bestellt. Diese werden nun angeliefert.
a) Erläutern Sie drei Tätigkeiten, die in Anwesenheit des Frachtführers bei der Warenannahme der Regalelemente durchgeführt werden müssen.
b) Bei der Bearbeitung des Wareneingangs wurde versehentlich der Eingang der Regalelemente nicht gebucht, die Ware aber ordnungsgemäß im Lager einsortiert. Erläutern Sie zwei Auswirkungen für die Lagerbuchhaltung.
c) Spätestens bei der Inventur werden Sie auf diesen Fehler aufmerksam. Erläutern Sie zwei mögliche Verfahren der Inventur.

7. Sie sind im Wareneingang der Primus GmbH tätig und erhalten den Auftrag, die bestellten zehn Schreibtische Primo anzunehmen.
a) Beschreiben Sie stichwortartig vier Tätigkeiten, die bei der Warenannahme in Anwesenheit des Frachtführers durchzuführen sind.
b) Beschreiben Sie drei Tätigkeiten, die nach der ordnungsgemäßen Anlieferung der Schreibtische durchgeführt werden.
c) Bei der Wareneingangsprüfung stellen Sie bei den gelieferten Schreibtischen Kratzer an der Schreibtischvorderseite fest. Erläutern Sie, welche Maßnahmen die Primus GmbH zur Wahrung ihrer Rechte darufhin ergreifen muss.
d) Begründen Sie, welches Recht die Primus GmbH sinnvollerweise in Anspruch nehmen kann.
e) Sie erfassen den Wareneingang im Warenwirtschaftssystem. Nennen Sie zwei Daten, die bei der Eingabe unbedingt erfasst werden müssen.

8. Bei nahezu jeder Inventur werden Inventurdifferenzen aufgedeckt.
a) Erläutern Sie den Begriff der Inventurdifferenz.
b) Zeigen Sie auf, wie im Rahmen der Inventur durch Unachtsamkeit Inventurdifferenzen entstehen können.
c) Nennen Sie Beispiele, wie im Betriebsalltag Inventurdifferenzen entstehen können.
d) Erläutern Sie Maßnehmen, die Großhandelsunternehmen treffen können, um Inventurdifferenzen zu reduzieren.

Buch +Web

Weitere Aufgaben finden Sie unter BuchPlusWeb.

6 Lagerbestandsberechnungen durchführen

Die Auszubildende Nicole Höver liest einen Ausdruck des Warenwirtschaftssystems der Primus GmbH, den Herr Patt über die Lagerbestände der Warengruppe „Büroeinrichtung“ abgerufen hat. Hierin ist u. a. folgende Aufstellung enthalten:

Warengruppe 2: Büroeinrichtung				
Artikel-nummer	Artikelbezeichnung	Melde-bestand in Stück	Höchst-bestand in Stück	Prozentualer Anteil an der Lagerfläche
159B574	Schreibtisch Primo	5	50	3
159B590	Bildschirm-Arbeitstisch Primo	10	50	2
159B632	Rollcontainer Primo	5	30	1
...	...	...	...	...
162B388	Bandscheiben-Drehstuhl Superstar	8	50	2

Nicole Höver überlegt, warum die Primus GmbH Höchstbestände für jeden einzelnen Artikel festlegt und warum der prozentuale Anteil eines Artikels an der Lagerfläche ausgewiesen wird.

ARBEITSAUFTRÄGE

- Beschreiben Sie die Risiken der Lagerhaltung.
- Erläutern Sie die Bedeutung der artikelbezogenen Festlegung von Melde- und Höchstbestand in einem Großhandelsunternehmen.
- Begründen Sie, warum eine laufende artikelbezogene Kontrolle der Lagerbestände erforderlich ist.
- Erstellen Sie für jede Formel der Lagerbestandskennzahlen eine Lerndatei.

Die Lagervorräte in einem Großhandelsunternehmen müssen systematisch kontrolliert werden. Um die Lagerkosten zu senken, ist es notwendig

- die **Lagerbestände so klein wie möglich zu halten**, das führt zu geringeren Kapital-, Sach- und Personalkosten und zu einem geringeren Lagerrisiko,
- die **Lagerbestände möglichst schnell abzuverkaufen**, damit gebundenes Kapital freigesetzt wird.

Die Kontrolle des Lagerbestandes kann durch **Stichtagsinventur** oder **zeitnahe Inventur** erfolgen oder durch **permanente Inventur** mit **Fortschreibung in Listen**, Büchern usw. Sehr häufig werden auch Computerprogramme eingesetzt, um die Lagerbestände zu überwachen.

Die **Lagerkontrolle** hat die Aufgabe, für jeden einzelnen Artikel laufend den aktuellen Bestand festzustellen, um Nachbestellungen rechtzeitig durchzuführen, die Verkaufsbereitschaft zu gewährleisten und Überbestände zu erkennen. Für Waren, die zu hohe Bestände aufweisen, müssen Maßnahmen ergriffen werden, um die Vorräte zu senken. Zur Bestandsüberwachung werden im Lagerwesen sog. **Lagerkennziffern(-zahlen)** verwendet. Diese Kennziffern ermöglichen für alle Artikel genaue Aussagen über eine wirtschaftliche Vorratshaltung.

In einem Großhandelsunternehmen sollte für jeden einzelnen Artikel und für jede Warengruppe mithilfe der Daten des Warenwirtschaftssystems die Wirtschaftlichkeit der Vorratshaltung laufend kontrolliert werden. Mithilfe der Lagerkennziffern können **artikel- oder warengruppenbezogene Aussagen zur Wirtschaftlichkeit** eines Artikels oder einer Warengruppe gemacht werden.

LF 3 ● Höchstbestand

Jedes Lager hat eine begrenzte Lagerkapazität, die nicht beliebig veränderbar ist. Somit kann in einem Lager nur eine begrenzte Anzahl von Gütern gelagert werden **(technischer Höchstbestand)**. Ebenso beschränkt das Kapital, das zur Vorratshaltung zur Verfügung steht, die Menge der Lagergüter **(wirtschaftlicher Höchstbestand)**.

LF 3 ● Mindestbestand

Der Mindestbestand wird häufig auch **„eiserne Reserve"** oder **„eiserner Bestand"** genannt. Er soll die Verkaufsbereitschaft sichern, wenn durch unvorhergesehene Ereignisse der Vorrat nicht ausreicht, um die Nachfrage der Kunden zu decken. Dies ist z. B. der Fall, wenn die Beschaffung und Lieferung der Ware länger dauert als geplant oder die Lieferkette unterbrochen wird. Auch kann der Warenabsatz höher sein als geplant. Aus diesem Grund wird aus Erfahrungswerten eine Reserve gebildet. Der Mindestbestand darf nur mit ausdrücklicher Genehmigung bzw. Anweisung der Geschäftsleitung angetastet werden.

LF 3 ● Meldebestand

Von der Bestellung einer Ware bis zu ihrem Eintreffen im Lager vergeht eine bestimmte Zeit (Lieferzeit, Transportweg, Zeit für die Warenprüfung usw.). Während dieser Zeit muss aber der Verkauf weitergehen. Daher wird bereits bestellt, wenn der Mindestbestand noch nicht erreicht ist. Der Lagerbestand, bei dem nachbestellt werden muss, um die Lieferzeit zu überbrücken, heißt **Meldebestand**.

Beispiel Die Primus GmbH verkauft täglich 50 Registraturlocher. Die Lieferzeit beträgt zwei Tage. Der Mindestbestand wurde auf 200 Stück festgelegt. Bei welchem Lagerbestand sollte die Primus GmbH nachbestellen? In zwei Tagen verkauft die Primus GmbH $2 \cdot 50 = 100$ Registraturlocher. Hierzu wird der Mindestbestand addiert, $100 + 200 = 300$ Stück. Dies ist der Meldebestand für den Artikel. Wenn dieser Bestand erreicht ist, sollte sofort nachbestellt werden.

Meldebestand = (Tagesabsatz · Lieferzeit) + Mindestbestand

Wenn die Ware geliefert wird, ist meist der wirtschaftliche Höchstbestand erreicht. Er ist mit folgender Formel zu berechnen:

Höchstbestand = Mindestbestand + Bestellmenge

Beispiel Der Registraturlocher wird immer in Einheiten zu 50 geliefert. Es werden jedesmal 2800 Registraturlocher nachbestellt. Somit ist der Höchstbestand 200 + 2800 = 3000 Registraturlocher.

Durchschnittlicher Lagerbestand

Während eines Jahres ergeben sich für die Artikel meist täglich oder stündlich verschiedene Lagerbestände durch Verkauf und Einkauf (Lagerab- und -zugänge). Zur Übersicht und zur leichteren Kontrolle werden deshalb Mittelwerte (Durchschnittswerte) berechnet. Der durchschnittliche Lagerbestand **(DLB)** eines Artikels gibt an, wie hoch im Durchschnitt der Vorratsbestand in Stück oder in Euro in einem bestimmten Zeitraum ist. Die Kenntnis des durchschnittlichen Lagerbestandes kann z.B. beim Abschluss einer Versicherung der Lagerwaren gegen Feuer, Diebstahl usw. von Bedeutung sein. Da die Lagerbestände aufgrund ständiger Ein- und Auslagerungen schwanken, ist es sinnvoll, beim Abschluss einer Versicherung den durchschnittlichen Lagerbestand anzusetzen.

Beispiel In der Warengruppe „Bürotechnik“ soll der DLB für ein 4er-Pack USB-Sticks mit 16 GB ermittelt werden. Nicole Höver ist mit dieser Aufgabe betraut. Der Jahresanfangsbestand beträgt 380 Stück, der Jahresendbestand (lt. Inventur) beträgt 600 Stück.

$$\text{DLB} = \frac{380 + 600}{2} = \frac{980}{2} = \underline{\underline{490 \text{ Stück}}}$$

$$\textbf{Durchschnittlicher Lagerbestand bei Jahresinventur} = \frac{\text{Anfangsbestand} + \text{Endbestand}}{2}$$

Der durchschnittliche Lagerbestand kann auch als Wertkennziffer in Euro ausgerechnet werden, indem die Mengen mit ihren Bezugs-/Einstandspreisen multipliziert werden. Die Genauigkeit der Kennziffer „DLB“ hängt davon ab, wie viele Bestände in die Berechnung eingehen. Einen genaueren DLB erhält man, wenn zusätzlich zum Jahresanfangsbestand die **Quartalsendbestände** berücksichtigt werden.

Beispiel Nicole Höver möchte den DLB genauer berechnen. Sie nimmt zusätzlich zu dem Jahresanfangsbestand noch vier Quartalsbestände (Vierteljahreswerte) in ihre Berechnung auf.

Jahresanfangsbestand:	380 Stück
Bestand am Ende des 1. Quartals:	1460 Stück
Bestand am Ende des 2. Quartals:	1900 Stück
Bestand am Ende des 3. Quartals:	2200 Stück
Bestand am Ende des 4. Quartals:	600 Stück (Jahresendbestand)

$$\text{DLB} = \frac{380 + 1460 + 1900 + 2200 + 600}{5} = \frac{6540}{5} = 1308 \text{ Stück}$$

$$\textbf{Durchschnittlicher Lagerbestand mit Quartalsendbeständen} = \frac{\text{Jahresanfangsbestand} + 4 \text{ Quartalsendbestände}}{5}$$

PRAXISTIPP Die gleiche Berechnung kann ebenfalls mit Euro-Beträgen durchgeführt werden.

Einen noch genaueren DLB erhält man, wenn zusätzlich zu dem Jahresanfangsbestand noch die zwölf **Monatsendbestände** hinzugenommen werden. So stehen 13 Werte zur Verfügung.

Beispiel Nicole Höver ermittelt den DLB aufgrund der Monatsbestände.
Jahresanfangsbestand: 380 Stück
Monatsendbestände:

Januar:	500	Mai:	2500	September:	2200
Februar:	1620	Juni:	1900	Oktober:	1600
März:	1460	Juli:	1400	November:	1090
April:	800	August:	200	Dezember:	600

$$DLB = \frac{380 + 500 + 1620 + 1460 + 800 + 2500 + 1900 + 1400 + 200 + 2200 + 1600 + 1090 + 600}{13} = \frac{16\,250}{13} = \underline{\underline{1250 \text{ Stück}}}$$

Durchschnittlich befanden sich also 1250 4er-Packs USB-Sticks auf Lager. Wenn jedes Pack durchschnittlich einen Bezugs-/Einstandspreis von 16,25 € hat, so waren durchschnittlich 20312,50 € Kapital gebunden.

Durchschnittlicher Lagerbestand mit Monatsendbeständen =

$$\frac{\text{Jahresanfangsbestand} + 12 \text{ Monatsbestände}}{13}$$

Durch den Einsatz moderner Warenwirtschaftssysteme ist es möglich, zu jedem beliebigen Zeitpunkt den aktuellen Lagerbestand zu ermitteln. Diese genauen Zahlenwerte ermöglichen ein gezieltes Steuern der Bestände, um Lagerkosten zu senken.

In vielen Großhandelsbetrieben wird neben der Ermittlung des DLB für einen einzelnen Artikel noch der **DLB für Artikelgruppen**, **Abteilungen**, **Filialen** und der **DLB des gesamten Warenbestandes** berechnet.

Lagerbestandsberechnungen durchführen

Lagerbestandsdaten werden benötigt, um eine **wirtschaftliche Lagerführung** zu sichern.

- **Mindestbestand:** Reserve, um Verkaufsbereitschaft zu sichern
- **Höchstbestand:**
  - **technischer HB** = absolute Obergrenze, Lager ist vollständig gefüllt
  - **wirtschaftlicher HB** = Bestand, bis zu dem ein Artikel unter wirtschaftlichen Gesichtspunkten höchstens gelagert wird
- **Meldebestand:** Bestand, bei dem Ware nachbestellt werden muss, um die Lieferzeit zu überbrücken.
  MB = (Tagesabsatz · Lieferzeit) + Mindestbestand
- **Durchschnittlicher Lagerbestand (DLB):**

$$\text{DLB bei } \textbf{Jahresinventur} = \frac{\text{Jahresanfangsbestand} + \text{Jahresendbestand}}{2}$$

$$\text{DLB mit } \textbf{Quartalsendbeständen} = \frac{\text{Jahresanfangsbestand} + 4 \text{ Quartalsendbestände}}{5}$$

$$\text{DLB mit } \textbf{Monatsendbeständen} = \frac{\text{Jahresanfangsbestand} + 12 \text{ Monatsendbestände}}{13}$$

1. Unterscheiden Sie technischen und wirtschaftlichen Höchstbestand im Lagerwesen.

2. Erläutern Sie, wovon der wirtschaftliche Höchstbestand abhängig ist.

3. Erläutern Sie, welchen Zweck ein Mindestbestand (eiserne Reserve) in einem Großhandelsbetrieb hat.

4. Von einer Ware werden im Durchschnitt täglich 15 Stück verkauft. Die Lieferzeit beträgt sechs Verkaufstage, der Mindestbestand beträgt 85 Stück. Wie hoch ist der Meldebestand?

5. In einem Großhandelsbetrieb werden für einen Artikel folgende Bestände aufgrund permanenter Inventur ausgewiesen:
Anfangsbestand 1. Januar: 200

Endbestand 31. Januar:	185	Endbestand 31. Juli:	275
Endbestand 28. Februar:	270	Endbestand 31. August:	281
Endbestand 31. März:	315	Endbestand 30. September:	265
Endbestand 30. April:	295	Endbestand 31. Oktober:	295
Endbestand 31. Mai:	290	Endbestand 30. November:	310
Endbestand 30. Juni:	315	Endbestand 31. Dezember:	240

a) Berechnen Sie den durchschnittlichen Lagerbestand nur mit dem Anfangs- und Endbestand.
b) Berechnen Sie den durchschnittlichen Lagerbestand mit den Quartals- und Monatsbeständen.
c) Geben Sie an, weshalb sich Unterschiede für den durchschnittlichen Lagerbestand ergeben.

6. Beschreiben Sie, wie mithilfe des durchschnittlichen Lagerbestandes die Kapitalbindung festgestellt werden kann.

7. Lösen Sie die nachfolgenden Aufgaben unter Berücksichtigung der folgenden Angaben.

Datum	Bezugs-/ Einstands-preis in €	Bestand in Stück	Datum	Bezugs-/ Einstands-preis in €	Bestand in Stück
01.01.	19,00	420	31.07.		377
31.01.		355	31.08.	19,00	419
28.02.		269	30.09.		321
31.03.		226	31.10.		254
30.04.	19,00	631	30.11.	19,00	440
31.05.		406	31.12.		265
30.06.	19,00	544			

a) Wie viel Stück beträgt der durchschnittliche Lagerbestand?
b) Wie viel Euro beträgt der Lagerbestand am 31.12.?
c) Bei der Inventur am 31.12. wurden 316 Stück gezählt.
Welche der folgenden Aussagen über den Soll-Bestand trifft zu?
Der Soll-Bestand ist ...
(1) kleiner als der Ist-Bestand,
(2) größer als der Ist-Bestand,
(3) genau so groß wie der Ist-Bestand.

Durchschnittliche Lagerdauer

Wenn die Umschlagshäufigkeit einer Ware bekannt ist, kann daraus ihre durchschnittliche Lagerdauer berechnet werden. Hieran erkennt man den Zeitraum vom Eintreffen der Ware im Lager bis zum Verkauf an den Kunden, also wie lange die Ware durchschnittlich gelagert wurde. Je länger eine Ware im Lager verbleibt, desto teurer ist dies für das Großhandelsunternehmen.

Beispiel Primus Ordner haben in der Primus GmbH eine Umschlagshäufigkeit von 24. Das (kaufmännische) Jahr zählt 360 Tage, 360 : 24 = 15. Das bedeutet, dass der Artikel durchschnittlich 15 Tage auf Lager war.

Hieraus ergibt sich folgende Formel:

$$\textbf{Durchschnittliche Lagerdauer} = \frac{360\ \text{(Tage)}}{\text{Umschlagshäufigkeit}}$$

Mithilfe der Umschlagshäufigkeit und der durchschnittlichen Lagerdauer können Aussagen zur **Wirtschaftlichkeit eines Artikels oder einer Warengruppe** gemacht werden. Je höher die Umschlagshäufigkeit oder je geringer die durchschnittliche Lagerdauer eines Artikels oder einer Warengruppe, desto niedriger ist der Kapitaleinsatz im Lager. Zudem gilt, je höher die Umschlagshäufigkeit oder je geringer die durchschnittliche Lagerdauer eines Artikels oder einer Warengruppe, desto niedriger ist der Kostenanteil je Artikel oder je Warengruppe.

Lagerzinssatz

In Lagervorräte investiertes Kapital verursacht Kosten. In der Kalkulation des Verkaufspreises einer Ware sind diese Kapitalkosten zu berücksichtigen. Es ist sinnvoll, diese Kosten mit einem Prozentsatz in die Preiskalkulation einzubeziehen. Die Zinskosten sind abhängig von der durchschnittlichen Lagerdauer und von dem **Zinssatz, der für ein angelegtes Kapital von einer Bank gezahlt würde**. Der Lagerzinssatz gibt somit an, welcher Zins für den Zeitraum der durchschnittlichen Lagerdauer dem Großhandelsunternehmen entgeht, weil er sein Kapital nicht gewinnbringend bei einer Bank angelegt hat, sondern in seinen Warenvorrat investiert hat.

Beispiel Die Primus GmbH hat für ihren Warenbestand eine durchschnittliche Lagerdauer von 25 Tagen errechnet. Für Geldeinlagen wird der Primus GmbH von der Stadtsparkasse Duisburg ein Zinssatz von 3 % geboten.

$$\textbf{Lagerzinssatz} = \frac{\text{Jahreszinssatz} \cdot \text{durchschnittliche Lagerdauer}}{360} \text{ oder } \frac{\text{Jahreszinssatz}}{\text{Umschlagshäufigkeit}}$$

$$\text{Lagerzinssatz} = \frac{3 \cdot 25\ \text{Tage}}{360\ \text{Tage}} = \underline{\underline{0{,}208}}$$

Der Lagerzinssatz beträgt somit etwa 0,208 %.

Durch entsprechende **Formelumstellung** kann auch hier bei zwei bekannten Werten der dritte Wert berechnet werden.

$$\textbf{Durchschnittliche Lagerdauer} = \frac{\text{Lagerzinssatz} \cdot 360}{\text{Jahreszinssatz}}$$

$$\textbf{Jahreszinssatz} = \frac{\text{Lagerzinssatz} \cdot 360}{\text{durchschnittliche Lagerdauer}}$$

Lagerzinsen

Der Wert des durchschnittlichen Lagerbestandes ist als Kapital gebunden. Für diesen Betrag müssen somit Zinsen **(Kapitalbindungskosten)** berechnet werden. Hierzu wird der Lagerzinssatz verwendet.

$$\textbf{Lagerzinsen} = \frac{\text{Lagerzinssatz} \cdot \text{durchschnittlicher Lagerbestand}}{100}$$

Beispiel Die Primus GmbH hat einen durchschnittlichen Lagerbestand von 160 000,00 €. In der Primus GmbH wird ein Lagerzinssatz von 0,208 % ermittelt.

$$\text{Lagerzinsen} = \frac{0{,}208 \cdot 160\,000{,}00}{100} = \underline{\underline{332{,}80\ €}}$$

Für diesen durchschnittlichen Lagerbestand fallen 332,80 € Lagerzinsen an.

In die Berechnung der Lagerzinsen fließen letztlich folgende **Lagerbewegungsdaten (-kennziffern)** ein:

- Wareneinsatz
- durchschnittliche Lagerdauer
- Umschlagshäufgkeit
- Lagerzinssatz

Beispiel In einem Konkurrenzunternehmen der Primus GmbH betrug der Wareneinsatz in einem Jahr 1 599 000,00 €, der durchschnittliche Lagerbestand 195 000,00 €. Bei den Banken liegt der Jahreszins bei 3 %.

1. Schritt: Berechnung der Umschlagshäufigkeit

$$\frac{\text{Wareneinsatz}}{\text{DLB}} = \frac{1\,599\,000{,}00\ €}{195\,000{,}00\ €} = \underline{\underline{8{,}2}}$$

2. Schritt: Berechnung der durchschnittlichen Lagerdauer

$$\frac{360\ \text{Tage}}{\text{Umschlagshäufigkeit}} = \frac{360\ \text{Tage}}{8{,}2} = \underline{\underline{43{,}9\ \text{Tage}}}$$

3. Schritt: Berechnung des Lagerzinssatzes

$$\frac{\text{Jahreszinssatz} \cdot \text{durchschnittliche Lagerdauer}}{360} = \frac{3 \cdot 43{,}9}{360} = \underline{\underline{0{,}365\ \%}}$$

Wenn der Lagerzinssatz bekannt ist, können die Kapitalkosten (Lagerzinsen) berechnet werden. Sie sind abhängig von dem gebundenen Kapital und dem durchschnittlichen Lagerbestand.

4. Schritt: Berechnung der Lagerzinsen

$$\frac{\text{durchschnittlicher Lagerbestand} \cdot \text{Lagerzinssatz}}{100} = \frac{195\,000 \cdot 0{,}365}{100} = \underline{\underline{711{,}75\ €}}$$

Für die 195 000,00 €, die das Konkurrenzunternehmen in seinen Warenvorrat durchschnittlich investiert hat, hätte es von einer Bank bei einer Anlage zu 3 % 711,75 € Zinsen erhalten.

Lagerreichweite

Mit dieser Kennziffer wird ausgedrückt, wie **lange der durchschnittliche Lagerbestand** bei einem durchschnittlichen Verbrauch **ausreicht**.

$$\textbf{Lagerreichweite} = \frac{⌀\ \text{Lagerbestand}}{⌀\ \text{Absatz (Verbrauch) pro Tag}}$$

Beispiel Die Primus GmbH hat beim Artikel Kopierpapier X-Offit einen durchschnittlichen Lagerbestand von 500 Paketen und einen durchschnittlichen Absatz pro Tag von 50 Paketen.

$$\text{Lagerreichweite} = \frac{500}{50} = \underline{\underline{10\ \text{Tage}}}$$

Die Primus GmbH hat beim Kopierpapier eine Lagerreichweite von 10 Tagen.

Lagerfüllgrad (Flächennutzungsgrad)

Die **Nutzung der vorhandenen Lagerkapazität** wird durch den Lagerfüllgrad gemessen.

$$\textbf{Lagerfüllgrad} = \frac{\text{genutzter Teil des Lagerraums}}{\text{verfügbarer Lagerraum}}$$

Beispiel Die Primus GmbH hat einen Lagerraum mit einer Fläche von 3000 m^2. Davon werden im Durchschnitt 2700 m^2 regelmäßig genutzt.

$$\text{Lagerfüllgrad} = \frac{2700}{3000} = 0{,}9 = \underline{\underline{90\ \%}}$$

Die Primus GmbH hat einen Lagerfüllgrad von 90 %.

Auswertung der Lagerkennziffern

Die Erhöhung der Umschlagshäufigkeit hat eine Verkürzung der Lagerdauer zur Folge. Dadurch vermindern sich die Kosten für die Warenpflege sowie das Risiko der Veralterung und des Verderbs. Die Lagerkosten werden aber wesentlich vom Lagerumschlag beeinflusst. Je höher die Umschlagshäufigkeit für einen Artikel, desto niedriger ist der Kostenanteil, der auf den einzelnen Artikel entfällt. Durch eine Erhöhung der Umschlagshäufigkeit werden Lagerzinsen gespart, der Kapitalbedarf wird verringert, die Wirtschaftlichkeit wird erhöht. Die Lagerumschlagshäufigkeit kann durch folgende **Maßnahmen** erhöht werden:

LF 3 LF 2

- Durch die Verringerung der Bestellmengen und des Mindestbestandes, durch **Just-in-time-Lieferungen** oder durch den **Kauf auf Abruf** kann im Beschaffungsbereich die Voraussetzung für eine Erhöhung der Umschlagshäufigkeit erreicht werden.
- Durch **verstärkte Werbung** zur Absatzsteigerung oder Sonderverkaufsaktionen für Penner-Artikel (Artikel mit geringer Umschlagshäufigkeit) kann der Warenumschlag im Absatzbereich erhöht werden.

Beispiel Die Primus GmbH hatte bei dem Artikel „Schreibtisch Primo", Art.-Nr. 159B574, einen durchschnittlichen Lagerbestand von 12 000,00 €. Durch verstärkte Werbemaßnahmen konnten die Lagerumschlagshäufigkeit von 12 auf 15 erhöht und somit 2 400,00 € Kapital freigesetzt werden.

Lösung: durchschnittlicher Lagerbestand · Umschlagshäufigkeit = Wareneinsatz:
12 000,00 € · 12 = 144 000,00 €
144 000,00 € : 15 = 9 600,00 € (Kapitalbindung/neuer durchschnittlicher Lagerbestand)
12 000,00 € – 9 600,00 € = 2 400,00 € (Kapitalfreisetzung)
Bei einem Zinssatz von 5 % spart die Primus GmbH 120,00 € im Jahr (5 % von 2 400,00 €)

Die Lagerkennzahlen sind für jeden Großhandelsbetrieb von besonderer Bedeutung, da sie im Zeitvergleich die Entwicklungstendenzen eines Artikels, einer Warengruppe und des gesamten Betriebes aufzeigen. Zudem können im **Betriebsvergleich** interessante Erkenntnisse gewonnen werden, wenn die **betrieblichen Lagerkennzahlen mit denen der Branche verglichen werden**. Die **Branchenkennzahlen** können über Verbände oder das Internet abgerufen werden.

Lagerbewegungskennziffern ermitteln und analysieren

- Im Lagerwesen werden folgende **Kennzahlen zur Kontrolle der Lagerbestände und der Kapitalbindung** eingesetzt:
  - **Umschlagshäufigkeit** $= \dfrac{\text{Wareneinsatz}}{\text{DLB zu Bezugs-/Einstandspreisen}}$ oder $\dfrac{\text{Jahresabsatz (Stück)}}{\text{DLB in Stück}}$
  - **durchschnittliche Lagerdauer** $= \dfrac{\text{360 (Tage)}}{\text{Umschlagshäufigkeit}}$
  - **Lagerzinssatz** $= \dfrac{\text{Jahreszinssatz} \cdot \text{Ø Lagerdauer}}{360}$
  - **Lagerzinsen** $= \dfrac{\text{Lagerzinssatz} \cdot \text{Ø Lagerbestand}}{100}$
  - **Lagerreichweite** $= \dfrac{\text{Ø Lagerbestand}}{\text{Ø Absatz (Verbrauch) pro Tag}}$
  - **Lagerfüllgrad** $= \dfrac{\text{genutzter Teil des Lagerraums}}{\text{verfügbarer Lagerraum}} \cdot 100$

Auswertung der Lagerkennzahlen

- Mithilfe der Lagerkennzahlen wird die **Beurteilung der Wirtschaftlichkeit des Lagers** ermöglicht. Zudem sind die Lagerkennzahlen die **Grundlage für Betriebsvergleiche** mit Durchschnittszahlen der Branche.
- Je höher die Umschlagshäufigkeit oder je geringer die durchschnittliche Lagerdauer eines Artikels oder einer Warenguppe, desto niedriger ist der Kapitaleinsatz für diesen Artikel oder diese Warengruppe im Lager.
- Je höher die Umschlagshäufigkeit oder je geringer die durchschnittliche Lagerdauer eines Artikels oder einer Warengruppe, desto niedriger ist der Lagerkostenanteil je Artikel oder je Warengruppe.

1. In einem Großhandelsunternehmen liegen folgende Angaben vor: Wareneinsatz 600 000,00 €, durchschnittlicher Lagerbestand 50 000,00 €. Berechnen Sie die Umschlagshäufigkeit und die durchschnittliche Lagerdauer.

2. Die Umschlagshäufigkeit für HD-Fernseher in einem Elektrogroßhandelsbetrieb beträgt 8. Der Jahresabsatz beträgt 320 Stück. Wie viele Geräte befanden sich im Durchschnitt auf Lager?

3. Von einem Artikel sind bekannt: durchschnittlicher Lagerbestand 4 000,00 €, Umschlagshäufigkeit 20. Ermitteln Sie, wie hoch der Wareneinsatz war.

4. Ein Artikel hat eine Umschlagshäufigkeit von 6. Berechnen Sie die durchschnittliche Lagerdauer.

5. Das Warenbestandskonto eines Großhändlers weist folgende Werte auf: Anfangsbestand 200 000,00 €, Endbestand 280 000,00 €. Auf dem Wareneingangskonto wurden Einkäufe in Höhe von 1 280 000,00 € gebucht. Berechnen Sie
a) den Wareneinsatz,
b) den durchschnittlichen Lagerbestand,
c) die Umschlagshäufigkeit,
d) die durchschnittliche Lagerdauer.

6. Ein Artikel liegt durchschnittlich 40 Tage auf Lager. Ermitteln Sie die Umschlagshäufigkeit.

7. In einem Großhandelsunternehmen betrug der Wareneinsatz 3 200 000,00 €, der durchschnittliche Lagerbestand 310 000,00 €, es wird mit einem Marktzins von 10 % gerechnet.
a) Berechnen Sie den Lagerzinssatz.
b) Berechnen Sie die Lagerzinsen.
c) Erläutern Sie, welche Auswirkungen eine Erhöhung der Umschlagshäufigkeit hätte.

8. Wie hoch sind die Lagerzinsen, wenn für einen Artikel, dessen durchschnittlicher Lagerbestand 200 000,00 € beträgt, ein Lagerzinssatz von 1,14 % besteht?

9. Berechnen Sie den Lagerzinssatz, wenn mit einem Jahreszinssatz von 10 % gearbeitet wird und die durchschnittliche Lagerdauer eines Artikels 45 Tage beträgt.

10. Eine Warengruppe verursachte in einem Jahr 12 000,00 € Lagerzinsen, der Lagerzinssatz beträgt 1,2 %. Wie hoch war der durchschnittliche Lagerbestand?

11. Die Primus GmbH erhält von der Jansen BV. Bürotechnik ein Sonderangebot des Artikels Laser-Multifunktionsgerät FX640 TI, wobei allerdings eine Mindestmenge abzunehmen ist, die den Bedarf der Primus GmbH für ca. zehn Monate decken würde. Entscheiden und begründen Sie, ob es sinnvoll ist, dieses Angebot anzunehmen.

12. Die Primus GmbH hat sich in der Branche den Ruf erworben, stets auch bei unerwartet hohen Aufträgen lieferbereit zu sein. Als Folge für die Primus GmbH ergibt sich bei vielen Artikeln ein hoher Mindestbestand.
a) Erläutern Sie, welcher Zielkonflikt sich daraus für die Primus GmbH ergibt.
b) Beschreiben Sie die Konsequenzen, die sich für die Primus GmbH aus einer Verringerung des Mindestbestandes ergeben können.
c) Machen Sie begründete Vorschläge anhand der Sortimentsliste der Primus GmbH, für welche Artikel ein hoher oder ein geringer Mindestbestand erforderlich sein könnte.

13. Zur Beurteilung der wirtschaftlichen Situation der Primus GmbH ziehen Sie die vorliegenden Vergleichszahlen der Branche heran.

	Lagerkennziffern Branche	Lagerkennziffern Primus GmbH
Umschlagshäufigkeit	6	5
Ø Lagerdauer	60 Tage	72 Tage
Lagerzinssatz	2 %	3 %

Nennen Sie vier Ursachen für die Abweichungen der Kennzahlen der Primus GmbH von denen der Branche.

14. Für einen Artikel ist im Warenwirtschaftssystem der Primus GmbH ein Meldebestand von 30 Einheiten hinterlegt. Kalkuliert wurde mit einem Mindestbestand von 10 Einheiten und einem Tagesverbrauch von 5 Einheiten.

a) Ermitteln Sie, nach wie vielen Tagen die Ware planmäßig bei der Primus GmbH eintreffen wird.

b) Nennen Sie drei Ursachen, die trotz Festlegung eines Mindestbestandes zu einem Nullbestand führen können.

c) Für die Erstellung eines Lagerplans könnte es wichtig sein, die Umschlagshäufigkeit des jeweiligen Artikels zu kennen. Erläutern Sie die Bedeutung dieser Kennzahl.

d) Zeigen Sie die Bedeutung dieser Kennzahl für die Gestaltung eines Lagerplans bei festen Lagerplätzen auf.

e) Die Geschäftleitung überlegt, die Art der Lagerplatzverwaltung zu ändern. Sie beabsichtigt, für ein Teilsortiment vom Festplatzsystem zur chaotischen Lagerhaltung überzugehen. Erläutern Sie die chaotische Lagerhaltung.

f) Geben Sie jeweils ein Argument an, das für und das gegen die chaotische Lagerhaltung spricht.

8 Kosten der Lagerhaltung analysieren

Bei einem Rundgang durch das Lager kommt Nicole Höver an einem Lagerplatz vorbei, auf dem einige Artikel aus der Warengruppe „Bürotechnik" zu finden sind, die bereits vor drei Monaten dort gestanden haben. Des Weiteren wird sie Zeuge eines Gesprächs zwischen Herrn Patt, dem Abteilungsleiter Lager/Versand, und Frau Konski, der Gruppenleiterin Einkauf. Frau Konski: *„Aufgrund des bevorstehenden Weihnachtsgeschäftes und der damit verbundenen verstärkten Nachfrage nach Geräten der Bürotechnik habe ich diesmal erheblich mehr Tischkopierer und Laserdrucker bestellt. Schließlich wollen wir doch jeden möglichen Gewinn mitnehmen."* Herr Patt antwortet: *„Mensch, Frau Konski, wir haben keinen Platz mehr im Lager. Wo soll ich denn diese Waren noch unterbringen?"* Frau Konski: *„Wir könnten doch kurzfristig ein Lager anmieten, wenn wir keinen Platz mehr haben."* Etwas ärgerlich erwidert Herr Patt: *„Das bedeutet aber erhebliche zusätzliche Kosten für unser Unternehmen, damit ist Ihr schöner Gewinn wieder weg."*

ARBEITSAUFTRÄGE

- Erläutern Sie die Risiken, die mit der Lagerhaltung verbunden sind.
- Beschreiben Sie mögliche Kosten, die durch eine Lagerhaltung entstehen können.

Optimaler Lagerbestand

Das Hauptproblem im Rahmen der Lagerhaltung ist die **Ermittlung des optimalen Lagerbestandes**. Hierunter versteht man den für ein Großhandelsunternehmen günstigsten Lagervorrat. Dieser sollte einerseits aus Kostengründen so klein wie möglich gehalten werden, andererseits muss er aber auch groß genug sein, um die Verkaufsbereitschaft aufrechterhalten zu können. Als optimal gilt ein Lagerbestand, wenn die Nachteile eines zu großen sowie die eines zu kleinen Lagerbestandes vermieden werden können. Ein zu großer Lagerbestand würde z.B. zu unnötig hohen Lagerkosten führen, insbesondere wenn zusätzlicher Lagerraum angemietet werden muss. Durch einen zu kleinen Lagerbestand kann die Verkaufsbereitschaft gefährdet werden, weil Kunden, die die gewünschte Ware nicht kaufen können, zur Konkurrenz abwandern.

Bei der Steuerung der Lagerhaltung besteht somit ein dauernder **Zielkonflikt** zwischen der vom Kunden erwarteten hohen Lieferbereitschaft einerseits und den vom Unternehmen angestrebten niedrigen Lagerkosten andererseits. Je größer die zu lagernde Warenmenge ist, desto höher sind die Lagerkosten und umgekehrt. Folglich versucht jedes Unternehmen, die Menge der zu lagernden Waren zu minimieren. Gleichzeitig muss darauf geachtet werden, dass die Wünsche der Kunden nach möglichst schneller Lieferung von Waren erfüllt werden können. Durch die möglichst optimale Nutzung des vorhandenen Lagerraums (z.B. Hochregallager) und den Einsatz einer modernen Lagertechnik (Belüftung, Heizung, Kühlanlagen), die auf das jeweilige Lagergut exakt abgestimmt ist, können die Lagerkosten (vgl. S. 209) minimiert werden. Ebenso kann man die Transportwege innerhalb des Lagers durch eine durchdachte Lagerorganisation vermindern. Die Zugriffszeiten auf die Waren können durch geeignete Beförderungsmittel (z.B. Paletten, Körbe, Hubwagen) vermindert werden.

● Risiken der Lagerhaltung

Jedes Warenlager birgt Risiken, die keine Versicherung abdeckt. Deshalb muss der Großhändler mit seinen Mitarbeitern darauf achten, diese Risiken möglichst gering zu halten. Die Risiken der Lagerhaltung bestehen u.a. in Modeänderungen, im Saisonwechsel, im technischen Fortschritt, in Preisschwankungen oder im Schwund.

○ Modeänderungen

Von Änderungen der Mode sind besonders Textilien betroffen. Der Geschmack der Kunden verändert sich. Bestimmte Farben, Muster, Designs usw. von Textilien können plötzlich nicht mehr aktuell sein. Diese Textilien werden deshalb nicht mehr gekauft. Es nutzt meist nichts, sie einzulagern und im nächsten Jahr wieder anzubieten. Ladenhüter können meist nur noch mit erheblicher Preisreduzierung oder im Rahmen von Sondermaßnahmen verkauft werden. Zu hohe Lagerbestände binden auch Kapital (vgl. S. 210). Ist aber nicht genügend Kapital vorhanden, wird es schwierig, aktuelle Ware oder Trendartikel einzukaufen. Somit kann nicht auf die veränderten Wünsche der Kunden eingegangen werden, was zu weiteren Umsatzeinbußen führt.

○ Saisonwechsel

Der Kauf von vielen Artikeln ist abhängig von Saisonschwankungen. Besonders der Kauf von Oberbekleidung, Schuhen und Gartenbedarf ist von der jeweiligen Jahreszeit abhängig. Überbestände von Waren sind nur mit erheblichen Kosten bis zur nächsten Saison zu lagern und dann sind sie meist nicht mehr modern. Einen Ausweg bieten die Sonderverkäufe. Doch auch hier müssen die Bestände mit Preisabschlägen verkauft werden.

○ Technischer Fortschritt

Neue Funktionen, neue Materialien, verbesserte Qualität, bequemere Handhabung usw. lassen bisherige Produkte rasch veralten, sie sind nur noch schwer verkäuflich.

Beispiele Elektroartikel (Kühlschränke, Herde, Waschmaschinen), Geräte der Unterhaltungselektronik (Fernseher, Hi-Fi-Anlagen usw.), Autozubehör, Werkzeuge, Computer, Fotoapparate usw.

○ Preisschwankungen

Die Preise einiger Rohstoffe und Warenbestandteile schwanken z.T. erheblich (Edelmetalle, Erdöl, Getreide, Kakao, Kaffee usw.). Die Hersteller von Waren geben Preiserhöhungen möglichst an die Großhändler weiter. So kann ein großer Einkauf in einer Zeit mit hohen Preisen sehr viel Kapital binden. Da der Verkauf der Ware zeitlich später liegt, kann der Listenverkaufspreis des Lieferers bereits wieder gefallen sein. Da das Lager aber gefüllt ist und die finanziellen Mittel erschöpft sind, ist ein Einkauf in Zeiten geringer Preise nun nicht mehr möglich. Da diese Probleme durch den Großhändler nicht beeinflussbar sind, muss er hier besonders umsichtig handeln.

Beispiele Zu Produkten, die Preisschwankungen ausgesetzt sind, gehören etwa Kaffee, Frischobst und -gemüse, Holzwaren, Schmuck, Fleisch und Fisch.

○ Schwund

Schwund (Mengenverlust) kann durch Verderb, Verdunsten, Vertrocknen, Bruch usw. entstehen. Dies gilt insbesondere für Lebensmittel, die mit einem Verfallsdatum gekennzeichnet sind. Hier muss der Großhändler geschickt planen (disponieren), damit er einerseits keine Überbestände aufbaut (zusätzliche Kosten), andererseits aber seine Verkaufsbereitschaft nicht beeinträchtigt (Gefahr von Umsatzeinbußen). Schwund kann auch durch Diebstahl im Lager oder im Verkaufsraum entstehen (vgl. S. 226). Hiergegen müssen entsprechende Schutzmaßnahmen getroffen werden.

● Lagerkosten

Jedes Lager verursacht Kosten. Einige Kosten, z.B. Miete für den Lagerraum, sind bezogen auf einen bestimmten Zeitraum, von der Menge und dem Wert der gelagerten Ware unabhängig. Man bezeichnet sie als **fixe Kosten**, sie sind über einen bestimmten Zeitraum unveränderlich.

Die Kosten der Lagervorräte sind vom Großhändler beeinflussbar, denn er kann entscheiden, wie viel Ware er auf Lager hält. Solche Kosten heißen **variable Kosten**. Fixe und variable Lagerkosten müssen in die Preiskalkulation des Großhändlers einfließen. Über den Verkaufspreis der einzelnen Artikel, d.h. über den Umsatz, müssen diese Kosten erwirtschaftet werden.

○ Sachkosten des Lagers

- **Reparaturen, Instandhaltung** der Lagereinrichtung (Regale, Ständer usw.), der Hilfsmittel (Hubwagen, Gabelstapler, Lagersteuerungsanlage usw.)
- **Wartung** (Transportmittel, Heizung, Klimaanlage, Sprinkleranlage, Kühltruhen usw.)
- **Energiekosten** (Heizung, Beleuchtung, Kühlung usw.)

- **Versicherungsprämien** (für das Lagergebäude, die Lagereinrichtung und den Warenbestand)
- **Reinigungskosten**
- **Miete** (für Räume und Geräte)
- **Kosten der Warenpflege** (Abdeckhüllen, Staubsicherungen usw.)
- **Kosten der Lagerverwaltung und -organisation** (Lagerdatei, Kommissionierscheine usw.)

○ Personalkosten

Alle Mitarbeiter des Lagers, anteilig die Mitarbeiter des Verkaufs, die nur zeitweise mit Lagerarbeiten beschäftigt sind, verursachen Personalkosten. Dabei müssen sämtliche Arbeiten berücksichtigt werden, angefangen von der Warenannahme, Warenprüfung usw. bis zur Bereitstellung der Ware für den Kunden.

○ Kosten des Lagerrisikos

Jede Lagerhaltung birgt auch Risiken, die durch keine Versicherung abzudecken sind. Der Großhändler muss darauf achten, diese Risiken möglichst gering zu halten. Risiken wie **Schwund, Diebstahl, Verderb** können auch bei sorgfältigster Arbeit nicht immer vermieden werden. Die so entstandenen Kosten sind meist nicht exakt planbar, hier können aber Erfahrungswerte und Schätzungen helfen, um diese Kosten bei der Kalkulation zu berücksichtigen. **Allgemeine Risiken** wie z. B. **Modeänderungen, Modellwechsel, technische Veränderungen sind allgemeines Unternehmerwagnis**, das nicht über die Handlungskosten kalkuliert wird, sondern über den Gewinn abgegolten wird.

○ Kosten der Kapitalbindung

Die Lagerausstattung und die gelagerte Ware binden Kapital, d. h., die finanziellen Mittel, die hierfür aufgewendet werden, stehen für andere betriebliche Zwecke nicht zur Verfügung. Die Kosten der Kapitalbindung sind die Zinsen für das Kapital.

- **Kosten der gelagerten Ware**: Verzinsung des eingesetzten Kapitals.

  Beispiel Die Primus GmbH lagert im Durchschnitt pro Jahr für 230 000,00 € Waren. Würde die Primus GmbH die dadurch gebundenen Mittel für 3 % Zinsen pro Jahr bei einer Bank anlegen, so erhielte sie hierfür 6 900,00 € Zinsen.

- **Kosten der Lagereinrichtung**: Verzinsung des eingesetzten Kapitals, Abschreibung.

  Beispiel Die Primus GmbH kauft einen Gabelstapler für 18 000,00 € für ihr Lager. Bei einem Zinssatz von 3 % entstehen 540,00 € Kapitalbindungskosten im ersten Jahr. Der Gabelstapler hat eine geschätzte Lebensdauer von sechs Jahren, über diesen Zeitraum sind die Anschaffungskosten zu verteilen, es entstehen somit jährlich Abschreibungen in Höhe von 3 000,00 € bei linearer Abschreibung.

- **Kosten der Lagerräume**: Baukosten für ein neues Lager, Erweiterungsbauten usw.

PRAXISTIPP Die exakte Ermittlung der Lagerkosten ist nur mit einem gut funktionierenden betrieblichen Rechnungswesen möglich. Die Listenverkaufspreise der einzelnen Waren müssen so kalkuliert werden, dass die Kosten langfristig gedeckt sind.

Kosten der Lagerhaltung analysieren

● Risiken der Lagerhaltung

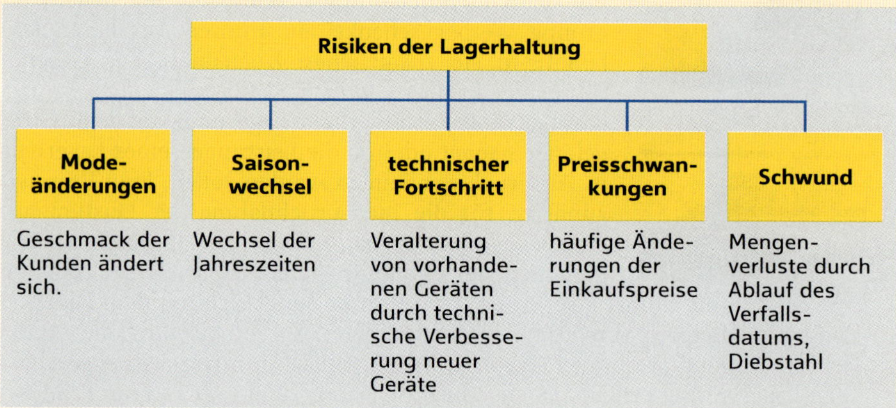

● Lagerkosten

Sachkosten	alle Kosten zum Betrieb des Lagers, insbesondere Mieten, Energie, Reparaturen usw.
Personalkosten	Kosten der Mitarbeiter, die Lagerarbeiten erledigen
Kosten des Lagerrisikos	Kosten durch Verderb, Diebstahl und Schwund
Kosten der Kapitalbindung	Zinsen für das eingesetzte Kapital: – gelagerte Ware – Anschaffung der Lagereinrichtung – Anschaffung (Bau) der Lagerräume

1. Erläutern Sie bei folgenden Waren, welchen Lagerrisiken sie ausgesetzt sein können: Frischmilch, Campingartikel, Blu-ray-Player, Sonnencreme, Damenblusen, Weihnachtsgebäck, Schuhe, Importkäse, Farben, Blumen, Hosen, Damenstrümpfe, USB-Sticks.

2. Ein Lebensmittelgroßhändler möchte das Risiko des Verderbs von Waren verringern. Überprüfen Sie, welche Möglichkeiten er hat.

3. Beschreiben Sie, wie sich die Sachkosten des Lagers in Ihrem Ausbildungsbetrieb zusammensetzen.

4. Erläutern Sie, wieso bei den Personalkosten des Lagers auch die Mitarbeiter des Verkaufs anteilig berücksichtigt werden.

5. Ein Großhändler rechnet für seine Artikel mit Lagerkosten in Höhe von 2,8 % vom Umsatz. Wie viel Euro Lagerkosten entstanden ihm, wenn er in einem Jahr 1 345 000,00 € Umsatz hatte?

6. Erläutern Sie anhand von Beispielen, welchen Risiken die Waren in Ihrem Ausbildungsbetrieb ausgesetzt sind.

9 Abschluss von Lagerverträgen vorbereiten

Die Gruppenleiter der Primus GmbH haben zusammen mit der Geschäftsleitung beschlossen, die neue Warengruppe „Werbegeschenke" einzuführen. Aus diesem Grund benötigen sie zusätzlichen Lagerraum. Die Geschäftsführer der Primus GmbH sind unterschiedlicher Ansicht darüber, ob der erforderliche Lagerraum auf dem Betriebsgelände gebaut oder ob die Leistungen eines Lagerhalters in Anspruch genommen werden sollen. Frau Primus, die zunächst für die Inanspruchnahme der Leistungen bei einem Lagerhalter war, hat unerwartet einen Lagerraum gefunden, der in unmittelbarer Nachbarschaft zum Standort der Primus GmbH gelegen ist. Frau Primus einigt sich mit dem Lagerhalter auf einen Mietpreis von 50,00 € je Quadratmeter. Als Petra Zolling, die Gruppenleiterin Einkauf „Verbrauchsmaterial/Büroorganisation", von dem abgeschlossenen Lagervertrag erfährt, ist sie zunächst wütend und sagt zu Frau Primus: *„So viel Geld für ein Lager! Hätten wir unser eigenes Lager gebaut, könnten wir viel Geld pro Monat sparen, denn ein eigenes Lager kostet uns nicht so viel."* Frau Primus beruhigt Frau Zolling mit den Worten: *„Ein eigenes Lager verursacht unter Umständen höhere Kosten als ein Fremdlager, denken Sie darüber mal nach."*

ARBEITSAUFTRÄGE

- Führen Sie einige Gründe auf, die für die Ansicht von Frau Primus sprechen.
- Erläutern Sie, welche Kosten der Primus GmbH durch die Unterhaltung eines eigenen Lagers entstehen.
- Überprüfen Sie, welche Rechte und Pflichten ein Lagerhalter durch einen Lagervertrag übernimmt.

Rechtliche Stellung des Lagerhalters

Der Lagerhalter ist ein **selbstständiger Kaufmann, der gewerbsmäßig die Einlagerung und Aufbewahrung von Waren für andere übernimmt** (§ 416 HGB). Hauptstandorte von Lagerhäusern sind große Umschlagsplätze.

Beispiele Häfen an Flüssen (Duisburg, Köln, Hamburg) und am Meer (Rotterdam, Rostock, Wilhelmshafen), Containerbahnhöfe, Frachtzentren des Güterkraftverkehrs

Lagerhalter können dabei private Unternehmer (Spediteure, vgl. S. 250, Lagerhausgesellschaften) oder öffentliche Lagerhäuser sein.

Abwicklung eines Lagergeschäftes

Zwischen dem Lagerhalter und dem Einlagerer wird ein **Lagervertrag** abgeschlossen. Bringt ein Großhändler (Einlagerer) Waren zur Einlagerung, wird ihm als Empfangsbestätigung für die eingelagerten Waren vom Lagerhalter ein **Lagerschein** ausgehändigt. Der Lagerschein ist ein **Warenwertpapier** = Verfügungspapier, d.h., nur der Inhaber des Lagerscheins kann über die Ware verfügen.

Beispiel Die Primus GmbH lagert Waren in einem privaten Lagerhaus bei der Spedition Bavaria GmbH in München ein.

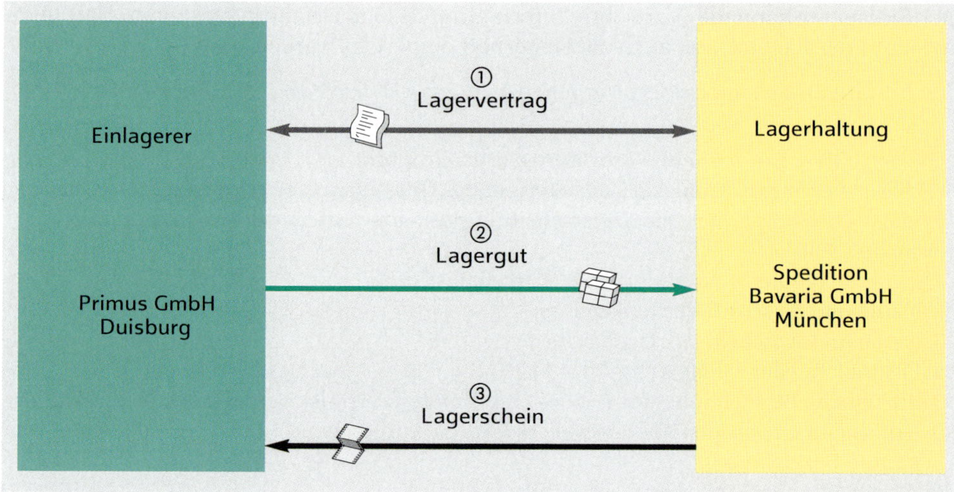

Rechte und Pflichten der Vertragspartner

Die Rechte des Lagerhalters entsprechen den Pflichten des Einlagerers und umgekehrt. Sie sind in § 467 ff. HGB geregelt.

<table>
<tr><th>Pflichten des Lagerhalters
(= Rechte des Einlagerers)</th><th>Rechte des Lagerhalters
(= Pflichten des Einlagerers)</th></tr>
<tr><td>– Lagerung: Durch den Lagervertrag wird der Lagerhalter verpflichtet, das Gut zu lagern und aufzubewahren.
– Haftpflicht: Der Lagerhalter haftet für Verlust und Beschädigung des in seiner Verwahrung befindlichen Lagergutes.
– Zutrittsgewährung: Der Lagerhalter muss dem Einlagerer während der Geschäftszeit die Besichtigung des Lagergutes, die Entnahme von Proben und die zur Erhaltung notwendigen Handlungen gestatten.
– Benachrichtigungspflicht: Der Lagerhalter muss den Einlagerer unverzüglich bei bereits entstandenen oder drohenden Warenschäden benachrichtigen; bei Versäumnis: Schadenersatz.
– Herausgabepflicht: Auf Verlangen des Empfangsberechtigten muss der Lagerhalter das Lagergut herausgeben.</td><td>– Entschädigungsrecht: Der Lagerhalter hat Anspruch auf die vereinbarte Vergütung sowie auf Ersatz seiner für das Gut gemachten Aufwendungen (Fracht, Zölle).
– Kündigungsrecht: Bei Ablauf der vereinbarten Lagerzeit kann der Lagerhalter die Rücknahme des Lagergutes mit einer Kündigungsfrist von einem Monat verlangen.
– Gesetzliches Pfandrecht: Zur Sicherung seiner Ansprüche gegen den Einlagerer (Lagergeld) hat der Lagerhalter ein Pfandrecht an dem Lagergut.
– Notverkauf: Der Lagerhalter kann bei drohendem Verderb des Lagergutes einen Notverkauf vornehmen. LF5
– Selbsthilfeverkauf: Bei Ablauf der vereinbarten Lagerzeit und Nichtrücknahme der Ware durch den Einlagerer kann der Lagerhalter nach vorheriger Androhung das Lagergut öffentlich versteigern lassen. LF5
– Mitteilung: Bei Einlagerung gefährlicher Güter muss der Einlagerer dem Lagerhalter rechtzeitig schriftlich die genaue Art der Gefahr sowie die zu ergreifenden Vorsichtsmaßnahmen mitteilen.</td></tr>
</table>

Der Einlagerer kann die Ware ohne Information des Lagerhalters verkaufen. Darüber hinaus kann der Lagerschein auch als Sicherheit eingesetzt werden.

Die **Inhalte eines Lagerscheins** ergeben sich aus § 475c HGB.

§

§ 475c HGB – Lagerschein, Verordnungsermächtigung

(1) Über die Verpflichtung zur Auslieferung des Gutes kann von dem Lagerhalter, nachdem er das Gut erhalten hat, ein Lagerschein ausgestellt werden, der die folgenden Angaben enthalten soll:

1. Ort und Tag der Ausstellung des Lagerscheins;
2. Name und Anschrift des Einlagerers;
3. Name und Anschrift des Lagerhalters;
4. Ort und Tag der Einlagerung;
5. die übliche Bezeichnung der Art des Gutes und die Art der Verpackung, bei gefährlichen Gütern ihre nach den Gefahrgutvorschriften vorgesehene, sonst ihre allgemein anerkannte Bezeichnung;
6. Anzahl, Zeichen und Nummern der Packstücke;
7. Rohgewicht oder die anders angegebene Menge des Gutes;
8. im Falle der Sammellagerung einen Vermerk hierüber.

(2) In den Lagerschein können weitere Angaben eingetragen werden, die der Lagerhalter für zweckmäßig hält.

(3) Der Lagerschein ist vom Lagerhalter zu unterzeichnen. Eine Nachbildung der eigenhändigen Unterschrift durch Druck oder Stempel genügt.

(4) Dem Lagerschein gleichgestellt ist eine elektronische Aufzeichnung, die dieselben Funktionen erfüllt wie der Lagerschein, sofern sichergestellt ist, dass die Authentizität und die Integrität der Aufzeichnung gewahrt bleiben (elektronischer Lagerschein). [...]

● Dokumente der Lagerhaltung

○ Lagerempfangsschein (Lagerquittung)

Der formfreie Lagerempfangsschein stellt nur eine Bestätigung des Lagerhalters über den Empfang des Lagergutes dar. Somit ist der Lagerempfangsschein eine **Beweisurkunde**, aber kein Warenwertpapier. Bei Ausgabe der Ware kann sich der Lagerhalter vom Abholer den Lagerempfangsschein zeigen lassen, um somit die Berechtigung des Warenempfängers zu prüfen.

Der Lagerempfangsschein beinhaltet folgende **Angaben**:

- Anschrift des Einlagerers
- Datum der Übernahme der Waren durch den Lagerhalter
- Art der eingelagerten Waren
- Anzahl der Packstücke
- genaue Bezeichnung und Gewicht der Waren
- eventuell einen Hinweis auf Gefahrgüter
- Unterschrift des Lagerhalters, wodurch die Annahme der Waren bescheinigt wird

Spedition Bavaria GmbH

Lilienstr. 116, 81669 München

Lagerempfangsschein/Lagerquittung

Lagerempfangsschein-Nummer	FLI-ES-474113
Wir	Spedition Bavaria GmbH Lilienstr. 116, 81669 München
bestätigen vom Einlagerer	Primus GmbH Koloniestr. 2–4, 47057 Duisburg

die Entgegennahme folgender Waren zur Einlagerung:

Marke und Nummer	Zahl und Art der Packstücke	Inhalt	Rohgewicht oder Maß
Pri 1, Pri 2	20 Paletten	Büromöbel: 10 Schreibtisch Primo 20 Regalelement Classic 20 Bürodrehstuhl Modell 1640	2100 kg

Gefahrgutklassifikation

UN-Nr.	Nettomasse kg/l 2100 kg
Klasse	Gefahrgutbezeichnung
	Verpackungsgruppe

Hinweis:

Wir sind zur Vornahme von Erhaltungs- oder Pflegearbeiten am Gut nicht verpflichtet. Das Gut ist von uns nicht gegen Feuer versichert. Wir haften gemäß der Lagerordnung für keinerlei Feuerschäden. Die Kosten richten sich nach dem Lagervertrag.

Lagerung:

Die Ware ist zurzeit eingelagert
- ☑ getrennt von anderen Partien.
- ☐ als Teil einer größeren Partie.

München, den 21. November 20..

Unterschrift des Lagerleiters über den Empfang der obigen aufgeführten Waren zum genannten Datum — i. A. Huber

Rechtsgrundlage:

Wir arbeiten ausschließlich auf Grundlage der Allgemeinen Deutschen Spediteurbedingungen (ADSp) in der neuesten Fassung.

○ Lagerschein

Da der Lagerschein ein **Warenwertpapier** ist, wird eine bequeme Verfügung über die Ware ermöglicht. Als Warenwertpapiere bezeichnet man diejenigen Handelspapiere, die Rechte an Waren verbriefen. Durch die Übergabe dieser Papiere wird das Eigentum an der eingelagerten Ware übergeben, ohne dass die Ware bewegt und übergeben werden muss. Der Lagerhalter ist verpflichtet, die Waren nur gegen Rückgabe des Lagerscheins herauszugeben.

Folgende **Arten des Lagerscheins** werden unterschieden:

- Der **Namenslagerschein** ist ein Ausweispapier, das auf den Namen des Berechtigten lautet. Die Herausgabe ist nur an die namentlich erwähnte Person zulässig. Der Namenslagerschein ist in der Praxis am meisten verbreitet. Der Herausgabeanspruch auf das Lagergut kann durch eine **Abtretungserklärung** des Einlagerers übertragen werden. Im internationalen Handel wird das **FIATA[1]-Warehouse-Receipt (FWR)** als handelbares Dokument genutzt.

Lagerschein
gemäß § 457c HGB

Lagerschein Nr. 1162

Am 21.11.20.. lagerten wir für die Primus GmbH
in Duisburg oder dessen legitimierten Rechtsnachfolger ein:

Packstücke				Bezeichnung der Ware	Bruttogewicht in kg	
Anzahl	Nummer	Zeichen	Art		angegeben	ermittelt
20	1820	Sch		Büromöbel	2,1 t	2,1 t

Gefahrgutklassifikation

UN-Nr.		Gefahrgutbezeichnung		
Klasse		Verpackungsgruppe		☐ ADR ☐ RID ☐ IMDG

Lagerung
Die Ware ist zurzeit eingelagert ☒ **getrennt von anderen Partien.**
☐ **als Teil einer Partie.**
in unserem Lager Spedition Bavaria GmbH, Lilienstr. 116, 81669 München
Wir sind zur Umlagerung der Ware berechtigt. Bei Umlagerung in ein anderes als das oben genannte Lager wird der Einlagerer benachrichtigt.

Auslieferung
Wir verpflichten uns, die Ware nur gegen Rückgabe dieses Lagerscheins an den Einlagerer oder dessen legitimierten Rechtsnachfolger auszuhändigen. Bei Teilauslieferungen ist der Lagerschein zwecks Abschreibung vorzulegen. Wir sind berechtigt, aber nicht verpflichtet, eine Prüfung der Legitimation vorzunehmen.

Rechtsgrundlage
Allgemeine Deutsche Spediteurbedingungen (ADSp) in der jeweils aktuellen Fassung.

München, den 21.11.20.. Huber
Ort Datum Stempel und Unterschrift des Lagerhalters

[1] *FIATA = Fédération Internationale des Associations de Transitaires et Assimilés = Internationale Föderation der Spediteurorganisationen (Zürich)*

- Der **Orderlagerschein** (§§ 383, 475 f. HGB) ist ein Dispositionspapier, d. h., mit der Übertragung des Lagerscheins geht das Verfügungsrecht am Lagergut auf den Empfänger über. Er kann nur durch ein **Indossament** (Übertragungsvermerk auf der Rückseite des Lagerscheins) übertragen werden.

Beispiel Die Primus GmbH lagert Waren bei einem Lagerhalter in Offenbach ein.

Karl Schneider & Co. KG
Spedition und Lagerhaus
Hainstraße 16
63065 Offenbach

Staatlich ermächtigt zur Ausstellung von Orderlagerscheinen

Lagerschein an Order [1]

Nr. 428650 des Lagerscheinregisters Lagerbuch Nr. 7034/3

Am ..-09-30 lagerten wir ein für Primus GmbH, Koloniestraße 2-4, 47057 Duisburg oder dessen/deren Order:

Zahl und Art der Packstücke	Marke und Nummer oder sonstige Kennzeichnung	Inhalt, angegeben vom Einlagerer*) festgestellt von uns*)	Rohgewicht, angegeben vom Einlagerer*) festgestellt von uns*)
80 Pakete	Primus Xero Copy	Kopierpapier	2 200 kg
			kg
			kg

(in Buchstaben: zweitausendzweihundert kg)

Abschreibungen auf der Rückseite

Lagerort: Das Gut ist zur Zeit eingelagert, getrennt von anderen Partien[2], in 63065 Offenbach (Ort), Hainstraße 16 Straße
Speicher 123, Boden 3, Abteil 34
Silo ./., Luke ./., Fach Nr. ./.

Pflege: Wir sind / ~~wir sind nicht~~ *) verpflichtet, die zur Erhaltung des Lagerguts erforderlichen Arbeiten vorzunehmen. Die hierfür entstehenden Kosten betragen voraussichtlich EUR 260,00 je Woche (Zeitabschnitt)

Feuerversicherung: Das Gut ist durch uns gegen Feuersgefahr versichert / ~~nicht versichert~~ *) für Rechnung des aus dem Lagerschein Berechtigten bei der Colonia Versicherung AG (Versicherungsgesellschaft) für die Dauer der Lagerung mit EUR 36,00 (in Worten: EUR sechsunddreißig) gegen eine Prämie von monatlich EUR 3,00

Lagerkosten: Das Gut ist ferner mit folgenden Kosten belastet:
Lagergeld in Höhe von EUR 300,00 je Monat (Zeitabschnitt) seit ..-09-30
Frachtvorlage: EUR 300,00 Sonstiges: ./.

Rechtsgrundlage: Das Vertragsverhältnis richtet sich nach den gesetzlichen Bestimmungen (Verordnung über Orderlagerscheine vom 16. Dezember 1931, Reichsgesetzbl. I S. 763) und der genehmigten Lagerordnung in der Fassung vom 2. Juli 1932.

Befristung: Der Lagervertrag ist ~~befristet~~ / nicht befristet *) bis zum ./.

Auslieferung: Wir verpflichten uns, das Gut nur gegen Rückgabe dieses Lagerscheins nach Maßgabe der aus dem Schein ersichtlichen Bedingungen an den Einlagerer oder dessen Order auszuliefern. Bei Teilauslieferungen ist der Lagerschein zwecks Abschreibung vorzulegen.

Bemerkungen: keine

(Angaben über etwa vorhandene äußere Beschädigung, Verzollung und dergleichen)

Offenbach, den ..-09-30

*) Unzutreffendes durchstreichen.
Gemäß Verordnung über Orderlagerscheine vom 16. Dezember 1931 R. G. Bl. I S. 763
[1] lautet in allen Fällen des § 36 Abs. I Satz 2 die Überschrift „Teillagerschein an Order" oder „Lagerschein an Order (Teillagerschein)".
[2] sind in den Fällen des § 36 Abs. I Satz 2 die Worte „getrennt von anderen Partien" zu ersetzen durch „als Teil einer größeren Partie".

Druck und Verlag: maukisch-druck, Mauritiusstraße 16, 44789 Bochum

Orderlagerscheine dürfen nur von Lagerhaltern mit entsprechender staatlicher Genehmigung ausgestellt werden. Sie können auch verpfändet werden. Sie eignen sich somit gut als **Kreditsicherheit (Zession)** für ein bei der Bank aufgenommenes Darlehen.

Beispiel **Abwicklung eines Kaufvertrages mithilfe eines Orderlagerscheins:** Die Primus GmbH unterhält in Offenbach, Mainstr. 16, ein Fremdlager bei der Spedition und dem Lagerhaus Karl Schneider & Co. KG. Dort hat sie 80 Pakete Kopierpapier gegen Übergabe eines Orderlagerscheins eingelagert. Dem Kunden Klöckner-Müller Elektronik AG in Offenbach soll die Primus GmbH am 20. Mai den gesamten Lagerbestand an Kopierpapier aus diesem Fremdlager zusenden. Zu diesem Zweck übergibt die Primus GmbH dem Kunden Klöckner-Müller Elektronik AG nach Abschluss des Kaufvertrages den mit einem Indossament (= Übertragungsvermerk) versehenen Orderlagerschein. Die Klöckner-Müller Elektronik AG kann gegen Vorlage dieses Orderlagerscheins das Kopierpapier beim Lagerhalter abholen.

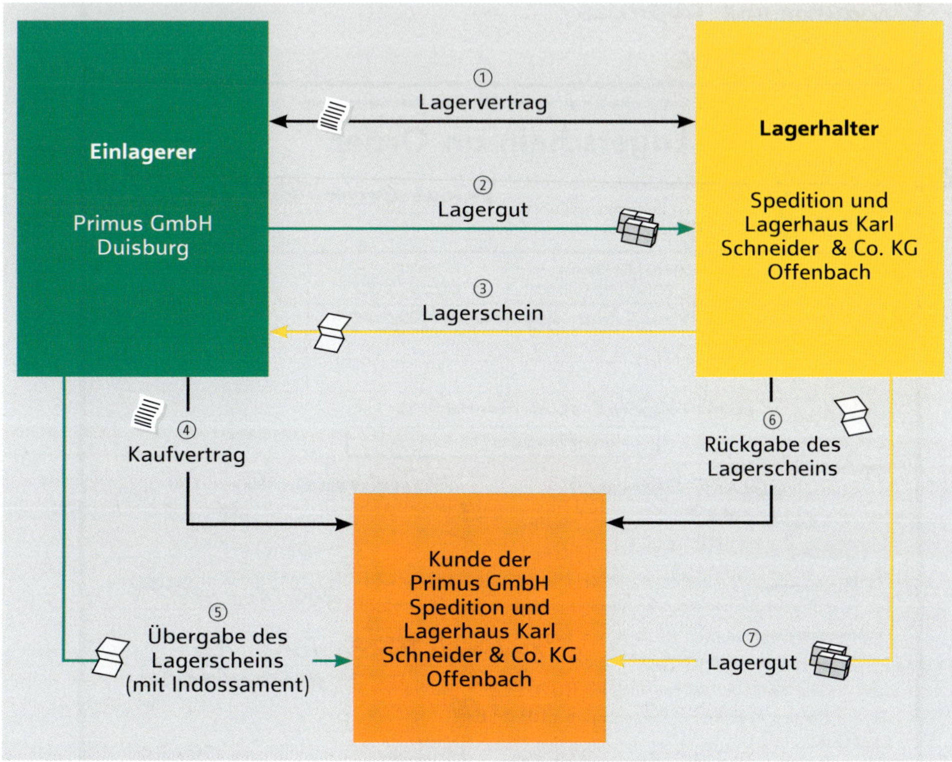

Der **Hauptvorteil des Orderlagerscheins** liegt darin, dass sowohl bei der Eigentumsübertragung als auch bei der Pfandbestellung die Übergabe des stellvertretenden Papiers an die Stelle der schwerfälligen Übergabe des Lagergutes tritt. Kreditinstitute nehmen den Lagerschein auch als Pfand für ein Darlehen (Lombardkredit).

Beim **Lombardkredit** (= Faustpfandkredit, § 1204 ff. BGB) wird meist **ein kurzfristiger Kredit gegen Verpfändung von beweglichen, wertvollen Sachen** (z. B. Schmuck, Wertpapiere, Lebensversicherungen) gewährt. Zwischen Kreditgeber und Kreditnehmer wird neben dem Kreditvertrag ein **Pfandvertrag** geschlossen. Das Pfand geht dabei in den **Besitz des Kreditgebers** über, der **Kreditnehmer bleibt Eigentümer.** Der Kreditgeber stellt dem Kreditnehmer aber nicht den vollen Wert des verpfändeten Gegenstands zur Verfügung, sondern nur den sog. **Beleihungswert**. Dieser beträgt je nach Pfand bis zu 90 % des Pfandwerts. Kommt der Kreditnehmer am Fälligkeitstag seiner Zahlungsverpflichtung nicht nach, kann der Kreditgeber nach vorheriger Androhung das Pfand versteigern lassen. Das Pfandrecht erlischt, wenn der Kreditnehmer seine Schulden bezahlt hat.

Beispiel Zur Absicherung eines kurzfristigen Kredits über 40 000,00 € überlässt der Geschäftsführer der Bürotec GmbH der Deutschen Bank Schmuck im Wert von 60 000,00 €. Da die Bürotec GmbH am Fälligkeitstag ihren Zahlungsverpflichtungen nicht nachgekommen ist, erhält der

Geschäftsführer von der Bank die schriftliche Mitteilung, dass der Schmuck nach zehn Tagen versteigert wird, wenn die Bürotec GmbH ihrer Zahlungsverpflichtung nicht nachgekommen ist. Nach Ablauf der zehn Tage wird der Schmuck für 45 000,00 € versteigert. Die Bank schreibt dem Konto der Bürotec GmbH nach Abzug der Kosten (= 440,00 €) und dem Ausgleich des Kredites über 40 000,00 € noch 4 560,00 € gut.

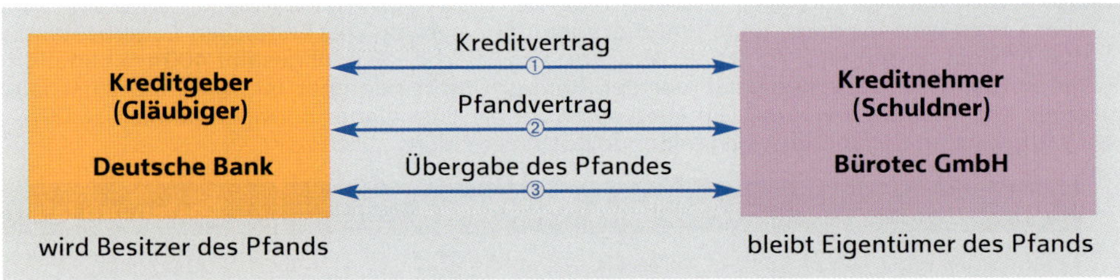

- Der **Inhaberlagerschein** ermächtigt den Besitzer des Scheins, die Rechte an der Ware auszuüben. Er wird durch Einigung und Übergabe übertragen. In einem Inhaberlagerschein verpflichtet sich der Lagerhalter, die eingelagerte Ware jedem Inhaber des Lagerscheins auszuhändigen. Der Lagerhalter muss **keine Prüfung der Berechtigung** des Lagerscheininhabers vornehmen. Für die Übertragung der Eigentumsansprüche an der eingelagerten Ware genügt die Übergabe des Lagerscheins. Allerdings besteht bei dieser Form des Lagerscheins die Gefahr, dass eine unberechtigte Person die Ware abholt.

Eigen- oder Fremdlagerung

Gründe für Fremdlagerung

Großhändler unterhalten i. d. R. eigene Lager, um stets lieferbereit zu sein. Aus verschiedenen Gründen können aber auch Fremdlager angemietet werden:

- Eigene Lagerkapazität reicht nicht aus,
- der Standort des Unternehmens lässt **keine Lagererweiterungsmöglichkeit** zu,
- Anlage- oder Erweiterungsinvestitionen für Spezriallager oder eine Lagererweiterung sollen vermieden werden, insbesondere wenn die volle Ausnutzung der Lagerkapazität nicht sichergestellt ist,
- **Standortvorteile des Fremdlagers** sollen genutzt werden,

  Beispiel Die Primus GmbH hat in der unmittelbaren Nähe des Güterbahnhofs Duisburg einen Lagerraum angemietet. Insbesondere vom Hersteller gelieferte Büromöbel werden bis zum Versand an die Kunden hier zwischengelagert.
- **besserer Lieferservice** durch Lagerung in unmittelbarer Kundennähe,

  Beispiel Die Primus GmbH unterhält in Stuttgart ein angemietetes Lager, um die Kunden in Süddeutschland schneller beliefern zu können.
- das **Dienstleistungsangebot des Lagerhalters** soll genutzt werden,

  Beispiel Ein Lagerhalter übernimmt die Warenpflege, Lagerbuchführung, Auslieferung, Auftragsbearbeitung, Inventur usw.
- **Fremdlagerung**, insbesondere bei kurzfristiger Benutzung, kann **kostengünstiger** als Eigenlagerung sein, da Verwaltungs-, Raum- und Transportkosten eingespart werden können.

○ Kostenvergleich zwischen Eigen- und Fremdlagerung

Um festzustellen, ob Eigen- oder Fremdlagerung kostengünstiger ist, werden die Kosten der beiden Lagermöglichkeiten miteinander verglichen.

Beispiel Die Primus GmbH will ihr Sortiment um den Bereich „Werbegeschenke" erweitern. Zu diesem Zweck wird für diese neue Warengruppe mit einem durchschnittlichen Lagerbestand von 400 Artikeln gerechnet. Pro Artikel wird 1 m^2 Lagerfläche (also insgesamt 400 m^2) benötigt. Da die vorhandene Lagerkapazität bei der Primus GmbH begrenzt ist, wird die Einschaltung eines Lagerhalters erwogen. Die Mietkosten für ein Fremdlager betragen jährlich 50,00 € pro Quadratmeter. Somit ergibt sich folgende Kostensituation:

Alternativen	Anfallende Kostenarten	Kosten pro Jahr
Eigenlagerung	Fixe Kosten: kalkulatorische Miete Variable Kosten pro Einheit (m^2): Verwaltungskosten (Personal-, Energiekosten, Abschreibungen auf Lagereinrichtung)	12000,00 € 25,00 € pro m^2
Fremdlagerung	Lagerkosten	50,00 € pro m^2

Rechnerische Lösung: Es wird die Lagerfläche (x) gesucht, bei der die Kosten der Eigen- und Fremdlagerung gleich hoch sind.

Kosten der Eigenlagerung = Kosten der Fremdlagerung

$$12000 + 25x = 50x$$
$$12000 = 25x$$
$$x = 480$$

Bei Nutzung einer Lagerfläche von 480 m^2 sind die Kosten für die Eigen- und die Fremdlagerung gleich hoch (jeweils 24000,00 € und 480 Artikel). Man nennt diese Lagerfläche die **kritische Lagerfläche** bzw. die **kritische Lagermenge**. Die Eigenlagerung ist für die Primus GmbH erst ab einer Lagerfläche von 480 m^2 wirtschaftlich sinnvoll. Da nur 400 m^2 benötigt werden, lohnt sich die Fremdlagerung.

Es gilt der Grundsatz: Je größer die benötigte Lagerfläche bzw. die Lagermenge, desto eher lohnt sich die Eigenlagerung.

Tabellarische Lösung:

Lagerfläche in m^2 (x)	Lagerkosten in € Eigenlagerung			Fremdlagerung
	Fixe Kosten (K_F) kalkul. Miete	Variable Kosten (K_V) Verwaltungskosten	Gesamtkosten (K_G)	Gesamtkosten (K_G)
0	12000,00	0	12000,00	0
100	12000,00	2500	14500,00	5000
200	12000,00	5000	17000,00	10000
300	12000,00	7500	19500,00	15000
400	12000,00	10000	22000,00	20000
480	12000,00	12000	24000,00	24000
500	12000,00	12500	24500,00	25000
600	12000,00	15000	27000,00	30000
700	12000,00	17500	29500,00	35000

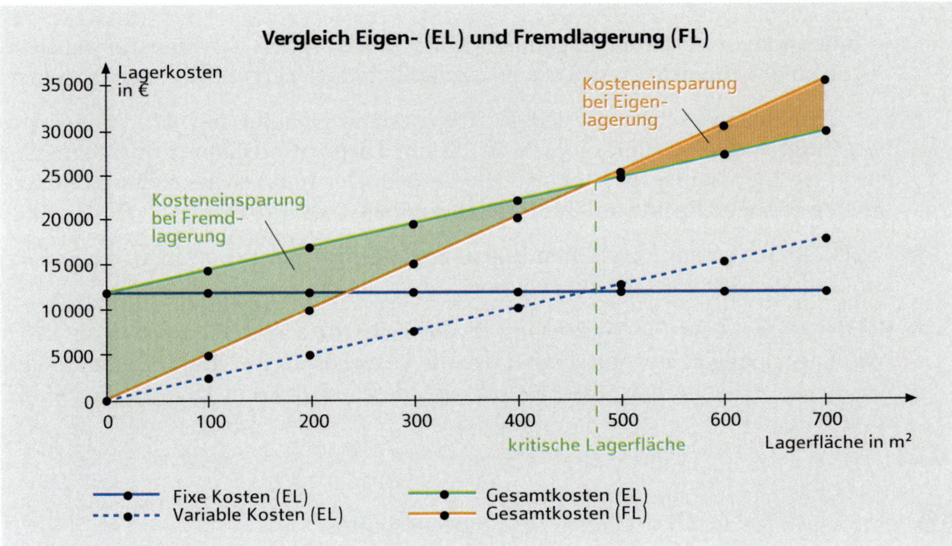

Bei der Eigenlagerung entstehen fixe Kosten (z. B. K_F = 12000,00 €) und variable Kosten (K_V), abhängig von der Lagermenge. Die Gesamtkostenkurve beginnt beim Fixkostensockel. Bei der Fremdlagerung beinhaltet die Gesamtkostenkurve (K_G) für die Primus GmbH nur variable Kosten (K_V), wenn das Lagergeld nicht als Miete, sondern pro Lagerfläche, z. B. Quadratmeter,, gezahlt wird.

Abschluss von Lagerverträgen vorbereiten

- Der **Lagerhalter** ist ein selbstständiger Kaufmann, der **gewerbsmäßig die Einlagerung und Aufbewahrung von Waren für andere auf der Grundlage eines Lagervertrages** übernimmt.
- Der **Lagerschein** ist ein **Warenwertpapier**, d.h., nur der Inhaber des Lagerscheins kann über das Lagergut verfügen.
- **Pflichten** ← **Lagerhalter** → **Rechte**

  Pflichten
  - Sorgfaltspflicht
  - Haftpflicht
  - Zutrittsgewährung
  - Benachrichtigungspflicht
  - Herausgabepflicht

  Rechte
  - Entschädigungsrecht
  - Kündigungsrecht
  - gesetzliches Pfandrecht
  - Notverkauf
  - Selbsthilfeverkauf
- Der **formlose Lagerempfangsschein** ist eine Beweisurkunde und stellt eine Bestätigung des Lagerhalters über den Empfang des Lagergutes dar.
- Man unterscheidet **drei Arten des Lagerscheins:**
  - **Namenslagerschein:** Dieser kann nur vom namentlich genannten Einlagerer eingelöst werden. Eine Übertragung des Namenslagerscheins ist nur durch eine zusätzliche Abtretungserklärung möglich.
  - **Orderlagerschein:** Eine Weitergabe dieses Lagerscheins ist nur durch Indossament, d.h. Übertragungsvermerk des Einlagerers auf der Rückseite des Wertpapiers, möglich.

- **Inhaberlagerschein:** Hier genügt für die Übertragung der Eigentumsansprüche an der eingelagerten Ware ausschließlich die Übergabe des Lagerscheins.

- Der **Namenslagerschein** ist lediglich ein **Ausweispapier** auf den Namen des Berechtigten. Der **Orderlagerschein** ist ein **Dispositionspapier** und kann nur durch ein Indossament weitergegeben werden. Der **Inhaberlagerschein** ermächtigt den Besitzer, Rechte an der Ware auszuüben.
- Ein Großhändler kann zwischen **Eigen- und Fremdlagerung** wählen, wobei Kosten- und Standortvorteile entscheidend sein können.
- Bei der Eigen- oder Fremdlagerung ist die **kritische Lagerfläche oder die kritische Lagermenge** zu ermitteln, bei der die Lagerkosten gleich hoch sind. Je größer die Lagerfläche bzw. die Lagermenge, desto eher lohnt sich die Eigenlagerung.

1. Beschreiben Sie die Abwicklung eines Lagergeschäftes.

2. Erklären Sie die Rechte und Pflichten eines Lagerhalters.

3. Unterscheiden Sie zwischen Namens- und Orderlagerschein.

4. Erläutern Sie, weshalb viele Großhändler sich für ein Fremdlager entscheiden.

5. Erläutern Sie mögliche Nachteile der Fremdlagerung.

6. Da die Lagerkapazität der Primus GmbH erschöpft ist, überprüft die Geschäftsleitung, ob es sinnvoll ist, das eigene Lager zu erweitern oder einen Lagerhalter einzuschalten. Für die Entscheidung stehen folgende Daten zur Verfügung:
Es werden 1000 m² Lagerfläche benötigt, davon stehen 600 m² eigener Lagerraum zur Verfügung.

Eigenlagerung		**Fremdlagerung**
Fixe Kosten:	50 750,00 € pro Jahr	70,00 € pro m²
Variable Kosten:	35,00 € pro m² des Lagergutes	

a) Ermitteln Sie die kritische Lagermenge.
b) Stellen Sie den Kostenverlauf mithilfe einer Tabellenkalkulation tabellarisch und grafisch dar.
c) Entscheiden Sie sich für eine Alternative und begründen Sie Ihre Entscheidung.

7. Beschreiben Sie den Ablauf eines Kaufvertrages mithilfe eines Orderlagerscheins.

8. Erläutern Sie die Lagerkosten, die bei der Eigenlagerung entstehen.

9. Wegen des starken Konkurrenzdrucks durch neue Wettbewerber bildet die Primus GmbH ein Kompetenzteam, um die betrieblichen Prozesse zu optimieren. Sie gehören dem Team an, das die Bereiche Wareneingang, Warenlagerung und Warenausgang analysieren soll.
a) Die Lagerkosten sollen gesenkt werden. Dazu ist es notwendig, die Lagersysteme zu überprüfen. Beschreiben Sie

- das Festplatzsystem und
- das Freiplatzsystem (chaotische Lagerung)

und nennen Sie jeweils einen Vorteil dieser Systeme.

b) Weiterhin wird erwogen, Teile des Sortiments bei einem Lagerhalter als Fremdlager unterzubringen. Nennen Sie zwei Pflichten des Lagerhalters.

c) Sie präsentieren dem Team rechnerisch einen Kostenvergleich zwischen Eigenlagerung und Fremdlagerung für die Warengruppe „Büroeinrichtung“.
Folgende Zahlen liegen vor:
- Kosten der Eigenlagerung:
  fixe Lagerkosten/Monat 24 000,00 €
  variable Lagerkosten/Stück 20,00 €
- Kosten der Fremdlagerung:
  Lagerkosten/Stück 60,00 €

Ermitteln Sie rechnerisch die kritische Lagermenge.

d) Sie planen, ca. 800 Stück einzulagern. Begründen Sie, für welche Lagerart Sie sich aus Kostengründen entscheiden.

10. Aufgrund einer erhöhten Nachfrage plant die Primus GmbH eine Lagererweiterung. Diese würde zu erhöhten Fixkosten von 11 242,80 € pro Jahr führen. Die variablen Kosten pro Quadratmeter Lagerfläche belaufen sich bei der Primus GmbH auf 1,30 € je Monat. Ein Lagerhalter bietet den Quadratmeter Lagerfläche für 4,00 € je Monat an.

a) Stellen Sie fest, bei welcher Grundfläche die Kosten für Eigen- und Fremdlagerung identisch sind.

b) Grundsätzlich möchte die Primus GmbH an der Lagerhaltung festhalten. Formulieren Sie drei Vorteile der Eigenlagerung gegenüber der Fremdlagerung.

10 Arbeitsschutzvorschriften bei der Arbeit im Lager berücksichtigen

Die Geschäftsführer der Primus GmbH, Sonja Primus und Markus Müller, haben alle Auszubildenden zu einem Meeting eingeladen. Thema der Veranstaltung ist: Welche Arbeitsschutzvorschriften sind insbesondere im Lager, aber auch in anderen Abteilungen der Primus GmbH zu beachten? Frau Primus erläutert: *„In zwei Wochen kommen wieder die Vertreter des Gewerbeaufsichtsamtes zu ihrem jährlichen Kontrollbesuch in unseren Betrieb. Stellen Sie bitte eine Liste zusammen, welche Maßnahmen wir bis dahin überprüfen sollten, damit wir keine unangenehmen Überraschungen erleben. Sie können gerne bei dieser Arbeit unseren Sicherheitsbeauftragten Arno Schmitt hinzuziehen. Legen Sie mir bitte bis Anfang nächster Woche einen Bericht vor.“*

ARBEITSAUFTRÄGE

- Stellen Sie dar, welche Unfallschutzmaßnahmen zu beachten sind.
- Überprüfen Sie, welche Brandschutzmaßnahmen zur Verhinderung von Bränden getroffen werden können.
- Geben Sie an, worauf beim Diebstahlschutz und allgemeinen Gefahrenschutz im Lager zu achten ist.
- Erläutern Sie, welche Maßnahmen zum Umweltschutz zu überprüfen sind.

Sicherheit im Lager

Die Sicherheit bei der Lagerhaltung umfasst den Unfall-, den Brand-, den Diebstahl-, den Gefahren- und den Umweltschutz.

Unfallschutz im Lager

Nach § 120a der **Gewerbeordnung** (GewO) sind Arbeitsräume, Betriebsvorrichtungen, Maschinen und Gerätschaften so einzurichten, dass die Arbeitnehmer gegen Gefahren für Leben und Gesundheit geschützt sind. Wesentliche Bereiche des Unfallschutzes sind durch Sondervorschriften geregelt. Hierzu zählen das **Produktsicherheitsgesetz** (ProdSG, enthält Vorschriften für Hersteller und Importeure, nur unfallgeschützte technische Arbeitsmittel auf den Markt zu bringen), das **Arbeitssicherheitsgesetz** (ASiG, es soll die Sicherheit am Arbeitsplatz erhöhen und die medizinische Betreuung im Betrieb sicherstellen) und die **Arbeitsstättenverordnung** (ArbStättV, Festlegung allgemeiner Anforderungen an Betriebsräume und Arbeitsstätten bezüglich Belüftung, Temperatur, Beleuchtung, Lärm usw.). Jeder Arbeitnehmer ist verpflichtet, die Unfallverhütungsvorschriften und Sicherheitsanweisungen zu befolgen. Zudem muss der Arbeitgeber jeden Arbeitnehmer gegen die Folgen eines Arbeitsunfalles versichern **(gesetzliche Unfallversicherung)**. LF1

Die Berufsgenossenschaften geben für alle Branchen **Leitfäden für die Unternehmen und deren Mitarbeiter** heraus, in denen das richtige Verhalten am Arbeitsplatz zur Vermeidung von Arbeitsunfällen beschrieben wird.

LF1 Für die Überwachung der Einhaltung der Betriebssicherheit sind **das Gewerbeaufsichtsamt (Amt für Gewerbeschutz, Staatliches Umweltamt)** und die Träger der Unfallversicherung **(Berufsgenossenschaften)** zuständig. Unternehmen mit mehr als 20 Beschäftigten müssen einen **Sicherheitsbeauftragten** benennen. Er ist für die Einhaltung und Überwachung der Sicherheitsmaßnahmen zuständig. LF1

Beispiel Die Primus GmbH hat Arno Schmitt, Mitarbeiter im Lager/Versand, zum Sicherheitsbeauftragten ernannt. Er führt ständig Kontrollgänge zur Überwachung der Sicherheitsmaßnahmen durch.

Unfälle sollen durch **sicherheitstechnische und sicherheitsorganisatorische Maßnahmen** und die Verwendung von **Sicherheitszeichen** verhütet werden.

Beispiele
- **Sicherheitstechnische Maßnahmen:** Verwendung von Leitern oder technischen Geräten mit dem GS- oder CE-Zeichen (= geprüfte Sicherheit)
- **Sicherheitsorganisatorische Maßnahmen:** Verwendung von Sicherheitsschuhen beim Umgang mit schweren Lasten
- Bei der Primus GmbH verwendete **Sicherheitskennzeichen** im Lager:

Sicherheitskennzeichen am Arbeitsplatz			
Verbotszeichen	Gebotszeichen	Warnzeichen	Rettungszeichen

Feuer, offenes Licht und Rauchen verboten	Sicherheitshelm tragen	Warnung vor gefährlicher elektrischer Spannung	Richtungsangaben zur ersten Hilfe

Da heutzutage Lagerarbeiten häufig computergestützt abgewickelt werden, sind für diese Mitarbeiter **Mindeststandards zum Gesundheitsschutz für die Gestaltung von Bildschirmarbeitsplätzen** in der Arbeitsstättenverordnung eingearbeitet worden. Diese Verordnung beinhaltet Vorschriften, um die mögliche Gefährdung des Sehvermögens sowie die körperliche und psychische Belastung der Arbeitnehmer am Bildschirm zu vermeiden. Die Arbeitnehmer sind auf diese Belastungen hinzuweisen und ggf. durch eine qualifizierte Person zu untersuchen. Ebenfalls muss der Arbeitgeber den Arbeitnehmern für die manuelle Handhabung von Lasten (Ziehen, Heben, Schieben, Tragen und Bewegen einer Last) geeignete **mechanische Ausrüstungen** bereitstellen, um die Gesundheitsgefährdung der Mitarbeiter möglichst gering zu halten.

Beispiel Die Primus GmbH hat für die Mitarbeiter im Lager einen Laufkran (beweglicher Kran) und zwei Stapler installiert, um das Herunterheben aus den oberen Regalzonen zu vereinfachen. Zudem sind fünf Hubwagen vorhanden.

○ Brandschutz im Lager

Um einem Brand in einem Lager vorbeugen zu können, müssen die möglichen Gefahrenquellen bekannt sein.

Beispiele Heizung, brennbare Flüssigkeiten, Papier

Folgende vorbeugenden **Brandschutzmaßnahmen** können zur Verhinderung von Bränden im Lager getroffen werden:

Maßnahmen	Beispiele
Bauliche Einrichtungen	Die Primus GmbH hat für den Bereich, in dem leicht entzündliche Waren wie Büromaterialien aus Papier lagern, Brandschutztüren und -wände eingebaut, ferner wurden Notausgänge und Rettungswege für Mitarbeiter eingerichtet. Im gesamten Lager gilt Rauchverbot.
Brandmeldeanlagen	Die Primus GmbH hat im gesamten Lager vollautomatische Brandmelder eingebaut.
Feuerlöscheinrichtungen	Die Primus GmbH hat im gesamten Lager vollautomatische Sprinkleranlagen eingebaut und Feuerlöscher installiert.
Organisatorische Maßnahmen	Die Primus GmbH unterweist das Personal im betrieblichen Brandschutz und führt einmal im Jahr eine Brandschutzübung mit den Mitarbeitern durch, um richtige Verhaltensweisen bei Bränden einzuüben, so dürfen z. B. bestimmte brennende Materialien nicht mit Wasser gelöscht werden, da es sonst zu Verpuffungen kommen kann. Ferner sind an den vorgeschriebenen Stellen Vorschriften und Regeln zur Brandverhütung und Brandbekämpfung ausgehängt.

Diebstahlschutz im Lager

In den meisten Großhandelsbetrieben, mit Ausnahme des Cash-and-carry-Großhandels, haben die Kunden keinen Zutritt zum Lager. Folglich werden die meisten Diebstähle von Mitarbeitern oder Lieferanten begangen. Um dieses zu vermeiden, sollten nur berechtigte Mitarbeiter die Lagerräume aufsuchen dürfen. Besonders hochwertige Waren können in besonders gesicherten Lagern **(Verschlusslager)** aufbewahrt werden.

Beispiel Die Primus GmbH bewahrt die Smartphones, die Tischkopierer und die Laserdrucker in abgeschlossenen Lagerbereichen auf.

Zur Verhinderung der Entwendung von Waren bei der Ein- und Auslagerung sollte eine strikte Trennung von Anlieferungs- und Auslieferungsrampe vorgenommen werden. Von den Kunden zurückgesandte Waren (Retouren) sollten lückenlos erfasst und in das Warenwirtschaftssystem eingegeben werden. Unordnung, Unübersichtlichkeit bei der An- und Auslieferung, fehlende oder ungenügende Kontrollen begünstigen den Diebstahl und die Unterschlagung.

In Cash-and-carry-Großhandelsunternehmen können zur Verhinderung von Kundendiebstählen **Überwachungskameras** eingesetzt und an den Artikeln **Sicherungsetiketten oder Sicherungssysteme** angebracht werden.

Gefahrenschutz im Lager

Waren, von denen besondere Gefahren für Mitarbeiter oder für andere Waren ausgehen, sind besonders zu behandeln. Die **GHS-Verordnung** (Globally Harmonized System of Classification and Labelling of Chemicals) schreibt hierzu eine Kennzeichnung der Waren vor. Dies muss auch im Reservelager erkennbar sein.

Beispiele Gefahrenpiktogramme nach der GHS-Verordnung

Kennzeichnung der Gebinde nach der GHS-Verordnung

Entzündbare Flüssigkeiten	Oxidierende Gase	Ätzend	Zellschädigend	Toxisch	Gase unter Druck	Haut- und augenreizend	Explosiv	Gewässergefährdend

PRAXISTIPP Besorgen Sie sich über das Internet ein Sicherheitszeichendatenblatt für einen gefährlichen Stoff Ihrer Wahl.

○ Umweltschutz im Lager

Sicherheit der Menschen, Schutz der Umwelt, verantwortungsvoller Umgang mit den Energie- und Rohstoffresourcen, Herstellung qualitativ hochwertiger umweltschonender Produkte, Entsorgung von Materialien – dies alles sind Aufforderungen an Großhandelsunternehmen, denen verantwortungsbewusste Unternehmer nachkommen. Die **Entsorgungslogistik** beginnt bereits bei der Beschaffung und umfasst die Planung, Steuerung und Überwachung aller Maßnahmen zur Behandlung von Rückständen, die aus Abfall, Emissionen und Abwasser bestehen können.

PRAXISTIPP Gerade im Lager sind vielfältige Maßnahmen zum Schutz der Umwelt möglich und notwendig. Ein Großhändler sollte sich dabei an folgende **ökologische Grundsätze** halten:

☞ Die **Vermeidung von Abfällen** (Rückständen) hat Vorrang vor der Verwertung von Abfällen.

☞ Die **Verwertung von Abfällen** (Rückständen) hat Vorrang vor der Entsorgung von Abfällen.

Das **Kreislaufwirtschaftsgesetz** schreibt den Einstieg in eine Kreislaufwirtschaft vor. Die Wirtschaft soll lernen, künftig „vom Abfall her zu denken“. Abfälle sind in erster Linie zu vermeiden und erst in zweiter Linie zu verwerten. Nicht wiederverwertbare Abfälle müssen zur Energieerzeugung verwendbar oder umweltverträglich zu entsorgen sein.

Unter Abfall versteht man eine Vielzahl von Materialien, wobei der Abfall eines Unternehmens der Rohstoff eines anderen Unternehmens sein kann.

Nach dem **Kreislaufwirtschaftsgesetz** (KrWG) sind „Abfälle alle beweglichen Sachen, deren sich ihr Besitzer entledigt, entledigen will oder entledigen muss.“ (§ 3 KrWG)

§ 1 KrWG – Zweck des Gesetzes
(1) Zweck des Gesetzes ist es, die Kreislaufwirtschaft zur Schonung der natürlichen Ressourcen zu fördern und den Schutz von Mensch und Umwelt bei der Erzeugung und Bewirtschaftung von Abfällen sicherzustellen.

Abfälle im Sinne des KrWG sind der Haus- und Sondermüll, Emissionen und das Abwasser.

- **Haus- und Sondermüll**: Während der Hausmüll auf Deponien oder in Müllverbrennungsanlagen entsorgt werden kann, stellt der Sondermüll ein großes Problem dar. Seine Entsorgung ist mit hohen Kosten verbunden.

  Beispiele Batterien, Lackreste, Giftstoffe, radioaktiver Abfall

- **Emissionen**: Dies sind die von Anlagen (Maschinen, Fahrzeuge usw.) ausgehenden Luftverunreinigungen, Geräusche, Erschütterungen und Strahlen. Auswirkungen auf Menschen und die Umwelt werden durch das **Bundes-Immissionsschutzgesetz** geregelt (BImSchG).
- **Abwasser**: Hierunter versteht man das durch Schadstoffe veränderte Wasser.

Bei der **Abfallbehandlung** bieten sich folgende Möglichkeiten an:

- **Abfallvermeidung**: Abfälle sollen während und nach dem betrieblichen Leistungsprozess erst gar nicht entstehen, wodurch eine Entsorgung vermieden wird.

Beispiele Mehrwegverpackung zum Schutz (Flaschen und Gläser) und zum Transport (Paletten, Collicos, Kleincontainer), Nutzung von wiederverwendbaren Containern statt Pappe oder Folie als Verpackung

- **Abfallverminderung**: Abfälle können nicht immer vermieden werden. Es sollte dann aber versucht werden, möglichst wenig oder möglichst nur solche Abfälle zu akzeptieren, die im Wirtschaftskreislauf erhalten bleiben und einer Wiederverarbeitung (Recycling) zugeführt werden können.

  Beispiel Sparsamer Verbrauch von Verpackung

- **Abfallumwandlung (Recycling)**

  Beispiele Altpapier, Glas, Kork

- **Abfallbeseitigung**

  Beispiel Schadlose Beseitigung von nicht wiederverwertbarem Altöl

Für die **bessere Nutzung der Energie** gibt es eine ganze Reihe von Möglichkeiten.

Beispiel Die Primus GmbH nutzt folgende Möglichkeiten der Energieeinsparung: Wärmedämmung der Lagerräume, verbrauchsarme Fahrzeuge, Heizungsanlagen mit einem hohen Wirkungsgrad, Gewinnung von Wind- und Solarenergie.

Viele Betriebe gehen dazu über, Mitarbeiter als **Umweltbeauftragte** zu ernennen, die dann die anderen Mitarbeiter schulen und den Entsorgungsmarkt hinsichtlich möglicher Kostensenkungen genau beobachten.

Verpackung, Packung und Umverpackung

Die Bedeutung der Verpackung hat sich in den letzten Jahrzehnten sowohl für Großhändler, Einzelhändler und Hersteller als auch für Verbraucher geändert. Im Großhandel spielt die Verpackung insbesondere bei Cash-and-carry-Großhandlungen eine bedeutende Rolle.

Beispiele Metro, Handelshof

Heute ist der Einzelhandel wie auch der Endverbraucher mit unzähligen Verpackungen konfrontiert. Dadurch ergeben sich sowohl für den Handel als auch für die Haushalte Entsorgungsprobleme. Gemeinden und Städten fällt es immer schwerer, diese Müllflut geordnet zu deponieren, zu recyceln oder zu entsorgen. Für die Umwelt ergeben sich aus überflüssigen und nutzlosen Verpackungen Gefahren, da Rohstoffe und Energie verschwendet werden und ein Entsorgungsproblem entsteht.
Bei der Umhüllung der Ware ist zwischen den Begriffen **Verpackung**, **Packung** und **Umverpackung** zu unterscheiden.

Verpackung: Unter **Verpackung (Versand-, Transportverpackung)** versteht man die Umhüllung der Ware aus Gründen der Hygiene und Zweckmäßigkeit, um die Waren auf dem Transport vom Erzeuger zum Groß- und zum Einzelhändler zu schützen. Die wesentliche Aufgabe der Verpackung besteht darin, die Ware vor äußeren Einflüssen wie Feuchtigkeit, Druck, Stoß, schädlichen Temperaturen usw. zu schützen. Man unterscheidet die **Einwegverpackung**, die nur einmalig verwendet wird, und die **Mehrwegverpackung (auch Dauerverpackung)**, die mehrmalig verwendet werden kann.

Packung: Erfüllt die Verpackung über ihre Zweckmäßigkeit hinaus einen zusätzlichen verkaufsfördernden Zusatznutzen, der vom von Herstellern, Groß- oder Einzelhändlern als Verkaufsanreiz zur Umsatzsteigerung genutzt wird, dann nennt man die Verpackung **Packung** oder **Verkaufsverpackung**. Die Packung ist somit die Umhüllung einer Ware zum Zwecke des Verkaufs und der Werbung. Die Packung und ihre Aufmachung bieten die Ware in einprägsamer Form durch Text, Bild und Farbe zum Kauf an. Die Packung erfüllt somit die Aufgabe eines Werbemittels und Werbeträgers.

Beispiele Zigaretten, Schokolade, Reis, Nudeln, Kaffee, Tee, Getränke, Spülmittel

Mit der zunehmenden Verbreitung der Verkaufsform Selbstbedienung haben Packungen für den Einzelhandel an Bedeutung gewonnen. Ohne Packungen wären viele Waren nicht in Selbstbedienung verkaufsfähig.

Umverpackung: Neben den Begriffen der Verpackung und Packung gibt es im Verpackungsgesetz (vgl. S. 232) den Begriff der **Umverpackung**. Hierunter versteht man Blister, Folien, Kartonagen oder ähnliche Umhüllungen, die als **zusätzliche Verpackung** um bereits vorhandene Verkaufsverpackungen dienen. Hauptmerkmal der Umverpackung ist die zusätzliche Verpackung um eine bereits vorhandene Packung.

Anforderungen und Aufgaben der Packung

Viele Waren können ohne Packungen nicht verkauft werden. Die Packung von Waren erfüllt somit wichtige Aufgaben (Schutz der Ware vor äußeren Einflüssen, Werbemittel usw.).

Zweckmäßigkeit: Eine zweckmäßige Packung sollte **kundenfreundlich**, **umweltfreundlich** und **kostengünstig** sein. Die Kundenfreundlichkeit von Packungen wird dadurch erreicht, dass keine überflüssigen Packungen verwendet werden.

Beispiele
- Sogenannte Mogelverpackungen täuschen dem Kunden mehr Inhalt vor.
- Einwegflaschen und Getränkedosen aus wertvollem Weißblech vergrößern die Müllberge, eine Mehrwegflasche erspart 50 Einwegflaschen.
- Kosmetika werden häufig sehr aufwendig verpackt.

Darüber hinaus will ein Kunde durch die Packungen über die Ware informiert werden, z. B. über Gewicht, Inhalt, Herkunftsland usw.

Kosten: Die Kosten der Packung sind i. d. R. im Listenverkaufspreis des Großhändlers enthalten. Durch den sparsameren Umgang mit Verpackungs- und Packungsmaterial können Kosten gespart und somit dem Kunden niedrige Listenverkaufspreise angeboten werden.

Werbewirksamkeit: Die Verpackung eines Artikels kann zur Werbung eingesetzt werden, um die Aufmerksamkeit des Kunden zu wecken.

Beispiel Die Käserei Wolfgang Wilke e. K. benutzt für das Einwickeln ihrer Käseerzeugnisse Papier, das mit ihrem Firmenemblem bedruckt ist. Außerdem stellt sie ihren Kunden kostenlose bedruckte Papiertüten für den Transport der Waren zur Verfügung.

Umweltgesichtspunkte (vgl. S. 227): Aus Gründen der Nachhaltigkeit spielt die Umweltverträglichkeit von Verpackungen eine zunehmende Rolle. Das Verpackungsmaterial sollte den Erfordernissen des Umweltschutzes entsprechen und sollte daher möglichst

- **wiederverwendbar** sein,

  Beispiele Mehrwegflaschen, Kartons aus Altpappe, Papiertüten oder Jutetaschen statt Plastiktüten

- aus **Materialien** bestehen, die von **der Natur abgebaut werden** können,

  Beispiele Papier, Materialien aus Naturstoffen

- **recycelbar** (= in den Produktionsprozess rückführbar, **Recycling = Wiederverwendung bereits genutzter Rohstoffe**) sein,

  Beispiele Glas, Metalle, Pappe, Kunststoffe

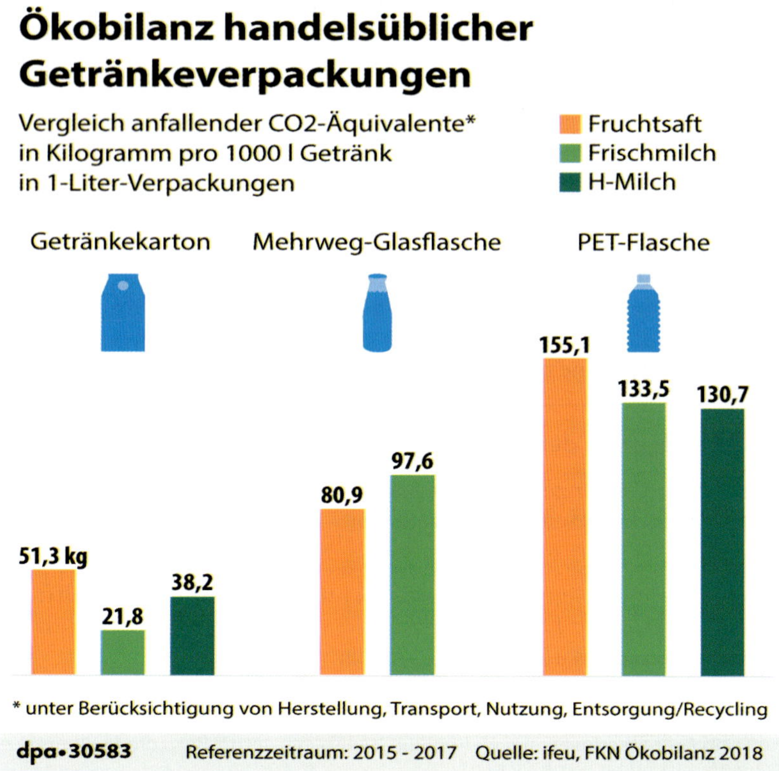

- **umweltfreundlich hergestellt** worden sein.

  Beispiele Keine Verwendung knapper Rohstoffe; Kauf von Produkten, die keine oder nur geringe Verschmutzung von Luft, Gewässern oder Böden verursachen

Ein Großhandelsbetrieb hat verschiedene Möglichkeiten, **die Menge anfallender Verpackungsmaterialien zu senken** bzw. einer Wiederverwertung zuzuführen:

- Aufstellung von Müllbehältern auf Kundenparkplätzen, um recyclingfähige Materialien einer Wiederverwertung zuzuführen

  Beispiele Müllbehälter für Papier, Glas, Metalle

- Einführung umweltfreundlicher Einkaufstüten und -behälter

  Beispiele Papiertüten, Pappboxen, wiederverwendbare Beutel

- Umstellung der Verpackung auf umweltfreundliche Materialien

  Beispiel Statt alubeschichteten Geschenkpapiers wird einfaches bedrucktes Papier für das Einpacken von Waren verwendet.

- Rückgabe der von Lieferanten gelieferten Verpackungen

  Beispiele Paletten, Folien, Kisten

Der Gesichtspunkt der Umweltverträglichkeit kann von einem Großhändler in das **Zielsystem des Unternehmens** aufgenommen werden.

Beispiel Cash-and-carry-Großmärkte werben in ihren Prospekten regelmäßig damit, dass nur Produkte mit umweltfreundlichen Packungen angeboten werden.

Großhandelsbetriebe können das Thema **Nachhaltigkeit** auch zu einer betrieblichen Aufgabe machen. Mit einem offensiven Umweltschutzkonzept (**Öko-Marketing**) können sie das geänderte Umweltbewusstsein der Kunden auf unterschiedliche Weise ansprechen, z. B. durch die Erweiterung des Sortiments um umweltschonende Produkte. Umweltschonende Produkte sind mit dem **Umweltzeichen Blauer Engel** gekennzeichnet.

Das Zeichen wird an Produkte und Dienstleistungen vergeben, die im Vergleich zu konventionellen Produkten die Umwelt weniger belasten. Auf den Produkten sind die Umweltvorteile nachzulesen.

Beispiel Blauer Engel

Weiterhin gibt es für Einweggetränkeverpackungen, die dem Verpackungsgesetz unterliegen, das **Pfandlogo der Deutschen Pfandsystem GmbH** (DPG).

Neben dem Blauen Engel gibt es noch auf vielen Produkten den **Grünen Punkt**. Er dient dem Endverbraucher als Hinweis darauf, dass der Hersteller für diese Verpackung die Pflichten des Verpackungsgesetzes erfüllt hat.

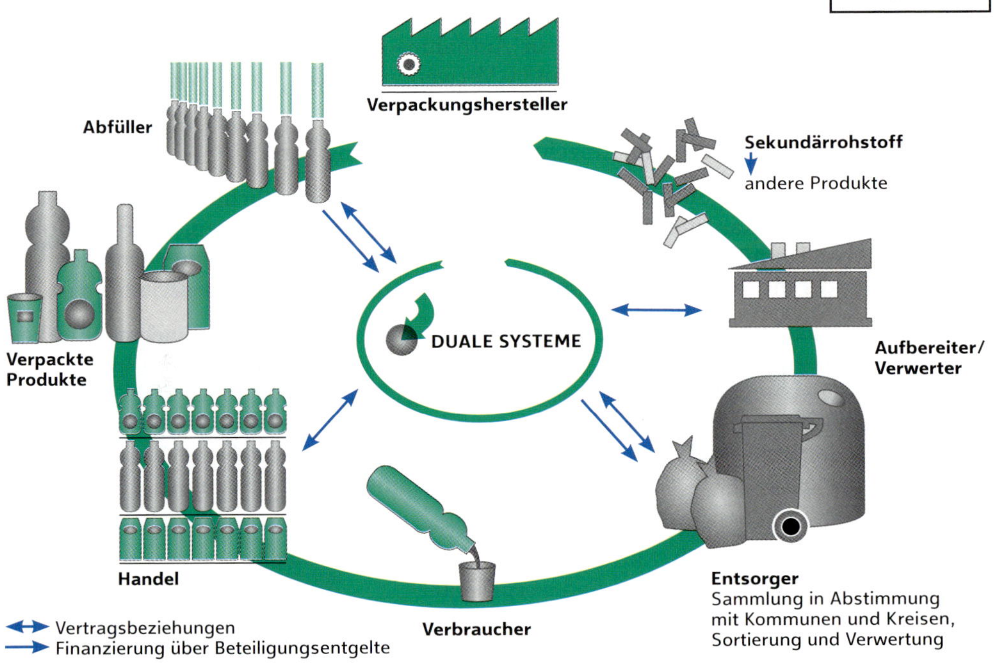

Quelle: Die dualen Systeme (Hrsg.): Organisation und Arbeitsweise der dualen Systeme. In: www.muell-trennung-wirkt.de/ueber-die-dualen-systeme [16.05.2021].

Der Großhandel kann durch die **Aufnahme von Produkten mit dem Blauen Engel** folgende Ziele fördern:

- Bereinigung des Sortiments von umweltschädlichen Produkten
- Förderung der umweltfreundlichen Produkte durch geeignete Warenpräsentation (Aktionsplatzierung, Verbundplatzierung)
- Förderung der Nutzung von Mehrwegverpackungen

Verpackungen sollen die Waren schützen und transportierbar machen, werbewirksam sein, die Ware verkaufsfähig machen, zum Kauf anregen, die Verwendung erleichtern und umweltfreundlich sein.

Packungsmaterial sollte
- wiederverwendbar sein,
- aus von der Natur abbaubaren Stoffen bestehen,
- recycelbar sein,
- umweltfreundlich hergestellt sein.

Förderung des Verkaufs umweltfreundlicher Produkte
- **mit dem Blauen Engel**: Produkte, die in besonderem Maße umweltfreundlich sind,
- **mit dem Grünen Punkt**: Die Verpackung des Produktes wird über das **duale Entsorgungssystem** zurückgenommen und verwertet.

Durch das **Verpackungsgesetz** werden Handelsbetriebe und Hersteller verpflichtet, alle Transport-, Verkaufs- und Umverpackungen vom Verbraucher zurückzunehmen und einer Wiederverwertung zuzuführen.

1. Recherchieren Sie im Internet und beschaffen Sie von der Berufsgenossenschaft Informationen zum Unfallschutz. Stellen Sie die wesentlichen Aussagen mithilfe einer Präsentationssoftware in der Klasse vor.

2. Beschreiben Sie anhand Ihres Ausbildungsbetriebes Maßnahmen zum
a) Unfallschutz,
b) Brandschutz,
c) Diebstahlschutz,
d) Umweltschutz.

3. Führen Sie Gründe auf für die Notwendigkeit der Grundsätze „Vermeidung geht vor Verwertung“ und „Verwertung geht vor Entsorgung“.

4. Unterscheiden Sie Transport-, Verkaufs- und Umverpackungen an je einem Beispiel.

5. Städten und Gemeinden fällt es immer schwerer, die Müllflut, zu der auch Verpackungen beitragen, geordnet zu deponieren und zu entsorgen.
a) Geben Sie Artikel aus Ihrem Ausbildungsbetrieb an, die zu aufwendig verpackt sind.
b) Recherchieren Sie im Internet und suchen Sie nach Regelungen zur Müllvermeidung in Ihrer Stadt oder Gemeinde.

6. Erläutern Sie die Bestimmungen des Verpackungsgesetzes (www.gesetze-im-internet.de/verpackg). Präsentieren Sie Ihre Ergebnisse mithilfe einer geeigneten Software.

7. Ihr Ausbildungsbetrieb will eine Aktion „Saubere Umwelt“ durchführen. Sie werden mit der Vorbereitung dieser Aktion beauftragt. Machen Sie einige Vorschläge, welche Maßnahmen und Aktionen Ihr Betrieb durchführen könnte.

8. Prüfen Sie, welcher Sachverhalt keine Gefährdung von Sicherheit und Gesundheit am Arbeitsplatz darstellt.

a) Die Bildschirmarbeitsplätze sind so aufgestellt, dass die Blickrichtung der Mitarbeiter immer frontal zum Fenster weist.
b) Eine Palette Kopierpapier versperrt den Fluchtweg.
c) Hinweistafeln zu den Fluchtwegen zeigen in die falsche Richtung.
d) Die regelmäßig stattfindende Mitarbeiterbelehrung über die Arbeitssicherheit wird um einen Tag verschoben.
e) Es werden keine Sicherheitsschuhe im Warenlager eingesetzt.

9. Stellen Sie fest, welche Regelung nicht den berufsbezogenen Arbeitsschutz betrifft.
a) Vorschriften über Fachkräfte für Arbeitssicherheit
b) Kündigungsschutzbestimmungen
c) Vorschriften über Betriebsärzte
d) Vorschriften über die Nutzung von Leitern und Tritten
e) Sicherheits- und Gesundheitschutzkennzeichnungen am Arbeitsplatz

10. Die Vorschriften zum Arbeitsschutz im Lager sollen die Arbeitnehmer u. a. vor Arbeitsunfähigkeit und berufsbedingten Krankheiten bewahren. Prüfen Sie, welche Maßnahme bzw. Vorschrift des Arbeitsschutzes nicht der Unfallverhütung dient.
a) Arbeitnehmer dürfen während der Arbeitszeit keinen Alkohol trinken.
b) Schutzvorrichtungen an Maschinen
c) Mitarbeiter im Lager und Versand werden verpflichtet, im Lager- und Versandbereich Sicherheitsschuhe zu tragen.
d) Bestellung eines betrieblichen Sicherheitsbeauftragten
e) Anbringung von Erste-Hilfe-Kästen

11. In der Primus GmbH wurde eine Notrufsäule installiert. Sie sind damit beauftragt worden, eine Information daran anzubringen, die die fünf notwendigen Angaben für einen Notruf enthält. Stellen Sie fest, um welche Angaben es sich dabei handelt.
a) Wo ist etwas geschehen? Warum ist etwas geschehen? Wie viele Menschen sind in Gefahr? Welche Verletzungen/Gefährdungen gibt es? Bei welcher Krankenkasse sind Sie Mitglied?
b) Wo ist etwas geschehen? Was ist geschehen? Was ist zu tun? Welche Verletzungen/Gefährdungen gibt es? Wer ruft an?
c) Wo ist etwas geschehen? Was ist geschehen? Warum ist etwas geschehen? Welche Verletzungen/Gefährdungen gibt es? Wer ruft an?
d) Wo ist etwas geschehen? Was ist geschehen? Warum ist etwas geschehen? Welche Verletzungen/Gefährdungen gibt es? Warten auf Rückfragen!
e) Wo ist etwas geschehen? Was ist zu tun? Wie viele Menschen sind in Gefahr? Warum ist etwas geschehen? Welche Verletzungen/Gefährdungen gibt es?

12. Welche Beschreibung trifft auf den Sicherheitsbeauftragten der Primus GmbH zu?
1. Er gehört grundsätzlich dem Betriebsrat an.
2. Er hat den Unternehmer bei der Durchführung des Unfallschutzes zu unterstützen.
3. Er wird von den Mitarbeitern gewählt.
4. Er wird von der Berufsgenossenschaft ernannt.
5. Er muss monatlich eine Meldung über den Sicherheitszustand des Betriebes an die Gewerbeaufsichtsbehörde machen.

Wiederholung zu Lernfeld 11

Übungsaufgaben

1. Nicole Höver ist Auszubildende zur Kauffrau für Groß- und Außenhandelsmanagement bei der Primus GmbH. Sie wird von Sabine Berg, der Abteilungsleiterin Verwaltung/Ausbildung, gebeten, für die neuen Auszubildenden einen Vortrag zum digitalen Warenwirtschaftssystem vorzubereiten. Erstellen Sie für Nicole dieses Referat mithilfe einer Präsentationssoftware.

2. Erläutern Sie einige Vorteile, die sich aus dem Einsatz eines digitalen Warenwirtschaftssystems ergeben.

3. Beschreiben Sie die Möglichkeiten, die ein digitales Warenwirtschaftssystem im Rahmen der Auftragsbearbeitung bei der
a) Datenerfassung, b) Datenaufbereitung, c) Belegerstellung
bietet.

4. Nehmen Sie zu folgender Aussage Stellung: „Erst ein funktionstüchtiges digitales Warenwirtschaftssystem ermöglicht optimales Marketing im Großhandel."

5. Ein Großhändler behauptet, er habe bei einer Warengruppe eine Verdoppelung seiner Umschlagshäufigkeit festgestellt. Ist das für ihn eine gute oder schlechte Feststellung? Begründen Sie Ihre Antwort.

6. Werner Schmick betreibt einen Textilgroßhandel. Er berechnet die Umschlagshäufigkeit für Sakkos. Wenn er die Warenmenge zugrunde legt, erhält er als Ergebnis die Zahl „15", bezieht er seine Berechnungen auf den Warenwert, so errechnet er die Kennziffer „13". Erläutern Sie, wie es zu diesem Unterschied kommt.

7. Das Warenbestandskonto der Grevenbrock KG weist folgende Werte aus: Anfangsbestand 180 000,00 €, Endbestand 210 000,00 €. Die Wareneinkäufe betragen 920 000,00 €. Berechnen Sie
a) den Wareneinsatz,
b) den durchschnittlichen Lagerbestand,
c) die Umschlagshäufigkeit,
d) die durchschnittliche Lagerdauer.

8. Ein Großhandelsunternehmen berücksichtigt für eine Abrechnungsperiode 120 Tage. In dieser Zeit wurden 3600 Stück eines Artikels verkauft. Der Meldebestand betrug 650 Stück, der durchschnittliche Lagerbestand 600 Stück, die Beschaffungszeit für diesen Artikel betrug 15 Arbeitstage. Ermitteln Sie den Mindestbestand.

9. Just-in-time-Belieferung ist im Großhandel ein wesentlicher Bestandteil für eine kundenorientierte Absatzpolitik. Beschreiben Sie die dazu erforderlichen Informations- und Arbeitsvorgänge aus der Sicht eines Großhandelsunternehmens.

10. Bei der Verwaltung der Lagerbestände stellten Sie eine Fehlmenge fest. Der Ist-Bestand war um fünf Stück niedriger als der Soll-Bestand. Was müssen Sie daraufhin veranlassen?
1. eine Erhöhung des Soll-Bestandes in der Lagerbuchführung mit entsprechendem Vermerk

2. eine Senkung des Soll-Bestandes in der Lagerbuchführung mit entsprechendem Vermerk
3. der Abteilung Einkauf mitteilen, dass sofort die fünf fehlenden Artikel neu bestellt werden müssen
4. der Abteilung Verkauf mitteilen, dass dieser Artikel zurzeit nicht zum Verkauf bereitsteht, bis die Ursache der Fehlmenge aufgeklärt ist
5. eine sofortige Inventur aller Lagerbestände, um die Fehlmenge aufzuklären

Ungebundene Aufgaben zur Prüfungsvorbereitung

1. Die Primus GmbH möchte bei gleichbleibendem Wareneinsatz die Umschlagshäufigkeit von 2,0 auf 2,5 verbessern.
a) Um wie viele Tage verändert sich die Lagerdauer?
b) Um wie viel Prozent vermindert sich der durchschnittliche Lagerbestand?

2. Ein Großhandelsbetrieb schlägt seinen durchschnittlichen Lagerbestand im Jahr fünfmal um. Er kalkuliert mit einem Lagerzinssatz von 1,3 %.
a) Wie viele Tage betrug die durchschnittliche Lagerdauer?
b) Wie viel Prozent Jahreszinsen hat der Großhandelsbetrieb für das im Lager gebundene Kapital berücksichtigt?

3. Der durchschnittliche Tagesabsatz eines Artikels beträgt 60 Stück. Die Beschaffungszeit beträgt 14 Tage.
a) Bei welchem Lagerbestand muss der Großhändler bestellen, damit er bis zum Eintreffen der Ware lieferfähig ist, wenn kein Mindestbestand berücksichtigt wird?
b) Nach der Bestellung erfährt der Großhändler, dass sich die Lieferung um acht Tage verzögert. Der Großhändler hält einen Mindestbestand von 360 Stück. Wie viele Tage wird er nicht verkaufsbereit sein?
c) Wie viel Stück muss der Meldebestand betragen, wenn künftig die Lieferzeit immer 22 Tage beträgt und der Mindestbestand bei 360 Stück bleibt?

4. Aufgrund der wachsenden Konkurrenz ist die Primus GmbH gezwungen, die Lagerorganisation zu optimieren.
a) Führen Sie vier Gesichtspunkte an, die grundsätzlich bei der Neugestaltung einer Lagerorganisation berücksichtigt werden sollten.
b) Nennen Sie je zwei Vorteile der zentralen und der dezentralen Lagerorganisation.
c) Sie haben bei der Neuorganisation des Lagers die Wahl, sich zwischen einem Festplatz- und einem Freiplatzsystem (chaotische Lagerung) zu entscheiden. Erläutern Sie diese beiden Ordnungssysteme.
d) Sie entscheiden sich für ein Festplatzsystem. Begründen Sie Ihre Entscheidung.

5. Sie sind in der Abteilung Lager/Versand der Primus GmbH eingesetzt und verantwortlich für die Warenannahme und die Einlagerung von Waren. Am 8. Juni müssen Sie von einem Frachtführer 200 Regalelemente Classic annehmen.
a) Beschreiben Sie, was Sie bei der Warenannahme in Anwesenheit des Frachtführers prüfen müssen. Geben Sie auch an, welchen Beleg Sie dafür benötigen.
b) Erläutern Sie, was Sie unternehmen müssen, wenn Sie leichte Beschädigungen an der Verpackung feststellen.

Am Jahresende liegt Ihnen nachfolgender Ausdruck der Lagerdatei vor.

Lagerdatei		**Ausdruck Monatswerte**	
Artikelnummer: 308B122 **Einheit:** Stück		**Artikelbezeichnung:** Regalelement Classic **Lieferer:** Bürodesign GmbH	
Monat	**Zugänge**	**Abgänge**	**Monatsendbestände**
Dezember			400
Januar	200	300	300
Februar	200	350	150
März	200	250	100
April	200	150	150
Mai	200	200	150
Juni	200	250	100
Juli	200	160	140
August	200	240	100
September	300	200	200
Oktober	300	180	320
November	300	220	400
Dezember	290	130	560
Summe	2790	2630	3070

c) Ermitteln Sie unter Berücksichtigung der Monatsendbestände den durchschnittlichen Lagerbestand für die Regalelemente Classic für das abgelaufene Geschäftsjahr.
d) Ermitteln Sie die Umschlagshäufigkeit für die Regalelemente Classic.
e) Erklären Sie, was man unter Umschlagshäufigkeit versteht.
f) Der Fachzeitschrift „Bürowirtschaft" entnehmen Sie, dass in Ihrer Branche der Wert der Umschlagshäufigkeit für Büromöbel bei 18 liegt. Erläutern Sie, welche Maßnahme Sie der Geschäftsleitung vorschlagen, um künftig die Umschlagshäufigkeit für die Regalelemente Classic dem Branchenwert anzugleichen.

6. Während der Inventur der Primus GmbH haben Sie durch Zählen die Bestände der Warengruppe 1 ermittelt und in bereitgestellte Inventurlisten eingetragen sowie bewertet. Was geschieht nun mit den addierten Summen?
a) Sie bilden die Grundlage zur Bestimmung der Höchstbestände der Warengruppen.
b) Sie erscheinen als Einzelposten auf der Passivseite der Bilanz.
c) Sie werden mit allen anderen Posten der Inventur in die Inventurliste eingetragen.
d) Sie werden dem Finanzamt zur Besteuerung vorgelegt.
e) Sie werden mit den Beständen der Vorjahre verglichen und dann in die Ablage übernommen.

7. Die Schulz GmbH, ein Großhandelsbetrieb für Kfz-Teile und -Zubehör, hat ihr Zentrallager in drei getrennten Hallen untergebracht. Die Lagerung erfolgt nach dem Festplatzsystem in Regalreihen mit 50 Lagerfächern an jedem Gang mit fünf Etagen, die alphanumerisch gekennzeichnet sind. Die Lagerplatzbezeichnung enthält die Angaben in der folgenden Reihenfolge: Halle, Regal, Gang.

Skizze der Lagerhallen:

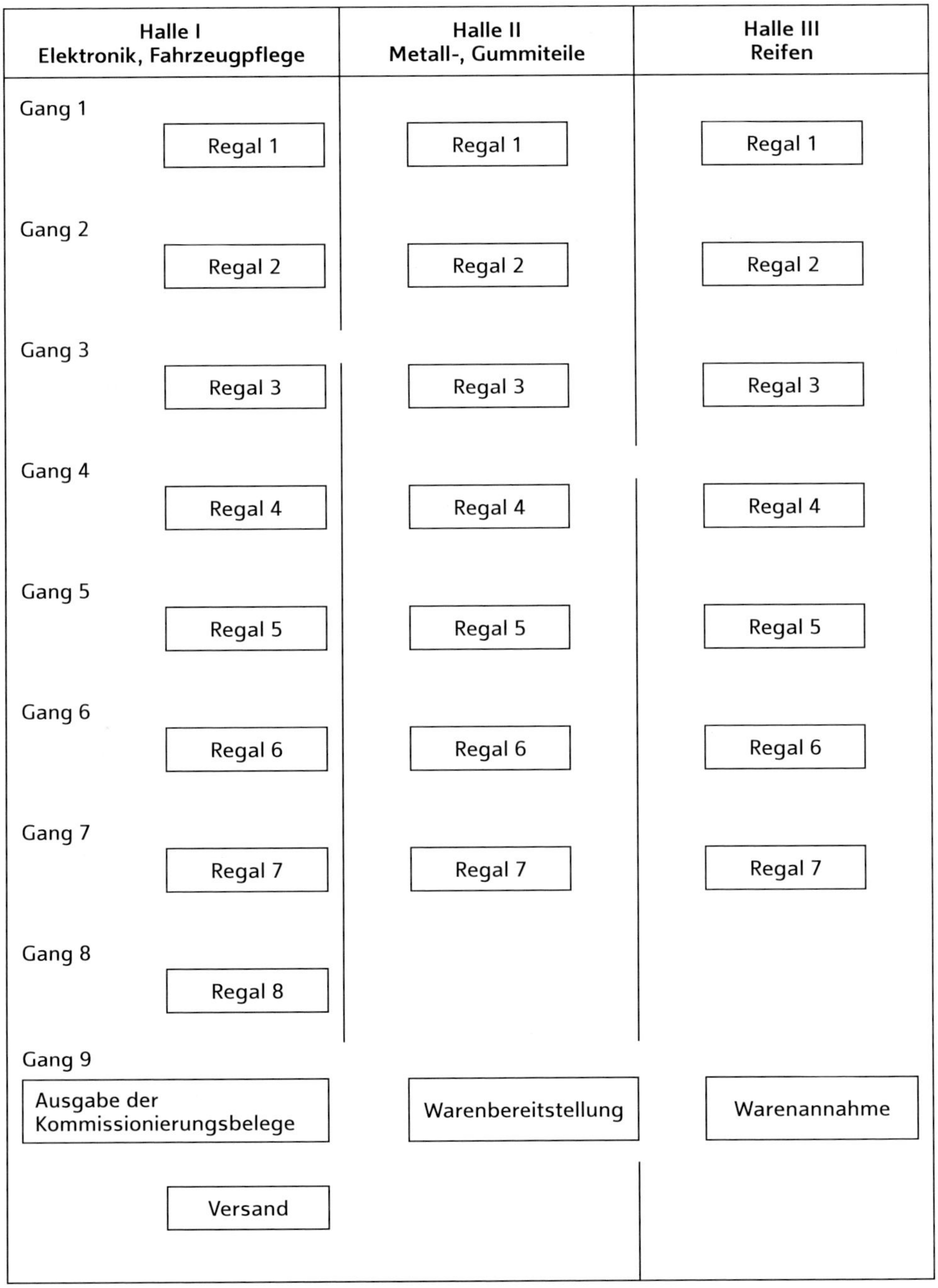

Sie sind Mitarbeiter/-in im Versand der Schulz GmbH und erhalten den nachfolgend abgebildeten Kommissionierungsbeleg.

Kommissionierungsbeleg				**Kommissionierer:**	**Lieferadresse:**	
				Jung	Stein GmbH Zum Steinfeld 39 53809 Ruppichteroth	
Auftragsnummer/Kommission 065197				**Datum** 14.04.20..	**Kunden-Nr.** 20870	**Tour-Nr.**
Artikel-nummer	**Artikel**	**Lagerplatz**	**Bestell-menge**		**Bereit-gestellte Menge**	**Rückstand/ Bemer-kungen**
302-219	Suspex Nanopflege-mittelpolitur blau	I-3-4	5			
302-220	Suspex Nanopflege-mittelpolitur silber-metallic	I-2-2	6			
304-142	Eurex Shampoo	I-7-8	10			
615-381	Liquid Leichtlauföl 1 Liter	III-2-2	12			
814-482	Pierex Winterreifen	II-4-4	4			

a) Beschreiben Sie den Zweck eines Kommissionierungsbeleges.

b) Kreuzen Sie in der oben abgebildeten Skizze der Lagerhalle die Artikelstandorte ganggenau im jeweiligen Lagergang an. Zeichnen Sie dann den kürzesten Laufweg des Kommissionierers ein – beginnend bei der Ausgabe der Kommissionierungsbelege bis zur Warenbereitstellung.

c) Die Versandabteilung übernimmt die Weiterbearbeitung des kommissionierten Auftrages bis zum Warenausgang. Nennen Sie zwei Folgearbeiten.

8. Die Primus GmbH beauftragt einen Unternehmensberater damit, Möglichkeiten zur Kosteneinsparung aufzuzeigen. Unter anderem wurden die Lagerkosten analysiert. Die Primus GmbH betreibt zurzeit ein Festplatzlager mit 550 m^2 Lagerfläche. Der Unternehmensberater ermittelte folgende vom Lager verursachten monatlichen Kosten:

– Pacht	11,00 €/Quadratmeter
– Lohnkosten für zwei Lagerarbeiter	je 1 950,00 €
– Versicherung	450,00 €
– Abschreibungen für Lagereinrichtungen	1 500,00 €
– Energiekosten	3,50 €/Quadratmeter
– sonstige Lagerverwaltungskosten	800,00 €

a) Der Unternehmensberater schlägt vor, die Lagerhaltung auf ein chaotisches Lagersystem (Freiplatzsystem) umzustellen. Begründen Sie anhand von zwei Gesichtspunkten den Vorteil dieses Lagersystems gegenüber dem Festplatzsystem.

b) Eine weitere Möglichkeit, Kosten zu senken, besteht nach Ansicht des Unternehmensberaters in der Auflösung des Eigenlagers und der Einlagerung bei einem Lagerhalter (Fremdlager). Der Lagerhalter hält ein Lager von 550 m^2 für die Primus GmbH vor. Nach den Ihnen vorliegenden Unterlagen würde die Einlagerung bei einem Lagerhalter (Fremdlager) monatlich 25,00 € pro Quadratmeter kosten. Entscheiden Sie nach entsprechender Berechnung, ob sich ein Fremdlager für die Primus GmbH unter den derzeitigen Kostenbedingungen lohnen würde.

c) Unabhängig von der Kostenüberlegung entscheidet die Primus GmbH, das Eigenlager beizubehalten. Nennen Sie zwei Gründe, die sie dazu veranlasst haben könnten.

9. Im Wareneingang der Primus GmbH meldet sich der Fahrer eines Paketdienstes, um vier Pakete mit je fünf drahtlosen Alarmanlagen Primus Protect anzuliefern. Der Sendung liegt folgender Lieferschein bei:

Jansen BV. Bürotechnik
Jan de Verwerstraat 10
NL-5900 AV Venlo

Jansen BV. Bürotechnik · Jan de Verwerstraat 10 · NL-5900 AV Venlo
Primus GmbH
Koloniestr. 2 – 4
47057 Duisburg

Lieferschein

Re.-Nr.	Kd.-Nr.	Lieferdatum	Besteller	Paket-Nr.
398168	5641	21.11.20..	Herr Nolte	1232345

Die Sendung besteht aus vier Paketen.

Bestell-Nr.	Menge	Artikelbezeichnung	Einzel-preis	Gesamt-preis	USt.	Bemerkung
237062	20	drahtlose Alarm-anlage Primus Protect				
Minder-mengen-zuschlag		Warenwert netto		USt.-Betrag	% USt.	Rechnungs-betrag

a) Geben Sie drei Sachverhalte an, die sofort im Beisein des Fahrers von Ihnen zu prüfen sind.
b) Geben Sie vier weitere Tätigkeiten beim Wareneingang dieser Sendung an, nachdem der Fahrer das Betriebsgrundstück verlassen hat.
Die Alarmanlagen werden in der folgenden Lagerdatei erfasst:

Lagerdatei **Lagerort E-5-2**

Artikelnummer:	230B912
Artikelbezeichnung:	drahtlose Alarmanlage Primus Protect
Einheit:	Stück
Lieferer:	Jansen BV. Bürotechnik Jan de Verwerstraat 10 NL-5900 AV Venlo
Lieferzeit:	5 Tage
Mindestbestand:	15 Stück
Höchstbestand:	140 Stück

Datum	Zugang	Abgang	Bestand
1. Januar			40
14. Januar	100		
17. Januar		120	
15. Februar	50	30	
3. März	40	30	
12. April		45	
17. Mai	100		
22. Juni		65	
29. Juli		5	
5. August		15	
15. August	80	50	
2. September	50	50	
4. Oktober		30	
15. November	100		
21. Dezember	20	13	
31. Dezember			?

c) Ermitteln Sie den Bestand am 31. Dezember 20.. .
d) Ermitteln Sie den durchschnittlichen Lagerbestand auf Monatsbasis für das gesamte Jahr.
e) Ermitteln Sie die Umschlagshäufigkeit.
f) Ermitteln Sie die durchschnittliche Lagerdauer in ganzen Tagen.
g) In der Branche beträgt die durchschnittliche Lagerdauer bei Alarmanlagen 30 Tage. Unterbreiten Sie zwei Vorschläge, wie sich die Primus GmbH diesem Branchenschnitt nähern kann.
h) Ermitteln Sie den Meldebestand. Gehen Sie dabei von einem durchschnittlichen Tagesabsatz von zwei Stück aus.

10. Stellen Sie fest, welche Tätigkeit Sie nicht im Rahmen einer Kommissionierung vornehmen.

a) die Zusammenstellung des Auftrags anhand des Lieferscheins
b) die Festlegung der Entnahmereihenfolge für die einzelnen Warenpositionen
c) die Ausstellung und Überprüfung der Rechnung
d) die Auswahl des Transportbehälters zum Transport der gewünschten Ware im Lager
e) die Warenentnahme und den innerbetrieblichen Transport zum Versandraum

11. Die Primus GmbH ist zu der Überzeugung gekommen, dass im Zuge der Umgestaltung und Erweiterung des Sortiments zusätzlicher Lagerplatz geschaffen werden muss. Die Einlagerung erfolgte bisher nach dem Festplatzsystem. Die Bestandskontrolle per Soll-Ist-Vergleich erfolgt einmal jährlich durch eine Stichtagsinventur. Auf eine Fremdlagerung wurde in der Vergangenheit verzichtet. Der Anteil der Streckengeschäfte belief sich im vergangenen Geschäftsjahr bei der Primus GmbH auf 6 % des Gesamtumsatzes. Die Primus GmbH verfügt über ein digitales Warenwirtschaftssystem.

a) Der Leiter des Rechnungswesens, der auch für das Controlling zuständig ist, macht den Vorschlag, von der Stichtagsinventur zur permanenten Inventur zu wechseln. Er erläutert, dass in der Vergangenheit wegen erhöhter Bestandsabweichungen bei der Inventur für zahlreiche Artikel sehr hohe eiserne Bestände festgelegt wurden. Erläutern Sie den Unterschied zwischen der Stichtagsinventur und der permanenten Inventur.
b) Der Leiter des Rechnungswesens schlägt darüber hinaus vor, eine zusätzliche monatliche Bestandskontrolle durchzuführen. Erläutern Sie, wie durch die vorgeschlagene Änderung des Inventurverfahrens zusätzlicher Lagerraum geschaffen werden kann.
c) Der Lagerleiter macht den Vorschlag, zusätzlichen Lagerplatz durch einen Wechsel des Einlagerungssystems auf ein Freiplatzsystem (chaotische Lagerhaltung) zu schaffen. Begründen Sie, weshalb durch diesen Wechsel zusätzlicher Lagerplatz gewonnen werden kann.
d) Ein Lagermitarbeiter ist gegen die Umstellung auf ein Freiplatzsystem. Er hält es für chaotisch im Sinne einer vollständigen Unordnung und Verwirrung. Nehmen Sie zu diesem Einwand fachlich Stellung.
e) Der zusätzliche Lagerplatz könnte nach Meinung eines Unternehmensberaters auch durch teilweise Fremdlagerung geschaffen werden. Führen Sie in einer Pro-Kontra-Betrachtung je drei Argumente für und gegen eine teilweise Fremdlagerung auf.
f) Sie machen als Mitarbeiter/-in im Lager den Vorschlag, den Anteil der Streckengeschäfte bei der Primus GmbH zu erhöhen. Begründen Sie die Auswirkung dieser Maßnahme auf die Lösung des Problems des mangelnden Lagerplatzes.
g) Der Leiter des Controllings bei der Primus GmbH ist der Meinung, dass die Effektivität der Lagerhaltung der Primus GmbH deutlich verbessert werden muss. Er beruft sich dabei auf Branchenzahlen und Ergebnisse eines Vergleichs des Großhandelsverbandes. Demnach liegen im Branchenschnitt folgende Zahlen vor:
   - Umschlagshäufigkeit von 9,0 und
   - Lagerzinssatz von 0,5 %.

Für die Primus GmbH liegt folgende Lagerdatei vor:

Lagerdatei

Artikelnummer:	150B391	Beschaffungszeit:	5 Arbeitstage
Artikelbezeichnung:	Tischkopierer Primus Z-52	Mindestbestand:	25 Stück
Einheit:	Stück	Meldebestand:	35 Stück
Lieferer:	Jansen BV. Bürotechnik NL-5900 AV Venlo	Höchstbestand:	100 Stück

Datum		**Zugang (Stück)**	**Abgang (Stück)**	**Bestand (Stück)**
Montag	2. Jan.			48
Montag	12. März		2	46
Dienstag	8. Mai		11	35
Mittwoch	16. Mai	50		85
Donnerstag	12. Juli		21	64
Montag	10. Sep.		15	49
Montag	19. Nov.		20	29
Donnerstag	22. Nov.	50	20	59
Montag	31. Dez.		8	51
Schlussbestand lt. Inventur am 31.12.20..				**50**

Nennen Sie zwei mögliche Ursachen für die unterschiedlichen Schlussbestände (Abweichung Soll-Bestand – Inventurbestand).

h) Ermitteln Sie anhand der obigen Lagerdatei bei einem Kapitalmarktzinssatz von 2,5 %
- den durchschnittlichen Lagerbestand auf der Basis der Monatsendbestände,
- die Umschlagshäufigkeit sowie
- den Lagerzinssatz.

12. Sie sind Mitarbeiter/-in der Abteilung Lager/Versand bei der Primus GmbH. Von Ihrem Abteilungsleiter erhalten Sie den Auftrag, zu überprüfen, welche Art der Lagerung in Form von Eigen- oder Fremdlagerung für die Primus GmbH kostengünstiger ist. Folgende Angaben liegen für diese Entscheidung vor:

Kosten der Eigenlagerung	Kosten der Fremdlagerung
Variable Kosten: 25,00 € je Monat/Quadratmeter **Fixe Kosten:** – Raumkosten pro Monat 9 500,00 € – Personalkosten je Monat 8 200,00 € – Versicherung pro Monat 300,00 €	65,00 € je Monat/Quadratmeter

a) Ermitteln Sie, welche Form der Lagerung für den Bedarf einer Lagerfläche von 520 m^2 kostengünstiger ist.

b) Sie haben sich aus Kostengründen für eine der beiden Lagerarten entschieden. Erläutern Sie neben dem Kostenaspekt einen weiteren Grund für Ihre Entscheidung.

13. Am 16. September erhalten Sie den Auftrag, den Inventurwert für den Artikel Registraturlocher zu ermitteln. Als Hilfsmittel drucken Sie sich einen Auszug aus der Lagerdatei aus. Dabei stellen Sie fest, dass folgende Warenentnahmen noch nicht erfasst worden sind:
- 10. September 5 Stück
- 11. September 10 Stück
- 12. September 25 Stück

Lagerdatei	**Lagerort: IV-24-54**		
Artikelnummer:	200B071		
Artikelbezeichnung:	Registraturlocher		
Einheit:	5 Stück		
Lieferer:	Bürotec GmbH, Fabrikstr. 24 – 30, 04129 Leipzig		
Lieferzeit:	1 Woche		
Mindestbestand:	20		
Höchstbestand:	140		
Meldebestand:	70		
Datum	**Zugang**	**Abgang**	**Bestand**
1. September 20..		10	50
2. September 20..	100	5	145
3. September 20..		15	130
4. September 20..		5	125
5. September 20..		5	120
8. September 20..		10	110
9. September 20..			110
10. September 20..			
11. September 20..			
12. September 20..			
15. September 20..			

a) Ermitteln Sie die Lagermenge am 15. September, die Sie zur Wertermittlung benötigen.

b) Welchen Preis müssen Sie bei der Berechnung der Inventurwerte zugrunde legen?
   1. Angebotspreis
   2. Bezugs-/Einstandspreis
   3. Listeneinkaufspreis
   4. Listenverkaufspreis
   5. Bruttoverkaufspreis

c) Sie kontrollieren die Angaben in der Datei. Welche Unstimmigkeit stellen Sie fest?
   1. Am 1. September wurde Ware aus dem Mindestbestand entnommen.
   2. Die Bestellung erfolgt zu spät, da der Bestand am 1. September nur noch 50 Stück beträgt.
   3. Der Höchstbestand wurde am 2. September überschritten.
   4. Der Höchstbestand muss auf 145 angehoben werden.
   5. Bei einer Lieferzeit von einer Woche stimmt der Mindestbestand nicht.

14. Stellen Sie fest, durch welchen Sachverhalt die in der abgebildeten Lagerdatei dokumentierte Bestandsabweichung erfolgen konnte.

Lagerdatei — Lagerort: IV-24-25
Artikelnummer: 138B859
Artikelbezeichnung: Bürobox aus Kunststoff

Datum	Zugang	Abgang	Bestand
1. August 20..		10	50
12. August 20..	100	5	145
25. August 20..		15	130
1. September 20..		5	125
4. September 20..		5	120
5. September 20..		10	110
8. September 20..	10	10	110
12. September 20..	*Bestand*	*lt. Inventurliste vom 12. September Schneiders*	98
16. September 20..	50		148
17. September 20..		15	133

a) Ein Wareneingang wurde versehentlich nicht gebucht.
b) Ein Warenzugang (Bürobox aus Kunststoff) wurde unter einer falschen Artikelnummer (138B809) gebucht.
c) Vom Kunden zurückgegebene Ware wurde nicht zurückgebucht.
d) Statt einer Warenentnahme wurde ein Warenzugang gebucht.
e) Vom Kunden zurückgegebene Ware wurde zurückgebucht.

15. Die Primus GmbH arbeitet mit einem EDV-gestützten Warenwirtschaftssystem. Prüfen Sie, welchen Vorteil dieses System der Primus GmbH bietet.
a) schnelleren Zugriff auf wichtige Dateien, Vereinfachung der Arbeitsprozesse
b) Wegfall der Bezugsquellendatei
c) Wegfall von Artikelnummern
d) Kürzung des Mindestbestandes
e) vollständiger Wegfall der Lagerbestände

16. In der Primus GmbH fällt sehr viel Verpackungsmaterial an. Sie prüfen verschiedene Handlungsmöglichkeiten unter dem Umweltaspekt. Ordnen Sie zu, indem Sie die Kennziffern von zwei der fünf Handlungsmöglichkeiten in die Kästchen neben den Müllstrategien eintragen.

Müllstrategien:
☐ Wertstoffrecycling
☐ Wiederverwendung

Handlungsmöglichkeiten:
1. Anfallende Verpackungen werden einem Entsorgungssystem zugeführt und wiederverwertet.
2. Es wird eine spezielle Abteilung mit Umweltprodukten eingerichtet.
3. An der Kasse werden Papiertüten ausgelegt, damit sich die Kunden beliebig bedienen können.
4. Die Ware wird in Leihverpackungen geliefert, die an den Hersteller zurückgehen.
5. Die Kunden erhalten nur auf Wunsch eine Tragetüte für die gekaufte Ware.

Warentransporte abwickeln

1 Verkehrswege, -träger und -mittel zwischen Wirtschaftsstandorten erkunden

Peter Patt, Abteilungsleiter Lager/Versand der Primus GmbH, sucht das Büro von Andreas Brandt auf. *„Herr Brandt, ich habe eine Bitte an Sie, übermorgen müssen die Kunden Herstadt Warenhaus GmbH in Gelsenkirchen, Modellux GmbH & Co. KG in Münster und das Bürofachgeschäft Herbert Blank e. K. in Oberhausen mit Waren beliefert werden. Überprüfen Sie doch bitte einmal, auf welchen Verkehrswegen alle drei Kunden beliefert werden können.“* Um eine Leerfahrt von Münster nach Duisburg zu vermeiden, soll das Transportfahrzeug aus Münster 520 leere Europaletten nach Duisburg zur Spedition Rheintrans GmbH mitnehmen (vgl. S. 283 f.).

ARBEITSAUFTRÄGE

- Ermitteln Sie, welche Verkehrswege die Primus GmbH hierzu nutzen kann. Nutzen Sie das Internet, um die effektivsten Verkehrswege zu finden.
- Überprüfen Sie, welche Umweltgesichtspunkte bei der Belieferung der Kunden mit den Waren berücksichtigt werden sollten.

Träger der Güterbeförderung

Die heutige arbeitsteilige Wirtschaft funktioniert nur durch eine Vielzahl geeigneter Transportmöglichkeiten. Die Träger der Güterbeförderung haben die Aufgabe, die räumliche Distanz zwischen den Anbietern und den Nachfragern zu überbrücken und Güter zu verteilen. Große Unternehmen unterhalten meistens eigene Versandabteilungen.

Man unterscheidet bei der Güterbeförderung zwischen Verkehrsmitteln, Verkehrsträgern und Verkehrswegen.

Zu den **Verkehrsmitteln** zählen Fahrzeuge mit oder ohne eigenen Antrieb, die der Beförderung von Personen oder Gütern dienen. Je nach Verkehrsweg kann zwischen Schienen-, Wasser-, Straßen- und Luftfahrzeugen unterschieden werden.

Beispiele Eisenbahn, Lkw, Schiff, Flugzeug

Zu den **Verkehrsträgern** zählen die Verkehrsunternehmen, die mit gleichartigen Verkehrsmitteln auf den gleichen Verkehrswegen gleichartige Warenbeförderungen anbieten und durchführen.

Beispiele Schienengüterverkehr, Straßengüterverkehr, Binnenschifffahrt, Seeschifffahrt, Luftfrachtverkehr

Zu den **Verkehrswegen** zählen alle Wege zu Lande, zu Wasser und in der Luft, die der Fortbewegung der Verkehrsmittel dienen.

Beispiele Straßen, Schienen, Schifffahrtswege, Luft

Zu den **Trägern der Güterbeförderung** zählt man Frachtführer und Spediteure. Lagerhalter unterstützen Frachtführer und Spediteure bei der Wahrnehmung ihrer Aufgaben.

○ Frachtführer (§ 407 ff. HGB)

Um die Kosten für den eigenen Fuhrpark und das dazu erforderliche Personal zu verringern, versenden Unternehmen ihre Güter oft nicht mit eigenen Transportmitteln, sondern beauftragen damit Frachtführer. Frachtführer ist, wer gewerbsmäßig die Beförderung von Gütern zu Lande, auf Binnengewässern und in der Luft übernimmt (§ 407 HGB).

Beispiele DB Cargo AG, Unternehmen des Lkw-Güterverkehrs und der Binnenschifffahrt, Deutsche Lufthansa AG

Die Reedereien im Hochseehandel zählen nicht zu den Frachtführern. Für diese gibt es besondere Vorschriften im HGB (§ 484 ff.). Die Reeder sind die Schiffseigentümer und werden Verfrachter, die Auftraggeber Befrachter genannt.

Frachtführer sind **selbstständige Kaufleute, die in eigenem Namen und für fremde Rechnung** handeln. Zwischen dem Frachtführer und dem Auftraggeber wird ein **Frachtvertrag** abgeschlossen, meist in Form eines **Frachtbriefes** (vgl. S. 268 ff.), aus dem sich die Rechte und Pflichten des Frachtführers ergeben.

Pflichten des Frachtführers	Rechte des Frachtführers
– Prüfungspflicht insbesondere hinsichtlich der Verpackung – Beförderungspflicht in angemessener Frist – Haftung bei Verschulden für Verlust, Beschädigung und Lieferfristüberschreitung – Aushändigung des Frachtbriefes und des Versandgutes an den Empfänger gegen Zahlung der Fracht	– Ansprüche auf Übergabe aller Begleitpapiere (Frachtbrief, Zollpapiere usw.) – Anspruch auf Vergütung der vereinbarten Transportkosten – gesetzliches Pfandrecht an dem Versandgut zur Sicherung seiner Forderungen

Beispiel Verkehrsweg Bundesautobahn

Autobahnen

- einstellige ungerade (Verlauf: Nord-Süd)
- einstellige gerade (Verlauf: West-Ost)
- zweistellige und dreistellige Autobahnen

Maßstab 1 : 4 500 000

0 50 100 150 km

○ Spediteur (§ 453 ff. HGB)

Der Spediteur ist ein Kaufmann, der **gewerbsmäßig Güterversendungen durch Frachtführer für Rechnung des Versenders, aber in eigenem Namen besorgt**. Der Spediteur ist Vermittler des Güterverkehrs zwischen dem Versender und dem Frachtführer (vgl. S. 258 ff.). Zwischen dem Spediteur und dem Versender bzw. Empfänger wird ein **Speditionsvertrag** abgeschlossen.

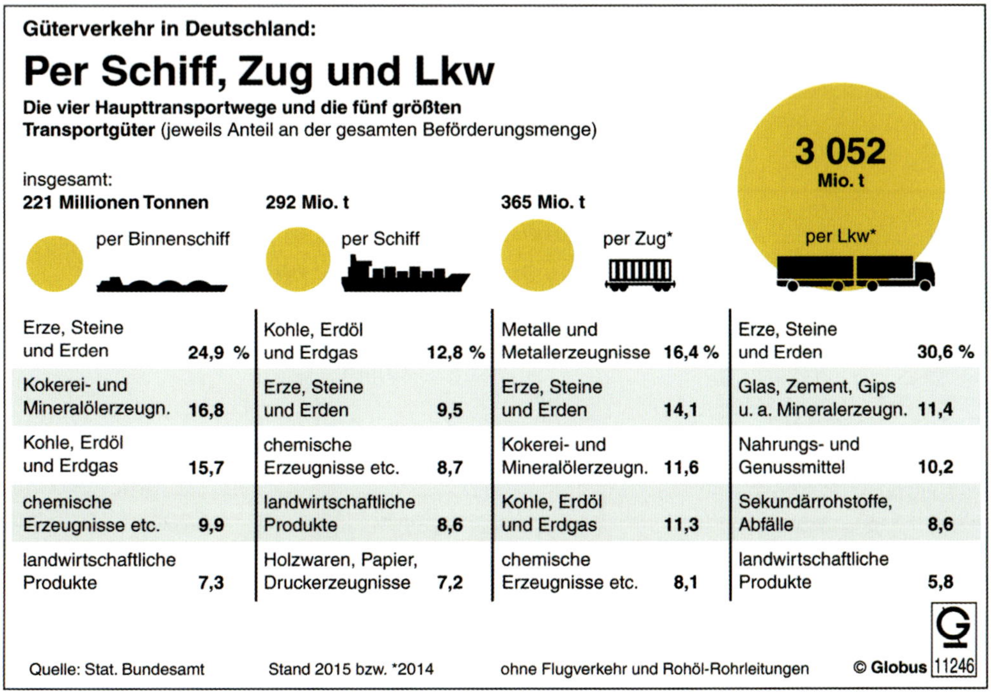

○ Lagerhalter (§ 467 ff. HGB)

Sie übernehmen **gewerbsmäßig die Lagerung und Aufbewahrung von Gütern für andere**. Das Lagerhaltungsgeschäft (vgl. S. 251 ff.) wird oft zusammen mit dem Speditions- und Frachtführergeschäft betrieben. Zwischen dem Auftraggeber und dem Lagerhalter wird ein **Lagervertrag** geschlossen. Für die eingelagerten Waren wird ein Lagerschein ausgestellt.

● Optimale Güterbeförderung

Aus den verschiedenen Versandarten muss ein geeignetes Transportmittel ausgewählt werden. Hierzu bieten Transportunternehmen **ausgereifte bedarfsgerechte, computerunterstützte Logistiklösungen** an. Sie stellen außerdem Kunden- bzw. Logistikberater (Transportberater) zur Verfügung, die nach individuellen Lösungen suchen. Die optimale Auswahl der Güterbeförderung hängt von einer Reihe von **Kriterien** ab:

○ Art der Güter und deren Eigenschaften (Gewicht, Sperrigkeit, Verderb)

- Im **Kleingüterverkehr bis 31,5 kg** bieten sich die Deutsche Post DHL Group und private Paketdienste an. Die Deutsche Post DHL Group lehnt die Beförderung besonders sperriger Waren ab (Pakete über 200 cm Länge).
- Im **Stückgutverkehr bis 20 kg** stehen Paketdienste, der gewerbliche Güterkraftverkehr, Flugzeug- und Schiffsunternehmen zur Verfügung.
- Für **Massengüter** eignen sich besonders die DB Cargo AG und Schiffsreedereien.
- **Leicht verderbliche und sehr wertvolle (Diamanten, Schmuck, Kunstwerke usw.) Waren** sollten je nach Entfernung mit Flugzeugen oder dem gewerblichen Güterkraftverkehr transportiert werden.

○ Transportkosten (Beförderungs- und Frachttarife)

Der Transport mit dem Flugzeug ist am teuersten, mit dem Schiff und der Bahn im Massengutverkehr am preisgünstigsten. Für kleine und leichte Warensendungen sind die Deutsche Post DHL Group und private Paketdienste am preiswertesten.

○ Schnelligkeit der Beförderung

Die schnellste Beförderung bietet auf längeren Strecken der Transport mit dem **Flugzeug**. Der wesentliche Vorteil des **gewerblichen Güterkraftverkehrs** dürfte die große Beweglichkeit sein, da fast alle Orte und Städte problemlos erreicht werden können. Die langsamste Beförderung erfolgt mit Schiffen.

○ Verpackung und Sicherheit der Beförderung (vgl. S. 228)

Die Transportgefahren für die Güter können durch den Einsatz geeigneter Transportverpackungen gemindert werden:

- **Collicobehälter**: zusammenklappbare Alubehälter
- **Kleincontainer**: bahneigene Lademittel mit einem Fassungsvermögen bis 3 m^3
- **Mittel- und Großcontainer**: teils private und teils bahneigene Lademittel ab 4 m^3

Darüber hinaus ermöglichen diese Transportbehälter einen **kombinierten Güterverkehr**, d. h. die Beförderung von Gütern mit verschiedenen Transportmitteln (Lkw, Bahn, Schiff, Flugzeug), ohne dass der Transportbehälter ausgeladen oder gewechselt werden muss.

Die Deutsche Post DHL Group bietet für **wertvolle Warensendungen** besondere Versendungsarten an (vgl. S. 258 ff.). Fluggesellschaften sind besonders für hochwertige, hochempfindliche und eilbedürftige Güter geeignet.

Bei der Beförderung von **Gefahrgütern** (leicht brennbare Stoffe, Chemikalien, explosive Stoffe usw.) sind je nach **Gefahrgutklassen** (die **GHS-Verordnung** unterscheidet neun Gefahrgutklassen) gesetzliche Vorschriften zu beachten. Gefahrgüter sind solche Stoffe, die beim unkontrollierten Freiwerden (z. B. bei einem Verkehrsunfall, durch Brand, Explosion, Giftigkeit) eine Gefahr für die Menschen und die Umwelt verursachen können. Für den Transport und die Lagerung dieser Gefahrgüter sind die **gesetzlichen Vorschriften** hinsichtlich

- der Kennzeichnung der Versandstücke und der Transportfahrzeuge mit Bildzeichen,
- der Angabe der Gefahrgutklasse in den Transportpapieren,
- der Maßnahmen bei Unfällen,
- der Verpackung (besondere Stabilität, große Dichte usw.),
- der Mengenbegrenzungen und Zusammenladeverbote

zu beachten.

Nach der **GHS-Verordnung (Globally Harmonized System of Classification and Labelling of Chemicals)** gibt es folgende Gefahrenkennzeichen:

Entzündbare Flüssigkeiten	Oxidierende Gase	Ätzend	Zellschädigend	Toxisch	Gase unter Druck	Haut- und augenreizend	Explosiv	Gewässergefährdend

○ Haftungsumfang

Frachtführer haften i. d. R. für die ordnungsgemäße Beförderung einer Warensendung. Allerdings ist die Haftung oft eingeschränkt.

Beispiel Die DB Cargo AG haftet höchstens mit 8,33 Sonderziehungsrechten (SZR)[1] je Kilogramm Bruttogewicht, der Lkw-Güterverkehr ebenfalls mit höchstens 8,33 SZR je Kilogramm Bruttogewicht.

§

§ 431 HGB – Haftungshöchstbetrag

(4) Die [...] genannte Rechnungseinheit ist das **Sonderziehungsrecht des Internationalen Währungsfonds.** Der Betrag wird in Euro entsprechend dem Wert des Euro gegenüber dem Sonderziehungsrecht am Tag der Übernahme des Gutes zur Beförderung oder an dem von den Parteien vereinbarten Tag umgerechnet. Der Wert des Euro gegenüber dem Sonderziehungsrecht wird nach der Berechnungsmethode ermittelt, die der Internationale Währungsfonds an dem betreffenden Tag für seine Operationen und Transaktionen anwendet.

Durch den Abschluss einer **Transportversicherung** oder die Vereinbarung einer besonderen Versendungsart (Deutsche Post DHL Group) kann ein Versender vollen Schadensersatz erlangen.

○ Vertragliche Vereinbarungen

Laut Gesetz kann der Käufer sofortige Lieferung einer Warensendung verlangen und der Verkäufer kann sofortige Lieferung bewirken (§ 271 BGB). Im Kaufvertrag wird i. d. R. vertraglich vereinbart, wann die Lieferung der Warensendung zu erfolgen hat. Die Auswahl eines Beförderungsunternehmens wird häufig durch konkrete vertragliche Vereinbarungen vorgegeben.

[1] *SZR entspricht ca. 1,2008 € (Stand 2021).*

- Vereinbarung eines **Termin- oder Fixkaufs**: In diesem Fall trägt der Verkäufer ein erhöhtes Terminrisiko, da bei Nichteinhaltung des vereinbarten Liefertermins oft Konventionalstrafen (Vertragsstrafen) fällig werden. Bei sehr kurzen Lieferfristen empfiehlt sich der Einsatz eines Express-, Termin- oder Kurierdienstes (Deutsche Post DHL Group, private Paketdienste, DB Cargo AG). LF 2
- Vereinbarung eines **Kaufs auf Abruf** (vgl. S. 204): Die Kaufvertragspartner können vereinbaren, dass der Käufer die Waren ganz oder in Teilmengen je nach Bedarf beim Verkäufer abruft. In diesen Fällen hängt es davon ab, wann und in welcher Menge die Ware beim Verkäufer sein muss. Der Verkäufer kann bei regelmäßigen Abrufen aufgrund der Vorausplanbarkeit der Lieferungen den kostengünstigsten Verkehrsträger auswählen. Bei nicht regelmäßigen Abrufen müssen in dringenden Fällen Express-, Termin- oder Kurierdienste in Anspruch genommen werden. LF 2
- Vereinbarung von **Streckengeschäften**: Da beim Streckengeschäft die Waren durch Vermittlung des Großhändlers direkt vom Hersteller zum Kunden geliefert werden, ohne dass ein Umladen erforderlich wird, können insbesondere bei Massengütern (z. B. für Baustoffe wie Beton, Steine, Sand usw.) Binnenschiffe, die DB Cargo AG oder der gewerbliche Güterkraftverkehr eingesetzt werden. LF 5

○ Umweltgesichtspunkte

Aufgrund der **zunehmenden Verkehrsdichte** auf den Straßen und den damit verbundenen Umweltbelastungen entstehen durch Transporte des Güterkraftverkehrs verstärkt Probleme. Ähnliches trifft für den Transport mit Flugzeugen auf Kurzstrecken zu, zudem ergeben sich Einschränkungen durch das **Nachtflugverbot** an bestimmten Flughäfen.

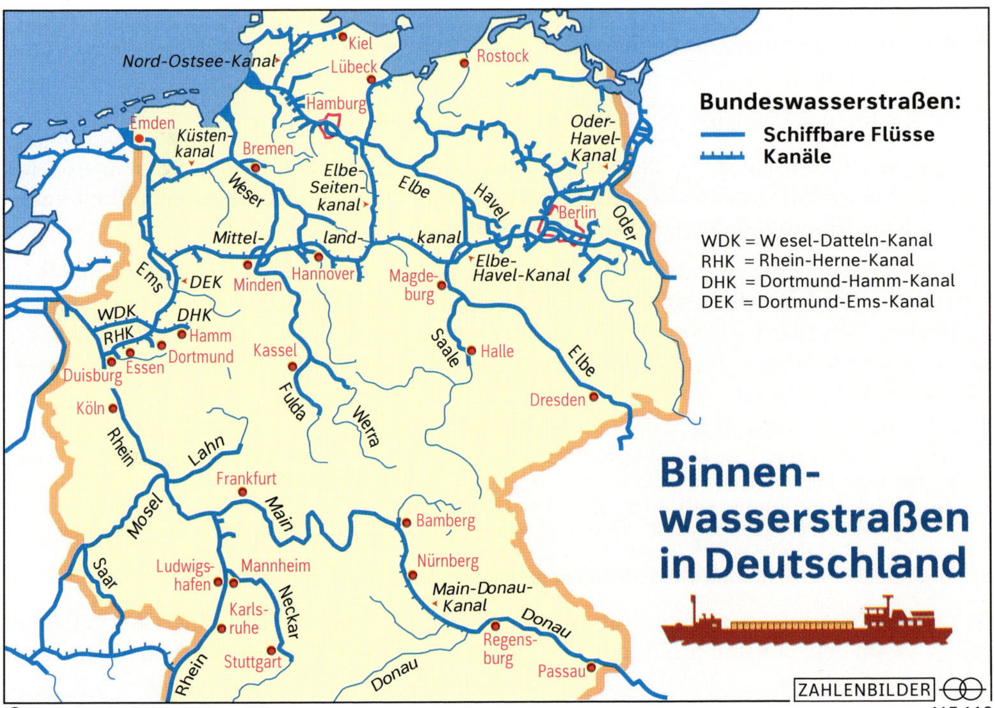

Durch die folgenden langfristigen Maßnahmen kann der **Güterverkehr umweltverträglicher organisiert** werden:

- technische Verbesserung der Fahrzeuge und der Infrastruktur (innovative Antriebssysteme, geringer Kraftstoffverbrauch von Fahrzeugen, Ausbau der Schienen- und Wasserwege),
- Vermeidung von Fahrten durch Bündelung und bessere Tourenplanung (vgl. S. 228),
- Verlagerung von Transporten auf Schienen- und Wasserwege.

○ Sachversicherungen von Risiken beim Transport und der Lagerung von Waren

Da der Staat ein Interesse daran hat, dass Unternehmen sich gegen Risiken absichern, **begünstigt er die Zahlung von Versicherungsprämien im Rahmen der Steuern**. Betriebswirtschaftlich gesehen sind Versicherungsprämien Kosten, die im Rahmen der Steuern und der Kalkulation berücksichtigt werden. Versicherungen bieten dem Unternehmen Schutz vor finanzieller Not und ermöglichen es ihm, auch bei einem Schadensfall seine Geschäfte fortzuführen.

Beispiel Aufgrund eines Kurzschlusses ist die Lagerhalle eines Nachbarbetriebs der Primus GmbH abgebrannt. Durch ausreichenden Versicherungsschutz kann der Nachbarbetrieb der Primus GmbH nach dem Brand wieder aufgebaut und weitergeführt werden. Wäre keine Versicherung vorhanden gewesen, hätte dies unter Umständen das Ende des Unternehmens bedeutet und die Mitarbeiter wären entlassen worden.

Bei der Frage, ob ein Unternehmer eine Sachversicherung abschließt, muss er folgende Punkte gegeneinander abwägen:

- den **Risikoumfang**, d. h. den Wert der Vermögensteile und ihr Verhältnis zum Gesamtvermögen
- die **Schadenswahrscheinlichkeit**, d. h. die Wahrscheinlichkeit, mit der ein bestimmter Schaden eintritt
- die **Kosten** des Versicherungsschutzes, d. h. die Höhe der Prämie

Gesetzliche Grundlagen für den Versicherungsvertrag sind neben den Vorschriften des BGB und des HGB das **Versicherungsvertragsgesetz** (VVG) und die **Allgemeinen Versicherungsbedingungen der jeweiligen Versicherung.**

Die Art der Versicherung und die versicherten Sachen werden bei Vertragsabschluss im Versicherungsschein **(Police)** aufgelistet. Dabei muss die Versicherungssumme dem tatsächlichen Wert der versicherten Sache entsprechen. Ist die Versicherungssumme kleiner als der Versicherungswert, liegt der Fall der **Unterversicherung** vor und die Schäden werden nur anteilig ersetzt.

Beispiel Die Primus GmbH versichert ihr Warenlager im Rahmen einer Einbruchdiebstahlversicherung. Der Wert des Lagers beträgt 200 000,00 €, die Versicherungssumme 100 000,00 €. Eines Nachts wird bei der Primus GmbH eingebrochen und es werden Waren im Wert von 50 000,00 € entwendet. Frau Primus ruft ihren Versicherungsvertreter an, dieser macht ihr zu ihrer Überraschung folgende Rechnung auf: Da die Versicherungssumme nur 50 % des Versicherungswertes ausmachte, ist die Primus GmbH zu 50 % unterversichert und bekommt Schäden auch nur zu 50 % vergütet. Die Versicherung zahlt im vorliegenden Fall demnach 25 000,00 €.

Ist die Versicherungssumme größer als der Versicherungswert, liegt eine **Überversicherung** vor. Im Schadensfall erhält der Versicherte nur den tatsächlichen Schaden ersetzt.

Beispiel Das Warenlager des Nachbarbetriebs der Primus GmbH war mit 500 000,00 € versichert. Am Tag nach dem Brand ermittelt der Sachverständige der Versicherung einen tatsächlichen

Wert des Lagers von 300 000,00 €. Die Versicherung ersetzt hier nur den tatsächlichen Schaden in Höhe von 300 000,00 €.

Eine Möglichkeit, die Höhe der Versicherungsprämie zu reduzieren, ist die Vereinbarung einer Selbstbeteiligung **(Selbstbehalt)**. Der Versicherte erklärt sich hierbei bereit, im Schadensfall einen bestimmten Teil des Schadens selbst zu tragen.

Beispiel Die Primus GmbH hat im Rahmen ihrer Lagerversicherung einen Selbstbehalt in Höhe von 10 000,00 € vereinbart. Die Versicherungsprämie reduziert sich dadurch um 10 %.

Die Sachversicherung umfasst die Versicherung der Transportgüter, bestimmter Lagergüter und des Transportmittels:

- **Transportgüter** sind auf ihrem gesamten Transportweg versichert **(Kargoversicherung).**
- **Lagergüter** sind bei transportbedingter und bei dispositionsbedingter Lagerung versichert.

  Beispiel Ein Kunde der Primus GmbH, Carl Wägli Bürobedarf in Bern, bestellt 80 Bandscheiben-Drehstühle Superstar. Die Primus GmbH versichert den Transport im Rahmen einer Transportversicherung. Die Spedition holt die Drehstühle bei der Primus GmbH ab und lagert sie bis zum Abgang des Transportes in ihren Lagerräumen (= **transportbedingte Lagerung**). Die Drehstühle werden zunächst nach Düsseldorf gebracht und dort mit weiteren Transportgütern zu einer Sammelladung zusammengestellt. Für die Zusammenstellung werden die Drehstühle einen weiteren Tag in den Lagerräumen der Spedition in Düsseldorf eingelagert (= **dispositionsbedingte Lagerung**).

- Das **Transportmittel** kann im Rahmen der Transportversicherung versichert werden **(Kaskoversicherung).**

Bei der Vertragsform der **Transportversicherung** kann zwischen voller Deckung und der Deckung „genannter Gefahren“ unterschieden werden.

- Bei **voller Deckung** sind alle Risiken („all risks“), denen das Gut während des Transports ausgesetzt ist, versichert. Diese Deckungsform empfiehlt sich bei hohem Risikoumfang oder großer Schadenswahrscheinlichkeit.
- Die **Deckung „genannter Gefahren“** schränkt den Deckungsumfang auf besondere Gefahren, z. B. Brand, Explosion oder Blitzschlag ein. Sie empfiehlt sich bei Gütern, bei denen der Schutz gegen genau zu kalkulierende Risiken ausreicht.

Verkehrswege, -träger und -mittel zwischen Wirtschaftsstandorten erkunden

- Der Güterverkehr hat die Aufgabe, Güter von den Orten der Produktion zu den Orten des Ge- und Verbrauchs zu bringen. Hierzu werden die Güter über **Verkehrswege** (Straßen, Schienen, Wasser) transportiert.
- Man unterscheidet hierbei **Verkehrsträger** (Straßengüterverkehr, Schienengüterverkehr, Binnen- und Seeschifffahrt, Luftfrachtverkehr) und **Verkehrsmittel** (Lkw, Eisenbahn, Schiff, Flugzeug).
- **Frachtführer** sind selbstständige Kaufleute, die die Beförderung von Gütern durchführen.
- **Spediteure** sind Kaufleute, die auf Rechnung des Versenders, aber in eigenem Namen, die Güterversendung durch Frachtführer vermitteln.
- **Lagerhalter** sind selbstständige Kaufleute, die gewerbsmäßig die Lagerung und Aufbewahrung von Gütern übernehmen.

- Bei der **Auswahl des optimalen Güterverkehrsträgers** sind die Art der zu versendenden Güter und deren Eigenschaften, die Transportkosten, die Schnelligkeit und Sicherheit der Beförderung, die Verpackung, der Haftungsumfang und Umweltgesichtspunkte (Energieverbrauch, Schadstoffausstoß, Lärmbelästigung usw.) zu berücksichtigen.

  Die Auswahl des geeigneten Verkehrsträgers wird oft aufgrund vertraglicher Vereinbarungen (Fix-, Terminkauf, Kauf auf Abruf, Streckengeschäft) **eingeschränkt**.

- **Sachversicherungen bei Transport und Lagerung**:
  - **Lagerversicherung**: Sie versichert gegen Feuer, Leitungswasser, Einbruchdiebstahl, Sturmschaden.
  - **Transportversicherung**: Versichert werden Transportgüter, Lagergüter, Transportmittel.

1. Geben Sie an, welche Gesichtspunkte bei der Auswahl eines Frachtführers berücksichtigt werden sollten.

2. Unterscheiden Sie Frachtführer, Spediteur und Lagerhalter. Recherchieren Sie im Internet und nennen Sie jeweils Beispiele aus Ihrer Region.

3. Erläutern Sie Unterversicherung, Überversicherung und Selbstbehalt anhand je eines Beispiels.

4. Erläutern Sie die Lager- und Transportversicherung anhand von Beispielen aus Ihrem Ausbildungsbetrieb.

5. Prüfen Sie in den nachfolgenden Fällen, durch welche Versicherung Versicherungsschutz bestehen könnte:

a) Ein Kunde lässt sich in einem Lager eines Großhandelsbetriebes einschließen. Er entwendet einen Computer und entwischt durch einen Notausgang.

b) Die Kölner Altstadt wird im Frühjahr durch ein Rhein-Hochwasser überflutet. Im Lager eines Kaufmanns entsteht ein Wasserschaden in Höhe von 150 000,00 €.

c) Eine Lieferung der Primus GmbH wird aus den Räumen der Spedition Neuhans GmbH bei einem Einbruchdiebstahl entwendet. Sie war dort für einen Transport bereitgestellt worden.

d) Geschäftsführerin Sonja Primus bricht sich bei einem Squash-Turnier ein Bein.

e) Ein Kunde stürzt im Eingang der Verkaufsboutique der Primus GmbH über die Fußmatte und verletzt sich.

f) Ein Großkunde wird zahlungsunfähig und kann die Rechnung über 75 000,00 € nicht begleichen.

g) Der Auszubildende Georgios stößt einen Kistenstapel um, dadurch wird durch die umstürzenden Kisten eine Glasscheibe zertrümmert.

6. Durch einen Brandschaden werden die Geschäftsräume eines Großhändlers völlig zerstört. Der Wiederaufbau nimmt mehrere Monate in Anspruch. Der Kaufmann hat eine Feuerversicherung, eine Betriebshaftpflichtversicherung und eine Betriebsunterbrechungsversicherung abgeschlossen.
Stellen Sie fest, welche Schäden von welcher Versicherung zu regulieren sind.

Versicherung
1. Feuerversicherung
2. Betriebshaftpflichtversicherung
3. Betriebsunterbrechungsversicherung
4. keine der genannten Versicherungen

Schäden
a) Bau- und Instandsetzungskosten
b) Gewinneinbußen
c) Kosten des Rechtsstreites mit der Feuerversicherung über die Höhe der Versicherungsleistung
d) Lohn- und Gehaltsforderungen der Mitarbeiter für die Zeit der Beschäftigungslosigkeit zwischen Brandereignis und Wiedereröffnung

7. Die Kröger & Bach KG hat u. a. Reinigungsmittel, Pflegemittel und Chemikalien in ihrem Sortiment. Alle Mitarbeiter müssen daher die entsprechenden Gefahrenkennzeichen für gefährliche Stoffe und Produkte kennen. Ordnen Sie die nachfolgenden Gefahrenkennzeichen den angegebenen Bedeutungen zu.

Gefahrenkennzeichen

1.

2.

3.

4.

5.

Bedeutungen
a) gewässergefährdend
b) explosiv
c)ätzend/reizend
d) giftig
e) entzündlich

2 Sich einen Überblick über verschiedene Arten des Güterversandes verschaffen

Nicole Höver ist aufgeregt. Sie sitzt in der Abteilung „Verkauf Büroeinrichtung". Am Telefon hat sie Herrn Baum, den Einkäufer von Carl Wägli Bürobedarf in Bern (Schweiz). Dieser bestellt 500 Schreibtische Classic zur sofortigen Lieferung. Endlich kann sie auch einmal einen großen Auftrag für die Primus GmbH an Land ziehen. Nach Beendigung des Telefongesprächs geht sie stolz zu Herrn Winkler und berichtet diesem von der entgegengenommenen Bestellung. *„Sehr schön"*, sagt Herr Winkler, *„aber jetzt kümmern Sie sich auch um das geeignete Transportmittel. Unser eigener Fuhrpark ist momentan nicht in der Lage, diese Mengen an Ware auszuliefern."* In diesem Moment stürmt Herr Berg, der Gruppenleiter Verbrauchsmaterial, in das Büro: *„Wir müssen umgehend dem Kunden Klöckner-Müller Elektronik AG in Offenbach 400 Rollen für den Arbeitssessel ergo-design-natur zukommen lassen. Sie sind bei der Auslieferung vergessen worden."* *„Kein Problem"*, sagt Herr Winkler, *„Frau Höver, kümmern Sie sich doch bitte um die geeignete Beförderungsmöglichkeit für die 400 Rollen."*

ARBEITSAUFTRÄGE

- Suchen Sie für Nicole Höver geeignete Verkehrsträger für die Auslieferung der Schreibtische und der Rollen aus.
- Stellen Sie dar, welche Gesichtspunkte für eine optimale Güterbeförderung zu berücksichtigen sind.

Versandarten

Hat ein Unternehmen keine eigene Versandabteilung oder liegen die zu beliefernden Kunden außerhalb des Umkreises der firmeneigenen Zustellung, kann er sich der Dienste von Frachtführern bedienen.

Frachtführer

- Deutsche Post DHL Group
- private Paketdienste
- DB Cargo AG
- Güterkraftverkehr
- Binnen- und Seeschiffe (Reedereien)
- Fluggesellschaften

Warenzustellung durch die Deutsche Post DHL Group

LF 2

Die Deutsche Post DHL Group muss alle Sendungen befördern, die ihren Beförderungsbestimmungen entsprechen (Kontrahierungszwang). Die Angebote der Deutschen Post DHL Group für die Warenzustellung sind sehr vielfältig. Die Deutsche Post AG ist in unterschiedliche Unternehmensbereiche für die verschiedenen Sendungsarten unterteilt, z.B. Post & Paket Deutschland oder DHL Express.

DHL PAKET UND PÄCKCHEN DEUTSCHLAND + EU

Absender / Sender

Postleitzahl Ort

Deutschland / Germany

Empfänger / Addressee

Tel. (nur bei EU-Versand oder Sperrgut)

Straße und Hausnummer (kein Postfach)

Postleitzahl Ort

Land / Destination

(96)993017

Frankierung für Päckchen und Pakete bitte hier aufkleben!

Auftragnehmer (Frachtführer) ist die Deutsche Post AG. Es gelten für Päckchen die AGB Brief National bzw. International und für Pakete die AGB DHL Paket / Express National bzw. Paket International in der jeweils zum Zeitpunkt der Einlieferung gültigen Fassung. Der Absender versichert, dass keine danach ausgeschlossenen Güter in der von ihm eingelieferten Sendung enthalten sind.

Deutschlandweit 100% klimaneutraler Versand inklusive! Mehr Informationen unter dhl.de/gogreen

Zulässige Maße, Gewichte, Services und Bestimmungsländer: siehe Rückseite oder unter dhl.de

912-685-000 01/21

Sendungsarten der Deutschen Post DHL Group

Gewöhnliche Sendungen

- **Bücher- und Warensendungen (DP Brief)**
  - Waren, Proben, Muster, kleine Gegenstände
  - Bücher und sonstige Druckerzeugnisse
  - keine persönlichen Mitteilungen
  - Höchstgewicht 500 g/1 kg
  - keine Haftung
- **Päckchen (DHL)**
  - Schriftliche Mitteilungen wie Anschreiben, Rechnung oder Grußkarte dürfen beigefügt werden
  - Höchstgewicht 2 kg
  - keine Haftung
  - keine Sendungsverfolgung
  - Lieferung i. d. R. innerhalb von 1-2 Werktagen
- **Paket (DHL)**
  - Schriftliche Mitteilungen dürfen beigefügt werden
  - Höchstgewicht 31,5 kg
  - Haftung bis 500,00 €
  - Sendungsverfolgung, Lieferung i. d. R. innerhalb von 1–2 Werktagen
- **Sperrgut (DHL)**
  - Überschreitung der Paket-Höchstmaße in mindestens einer Dimension
  - Weder quader- noch rollenförmig/abstehende Teile
  - Verpackung aus anderem Material als Pappe oder Papier

Sendungen mit besonderer Sicherheit gegen zusätzliches Entgelt

- **Einschreiben**
  - Briefe, Postkarten
  - Empfänger erhält Sendung nur gegen Empfangsbestätigung
  - Haftung höchstens 25,00 €
  - Die Sendung wird nur an den Empfänger persönlich oder an einen besonders Bevollmächtigten übergeben.
- **Nachnahme**
  - Empfänger erhält Sendung nur gegen Zahlung des Nachnahmebetrages
  - Höchstbetrag bei Paketen 3 500,00 €
- **Transportversicherung**
  - Zusätzliche Versicherung gegen Verlust und Beschädigung nationaler Pakete
  - Absicherung wertvoller Inhalte bis 2 500 bzw. 25 000 €

Beschleunigte Sendungen gegen zusätzliches Entgelt

- **Express-Sendungen (DHL EXPRESSEASY)**
  - Express-Briefe (bis 2000 g, Express-Pakete (bis 31,5 kg), nationale Express-Sendungen werden unter Berücksichtigung der Filiale-Versandschlusszeit am Tag nach der Einlieferung zugestellt.
  - Gegen zusätzliches Beförderungsentgelt erfolgt eine Frühzustellung (Montag bis Samstag) vor 09:00 Uhr, vor 10:00 Uhr bzw. vor 12:00 Uhr.
  - Transportversicherung erfolgt gegen Aufpreis auf Wunsch bis 25 000,00 €
  - Sendung darf äußerlich keinen Hinweis auf Inhalt oder Wert tragen
- **Luftpost**
  - wie Schnellsendung
  - Beförderung mit Flugzeug

Frachtdienst Ausland

- **Express-Sendungen (DHL EXPRESSEASY)** im Einlieferungs- und Bestimmungsland auf jeweils schnellstem Luft- oder Landweg (vgl. S. 270)
- **Luftpost (DHL)** im Einlieferungs- und Bestimmungsland auf dem Landweg, von Land zu Land, auf dem Luftweg (vgl. S. 270)

Für die optimale Auswahl der entsprechenden nationalen (siehe folgende Tabelle) oder internationalen (siehe Tabelle auf Seite 260) Sendungsart ist die jeweils gültige Preisliste der Deutschen Post DHL Group heranzuziehen.

PAKETE UND PÄCKCHEN (1)

	max. Gewicht	max. Maße (L×B×H)	Online Frankierung	Filiale
Päckchen S	2 kg	35 × 25 × 10 cm	3,79 €	3,79 €
Päckchen M	2 kg	60 × 30 × 15 cm	4,39 €	4,50 €
Paket S	2 kg	60 × 30 × 15 cm	4,99 €	-
Paket M	5 kg	120 × 60 × 60 cm (2)	5,99 €	7,49 €
Paket L	10 kg	120 × 60 × 60 cm (2)	8,49 €	9,49 €
Paket XL	31,5 kg	120 × 60 × 60 cm	16,49 € (3)	16,49 € (3)
Reisegepäck	31,5 kg	120 × 60 × 60 cm	16,49 € (3)	16,49 € (3)

Alle Pakete und Reisegepäck inkl. Sendungsverfolgung und Haftung bis 500 €.

(1) Alle Preise sind Endpreise und nach UStG umsatzsteuerfrei, soweit zu den einzelnen Preisangaben nichts Abweichendes angegeben ist.
(2) Max. Gurtmaß (= L+2×B+2×H) 300 cm.
(3) Inkl. gesetzlicher Umsatzsteuer (19 %)

		PÄCKCHEN (1)		PAKETE (1)				
		XS bis 2 kg	M bis 2 kg	bis 2 kg	bis 5 kg	bis 10 kg	bis 20 kg	bis 31,5 kg (5)
EU (2) Zone 1	Filiale	–	9,00 €	–	17,99 € (3)	22,99 € (3)	33,99 € (3,4)	44,99 € (3,4)
	Online	4,89 €	8,89 €	13,99 €	15,99 € (3)	20,99 € (3)	31,99 € (3,4)	44,99 € (3,4)
Welt (2) Zone 2	Filiale (6)	–	16,00 €	–	29,99 €	35,99 €	49,99 €	55,99 €
	Online	8,89 €	12,70 €	–	26,90 €	34,99 €	48,99 €	55,99 €
Zone 3	Filiale (6)	–	16,00 €	–	30,99 €	38,99 €	53,99 €	60,99 €
	Online	8,89 €	15,89 €	–	29,99 €	37,99 €	52,99 €	60,99 €
Zone 4	Filiale (6)	–	16,00 €	–	31,99 €	38,99 €	55,99 €	62,99 €
	Online	8,89 €	15,89 €	–	30,99 €	37,99 €	54,99 €	62,99 €
Zone 5	Filiale (6)	–	16,00 €	–	37,99 €	54,99 €	76,99 €	105,99 €
	Online	8,89 €	15,89 €	–	36,99 €	53,99 €	75,99 €	105,99 €
Zone 6	Filiale (6)	–	16,00 €	–	38,99 €	52,99 €	72,99 €	98,99 €
	Online	8,89 €	15,89 €	–	37,99 €	51,99 €	71,99 €	98,99 €
Zone 7	Filiale (6)	–	16,00 €	–	43,99 €	59,99 €	95,99 €	125,99 €
	Online	8,89 €	15,89 €	–	42,99 €	58,99 €	94,99 €	125,99 €
Zone 8	Filiale (6)	–	16,00 €	–	46,99 €	62,99 €	101,99 €	131,99 €
	Online	8,89 €	15,89 €	–	45,99 €	61,99 €	100,99 €	131,99 €

Alle Pakete inkl. Sendungsverfolgung und Transportversicherung bis 500 Euro. Mindestmaße: grundsätzlich 15 × 11 × 1 cm, bei Päckchen XS International jedoch keine Mindesthöhe. Höchstmaße: Päckchen XS International 35 × 25 × 3 cm; Päckchen M International L+B+H=90 cm, keine Seite länger als 60 cm; Paket International bis 2 kg 60 × 30 × 15 cm; Paket International 120 × 60 × 60 cm.

(1) Alle Preise sind Endpreise und nach UStG umsatzsteuerfrei, soweit zu den einzelnen Preisangaben nichts Abweichendes angegeben ist.
(2) Eine Länderübersicht für jede Zone finden Sie unter **dhl.de/laenderzonen**.
(3) Max. Gurtmaß (= L+2 × B+2 × H) 300 cm.
(4) Inkl. gesetzlicher Umsatzsteuer (19 %)
(5) Nicht in alle Länder möglich; nähere Informationen erhalten Sie auf **dhl.de/laenderinfo** oder in Ihrer Filiale.
(6) Bitte informieren Sie sich unter **dhl.de/privatkunden-zoll** über ein eventuell hinzukommendes Serviceentgelt für die nachträgliche Erfassung Ihrer Zollinhaltsangaben bei Freimachung in der Filiale.

SERVICES – EINFACH HINZUBUCHEN

		nationaler Versand	internationaler Versand
Abholung (4)	Bei Beauftragung über die DHL Online Frankierung (ab 4 Sendungen pro Warenkorb kostenlos)	+ 3,00 € (1)	+ 3,00 € (1)
Alterssichtprüfung (4)	Mit der Alterssichtprüfung sorgen Sie dafür, dass Ihre Pakete nicht an Minderjährige (bzw. Personen unter 16 Jahren) übergeben werden.	+ 1,19 € (1)	–
Nachnahme (4)	Der Empfänger erhält das Paket erst nach Bezahlung des angegebenen Nachnahmebetrags, welcher dann auf das von Ihnen angegebene Konto überwiesen wird.	+ 6,90 € (1)(5)	+ 7,50 € (1)(5) (nur EU) (2)
Rolle	Für den Versand von Rollen ist zusätzlich eine Rollenmarke erforderlich.	+ 1,79 € (1)(5)	+ 1,79 € (1)(5) (EU) + 1,79 € (Welt)
Sperrgut	Sendungen, die die Höchstmaße für Pakete überschreiten, nicht quaderförmig oder als Rolle schwerer als 5kg sind, abstehende Teile oder keine Verpackung aus Pappe oder Papier haben.	+ 26,78 (1)(5)	+ 29,75 (1)(5) (EU) + 30,00 € (Welt)
Transportversicherung	Versicherung gegen Verlust und Beschädigung bis 2.500 €	+ 6,00 €	–
	Versicherung gegen Verlust und Beschädigung bis 25.000 €	+ 18,00 €	–
Höherversicherung International	Versicherung gegen Verlust und Beschädigung bis zu 5.000 €	–	ab + 14,00 € (2)
Versicherung bis 50 € (nur für Päckchen) (4)	Versicherung gegen Verlust u. Beschädigung bis 50 €, Sendungsverfolgung, bevorzugte Beförderung	– –	+ 2,50 € (EU) + 4,00 € (Welt)
Nachsendeservice	Bei der Nachsendung Ihrer Päckchen und Pakete fällt zusätzlich zur Pauschale des Nachsendeservice je Sendung das genannte Entgelt an.	+ 6,99 € (1)	–
Vorausverfügung	Rücksendung Ihres DHL Paketes bei Unzustellbarkeit im Zielland	–	ab + 10,00 € (3)
Liefertag (4)	Legen Sie fest, an welchem Werktag (Mo – Sa) das Paket an den Empfänger zugestellt werden soll.	+ 0,99 € (1)	–

(1) Inkl. gesetzlicher Umsatzsteuer (19 %)
(2) Nicht in alle Länder möglich; nähere Informationen erhalten Sie auf **dhl.de/laenderinfo** oder in Ihrer Filiale.
(3) Bei Paketen in die EU über 10 kg oder über 300 cm Gurtmaß ist der Service Vorausverfügung umsatzsteuerpflichtig: ab 11, 90 € (inkl. gesetzlicher Umsatzsteuer)
(4) Dieser Service ist nur online verfügbar, unter anderem auf **dhl.de/onlinefrankierung**.
(5) Bei Zubuchung dieser Services erhöht sich das Porto für Päckchen und Pakete bis 10 kg (bei Rolle nur bis 5 kg) um die gesetzliche USt.

Links:
Abholung **dhl.de/abholung**
Paket Services national **dhl.de/paket-services**
Paket Services international **dhl.de/paket-services-international**
Päckchen Services international **dhl.de/paeckchen-services-international**

PRAXISTIPP Weitere Informationen zu Leistungen und Preisen für Briefe, Päckchen, Pakete, Express-Sendungen usw. finden Sie im Internet unter www.deutschepost.de/preise und unter www.dhl.de.

Haftung der Deutschen Post DHL Group

- **Die Deutsche Post DHL Group haftet**
  - ohne zusätzliche Transportversicherung bei Verlust oder unmittelbaren Transportschäden eines gewöhnlichen Paketes gegen Vorlage des Enlieferungsbeleges bis zum Höchstbetrag von 500,00 € je Paket,
  - bei Verlust oder unmittelbarer Beschädigung gegen Vorlage des Einlieferungsbeleges eingeschriebener Sendungen maximal bis zu einer Höhe von 25,00 €, bei Einschreiben Einwurf maximal bis 20,00 €,
  - bei Verlust oder Beschädigung von Sendungen mit Transportversicherung für den entstandenen Schaden bis zur Höhe der Wertangabe wobei eine zusätzliche Transportversicherung zwischen 2 500,00 € und 25 000,00 € möglich ist,
  - bei Verlust oder Beschädigung von Nachnahmesendungen in derselben Weise wie bei entsprechenden Sendungen ohne Nachnahme.

    Beispiel Versandschein für Postpakete (Paketschein)

DHL PAKET UND PÄCKCHEN DEUTSCHLAND + EU

Absender / Sender
Primus GmbH
Koloniestraße 2 – 4

47057 Duisburg
Postleitzahl Ort
Deutschland / Germany

(96)993017

Empfänger / Addressee
Klöckner-Müller
Elektronik AG
Tel. (nur bei EU-Versand oder Sperrgut)
Taunusring 16–34
Straße und Hausnummer (kein Postfach)
63069 Offenbach
Postleitzahl Ort
Deutschland
Land / Destination

Frankierung für Päckchen und Pakete bitte hier aufkleben!

Auftragnehmer (Frachtführer) ist die Deutsche Post AG. Es gelten für Päckchen die AGB Brief National bzw. International und für Pakete die AGB DHL Paket / Express National bzw. Paket International in der jeweils zum Zeitpunkt der Einlieferung gültigen Fassung. Der Absender versichert, dass keine danach ausgeschlossenen Güter in der von ihm eingelieferten Sendung enthalten sind.

Deutschlandweit 100% klimaneutraler Versand inklusive! Mehr Informationen unter dhl.de/gogreen

Zulässige Maße, Gewichte, Services und Bestimmungsländer: siehe Rückseite oder unter dhl.de

912-685-000 01/21

- **Die Deutsche Post DHL Group haftet nicht**, wenn der Schaden
  - auf ungenügende Verpackung durch den Absender zurückzuführen ist,

    Beispiel Das Versandhaus „Bauermann“ versendet Porzellangeschirr an einen Kunden per Paket. Das Geschirr wurde im Paket nur mit Zeitungspapier verpackt.
  - nicht innerhalb von sieben Tagen nach der Zustellung der Deutschen Post DHL Group mitgeteilt wird,
  - durch höhere Gewalt entstanden ist.

    Beispiel Aufgrund eines unverschuldeten Verkehrsunfalls kann eine Terminware nicht zugestellt werden.
  - Die Deutsche Post DHL Group haftet grundsätzlich nicht bei Beschädigung oder Verlust von Päckchen, Warensendungen oder Postgütern.

○ Warenzustellung durch private Kurier-, Express- und Paketdienste (KEP-Dienste)

Insbesondere Großversender des Handels (z.B. Versandhäuser) nutzen aus Kostengründen die Dienste privater Kurier-, Express- und Pakettransportunternehmen.

Während die Deutsche Post DHL Group keine Sendungen, die den Zulassungsbestimmungen entsprechen, ablehnen darf, **können private Kurier-, Express- und Paketdienste Warensendungen ablehnen**, z.B., wenn diese für sie nicht gewinnbringend sind. Die privaten Kurier-, Express- und Paketdienste kommen nach Vereinbarung an jedem Werktag zur festgelegten Zeit mit ihren Fahrzeugen beim Großhandelsunternehmen vorbei, um versandfertige Pakete abzuholen und den jeweiligen Empfängern zuzustellen.

Private Kurier-, Express- und Paketdienste haben folgende **Vorteile**:

- Beförderung von Paketen über 31,5 kg
- höhere Haftung als bei der Deutschen Post DHL Group
- oft kostengünstiger und schneller als die Deutsche Post DHL Group

○ Warenzustellung durch die DB Cargo AG

Die DB Cargo AG nimmt alle Güter zur Beförderung an, wenn sie den Beförderungsbedingungen entsprechen und die Beförderung mit den regelmäßigen Beförderungsmitteln möglich ist.

Der Versender schließt mit der DB Cargo AG einen **Frachtvertrag** (vgl. S. 268ff.), indem er einen **Frachtbrief** ausfüllt und der DB Cargo AG übergibt. Am Versandbahnhof wird der Frachtvertrag dadurch abgeschlossen, dass auf dem Frachtbrief der Tagesstempel aufgedruckt wird. Der abgestempelte Frachtbrief ist ein Beweismittel für den Abschluss des Frachtvertrages. Der Frachtbrief ist ein **Warenbegleitpapier**, aber kein Warenwertpapier.

Frachtbrief der DB Cargo AG

9 Versandblatt

54 Verladebewilligung

10 Absender – Postanschrift
Transsped GmbH
Siegfriedstr. 16 – 24
47226 Duisburg
Tel. Fax

11 Kundennummer 162458

12 Frachtzahler-Nr. Versand (13) 42876

13 Erklärungen des Absenders (5), Begleitpapier (6)

14 a Referenz-Nr. des Absenders (7)

15 Empfänger – Postanschrift
Klöckner-Müller Elektronik AG
Taunusring 16 – 34
63069 Offenbach
Tel. Fax

16 Kundennummer

17 Frachtzahler-Nr. Empfang (13)

20 Tauschpaletten Anzahl EUR EUR

20 a Palettenschein-Nr.

21 Wagen (8)

55 Lastgrenze | 56 Achsen | 61 Bef.-Art | Code für Tü | Betriebl. Sonderbeh.

23 Für die Eisenbahn unverbindliche Absendervermerke (9)
Im Auftrag von:
Primus GmbH
Koloniestr. 2 – 4
47057 Duisburg

24 Zahlungsvermerk (Zv) (10)
INCOTERMS
unfrei frei

57 Code

29 Plz 63069 | Versandbahnhof Offenbach

29 a Bahnstellen-Nr.

58 Bahnhof für Zoll- oder Steuerbeh.

29 b Ladestelle Versand: Offenbach, Schuppen 12

29 c Nr. Ladestelle Versand

60 a Spl.-/Zug-Nr. Abgangstag: X

14 b Referenz-Nr. des Empfängers (7)

30 Plz 63069 | Bestimmungsbahnhof (11) Offenbach Hbf

59 Bahnstellen-Nr.

60 Leitungsweg

30 b Ladestelle Empfang: Anschlussgleis

30 c Nr. Ladestelle Empfang

31 Anzahl | Wagenladung | Inhalt – Bezeichnung des Gutes (12) (15)

100 Schreibtische Primo
100 Schreibtische Classic

32 RID (12) ja

34 Wirkliches Gewicht in kg: **8000**

Vermerke des Ermittlungs-service
Benachrichtigt
Bereitgestellt
Datum/Std.
◄ Summe

210 Ort und Tag der Ausstellung des Frachtbriefs/Unterschrift des Absenders

26 Vereinbarte Preisliste | 62 Vereinbarter NHM-Code | 26 a Leistungsvertrag Nr.

82 Währung | 39 (14) Nachnahme

50 RKOST | 51 AKNr.

52 Con-tain. Z G	53 Wagen E Gattung	49 U.-Art V E	67 Preislisten-Nr.	68 NHM-Code	70 S	72 Frachtber.-Gew. Koeffizient	71 Frachts. Grundfr.	71 a Fracht	73 Freibetrag Code	74 Überweisung Code
				730411						

46 U-Steuer | 47 Land urspr. endgültig | 48 | 76 km | Summe: | 50 a | Fracht | 90 Summe Absender netto | Fracht | 91 Summe Empfänger netto

92 Tagesstempel Abgang
Duisburg, 25.04.20..
Transsped GmbH
i. A. Baumeister

93 Tagesstempel Ankunft

94 Wiegestempel

96 Kontroll-Etikett
Bahnhof-Nr.
Versand-Nr.

131 (*) 120.20.1 (09.2000)

Die DB Cargo AG bietet unterschiedliche Versandarten an. Sie können nach dem Umfang der Warensendung und nach der Schnelligkeit der Beförderung unterschieden werden.

Haftung der DB Cargo AG

Die DB Cargo AG haftet für Schäden durch Verlust und Beschädigung der Güter und durch Überschreitung der Lieferfrist. **Die DB Cargo AG haftet nicht** bei

- höherer Gewalt (**Unwetter, Überschwemmungen, Schneeverwehungen**),
- **Schäden, die sich aus der Beschaffenheit des Gutes ergeben (z. B. Schwund, Verderb usw.)**,
- **mangelhafter Verpackung**,
- **sonstigem Ver**schulden des Absenders (z. B. mangelhafte Verladung des Absenders).

Der Preis richtet sich nach Entfernung, Größe und Gewicht. Für jedes Packstück gilt eine Gewichtsbegrenzung von 1200 kg. Güter mit bestimmten Gefahrgutklassen sind von der Lieferung ausgeschlossen. Für die Versendung steht dem Versender eine breite Palette von Mehrweg-Transportverpackungen (Collico) zur Verfügung. Durch die Barcode-Technologie ist eine schnelle Erkennung jedes einzelnen Packstücks auf dem Transportweg gewährleistet.

○ Güterverkehrsarten im Schienengüterverkehr

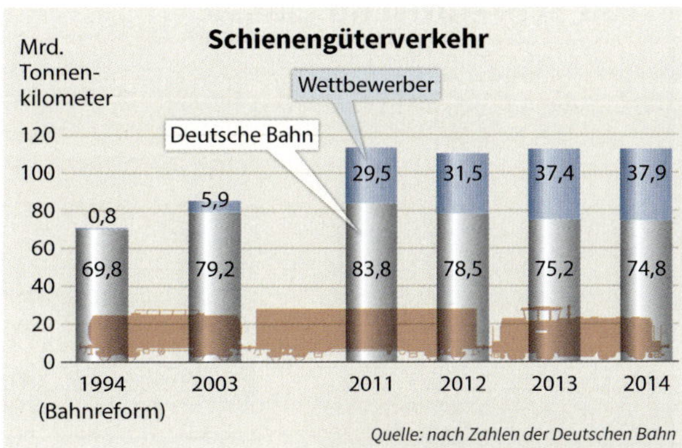

Der Güterverkehr auf der Schiene umfasst die Verkehrsleistungen von **Eisenbahnverkehrsunternehmen (EVU)** mit Güterzügen. Bei der Bahn werden verschiedene Beförderungsarten unterschieden.

- **Einzelwagenladungsverkehr**: Hier werden Güterwagen verschiedener Versender und Empfänger regional gesammelt und in Zugbildungsbahnhöfen zu ganzen Zügen zusammengestellt. Das größte deutsche Güterverkehrsunternehmen ist die DB Cargo AG. Daneben gibt es einige private Eisenbahngesellschaften.

  Beispiele Stückgüter, größere Pakete

- **Ganzzugverkehr (Direktzug)**: Beim Ganzzugverkehr werden beim Versender vollständige Züge normalerweise mit Massengütern beladen.

  Beispiele Chemische Grundprodukte, Baustoffe, Kohle, Erz

- **Kombinierter Ladungsverkehr**: Hier werden zwischen verschiedenen Versendern und Empfängern Großcontainer und Straßenfahrzeuge befördert. Die Verladung erfolgt i. d. R. durch einen Kran oder durch Auffahren.

Beispiele Neufahrzeuge von Autohändlern, Wechselbrücken (vgl. S. 161), Sattelanhänger, Container

PRAXISTIPP Weitere Informationen zu den Leistungen und Tarifen der Deutschen Bahn finden Sie im Internet unter www.dbcargo.com und unter www.dbschenker.com.

○ Warenzustellung durch Werkverkehr und Unternehmen des gewerblichen Güterkraftverkehrs

Für die Warenzustellung kann ein Unternehmen auf eigene Fahrzeuge und Mitarbeiter **(firmeneigener Werkverkehr)** und auf die Dienste gewerbsmäßiger Unternehmer des Güterverkehrs **(firmenfremde Zustellung)** zurückgreifen.

- **Werkverkehr**: Der Werkverkehr ist Güterkraftverkehr für eigene Zwecke eines Unternehmens. Er ist erlaubnisfrei. Mittlere und große Unternehmen unterhalten oft eine eigene **Versandabteilung** mit Fuhrpark. In manchen Branchen ist es üblich, dass die betriebseigenen Fahrzeuge nach einem genau festgelegten Fahrplan (**Tourenplanung**, vgl. S. 281) bestimmte Routen abfahren, um die Waren den Kunden „frei Haus" zu liefern. Hierdurch erhöhen sich die Handlungskosten des Betriebes, sie sind daher bei der Kalkulation des Listenverkaufspreises zu berücksichtigen.

Die Ware wird dem Kunden mit einem **Lieferschein** ausgehändigt. Der Kunde muss auf dem Empfangsblatt des Lieferscheins mit seiner Unterschrift bescheinigen, dass ihm die Ware ordnungsgemäß zugestellt wurde. Der **Verkäufer haftet** bei der Lieferung mit einem werkseigenen Fahrzeug **für Verlust und Beschädigung der Ware bis zur Übergabe an den Kunden.** Bei firmeneigener Warenzustellung ergeben sich folgende **Vor- und Nachteile für den Verkäufer**:

Vorteile	Nachteile
– Kunden können schnell und flexibel beliefert werden. – Fahrzeuge können für speziellen Bedarf ausgerüstet werden. – Verbesserung des Unternehmensimages durch geschultes Personal (z. B. bei Aufstellung, Installation, Montage) – zusätzliche Werbewirkung durch Einsatz eigener, mit Firmenwerbung versehener Fahrzeuge	– erhöhte Handlungskosten für Kosten des Fuhrparks, Personal usw. – höheres Risiko durch Haftung für Verlust und Beschädigung der Ware bis zur Warenübergabe

- **Gewerblicher Güterkraftverkehr**: Wenn ein Unternehmen die Ware nicht selbst zustellen kann oder will, kann es dem Kunden die Ware durch die Dienste von **Fuhrunternehmen** zukommen lassen, d.h. vom gewerblichen Güterkraftverkehr. Dieses ist die geschäftsmäßige oder entgeltliche Beförderung von Gütern mit Kraftfahrzeugen ab einem Gesamtgewicht von 3,5 Tonnen. Er ist erlaubnispflichtig (Erlaubnis wird bis fünf Jahre von der jeweiligen Erlaubnisbehörde eines Bundeslandes erteilt.).
  - **Versandarten**: Im Güterkraftverkehr unterscheidet man Stück- und Ladungsgut:

Stückgut	Ladungsgut
Es handelt sich um in Kisten, Säcken, Paketen usw. verpackte Güter. Sie werden beim Güterkraftverkehrsunternehmen aufgegeben oder von einem Frachtführer gegen zusätzliches Rollgeld abgeholt.	Beladung eines vorher bestellten Lkw oder von Containern mit einem Mindestfrachtberechnungsgewicht von 5 t

  - Bei einer **Sammelladung** werden Stückgüter unterschiedlicher Absender und Empfänger gemeinsam befördert.
  - **Haftung**: Beim Güterverkehr haftet der Frachtführer nur bei Verschulden für den Schaden, der durch Verlust oder Beschädigung des Gutes in der Zeit von der Annahme bis zur Ablieferung entsteht. Allerdings muss sich ein Unternehmer im gewerblichen Güterkraftverkehr gegen alle Schäden versichern, für die er bei Beförderungen haftet (§ 7a GüKG).

- **Versandpapiere**: Wesentliche Versandpapiere sind der **Frachtbrief** (Warenbegleitpapier) und der **Ladeschein (Warenwertpapier** = Verfügungspapier, d.h., der Inhaber des Ladescheins kann über die Ware verfügen).

Europäische Autobahnen – Auswahl an Hauptverkehrsachsen

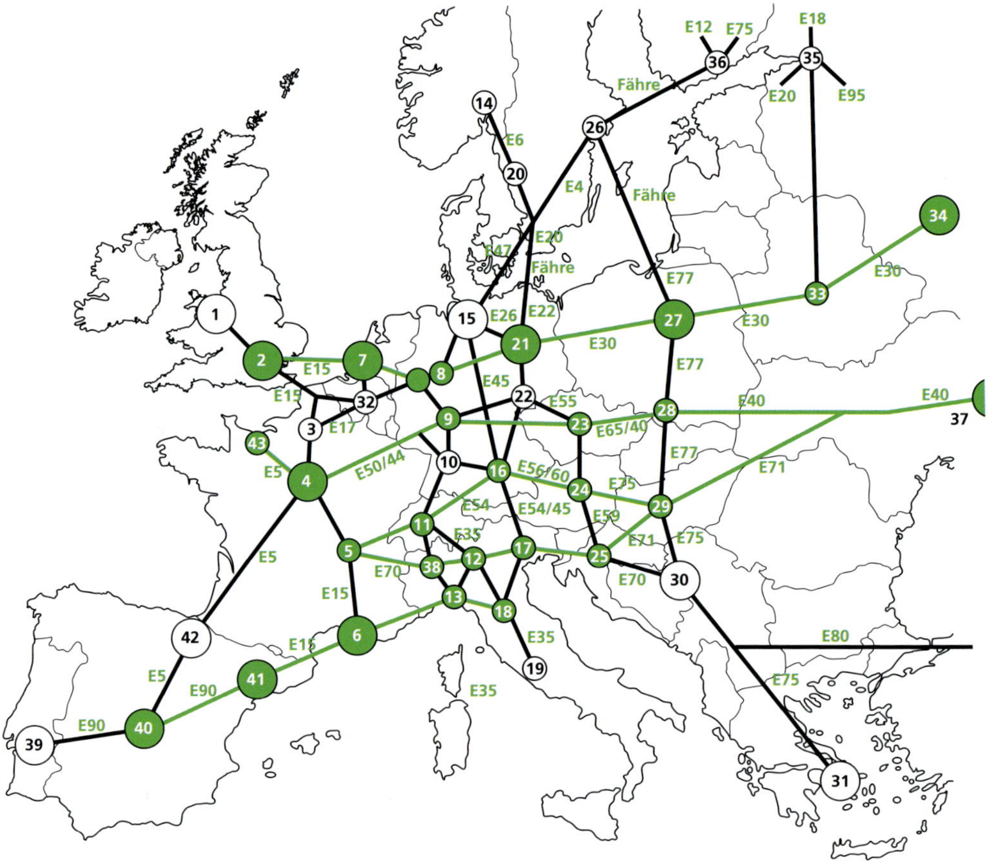

1 Liverpool-Manchester (GB)	15 Hamburg/Unterelbe (D)	30 Belgrad/Novi Sad (YU)
2 Großraum London (GB)	16 Großraum München (D)	31 Athen/Piräus (GR)
3 Lille/Nordfrankreich (F)	17 Verona/Venedig (I)	32 Brüssel/Borinage (B)
4 Großraum Paris (F)	18 Bologna/Modena (I)	33 Minsk (BLR)
5 Großraum Lyon (F)	19 Großraum Rom (I)	34 Großraum Moskau (RUS)
6 Hafenkomplex Marseille (F)	20 Göteborg (S)	35 St. Petersburg (RUS)
7 ARA-Häfen/Randstad/ Holland (NL)	21 Großraum Berlin (D)	36 Helsinki (FIN)
	22 Dresden-Zwickau (D)	37 Donezbecken (UA)
8 Rheinschiene/Ruhrgeb. (D)	23 Großraum Prag (CZ)	38 Turin (I)
9 Rhein-Main-Raum (D)	24 Wien-Linz (A)	39 Lissabon (P)
10 Rhein-Neckar-Raum (D)	25 Laibach/Zagreb (HR)	40 Großraum Madrid (E)
11 Basel/Nordschweiz (CH)	26 Großraum Stockholm (S)	41 Barcelona (E)
12 Mailand (I)	27 Warschau/Lodz (PL)	42 Bilbao/San Sebastian (E)
13 Seehäfen Genua/Savona (I)	28 Kattowitz/Krakau (PL)	43 Le Havre/Rouen (F)
14 Oslo/Moss/Larvik (N)	29 Großraum Budapest (H)	

Beispiel Nationaler Frachtbrief

1 Absender (Name, Anschrift) Primus GmbH Koloniestraße 2 - 4 47057 Duisburg	**FRACHTBRIEF** **für den gewerblichen** **Güterkraftverkehr**
2 Empfänger (Name, Anschrift) Herstadt Warenhaus GmbH Brunostr. 45 45889 Gelsenkirchen	3 Frachtführer (Name, Anschrift) **Transsped GmbH** **Siegfriedstraße 16 - 24** **47226 Duisburg**
4 Meldeadresse	5 nachfolgende Frachtführer (Name, Anschrift)
6 Übernahme des Gutes Versandort 47057 Duisburg Beladestelle Koloniestraße 2 - 4 8 Ablieferung des Gutes Ort Brunostr. 45 Entladestelle 45889 Gelsenkirchen 9 beigefügte Dokumente	7 Vorbehalte und Bemerkungen der Frachtführer

10 Anzahl der Packstücke	11 Zeichen und Nummern	12 Art der Verpackung	13 Bezeichnung des Gutes	14 Bruttogewicht in kg	15 Volumen in m³
14		Paletten	Sammelgut	9000	
	27 Paletten übernommen		*Bestätigung*		
	30.04.20.. Hahn		*Patt*		

16 Gefahrgut-Klassifikation					Nettomasse kg/l	
UN-Nr.		offizielle Benennung				
Nummer Gefahrzettel		Verpackungsgruppe		Tunnelbeschränkungscode		

17 Weisungen des Absenders (Zoll- und sonstige amtliche Behandlung des Gutes)

18 Nachnahme:		20 besondere Vereinbarungen
19 Frankatur	frei Haus	

21 ausgefertigt in Duisburg	am 30.04.20..	Gut empfangen am 02.05.20..
Primus GmbH Koloniestr. 2 – 4 47057 Duisburg *Patt* 22 Unterschrift und Stempel des Absenders	Transsped GmbH Siegfriedstraße 16 – 24 47226 Duisburg *Hahn* 23 Unterschrift und Stempel des Frachtführers	24 Unterschrift und Stempel des Empfängers

	25 amtl. Kennzeichen	26 Nutzlast in kg
Kfz	DU-TL-223	9000
Anhänger		

○ Warenzustellung mit dem Binnenschiff

Insbesondere bei der Beförderung von Massengütern spielt die Binnenschifffahrt (Beförderung auf Flüssen, Kanälen, Binnenseen) eine wesentliche Rolle.

Beispiele Beförderung von Eisenerz, Kohle, Sand, Düngemitteln

Vertragspartner sind der **Befrachter** (Versender) und eine **Schifffahrtsgesellschaft** (Reederei).

Wasserstraßen in Deutschland

Versandarten

Stückgut	In Kisten, Säcken, Paketen usw. verpackte einzelne Frachtgüter werden befördert.
Sammelladung	Mehrere Stückgüter unterschiedlicher Versender werden gemeinsam befördert.
Charter	Befrachtung eines ganzen Schiffes oder eines Teils des Schiffsraums

Insbesondere durch die Versendung von Großcontainern und den Einsatz von Roll-on/Roll-off-Schiffen, die ganze Lastzüge befördern, können Waren umweltschonend und kostengünstig mit Binnenschiffen befördert werden.

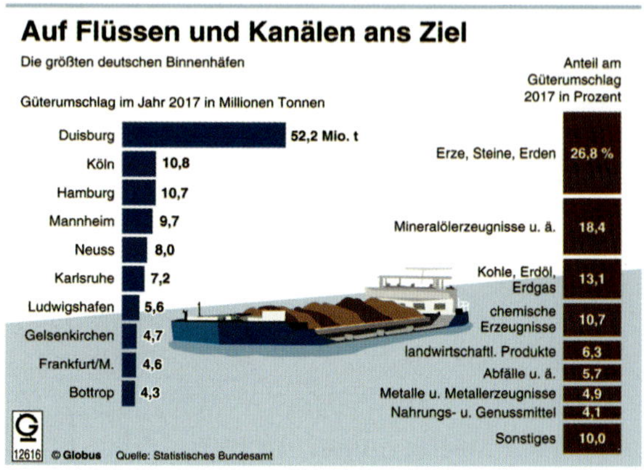

- **Versandpapiere**: Neben dem Frachtbrief (Warenbegleitpapier) wird der Ladeschein verwendet, der ein Warenwertpapier ist. Der Ladeschein enthält die Empfangsbescheinigung des Frachtführers für die Übernahme des Frachtgutes und sein Beförderungsversprechen mit der Verpflichtung, das Frachtgut nur gegen die Vorlage des Ladescheins auszuliefern.
- **Haftung**: Der Binnenschiffer haftet für Verlust, Beschädigung und eine verschuldet verspätete Lieferung.

○ Warenzustellung mit dem Flugzeug

Durch die Versendung von Waren mit dem Flugzeug wird eine schnelle und sichere Beförderung eilbedürftiger, hochwertiger oder empfindlicher Waren ermöglicht **(Luftfrachtverkehr)**.

PRAXISTIPP Landkarten, Atlanten, Lexika, Reiseführer und das Internet sind hilfreiche Informationsquellen.

Versandarten

Luftpost	DHL befördert Päckchen und Pakete (vgl. S. 259) im Inland gegen einen Frachtzuschlag auf dem Luftweg. Bei der Beförderung von Frachtpost ins Ausland (Europa) bietet DHL das DHL Europlus Packstück bis 2500 kg und für Geschäftskunden im B2B-Versand das Europaket (bis 31,5 kg) an (vgl. S. 259).
Luftfracht	Verschiedene Luftverkehrsgesellschaften bieten hier die Beförderung ohne Gewichtsbeschränkung an.

- **Versandpapier**: Luftfrachtbrief (Airway Bill, Warenbegleitpapier und Beweisurkunde), der den Abschluss und Inhalt des Frachtvertrages und den Empfang der Sendung nachweist
- **Haftung**: Weil die Haftung des Frachtführers vertraglich oft stark eingeschränkt wird, werden i. d. R. Frachtversicherungen abgeschlossen.

Die einzelnen Luftverkehrsgesellschaften können die internationalen Frachtentgelte nicht selbst festsetzen, sondern diese werden auf den **IATA[1]-Verkehrskonferenzen** von allen angeschlossenen Gesellschaften (z. B. Lufthansa, Air France, British Airways) gemeinsam vereinbart und danach von den Regierungen der beteiligten Länder genehmigt. Die Entgelte für Inlandspreise werden von den nationalen Luftfrachtführern ohne Einschaltung der IATA erarbeitet und nach Genehmigung durch die jeweilige Regierung veröffentlicht.

○ Vor- und Nachteile der Verkehrsmittel

Um das **optimale Verkehrsmittel** zu finden, sind folgende Faktoren zu berücksichtigen:

- Art der Güter und deren Eigenschaften (Wert der Waren, Verpackungsart, Gewicht, Verderblichkeit und Sperrigkeit)
- Pünktlichkeit des Verkehrsmittels
- Sicherheit der Beförderung
- Beförderungsdauer
- Transportkosten
- Kapazität des Verkehrsmittels
- Umweltverträglichkeit
- Vertragsbedingungen im Beförderungsvertrag

Alle Verkehrsmittel haben unterschiedliche Vor- und Nachteile:

Verkehrsmittel	Vorteile	Nachteile
Lkw (Spediteur/ Frachtführer) 	– hohe Flexibilität – relativ kostengünstig – hohe Transportgeschwindigkeit – umladefreie Haus-Haus-Belieferung von der Beladerampe des Versenders bis zur Entladerampe des Empfängers	– hohe Umweltbelastung, da Energieverbrauch deutlich höher als beim Schienenverkehr – geringe Zuverlässigkeit der Transportzeiten aufgrund von Witterung, Stau, Unfallgefahr – ungeeignet für Massengüter und besonders sperrige Güter aufgrund gesetzlich festgelegter Kapazitätsgrenzen – Mautgebühren bei der Nutzung von Autobahnen und einigen Bundesstraßen

[1] *IATA = International Air Transport Association (Gemeinschaft der Fluggesellschaften vieler Länder mit Sitz in Montreal und Genf)*

Verkehrsmittel	Vorteile	Nachteile
Private Kurier-, Express- und Paketdienste (KEP-Dienste) 	- schnelle Zustellung kleiner Sendungen von Haus zu Haus - große Zuverlässigkeit vom Lieferanten zum Kunden - liefert auch an entlegene Orte - relativ preisgünstig	- schlechte Umweltverträglichkeit - oftmals schlechte Arbeitsbedingungen für die Mitarbeiter von KEP-Diensten
Deutsche Post DHL Group 	- liefert auch an entlegene Orte - relativ preisgünstig	- Waren müssen zur Poststation gebracht werden. - keine Garantie für kurze Lieferzeiten
Eisenbahn 	- gut kalkulierbare Transportzeiten - kostengünstiger Transport von Massengütern - gute Umweltverträglichkeit - geringe Unfallgefahr - hohe Ladekapazität	- geringere Flexibilität aufgrund fester Fahrpläne und festgelegter Streckenführungen - Das Netz ist in den letzten Jahren ausgedünnt worden. - Die Eisenbahn ist an die Schiene gebunden. - Vorläufe und Nachläufe zum und vom Bahnhof erforderlich
Schifffahrt 	- eignet sich besonders für den Transport von Massengütern und sperrigen Gütern - geringer Energieverbrauch - besonders gut geeignet für die Beförderung von Containern - Transport auf Binnenwasserstraßen relativ sicher	- abhängig von Hoch- und Niedrigwasserständen der Flüsse - termingebundener Transport schwierig - deutlich längere Transportzeiten - geringe Netzdichte, da Absender und Empfänger nicht immer an das Binnenwassernetz angeschlossen sind
Luftfahrt 	- Schnelligkeit - besonders geeignet für leicht verderbliche Waren - Der Luftfahrtfrachtverkehr verfügt über ein weltweites Netz von Luftverkehrslinien.	- deutliche höhere Kosten - Belastung der Umwelt durch Lärm und Abgase - zusätzliche Kosten für denTransport zum und vom Flughafen - nur begrenzte Zulademöglichkeit

Um die optimale Versandart für eine Warensendung herauszufinden, können interne (z.B. das eigene Warenwirtschaftssystem) und externe Informationssysteme (z.B. das Internet) genutzt werden.

Sich einen Überblick über verschiedene Arten des Güterversandes verschaffen

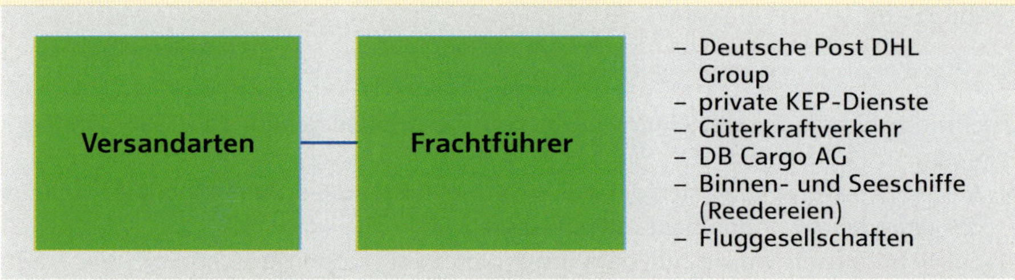

- Die **Deutsche Post DHL Group** befördert alle Sendungen, die ihren Beförderungsbedingungen entsprechen.
- **Private Kurier-, Express- und Paketdienste (KEP-Dienste)** unterliegen keiner Beförderungspflicht. Entgelthöhe und Berechnung sind denen der Deutschen Post DHL Group angeglichen.

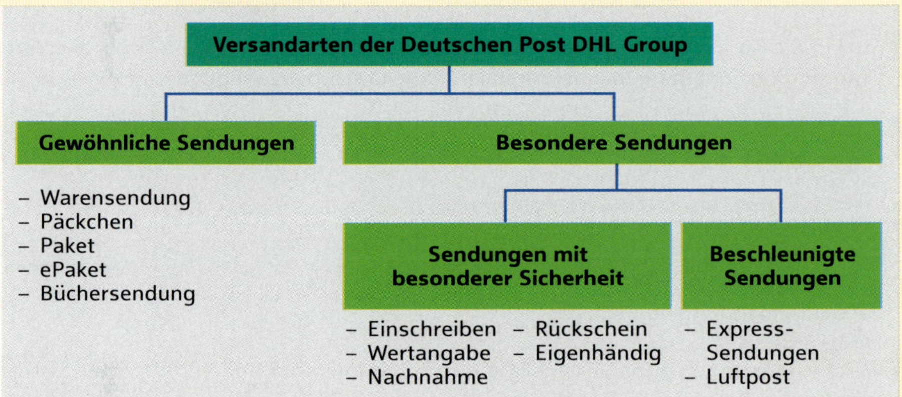

- Die Warenzustellung kann durch Unternehmen des gewerblichen **Güterkraftverkehrs** erfolgen.

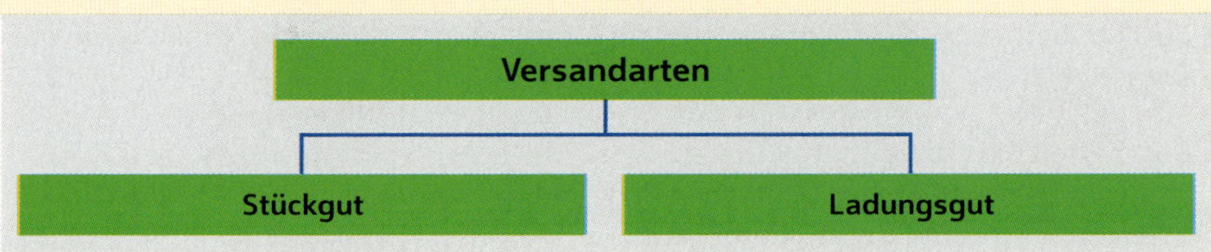

- Die **DB Cargo AG** befördert alle Güter, die ihren Beförderungsbedingungen entsprechen.

Beförderungsarten der DB Cargo AG:
- **Einzelwagenladungsverkehr**: Güterwagen verschiedener Versender und Empfänger werden zu ganzen Zügen zusammengestellt.
- **Ganzzugverkehr**: Beladung von Zügen mit Massengütern
- **Kombinierter Ladungsverkehr**: Beförderung zwischen verschiedenen Versendern und Empfängern mithilfe von Großcontainern und Straßenfahrzeugen

- Beim Güterversand mit **Schiffen** werden die Charter und das Stückgut unterschieden.
- Der Güterversand mit **Flugzeugen** ist geeignet für eilige, empfindliche und wertvolle Ware.

1. Die Primus GmbH sendet einem Kunden per betriebseigenem Lkw 200 Schreibtische Primo zu.
a) Auf welche Weise kann sich der Auslieferungsfahrer die ordnungsgemäße Anlieferung der Ware beim Kunden bestätigen lassen?
b) Ein Schreibtisch wurde auf dem Transport zum Kunden beschädigt. Wer trägt den Schaden?
c) Erläutern Sie, welche Möglichkeiten die Primus GmbH zur Beförderung der Waren zum Kunden hätte, wenn aus innerbetrieblichen Gründen kein betriebseigener Lkw zur Verfügung stünde.

2. Recherchieren Sie im Internet und erläutern Sie die verschiedenen Sendungsarten der Deutschen Post DHL Group.

3. Stellen Sie Vor- und Nachteile, die sich aus der werkseigenen Zustellung von Waren für Unternehmen ergeben, in einer digitalen Regelungsübersicht gegenüber.

4. Erläutern Sie die Unterschiede der Versendungsarten, die die DB Cargo AG anderen Unternehmen anbietet.

5. Erläutern Sie die Haftung
a) der Deutschen Post DHL Group und
b) der DB Cargo AG
bei der Versendung von Waren.

6. Welches Warenbegleitpapier erhält ein Unternehmen bei Anlieferung einer Sendung an den Kunden durch einen Spediteur der DB Cargo AG?
1. Lieferschein
2. Frachtbrief
3. Rechnungskopie
4. Bestellungskopie
5. Auftragsbestätigung

7. Beschreiben Sie, welche Vorteile sich für Unternehmen durch die Nutzung privater KEP-Dienste bieten.

8. Beschaffen Sie sich je
a) einen Paketschein der Deutschen Post DHL Group,
b) einen Frachtbrief der DB Cargo AG,
c) einen Frachtbrief des gewerblichen Güterkraftverkehrs.
Füllen Sie die Vordrucke nach folgenden Angaben aus (Waren nach eigener Wahl):
Absender: Primus GmbH, Koloniestraße 2–4, 47057 Duisburg
Empfänger: Bürofachgeschäft Herbert Blank e. K., Cäcilienstraße 86, 46147 Oberhausen

9. Geben Sie für nachfolgende Waren und Nachrichten eine geeignete Versandart an.
a) schriftliche Kündigung eines Arbeitnehmers
b) eine Sendung Schrott 50 t, Entfernung 200 km
c) Katalog 1 kg
d) 10 Bürostühle, 400 kg, Entfernung 350 km
e) 20 Goldmünzen, Gewicht 1 kg
f) kleine, eilige Ersatzteile, Entfernung 600 km, Gewicht 4 kg
g) 1000 t Erze

10. Nicole Höver, Auszubildende der Primus GmbH, erhält den Auftrag, den Warentransport für folgende Waren kunden- und warenbezogen vorzubereiten:

a) 20 Laser-Multifunktionsgeräte FX640 TI; Kunde: Stadtverwaltung Duisburg
b) 500 4er-Packs USB-Sticks mit 16 GB, die am nächsten Tag beim Kunden sein müssen; Kunde: Klöckner-Müller Elektronik AG, Offenbach
c) 30 Schreibtische Primo; Kunde: Carl Wägli Bürobedarf, Bern (Schweiz)
d) 1000 Druckertische Euratio, Gewicht 20000 kg; Kunde: Herstadt Warenhaus GmbH, Gelsenkirchen
e) 10000 Pakete Kopierpapier X-Offit; Kunde: Computerfachhandel Martina van den Bosch, Venlo (Niederlande)
f) 50000 Primus Bleistifte; Kunde: Modellux GmbH & Co. KG, Münster

Berücksichtigen Sie bei der Auswahl des Transportmittels besonders ökologische Aspekte und begründen Sie Ihre Entscheidungen.

11. Begründen Sie, in welchen Situationen es sinnvoll ist, die Dienste der DB Cargo AG statt der des Güterkraftverkehrs zu nutzen.

3 Sich mit den Rechten und Pflichten des Versenders und des Spediteurs vertraut machen

Die Primus GmbH hat einen weiteren Großauftrag ihres Kunden Carl Wägli Bürobedarf aus Bern (Schweiz) erhalten. 400 Schreibtische Primo, 400 Bandscheiben-Drehstühle Steifensand und 600 Regalelemente Classic sollen geliefert werden. *„Wir sollten einen Spediteur einschalten, für unseren Fuhrpark ist diese Warenmenge zu groß. Zudem kennen die Spediteure die schnellsten Verkehrsbedingungen und die Zoll- und Versicherungsbestimmungen"*, sagt der Abteilungsleiter Lager/Versand Peter Patt zu Sonja Primus. *„Wir könnten die Waren doch mit der DB Cargo AG als Frachtführer versenden lassen"*, antwortet Sonja Primus. Die Auszubildende Nicole Höver, die dieses Gespräch zufällig mitbekommen hat, denkt verwundert: *„Ist denn die DB Cargo AG kein Spediteur?"*

ARBEITSAUFTRÄGE

- Geben Sie an, worin der Unterschied zwischen einem Frachtführer und einem Spediteur besteht.
- Erläutern Sie die wesentlichen Aufgaben eines Spediteurs.

Rechtliche Stellung des Spediteurs

Der Spediteur (vgl. S. 250) ist ein Kaufmann, der **gewerbsmäßig Gütertransporte durch Frachtführer für die Rechnung des Versenders, aber in eigenem Namen besorgt** (§ 453 ff. HGB). Somit ist der Spediteur Vermittler zwischen dem Versender (Auftraggeber) und dem Frachtführer. Spediteure sind aufgrund ihrer Berufserfahrung Logistikfachleute für die Lösung von Transportproblemen, Verkehrsfragen, Zoll- und Versicherungsbestimmungen, wobei sie häufig gleichzeitig Eigentümer von Transportunternehmen und somit auch Frachtführer sind. Zwischen dem Spediteur und dem Auftraggeber wird ein Speditionsvertrag abgeschlossen. LF 2 Der **Speditionsvertrag** ist ein **Dienstvertrag**, wobei der Spediteur dem Versender lediglich die Besorgung des Transports schuldet. Für die Durchführung des Transports kann der Spediteur nicht haftbar gemacht werden. Danach schließt der Spediteur mit dem Frachtführer einen **Frachtvertrag** ab, falls er nicht selbst Frachtführer ist. LF 2 Der Frachtvertrag ist ein **Werkvertrag** (§ 631 ff. BGB). Im Frachtvertrag erscheint der Spediteur auf den Frachtbriefen als Absender. Der Frachtführer haftet für die Durchführung des Transports.

Ein **Frachtbrief** wird in drei Originalen ausgestellt, die vom Absender unterzeichnet werden. Die erste Ausfertigung ist für den Absender bestimmt, die zweite Ausfertigung begleitet die Warensendung bis zum Empfänger und das dritte Exemplar behält der Frachtführer.

Der Frachtbrief ist ein Dokument mit unterschiedlichen **Funktionen**. Er ist

- **Beweisurkunde**: Die Einzelheiten zu allen Beteiligten am Frachtvertrag, zur Sendung und zum Ablauf des Transportes kann man dem Frachtbrief entnehmen. Da alle Beteiligten den Frachtbrief unterschreiben, haben die Angaben Beweiskraft.
- **Übernahmebestätigung**: Durch seine Unterschrift bestätigt der Frachtführer die Übernahme der Sendung vom Absender.

§

§ 453 HGB – Speditionsvertrag

(1) Durch den Speditionsvertrag wird der Spediteur verpflichtet, die Versendung des Gutes zu besorgen.

§ 454 HGB – Besorgung der Versendung

(1) Die Pflicht, die Versendung zu besorgen, umfasst die Organisation der Beförderung, insbesondere

1. die Bestimmung des Beförderungsmittels und des Beförderungsweges,
2. die Auswahl ausführender Unternehmer, den Abschluss der für die Versendung erforderlichen Fracht-, Lager- und Speditionsverträge sowie die Erteilung von Informationen und Weisungen an die ausführenden Unternehmer und
3. die Sicherung von Schadensersatzansprüchen des Versenders.

(2) Zu den Pflichten des Spediteurs zählt ferner die Ausführung sonstiger vereinbarter auf die Beförderung bezogener Leistungen wie die Versicherung und Verpackung des Gutes, seine Kennzeichnung und die Zollbehandlung. Der Spediteur schuldet jedoch nur den Abschluss der zur Erbringung dieser Leistungen erforderlichen Verträge, wenn sich dies aus der Vereinbarung ergibt.

(3) Der Spediteur schließt die erforderlichen Verträge im eigenen Namen oder, sofern er hierzu bevollmächtigt ist, im Namen des Versenders ab.

(4) Der Spediteur hat bei Erfüllung seiner Pflichten das Interesse des Versenders wahrzunehmen und dessen Weisungen zu befolgen.

Beispiel Die Primus GmbH versendet Waren an den Kunden Carl Wägli Bürobedarf.

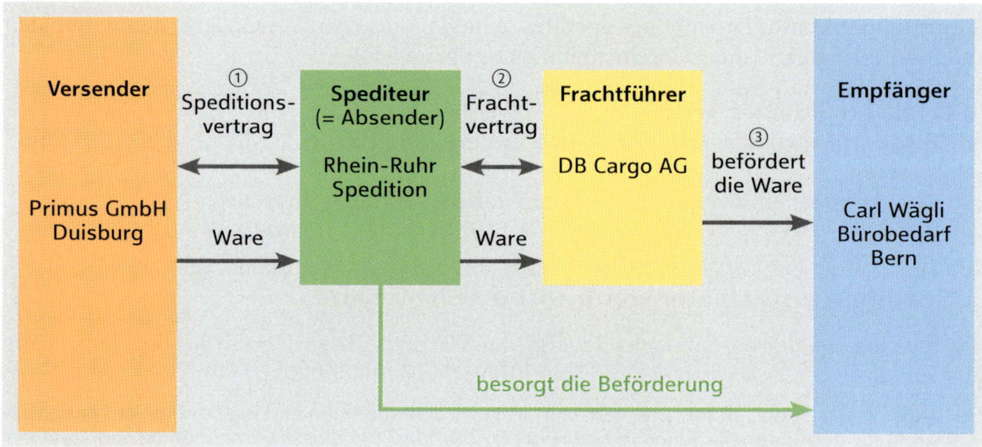

Pflichten und Rechte des Spediteurs

Pflichten des Spediteurs

- **Besorgung der Versendung:** Sie umfasst die Organisation der Beförderung.

  Beispiele Bestimmung des Transportmittels, des Beförderungsweges, Abschluss von Fracht- und Lagerverträgen
- **Sorgfaltspflicht:** Auswahl geeigneter Frachtführer, rechtzeitige Beförderung der Güter auf schnellstem und preiswertestem Wege
- **Rechtswahrungspflicht:** Wahrnehmung der Rechte des Auftraggebers

  Beispiel Die Rheintrans GmbH hat als Frachtführer im Auftrag des Spediteurs Rhein-Ruhr-Spedition für die Primus GmbH Waren unsachgemäß an einen Kunden geliefert. Die Spedition muss die Sachmängelhaftungsansprüche infolge der mangelhaften Lieferung für die Primus GmbH gegen den Frachtführer vertreten.
- **Haftungspflicht:** Haftung bei nachweisbarem Verschulden für alle Schäden an Gütern, die er in Verwahrung genommen hat
- **Weisungsbefolgungspflicht:** Er muss Versandanweisungen des Auftraggebers befolgen.
- **Treuepflicht:** Er darf keine höheren Frachten berechnen, als er mit dem Frachtführer vereinbart hat.

Rechte des Spediteurs

- **Vergütungsrecht:** Anspruch auf Provision und Auslagen
- **Gesetzliches Pfandrecht: Das** Beförderungsgut kann bis zur vollen Bezahlung seiner Forderungen zurückbehalten werden.
- **Selbsteintrittsrecht:** Er ist berechtigt, die Beförderung der Güter selbst als Frachtführer zu übernehmen. Allerdings übernimmt er dann auch die Rechte und Pflichten eines Frachtführers.
- **Sammelladung:** Der Spediteur kann die Versendung des Gutes zusammen mit dem Gut eines anderen Versenders bewirken.

Arbeitsgebiete des Spediteurs

Aufgrund der Marktübersicht der Spediteure helfen diese den Versendern, den nationalen und internationalen Güterverkehr reibungslos abzuwickeln.

§

§ 453 HGB – Speditionsvertrag
(1) Durch den Speditionsvertrag wird der Spediteur verpflichtet, die Versendung des Gutes zu besorgen.
(2) Der Versender wird verpflichtet, die vereinbarte Vergütung zu zahlen.

Spediteur als Anbieter von Transportleistungen

Die meisten Spediteure sind gleichzeitig auch Frachtführer. Durch die Spezialisierung sind im Laufe der Zeit verschiedene Speditionszweige entstanden.

Beispiele Kraftverkehr-, Bahn-, Binnenschiffs-, Luftfrachtspeditionen. Eine häufige Versendungsform stellt der **Sammelladungsverkehr** (vgl. S. 255) dar. Bei dieser Versendungsform stellt der Spediteur Stückgüter verschiedener Versender zu Wagenladungen zusammen. Dadurch wird die Wagenladungsfracht für den Spediteur wesentlich preiswerter als die Summe der einzelnen Stückgutfrachten.

Spediteur als Logistikorganisator

Beim Warenversand müssen oft mehrere Verkehrsträger eingeschaltet werden. Dadurch muss das Transportgut häufig umgeladen (umgeschlagen) werden. Viele Speditionen unterhalten daher **Güterverteil- oder Verkehrzentren und Containerpackstationen**. Diese Maßnahme dient auch dem Abbau von Straßen- und Umweltbelastungen. Der Spediteur organisiert die gesamte Transportkette **(Kombiverkehr)** durch Abschluss und Überwachung der verschiedenen Fracht- und Umschlagsverträge.

Spediteur als Lagerhalter

Bevor die Transportgüter an den Empfänger ausgeliefert werden, müssen sie häufig **zwischengelagert** werden. Hierzu besorgt der Spediteur durch Abschluss eines Lagervertrages mit einem selbstständigen Lagerhalter (vgl. S. 214) geeignete Lagerräume, wenn er selbst über keine geeigneten Lagerräume verfügt. Stellt der Spediteur selbst Lagerräume zur Verfügung, übernimmt er alle Rechte und Pflichten eines selbstständigen Lagerhalters.

Spediteur als Anbieter vielfältiger Dienstleistungen

Häufig bietet ein Spediteur dem Auftraggeber ein Dienstleistungspaket an, das sämtliche Warenbewegungen vom Hersteller bzw. Großhändler über mögliche Zwischenlagerungen bis zur Auslieferung an den Kunden umfasst. Hierzu zählen Transport, Lagerhaltung, Kommissionierung der Waren, Erstellung der Abrechnungsunterlagen, Frachtbriefe, Ursprungszeugnisse, Zollpapiere und Lieferscheine. Ferner berät der Spediteur den Auftraggeber über Verkehrsverbindungen, Zoll-, Ein- und Ausfuhrbestimmungen, Palettengröße usw.

Frachtenbörse

Wenn ein Großhandelsunternehmen Waren an seine Kunden ausliefert, besteht bei der Rückkehr der Lkws die Gefahr, dass das Sendungsaufkommen für das eigene Fahrzeug nicht ausreicht, d.h., es entstehen sog. **Leerfahrten**. Daher sollte sich ein Disponent am Markt nach einer Ladung umsehen, um die Kosten zu senken. Hierzu bietet das Internet über Frachtenbörsen sehr gute Möglichkeiten, die Nachfrager und Anbieter von Sendungen zusammenzuführen, um Leerfahrten zu vermeiden. Frachtenbörsen sind Onlinemarktplätze, auf denen Transporthelfer freie Kapazitäten anbieten oder Versender ihre Versandaufträge veröffentlichen. Hierbei lassen sich zwei Formen der Frachtenbörse unterscheiden:

- **Schwarzes Brett**: Bei dieser Form der Frachtenbörse finden die Preisverhandlungen erst nach der Kontaktaufnahme zwischen Transporthelfer und Versender statt.
- **Auktion**: Bei dieser Form findet die ganze Transaktion einschließlich der Preisverhandlung im Internet statt.

Frachtenbörsen vermitteln somit Laderaum und Ladung im deutschen und europäischen Güterkraftverkehr. Angebote und Nachfragen werden hierbei laufend in ein computergestütztes Informationssystem eingegeben.

Beispiele für Frachtenbörsen 123cargo, box24, LKWonline, sennder, Uber Freight, teleroute, CARGONEXX

Sich mit den Rechten und Pflichten des Versenders und des Spediteurs vertraut machen

- Der Spediteur ist ein **selbstständiger Kaufmann**, der gewerbsmäßig die **Versendung von Gütern** durch Frachtführer **für Rechnung des Versenders, aber in eigenem Namen besorgt.**
- Zwischen dem Spediteur und dem Auftraggeber wird **ein Speditionsvertrag (Dienstvertrag)** abgeschlossen.
- Zwischen dem Spediteur und dem Frachtführer wird ein **Frachtvertrag (Werkvertrag)** abgeschlossen.

Pflichten des Spediteurs	Rechte des Spediteurs
– Besorgung der Versendung – Sorgfaltspflicht – Rechtswahrungspflicht – Haftungspflicht – Weisungsbefolgungspflicht – Treuepflicht	– Vergütungsrecht – gesetzliches Pfandrecht – Selbsteintrittsrecht – Sammelladung

- Nimmt der Spediteur das **Selbsteintrittsrecht** in Anspruch, übernimmt er die Rechte und Pflichten eines Frachtführers.
- **Arbeitsgebiete des Spediteurs**
  - Spediteur als Anbieter von Transportleistungen
  - Spediteur als Logistikorganisator
  - Spediteur als Lagerhalter
  - Spediteur als Anbieter vielfältiger Dienstleistungen
- **Frachtenbörsen** sind Onlinemarktplätze, auf denen Transporthelfer freie Kapazitäten anbieten oder Versender ihre Versandaufträge veröffentlichen.

- Optimierung der Routen- und Tourenplanung,
- Erstellung der notwendigen Transportpapiere.

Güterzusammenstellung für Touren

Touren sind regelmäßige Anfahrten beim Kunden. Mit der **Tourenplanung** wird eine optimale Lösung der Transporte angestrebt. Dabei werden folgende Punkte berücksichtigt:

- Zahl der Standorte der anzufahrenden Kunden,
- abzufahrende Strecke in Kilometern und Abladezeiten,
- Auslieferungsmenge nach Stückzahl und Gewicht,
- Anlieferungszeiten beim Kunden.

Der Gütertransport kann mithilfe eines leistungsfähigen computergestützten Warenwirtschaftssystems optimal vorbereitet werden. Die optimale Tourenplanung per Computer senkt Fahrtkosten und verkürzt die Lieferzeit.

Auswahl der Versandart

Bei der Auswahl des geeigneten Verkehrsträgers wird im Warenwirtschaftssystem der Menüpunkt „Aufträge" gewählt. Nach Eingabe der wichtigsten Daten (Umfang, Größe und Gewicht der zu liefernden Waren) erfolgt ein **Versandvorschlag** für eine Versandart. Steht keine geeignete Versandart zur Verfügung, kann der Sachbearbeiter eine Versandart frei wählen.

Beispiel Sollen zehn Pakete Kopierpapier versandt werden, schlägt das Warenwirtschaftssystem automatisch einen Paketdienst vor. Wird eine ganze Palette Kopierpapier versandt, schlägt das Warenwirtschaftssystem den werkseigenen Lieferwagen vor.

Optimierung der Touren- und Routenplanung

Erfolgt der Versand mit dem werkseigenen Fuhrpark, werden die Aufträge nach der Kommissionierung (Zusammenstellung der Waren für einen Kunden) den jeweiligen Tourenplätzen (Stellplätze des Fuhrparks) zugeführt. Die jeweilige Zuordnung der Touren erfolgt über die Menüpunkte **„Aufträge"** und **„Auftragsdatei"** des Warenwirtschaftssystems, wo die Kunden mit den jeweiligen Zielorten enthalten sind.

Der Tourendisponent hat mit dem Menüpunkt **„Tourenverwaltung"** zu jeder Zeit eine Übersicht über den Zustand einer bestimmten Tour. Durch die Schnelligkeit und Zuverlässigkeit der täglichen Tourenplanung kann es für ein Großhandelsunternehmen zu kürzeren Lieferfristen und damit zu Wettbewerbsvorteilen kommen. Zusätzlich zu den anfallenden Kosten des eingesetzten Fahrzeugs sowie den Kosten der Fahrzeugführer muss die **Autobahnmaut** für das eingesetzte Fahrzeug eingeplant werden.

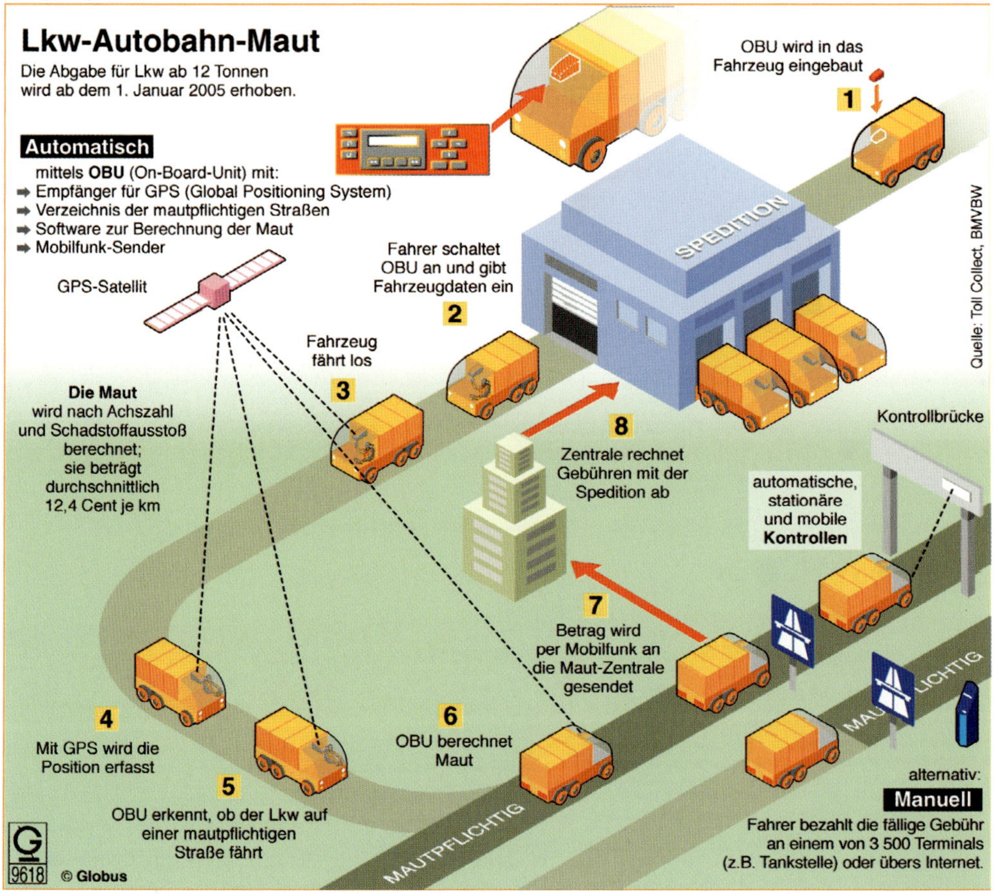

Die **Routenplanung** hat der Fahrzeugführer vor Fahrtbeginn festzulegen. Durch den Einsatz eines Warenwirtschaftssystems können Lieferungen in die gleiche Region zusammengefasst und den Fahrzeugen des werkseigenen Fuhrparks mithilfe digitaler Straßenkarten und der Kundenstammdatei zugeordnet werden.

Im Navigationssystem werden dann die Touren unter Berücksichtigung von Kundenvorgaben, Kapazitäten und den Arbeits- sowie Pausenzeiten der Fahrzeugführer, einschränkenden Nebenbedingungen wie Lenkzeiten, Fahrverboten und Lieferzeitfenstern in Innenstädten zusammengestellt. Es kann zudem zwischen **Tagestouren** zu Kunden, die nur selten angefahren werden, und **Standardtouren** zu Kunden, die regelmäßig angefahren werden, unterschieden werden.

Mithilfe eines **Tourenverwaltungsprogramms** innerhalb eines Warenwirtschaftssystems kann eine optimale Tourenplanung erfolgen, wodurch wiederum Fahrtkosten gesenkt und Lieferzeiten verringert werden können.

Beispiel Andreas Brandt erstellt eine Tourenplanung für die Lieferung der Waren an die Kunden Bürofachgeschäft Herbert Blank e.K. in Oberhausen, Herstadt Warenhaus GmbH in Gelsenkirchen und Modellux GmbH & Co. KG in Münster (vgl. S. 267). Gleichzeitig sollen aus Münster von der Spedition TEDEX GmbH, Dachsleite 24 – 32, 48157 Münster 520 leere Europaletten zurück zur Spedition Rheintrans GmbH, Burgstraße 104 – 108, 47137 Duisburg gebracht werden.

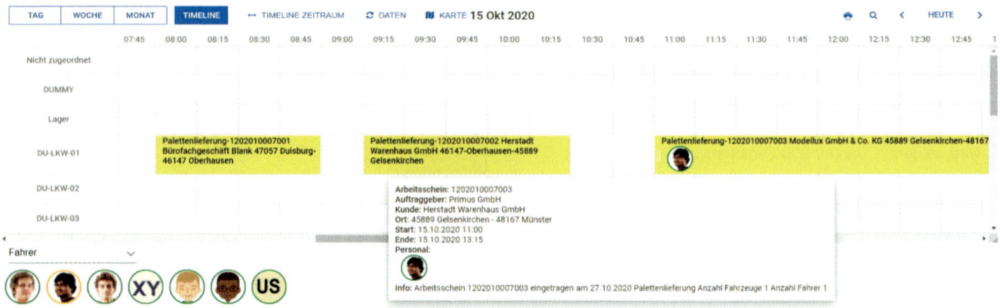

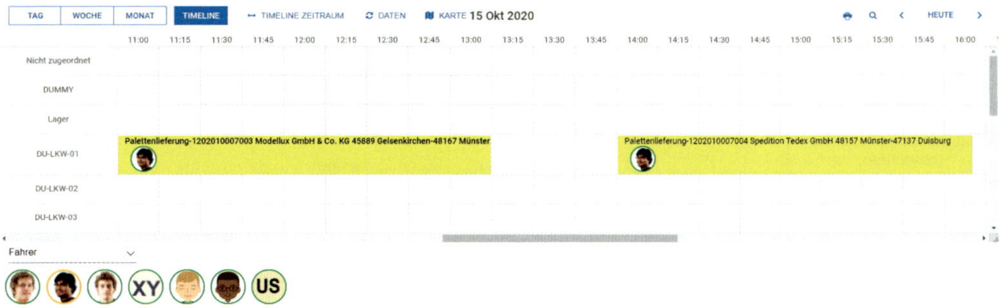

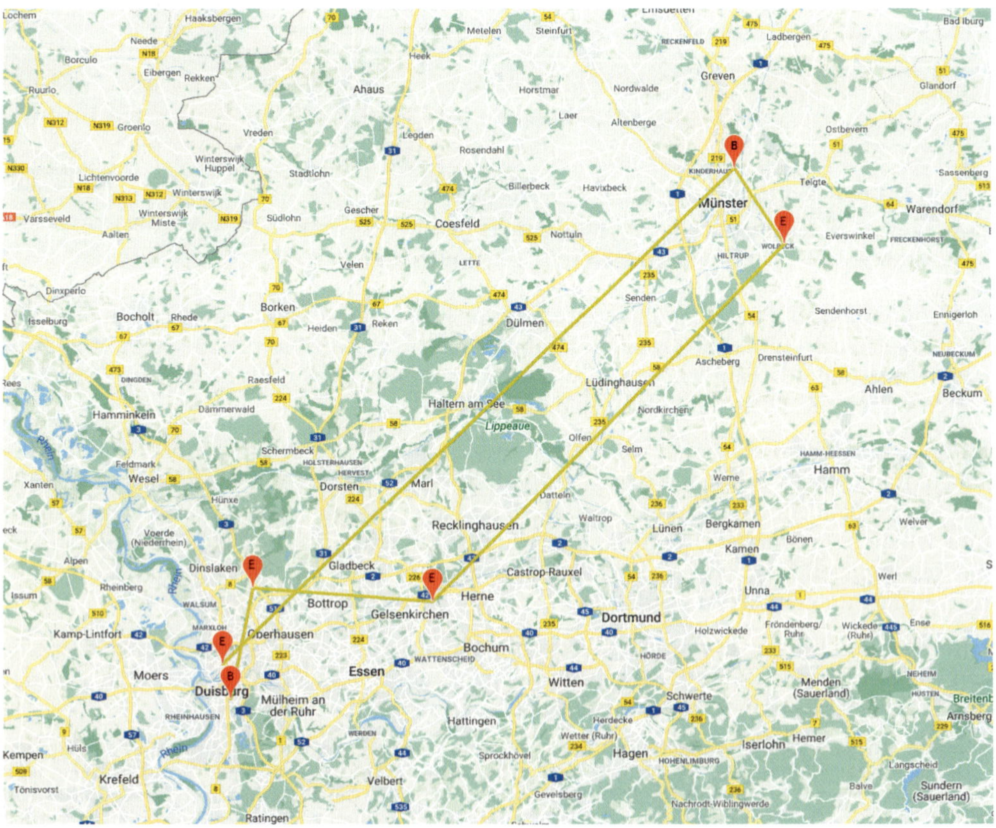

Quelle: MOVINGSTAR.DE GmbH, Hennef

Erstellung der notwendigen Transportpapiere

Die erforderlichen Transportpapiere

- **Lieferschein**,
- **Ladeschein** für Lkws,
- **Versandpapiere** für die Übergabe der Waren an die Bahn oder an andere werksfremde Transporteure,
- **Adressaufkleber** für Postsendungen

können schon bei der Aufnahme der Daten für die Bestellung erfasst werden. Dadurch dass bei der Annahme der Bestellung im Warenwirtschaftssystem alle erforderlichen Daten bereits eingegeben worden sind, können die Personalkosten bei der Erstellung der Transportpapiere reduziert werden.

Nach § 443 HGB kann vom Frachtführer ein **Ladeschein** ausgestellt werden, der die Verpflichtung des Frachtführers verbrieft, die Waren auszuliefern. Hierbei kann ein Absender von einem Frachtführer nach Übernahme der zu versendenden Waren verlangen, einen Ladeschein zu unterzeichnen (§ 444 HGB). Ein Ladeschein stellt eine **Frachturkunde** dar, in der sich ein Frachtführer verpflichtet, das Frachtgut an denjenigen zu übergeben, der den Ladeschein übergibt. Die Ausfertigung eines Ladescheins erfolgt normalerweise in einem Original und einer Abschrift, die anstelle des Frachtbriefs als Begleitbrief in den Händen des Frachtführers verbleibt. Ladescheine sollten dieselben Angaben wie die in § 408 HGB genannten Angaben zum Frachtbrief enthalten.

§

§ 443 HGB – Ladeschein, Verordnungsermächtigung
(1) Über die Verpflichtung zur Ablieferung des Gutes kann von dem Frachtführer ein Ladeschein ausgestellt werden, der die in § 408 Abs. 1 genannten Angaben enthalten soll. Der Ladeschein ist vom Frachtführer zu unterzeichnen; eine Nachbildung der eigenhändigen Unterschrift durch Druck oder durch Stempel genügt.
(2) Ist der Ladeschein an Order gestellt, so soll er den Namen desjenigen enthalten, an dessen Order das Gut abgeliefert werden soll. Wird der Name nicht angegeben, so ist der Ladeschein als an Order des Absenders gestellt anzusehen.

§ 444 HGB – Wirkung des Ladescheins, Legitimation
(1) Der Ladeschein begründet die Vermutung, dass der Frachtführer das Gut so übernommen hat, wie es im Ladeschein beschrieben ist; § 409 Absatz 2 und 3 Satz 1 gilt entsprechend.

§ 445 HGB – Ablieferung gegen Rückgabe des Ladescheins
(1) Nach Ankunft des Gutes an der Ablieferungsstelle ist der legitimierte Besitzer des Ladescheins berechtigt, vom Frachtführer die Ablieferung des Gutes zu verlangen. Macht er von diesem Recht Gebrauch, ist er entsprechend § 421 Absatz 2 und 3 zur Zahlung der Fracht und einer sonstigen Vergütung verpflichtet.

Der Ladeschein kann durch ein **Indossament** (Übertragungsvermerk auf der Rückseite des Ladescheins) übertragen werden. Der berechtigte Besitzer des Ladescheins ist Eigentümer der im Papier beschriebenen Waren, somit wird der Ladeschein zu einem **Warenwertpapier**. Ladescheine können auch in elektronischer Form ausgestellt werden.

Bei den Ladescheinen wird unterschieden in Namens- und Orderladeschein:

- **Namensladeschein**: Der Empfänger wird im Ladeschein namentlich genannt.
- **Orderladeschein**: Statt des Empfängernamens steht die Klausel „an Order“ oder der Name ist mit dem Zusatz „oder an dessen Order“ versehen.

Möglichkeiten der Sendungsverfolgung und Terminüberwachung

Bei den meisten Transportprozessen benötigen sowohl der Versender als auch der Endempfänger Informationen über den Aufenthaltsort bzw. den Abfertigungsstatus ihrer Sendungen. Hierzu bedienen sich die beteiligten Unternehmen des **Trackings** (engl. to track = verfolgen) und des **Tracings** (engl. to trace = nachverfolgen).

- **Tracking (Sendungsverfolgung)**: Hierunter versteht man das Auffinden eines Versandstückes. Diese Möglichkeit stellt nicht nur ein Sicherheitswerkzeug für den Spediteur dar, sondern hat gleichzeitig einen deutlichen Mehrwert für den Versender und den Empfänger. Diese Informationen können dem Empfänger zur Verfügung gestellt werden, wodurch die Ankündigung der Sendung für den Empfänger überflüssig wird.
- **Tracing (Sendungsrückverfolgung)**: Hiermit kann überprüft werden, welchen Weg das Versandstück genommen hat. Dadurch ist nachvollziehbar, wo sich das Versandstück zu einem bestimmten Zeitpunkt befunden hat und wer die Obhut über das Versandstück hatte.

Diese Möglichkeiten der Verfolgung des Weges eines Versandstückes werden u. a. durch folgende fortschrittliche Kommunikationstechniken und technische Hilfsmittel ermöglicht:

- **Barcode-Technik**: Dies ist die heute üblichste Form der Sendungsverfolgung. Hierbei wird das Versandstück mit einem Barcode-Label versehen. Somit ist das Versandstück mit einem **Strich- oder QR-Code** (engl. quick response = schnelle Antwort) versehen. Diese Kennzeichnung steht für eine Nummer, die wiederum den Schlüssel zu den Sendungsdaten darstellt, die in der Datenverarbeitung hinterlegt sind. Somit können zu jedem Versandstück unmittelbar alle notwendigen Daten wie Versender, Empfänger, Anzahl der Versandstücke oder Gewicht der Versandstücke aufgerufen werden. An den einzelnen Schnittstellen erfolgt dieser Vorgang mithilfe von Handscannern.

42000010218780 2 - 2

Barcode-Label

Erläuterungen															
4	2	0	0	0	0	1	0	2	1	8	7	8	0	2	2
Nummer des Übernahme-Verteilzentrums			Sendungsnummer										Packstück-Nr.		Prüfziffer

Der **Barcode** ist der „Fußabdruck“ eines Versandstückes von der Versandfreigabe bis zur Auslieferung an den Empfänger. Hiermit erfolgt eine lückenlose Sendungsverfolgung, wenn die Versandstücke an allen wichtigen Schnittstellen (Scanpunkten) durch Scannen registriert und die damit verbundenen Daten in einer Sendungsdatenbank gespeichert werden. Alle Beteiligten am Versand werden somit in die Lage versetzt, den Status (**Statusreport**) des Versandstückes abzufragen.

Folgende **Scanpunkte** für ein Versandstück sind denkbar:
- Übernahme der Versandstücke beim Versender durch Nahverkehrsfahrzeuge
- Eingang der Versandstücke beim Versandspediteur durch Nahverkehrsfahrzeuge
- Ausgang beim Versandspediteur durch Fernverkehrsfahrzeuge
- Eingang beim Empfangsspediteur durch Fernverkehrsfahrzeuge
- Ausgang beim Empfangsspediteur durch Nahverkehrsfahrzeuge
- Zustellung beim Empfänger durch Nahverkehrsfahrzeuge

- **RFID-Technik**: Die RFID-Technologie (engl. radio-frequency identification = Radiofrequenz-Identifikation) ist in der Lage, Daten kontaktlos zu übermitteln. Das Herzstück dieser Technologie ist ein **Mikrochip**, der sich in einem Gehäuse, dem sog. **Transponder**, befindet, wobei der Transponder einen programmierbaren Datenträger darstellt. Der Mikrochip speichert Informationen und gibt sie über eine Spule (Antenne, die sich ebenfalls im Transponder befindet) an die Umgebung ab. Der Nummernschlüssel wird nicht optisch, sondern mit elektromagnetischen Wellen umgesetzt. Dieses automatisierte Identifikationsverfahren beruht auf dem Einsatz eines Codiersystems, das wiederum aus einer Schreibstation (Codierer), einem Datenträger sowie einer Lesestation (Decodierer) besteht.

Mikrochip

Elektronisches Etikett

Die **Vorteile der RFID-Technik** gegenüber dem Barcode-Einsatz sind:
- größere Datenkapazität des Mikrochips
- höhere Lesegeschwindigkeit
- gleichzeitige Erfassung mehrerer Transponder möglich
- Je leistungsfähiger der Transponder und die Schreib-Lese-Station sind, desto weiter kann die Entfernung zwischen den beiden Komponenten sein.

Für den Werkverkehr eine Tourenplanung durchführen

- Eine **Tour** wird durch die Anzahl der Kunden, die in einem Versandlager beginnende und bei Empfängern endende Fahrt beschrieben.
- Eine **Tourenplanung** ist die kostenoptimale, EDV-gestützte Planung und Durchführung inner- und außerbetrieblicher Transportaufgaben mit eigenen oder fremden Fahrzeugen.

- Mithilfe eines geeigneten **Warenwirtschaftssystems** können sowohl bei werkseigenem als auch bei werksfremdem Warentransport Tourenplanungen und -verwaltungen vorgenommen sowie die notwendigen Transportpapiere erstellt und archiviert werden.
- Der **Ladeschein** wird auf Verlangen des Absenders vom Frachtführer ausgestellt, nachdem der Frachtführer die zu transportierende Ware verladen hat. Damit bestätigt der Frachtführer, dass er die Waren erhalten hat. Zudem verpflichtet er sich, die erhaltenen Waren an den im Ladeschein bezeichneten Empfänger auszuliefern.
- Damit die Beteiligten am Gütertransport zu jedem Zeitpunkt des Warentransports den Status einer Sendung verfolgen können, kann die **Sendungsverfolgung** genutzt werden.
- Beim **Tracking** (Ermittlung des Sendungsstatus) kann überprüft werden, wo sich eine Warensendung befindet.
- Beim **Tracing** (Sendungsrückverfolgung) wird überprüft, welchen Weg eine Warensendung genommen hat.
- Beide Verfahren nutzen zur Sendungsverfolgung die **RFID-Technik**, d.h., die Sendung wird per Funk überwacht.

1. Überprüfen Sie, welche Daten für eine Tourenplanung vorliegen müssen.
2. Geben Sie an, welche Aufgaben bei einer Tourenplanung von einem Warenwirtschaftssystem übernommen werden können.
3. Beschreiben Sie, wie betriebliche Touren in einem Großhandelsunternehmen optimiert werden können.
4. Überprüfen Sie in Ihrem Ausbildungsunternehmen, welche Versandpapiere bei einer Tour jeweils erstellt werden müssen.
5. Erläutern Sie im Zusammenhang mit der Sendungsverfolgung Tracing und Tracking.
6. Beschreiben Sie die Vorteile der RFID-Technik bei der Sendungsverfolgung.

5 Versandpapiere für verschiedene Verkehrsträger bearbeiten

Nicole Höver hat der Klöckner-Müller Elektronik AG 400 Rollen für den Arbeitssessel ergo-design-natur als Nachnahme per Bahnfracht zusenden lassen. Nach einem Tag spricht Herr Winkler Nicole an: *„Haben Sie gestern die Rollen an die Klöckner-Müller Elektronik AG abgeschickt?“ „Selbstverständlich habe ich das gemacht, hier ist der Bahnfrachtbrief, ich habe dem Kunden die Rollen per Nachnahme zugesandt“*, antwortet Nicole. *„Das darf doch wohl nicht wahr sein! Wieso haben Sie die Rollen per Nachnahme versandt? Wir haben die Versand-*

kosten bereits in der Rechnung an den Kunden ausgewiesen. Der Kunde muss doch die Versandkosten nicht zweimal für die gleiche Ware zahlen", stöhnt Herr Winkler. *„Veranlassen Sie umgehend, dass dem Kunden die Ware ohne Nachnahmeerhebung übergeben wird."*

ARBEITSAUFTRÄGE

- Erläutern Sie die wesentlichen Inhalte eines Frachtbriefes.
- Geben Sie an, wie Nicole hätte veranlassen können, dass die Sendung ohne Nachnahmeerhebung ausgeliefert wird.

Frachtvertrag

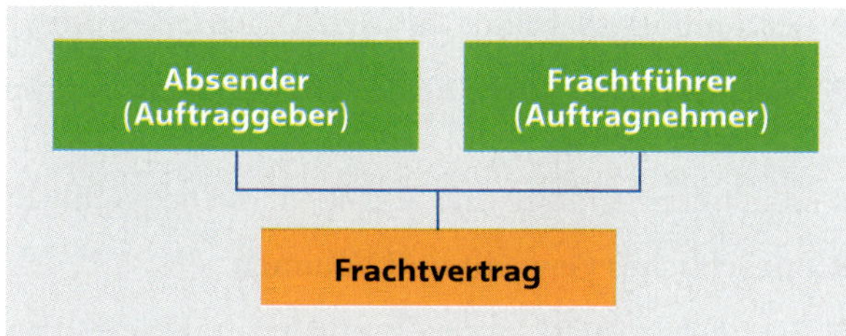

Will ein Großhändler Waren mit einem Transporteur versenden, wird er mit diesem einen Frachtvertrag abschließen. Der **Frachtvertrag** kommt zustande, indem der Absender (Auftraggeber) dem Frachtführer (Auftragnehmer) das Transportgut zusammen mit dem Beförderungspapier (Frachtvertrag im Bahn- und Lkw-Verkehr) übergibt. Der Transporteur verpflichtet sich durch den Frachtvertrag, die zu versendenden Güter innerhalb der vereinbarten Lieferfrist und mangelfrei zum angegebenen Bestimmungsort zu versenden und an den berechtigten Empfänger auszuhändigen. Der Absender hat sich mit der Abgabe des Frachtbriefes mit den Transportbedingungen einverstanden erklärt und verpflichtet sich, das vereinbarte Frachtentgelt zu bezahlen. Die Kosten für die Fracht können auch auf den Empfänger abgewälzt werden (Klausel: unfrei).

Inhalt des Bahnfrachtbriefs

Nach § 408 HGB hat ein Frachtbrief folgenden Inhalt:

§ 408 HGB – Frachtbrief, Verordnungsermächtigung

(1) Der Frachtführer kann die Ausstellung eines Frachtbriefs mit folgenden Angaben verlangen:

1. Ort und Tag der Ausstellung;
2. Name und Anschrift des Absenders;
3. Name und Anschrift des Frachtführers;
4. Stelle und Tag der Übernahme des Gutes sowie die für die Ablieferung vorgesehene Stelle;
5. Name und Anschrift des Empfängers und eine etwaige Meldeadresse;
6. die übliche Bezeichnung der Art des Gutes und die Art der Verpackung, bei gefährlichen Gütern ihre nach den Gefahrgutvorschriften vorgesehene, sonst ihre allgemein anerkannte Bezeichnung;

7. Anzahl, Zeichen und Nummern der Frachtstücke;
8. das Rohgewicht oder die anders angegebene Menge des Gutes;
9. die bei Ablieferung geschuldete Fracht und die bis zur Ablieferung anfallenden Kosten sowie einen Vermerk über die Frachtzahlung;
10. den Betrag einer bei der Ablieferung des Gutes einzuziehenden Nachnahme;
11. Weisungen für die Zoll- und sonstige amtliche Behandlung des Gutes;
12. eine Vereinbarung über die Beförderung in offenem, nicht mit Planen gedecktem Fahrzeug oder auf Deck. [...]

Für alle Beförderungen von Waren mit der DB Cargo AG und dem gewerblichen Güterkraftverkehr ist ein Frachtbrief auszustellen. Beim Bahnfrachtbrief sind die grün unterlegten Felder vom Absender auszufüllen, die übrigen Angaben werden von der DB Cargo AG ausgefüllt.

Der vollständig ausgefüllte **Bahnfrachtbrief enthält folgende Angaben**:

- Postanschrift des Absenders und des Empfängers (mit Postleitzahl)
- Bestimmungsbahnhof (bei Stückfracht: Bestimmungsbahnhof mit Postleitzahl)
- Wagennummer (bei Stückfracht: Zeichen, Nummer des Waggons, Stückzahl und Art der Verpackung)
- Inhalt der Sendung und Angaben, die bei gefährlichen Gütern vorgeschrieben sind
- tatsächliches Gewicht und Volumen
- Zahlungsvermerk (frei: Absender bezahlt die Fracht; unfrei: Empfänger soll die Fracht bezahlen)
- Angabe des Lieferwertes (bis zu diesem Wert haftet die DB Cargo AG) und Bahnnachnahme
- Frachtberechnungen und Tagesstempel der Güterabfertigung des Versandbahnhofs

Für den internationalen Güterverkehr ist ein fünfteiliger und für den inländischen Güterverkehr ein mehrteiliger **Bahnfrachtbriefsatz** vorgesehen.

Internationaler Bahnfrachtbrief (vgl. S. 291)	Inländischer Bahnfrachtbrief
1 CIM-Frachtbrief (für Empfänger)	Versandblatt (für die Güterabfertigung des Versandbahnhofs)
2 Frachtkarte (für Güterabfertigung des Bestimmungsbahnhofs)	Empfangsblatt (für die Güterabfertigung des Bestimmungsbahnhofs)
3 Empfangsschein (für Güterabfertigung des Bestimmungsbahnhofs)	Frachtbrief (für den Empfänger), der die Sendung begleitet
4 Frachtbriefdoppel (für Absender)	Frachtbriefdoppel (für den Absender)
5 Versandschein (für Güterabfertigung des Versandbahnhofs)	
Die Blätter 1, 2 und 3 begleiten die Warensendung bis zum Bestimmungsbahnhof.	Der Auftraggeber erhält eine Quittung des Auftrages (Auftragsquittung zu Auftrags-Nr.). Für nationale Schienentransporte gibt es keine beförderungsbegleitenden Transportdokumente mehr.

Beispiel Internationaler Bahnfrachtbrief der Primus GmbH bei der Versendung einer Ware an den Kunden Carl Wägli Bürobedarf

Frachtbrief – Lettre de voiture – Lettera di vettura CIM 1 – Expressgut – Colis express – Colli espressi 2

E-864301429

Internationale Eisenbahnbeförderung – Transport international ferroviaire – Trasporto internazionale per ferrovia

(10) Absender (Name, Anschrift) – Expéditeur (nom, adresse) – Mittente (nome, indirizzo)

Primus GmbH
Kolonieststraße 2–4 DNr. 517689751
47057 Duisburg

(13) Erklärungen – Déclarations – Dichiarazioni (CIM/TIEx Art. 13, 19, 26 etc.)

Sammelwarenerklärung Stellungsfrei
unter Kenn-Nr. SAM-300/812

(15) Empfänger (Name, Anschrift, Land) – Destinataire (nom, adresse, pays) – Destinatario (nome, indirizzo, paese)

Carl Wägli Bürobedarf
Ostermundinger Straße 121
CH - 3030 Bern

(20) Tauschpaletten – Palettes échangeables – Palette scambiabili: Anzahl – Nombre – Quantità 1

(24) CIM – Zahlung der Kosten – Paiement des frais – Pagamento delle spese: 1 Franko Fracht – Franco de port – Franco di porto: unfrei

(25) Expressgut – Colis express – Colli espressi: X 1 Franko – Franco

(28) Wagenladung – Wagon complet – Carro completo 1; Stückgut – Détail – Piccole partite 2

(29) Verladen durch: – Chargé par: – Caricato da: Absender – Expéditeur – Mittente 1; Eisenbahn – Chemin de fer – Ferrovia 2

(30) Bestimmungsbahnhof, Land und Ablieferungsstelle – Gare destinataire, pays et lieu de livraison – Stazione destinataria, paese e luogo di riconsegna

Name – Nom – Nome: CH-3030 Bern
Land – Pays – Paese: Schweiz
Hauszufuhr – Livrable à domicile – A domicilio: X

(31) Zeichen (gegebenenfalls)/Anzahl/Art der Verpackung/Bezeichnung des Gutes – Marques (le cas échéant)/Nombre/Nature de l'emballage/Désignation de la marchandise – Marche (se del caso)/Quantità/Genere dell'imballaggio/Designazione della merce

1 Wagenladung
500 Schreibtische

(32) RID

(33) Zolltarifnummer – No du tarif douanier – No tariffa doganale: Waren-Nr. 6140

(34) Masse – Massa kg: 40 000,00 kg

FRACHTBRIEFORIGINAL – ORIGINAL DE LA LETTRE DE VOITURE – ORIGINALE DELLA LETTERA DI VETTURA

(36) Beilagen zum Frachtbrief – Annexes à la lettre de voiture – Allegati alla lettera di vettura

1 Rechnung
1 Packliste
1 AE Nr. I 796385
1 EUR 1 Nr. 754476

(37) Interesse an der Lieferung – Intérêt à la livraison – Interesse alla riconsegna: Währung – Monnaie – Valuta 80

(38) Barvorschuss – Débours – Spese anticipate: nichts

(39) Nachnahme – Remboursement – Assegno: nichts

(95) Versanddatum (Tag – Monat – Stunde) – Date d'expédition – Data di spedizione: .. 03 01

(96) Kontroll-Etikette – Etiquette de contrôle – Etichetta di controllo: Land – Pays – Paese 80

1

Rückseite beachten – Voir au verso – Vedi a tergo

1. Nein, sie leistet keinen Schadenersatz.
2. Ja, sie haftet für den Wert der Sendung bis 500,00 € je Paket.
3. Sie haftet nur, wenn ein Verschulden ihrer Mitarbeiter nachgewiesen werden kann.
4. Ja, sie haftet für den Wert der Sendung bis 250,00 € je Paket.
5. Ja, sie haftet unbegrenzt für den Schaden.

Wiederholung zu Lernfeld 12

Übungsaufgaben

1. Bei einer Güterbeförderung mit der DB Cargo AG ist ein Teil der Sendung verloren gegangen, ein anderer Teil wurde erheblich beschädigt. In welchem Umfang haftet die DB Cargo AG bei der Güterbeförderung?
Sie haftet
1. nur bei Beschädigung der Sendung.
2. nur, wenn eine Zusatzversicherung abgeschlossen wurde.
3. nur bei Verlust von Waren.
4. für Schäden, die durch Verlust oder Beschädigung entstehen.
5. auch bei höherer Gewalt.

2. Welche Aufgaben hat ein Spediteur nach dem HGB?
Der Spediteur
1. übernimmt gewerbsmäßig die Einlagerung und Aufbewahrung von Waren für andere.
2. lässt gewerbsmäßig Güter im eigenen Namen und für fremde Rechnung durch Frachtführer versenden.
3. versendet gewerbsmäßig Güter im eigenen Namen und für eigene Rechnung.
4. versendet gewerbsmäßig Güter im fremden Namen und für fremde Rechnung.
5. lässt gewerbsmäßig Güter im fremden Namen und für eigene Rechnung durch Frachtführer versenden.

3. Welchen Vorteil hat die Versendung einer Ware mit einem Brief als „Einschreiben“ durch die Deutsche Post AG für den Absender?
1. Die Deutsche Post AG befördert und stellt den Brief besonders schnell zu.
2. Der Absender kann die Auslieferung der Sendung beweisen.
3. Die Sendung wird nur gegen Bezahlung des Warenwertes ausgeliefert.
4. Bei Verlust der Sendung ersetzt die Deutsche Post AG den vollen Warenwert.
5. Der Absender kann Waren bis 20 kg Gewicht versenden.

4. In welchem Fall verstoßen Ihre Regelungen bezüglich der Warenauslieferung und Tourenplanung gegen ökonomische Zielsetzungen?
1. Die Lieferorte werden in der Reihenfolge angefahren, bei der die geringstmögliche Summe an Streckenkilometern anfällt.
2. Die Ware, die zuerst ausgeliefert wird, wird zuerst geladen.
3. Die Ware, die zuletzt ausgeliefert wird, wird zuerst geladen.
4. Die Ware, die zuerst ausgeliefert wird, wird zuletzt geladen.
5. Für die Wahl des geeigneten Fahrzeugs beachten Sie Auftragsdaten und Fahrzeugdaten.

5. Bringen Sie die folgenden Arbeitsschritte beim Beladen eines Lieferfahrzeuges in die richtige Reihenfolge.
1. Beladen des Lieferfahrzeuges mit demjenigen Sendungsgut, das als erstes entladen wird
2. Kontrolle, ob das Sendungsgut in einwandfreiem Zustand mit beförderungssicherer Verpackung und Kennzeichnung ist

3. Übernahme des Sendungsgutes und der Frachtpapiere im Versandlager
4. Kontrolle, ob die gesamte Ladung so verstaut ist, dass die Betriebssicherheit des Lieferfahrzeuges nicht gemindert ist
5. Beladen des Lieferfahrzeuges mit demjenigen Sendungsgut, das als letztes entladen wird

6. Sie entscheiden sich, eine Warenauslieferung durch einen Frachtführer vornehmen zu lassen. Welches Recht steht dem Frachtführer zu?

1. Er hat das Recht, den Transport des Gutes innerhalb einer beliebigen Zeit durchzuführen.
2. Zur Sicherung seiner Forderung hat er ein gesetzliches Pfandrecht, aufgrund dessen er bei gegebenem Anlass das Gut zurückbehalten kann.
3. Bei der Annahme des Gutes kann er auf jegliche Prüfung hinsichtlich eventueller Verpackungsmängel verzichten.
4. Er ist berechtigt, die Verfügungen des Absenders nicht zu befolgen, sofern der Frachtbrief dem Empfänger noch nicht ausgehändigt ist.
5. Für einen Schaden, der durch ihn oder seinen Mitarbeiter verschuldet ist, braucht er nicht zu haften.

Aufgaben zur Prüfungsvorbereitung

1. Die Herstadt Warenhaus GmbH bestellt heute Vormittag bei der Primus GmbH vier wichtige Ersatzteile für den Tischkopierer Primus Z-52 im Wert von 401,68 € unfrei. Die Ware ist verpackt und liegt als unten abgebildetes Paket mit Angaben zum Gewicht und zur Größe vor. Sie werden beauftragt, das Paket mit dem Einlieferungsbeleg und der entsprechenden Servicemarke für den Versand vorzubereiten.

a) Füllen Sie den abgebildeten Einlieferungsbeleg aus.

DHL PAKET UND PÄCKCHEN DEUTSCHLAND + EU

Absender / Sender

Postleitzahl Ort

Deutschland / Germany

(96)993017

Empfänger / Addressee

Tel. (nur bei EU-Versand oder Sperrgut)

Straße und Hausnummer (deutschlandweit kein Postfach)

Postleitzahl Ort

Land / Destination

Frankierung für Päckchen und Pakete bitte hier aufkleben!

Auftragnehmer (Frachtführer) ist die Deutsche Post AG. Es gelten für Päckchen die AGB Brief National bzw. International und für Pakete die AGB DHL Paket / ExpressNational bzw. Paket International in der jeweils zum Zeitpunkt der Einlieferung gültigen Fassung. Der Absender versichert, dass keine danach ausgeschlossenen Güter in der von ihm eingelieferten Sendung enthalten sind.

Deutschlandweit 100 % klimaneutraler Versand inklusive! Mehr Informationen unter dhl.de/gogreen

Zulässige Maße, Gewichte, Services und Bestimmungsländer: siehe Rückseite oder unter dhl.de

912-685-000 03/20

Paketgröße: 40 × 30 × 20 cm

b) Ermitteln Sie das Gewicht, das für die Berechnung des Transportentgelts benötigt wird.

c) Ermitteln Sie die Höhe des Transportentgeltes anhand der nachfolgenden Tabelle.

Auszug aus den Service-Informationen der DHL:

DHL-Paket Deutschland – Entgeltliste				
Paket	**Standard**	**DHL-Express-Paket-National**		
Gewicht		**Zustellung**	**Gewicht bis 10 kg**	**Gewicht bis 20 kg**
bis 10 kg	6,90 €	nächster Tag	23,50 €	27,50 €
über 10 kg bis 20 kg	11,90 €	vor 09:00 Uhr	48,00 €	52,00 €
über 20 kg bis 31,5 kg	13,90 €	vor 10:00 Uhr	36,40 €	40,40 €
DHL Päckchen				
Päckchen bis 2 kg	4,50 €	vor 12:00 Uhr	28,40 €	32,40 €

Quelle: Vgl. DHL Paket GmbH: Preisübersicht, Stand: 1. Januar 2021, online abrufbar unter: www.dhl.de/content/dam/images/pdf/dhl-paket-pk-preisuebersicht-012021.pdf [17.05.2021].

2. Die Primus GmbH hat ihr Lager im Wert von 300 000,00 € mit 200 000,00 € versichert. Durch einen Brand wird der gesamte Lagerbestand vernichtet.

a) Begründen Sie, wie hoch die Schadenersatzleistung der Versicherung ist.

b) Geben Sie an, wie hoch die Versicherungsleistung wäre, wenn das Lager mit 400 000,00 € versichert worden wäre.

c) Erläutern Sie, gegen welche Gefahren die Primus GmbH das Lager versichern kann.

3. Sie sind in der Lager- und Versandabteilung der Primus GmbH tätig. Am 23.02.20.. erhalten Sie die folgende Bestellung der Klöckner-Müller Elektronik AG aus Offenbach. Sie sollen die Anlieferung der bestellten Waren organisieren und kontrollieren.

Klöckner-Müller Elektronik AG

Taunusring 16–34
63069 Offenbach

Klöckner-Müller Elektronik AG, Taunusring 16 – 34, 63069 Offenbach
Primus GmbH
Koloniestr. 2 – 4
47057 Duisburg

Ihr Zeichen: ko-no
Ihre Nachricht vom: 18.02.20..
Unser Zeichen: ja-ko
Unsere Nachricht vom:

Name: Jansen
Telefon: 069 4432-28
Fax: 069 4432-17
E-Mail: jansen@kloeckner-mueller.de

Datum: 22.02.20..

Bestellung (**Belegnummer: 62251**)

Eingegangen am
23.02.20..
Primus GmbH

Sehr geehrte Damen und Herren,

hiermit bestellen wir folgende Artikel:

Pos.	Artikelnummer	Artikelbezeichnung	Menge/kg	Einzelpreis
1	100301	Schreibtisch Classic	5/150	680,70 €

abzüglich 30 % Rabatt

Lieferbedingung: Lieferung ab Werk

Lieferdatum: sofort

Zahlungsziele: 10 Tage – 2 % Skonto
30 Tage – netto Kasse

Mit freundlichen Grüßen

Klöckner-Müller Elektronik AG

i. A. Jansen

Stellen Sie fest, welche Angaben Sie bei der Festlegung der Versandart der Schreibtische Classic vernachlässigen können.

1. vereinbarte Zahlungsbedingungen
2. Gewicht der einzelnen Artikel
3. Anzahl der bestellten Artikel
4. Zielort/Versandweg
5. gewünschte Beförderungsdauer

4. Bringen Sie die folgenden Arbeitsschritte beim Beladen eines Lieferfahrzeugs in die richtige Reihenfolge, indem Sie die Ziffern 1 bis 5 neben den Arbeitsschritten eintragen. Beginnen Sie mit „Übernahme des Sendungsgutes und der Frachtpapiere im Versandlager".

Arbeitsschritte:
- Beladung des Lieferfahrzeuges mit demjenigen Sendungsgut, das als erstes entladen wird ☐
- Kontrolle, ob das Sendungsgut in einwandfreiem Zustand ist und ob es sich in einer beförderungssicheren Verpackung inklusive Kennzeichnung befindet ☐
- Übernahme des Sendungsgutes und der Frachtpapiere im Versandlager ☐
- Kontrolle, ob die gesamte Ladung verstaut ist und ob die Betriebssicherheit des Lieferfahrzeuges nicht gemindert ist ☐
- Beladung des Lieferfahrzeuges mit demjenigen Sendungsgut, das als letztes entladen wird ☐

5. Im Rahmen der Optimierung des Warenflusses sollen Sie den Warentransport bei der Primus GmbH analysieren. Sie prüfen, ob es sinnvoll ist, den Transport durch einen Frachtführer oder einen Spediteur erledigen zu lassen.
a) Erläutern Sie den grundlegenden Unterschied zwischen diesen beiden Dienstleistern und gehen Sie dabei auch auf das Selbsteintrittsrecht ein.
b) Führen Sie zwei Argumente an, die als Alternative für den Einsatz von Kurier-, Express- und Paketdiensten sprechen.
c) Die Primus GmbH plant, die Kundenbelieferung weiterhin mit dem eigenen Fuhrpark durchzuführen. Geben Sie zwei Argumente an, die für diese Entscheidung sprechen, und berücksichtigen Sie dabei, dass die Primus GmbH ein regionaler Großhändler für Bürobedarf ist.

6. Der Hersteller Papierwerke Iserlohn GmbH Müller & Co. bietet der Primus GmbH einen Posten Papierwaren als Sonderposten an. Diese sind lt. Angebot in Blisterverpackungen verpackt. Prüfen Sie, welche Verpackungsart mit diesem Angebot besonders hervorgehoben wird.
1. eine seemäßige Verpackung
2. eine Verpackung nach den Vorschriften der Gefahrgutverordnung
3. eine Transportverpackung, die stapelbar ist
4. eine Umverpackung als Leihverpackung
5. eine Verpackung, die zur Verkaufsförderung verwendet wird

7. Im Warenwirtschaftssystem der Primus GmbH gibt es Probleme mit dem Modul „Tourenplanung". Man vermutet, dass nicht alle Gesichtspunkte bei der Tourenplanung vom Modul berücksichtigt werden.
a) Nennen Sie zwei Ziele der Tourenplanung.
b) Nennen Sie drei Beispiele für Daten, die in die Tourenplanung eingehen.
c) Geben Sie je drei Beispiele für Stamm- und Bewegungsdaten im Tourenplanungsmodul an.

8. Die Primus GmbH hat neue Kunden im Raum Nürnberg gewonnen. Es werden Überlegungen angestellt, ob die Waren mit dem eigenen Lkw oder durch Dienstleister transportiert werden sollen. Im Mittelpunkt der Überlegungen stehen die Kosten und ökonomische Aspekte.
a) Erläutern Sie drei Gründe, die für den Einsatz eines Spediteurs sprechen.

b) Die Primus GmbH möchte ihre Kunden im Raum Nürnberg mit dem eigenen Lkw beliefern. Hierzu liegen folgende Zahlen für den Werkverkehr vor:

– Kilometer pro Jahr	20 000
– fixe Kosten pro Jahr	20 000,00 €
– Kosten je Kilometer	1,00 €

Außerdem liegt das folgende Angebot einer Spedition vor: Kosten je Kilometer 3,00 €. Vergleichen Sie die Kosten bei 20 000 km und geben Sie die Differenz in Euro an.

c) Ermitteln Sie die jährliche Kilometerleistung, ab der es günstiger ist, die Tour im Werkverkehr fahren zu lassen.

9. Sie sollen für den Vertriebsbereich eine rechnergestützte Tourenplanung im Werkverkehr durchführen. Das digitale Warenwirtschaftssystem der Primus GmbH führt Dateien über Lieferer, Artikel und Kunden. Welche Hilfestellung leistet das Warenwirtschaftssystem für diese Tourenplanung?

1. Die Liefererdatei ermöglicht die Ermittlung einer nahegelegenen lieferbereiten Bezugsquelle.
2. Die Liefererdatei ermöglicht die Prüfung der Lieferbereitschaft der Primus GmbH.
3. Die Artikeldatei und die Liefererdatei ermöglichen tägliche Bestellvorschläge.
4. Die Kundendatei ermöglicht die Erstellung von Entfernungstabellen.
5. Die Kundendatei und die Liefererdatei ermöglichen die Erstellung der Lieferscheine.

10. Die Primus GmbH führt bisher Transporte mit eigenen Fahrzeugen durch. Dazu steht ein Fuhrpark mit insgesamt sechs Fahrzeugen zur Verfügung. Die Anschaffungskosten je Fahrzeug betrugen 34 000,00 €, als Wiederbeschaffungswert werden jeweils 36 000,00 € angesetzt. Für jedes Fahrzeug fallen jährlich durchschnittlich folgende Fixkosten an:

- kalkulatorische Abschreibungen bei einer tatsächlichen Nutzungsdauer von acht Jahren
- Kfz-Steuer in Höhe von 360,00 €
- Kfz-Versicherung in Höhe von 1 200,00 €
- sonstige Fixkosten in Höhe von 960,00 €
- variable Kosten in Höhe von 0,20 € für jeden gefahrenen Kilometer

Es wird überlegt, in Zukunft auf den eigenen Fuhrpark zu verzichten und Fremdtransporte in Anspruch zu nehmen. Dafür liegt der Primus GmbH ein Angebot in Höhe von 0,50 € pro gefahrenem Kilometer vor.

a) Ermitteln Sie die bisherigen Kosten der Primus GmbH pro Monat für den gesamten Fuhrpark. Gehen Sie davon aus, dass 21 Tage pro Monat gearbeitet wird und jedes Fahrzeug pro Arbeitstag durchschnittlich 100 km fährt.

b) Ermitteln Sie die Gesamtkosten pro Monat, wenn die Primus GmbH statt des Eigentransports zum Fremdtransport übergehen würde.

c) Ermitteln Sie für den gesamten Fuhrpark die monatlichen Kilometer, bei denen die Kosten für Eigen- bzw. Fremdtransport gleich hoch sind.

d) Empfehlen Sie der Primus GmbH für die Zukunft eine der beiden Transportmöglichkeiten. Begründen Sie Ihre Entscheidung unabhängig von der Kostenbetrachtung mit zwei weiteren Aspekten.

LERNFELD 13

Ein Projekt im Großhandel planen und durchführen

1 Projekte im Großhandel analysieren und als Organisationsform verstehen

Der Onlinehandel der Primus GmbH lief bisher ausschließlich über die beiden großen Marktplätze Amazon und eBay. Damit war sichergestellt, dass vom ersten Tag der Onlinepräsenz über diese bekannten Marktplätze angemessene Umsätze erzielt werden konnten. In der Primus GmbH sind die Umsätze im Onlinehandel seit Jahren stetig steigend, während über die klassischen Vertriebswege kaum noch Umsatzsteigerungen zu erreichen sind.

Im Rahmen der regelmäßigen Abteilungsleitersitzung der Primus GmbH wird beraten, ob man neben dem Onlinehandel über die Marktplätze nun auch einen eigenen Onlineshop betreiben sollte.

Frau Primus: *„... wir sollten also den Schritt wagen. Die Zahlen und die Erfahrungen in der Branche sprechen einfach für sich."*

Herr Müller: *„Ja, da haben Sie recht. Die Bedeutung des Onlinehandels ist wirklich nicht mehr zu leugnen. Mit dem eigenen Onlineshop hätten wir zudem die Möglichkeit, das Auftreten unserer Webpräsenz sehr viel freier zu gestalten als in der Vergangenheit. Wir können unsere Marken und Geschäftsphilosophie deutlich besser präsentieren – Stichwort Corporate Identity –, um bei unseren Kunden einen bleibenden Eindruck zu hinterlassen, der gut zu unserem Kerngeschäft passt."*

Herr Winkler: *„Nun, wenn wir uns zu diesem Schritt entscheiden, dann muss das Ganze auch vom ersten Tag an klappen. Wir können es uns nicht leisten, dass es hier zu Pannen kommt. Dies würde nur dazu führen, dass wir Kunden an Mitbewerber verlieren – vom Imageschaden einmal ganz abgesehen."*

Frau Primus: *„Da haben Sie natürlich recht. Das ist ein Schritt, der unsere Unternehmensstruktur nachhaltig verändert – das muss sehr gut geplant werden. Ich denke, mit der Einrichtung des eigenen Onlineshops haben wir ein großes Projekt vor uns."*

Herr Müller: *„Ja, ganz bestimmt. Bis zur nächsten Sitzung sollte sich jeder von uns einmal Gedanken darüber machen, was mögliche Eckpunkte dieses Projektes sein könnten und welche Anforderungen wir an die Projektmanagerin oder den Projektmanager stellen."*

ARBEITSAUFTRÄGE

- Sammeln Sie in der Klasse Projekte, die in Ihrem Ausbildungsbetrieb bereits durchgeführt wurden bzw. werden.
- Nennen Sie mögliche Tätigkeitsbereiche des Projektmanagements.
- Erläutern Sie, welche Anforderungen an eine/-n Projektmanager/-in gestellt werden, damit Projekte in Unternehmen erfolgreich durchgeführt werden können.
- Nennen Sie Eigenschaften, über welche Projektteammitglieder verfügen sollten.

Merkmale von Projekten

Seit jeher werden Projekte auch in Großhandelsunternehmen geplant und durchgeführt. So sind z.B. die Suche und der Bezug neuer Geschäftsräume, die Aufnahme und Vermarktung eines neuen Artikels oder die Erschließung neuer Geschäftsfelder kaum vorstellbar, ohne dass die Verantwortlichen diese **Projekte** geplant hätten. In den meisten Fällen geschieht dies weitgehend **formlos** und allein aufgrund der Erfahrungen und der Kenntnisse der Verantwortlichen.

Dies kann zu **unbefriedigenden Ergebnissen, unnötig hohen Kosten, unzufriedenen Kunden und hohen Belastungen aller Beteiligten** führen.

In vielen Zusammenhängen wird heute vieles vorschnell zum „Projekt" erklärt. Der **Begriff des Projektes** ist jedoch klar definiert:[1]

> Laut **DIN 69901** ist ein Projekt ein „Vorhaben, das im Wesentlichen durch die Einmaligkeit der Bedingungen in ihrer Gesamtheit gekennzeichnet ist, wie z.B. Zielvorgabe, zeitliche, finanzielle, personelle und andere Begrenzungen; Abgrenzung gegenüber anderen Vorhaben; projektspezifische Organisation".[2]

Ein **Projekt** sollte demnach folgende Kriterien erfüllen:

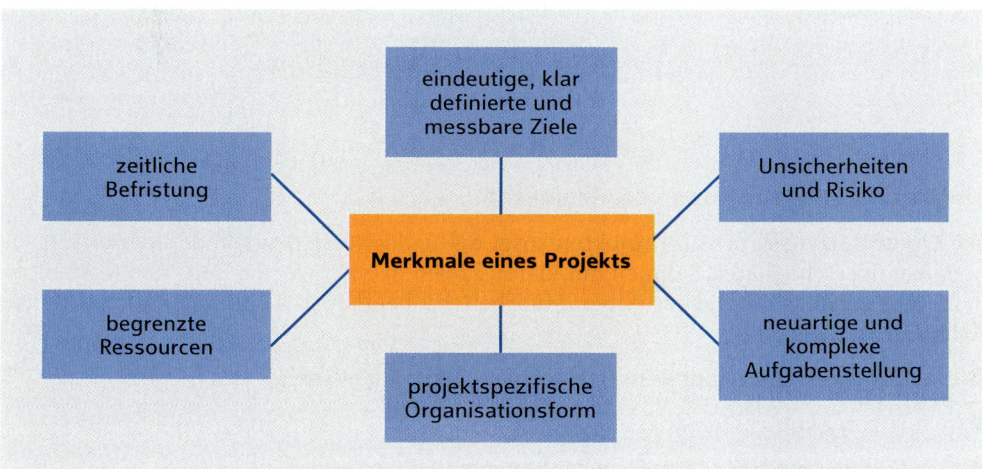

[1] *In der Praxis gibt es viele unterschiedliche Ausformungen des Projektbegriffes und des Projektmanagements. Die hier dargestellte Form ist daher als ein mögliches Beispiel anzusehen.*

[2] *Quelle: DIN e.V, (Hrsg.): DIN 69901-1: 2009-01, Projektmanagement – Projektmanagementsysteme, Teil 1: Grundlagen, Beuth-Verlag, Berlin, 2009, S. 11.*

PRAXISTIPP In einem Unternehmen sollte ein möglichst **einheitliches Begriffsverständnis** bestehen. Andernfalls sind unnötige Missverständnisse und Konflikte vorprogrammiert. Informieren Sie sich deshalb, was in Ihrem Ausbildungsbetrieb unter einem Projekt und unter Projektmanagement verstanden wird.

Projektmanagement

Die erfolgreiche Durchführung von Projekten hängt im Wesentlichen vom **Projektmanagement** ab. Darunter wird einerseits die **generelle Arbeits- und Organisationsform** zur Bearbeitung von Projekten verstanden. Andererseits beschreibt das Projektmanagement aber auch die **Führungs- und Managementaufgabe** im Projekt. Seine zentrale Aufgabe besteht in der **Organisation, Planung, Steuerung und Überwachung** aller Aufgaben und Ressourcen, die notwendig sind, um die angestrebten Projektziele zu erreichen.

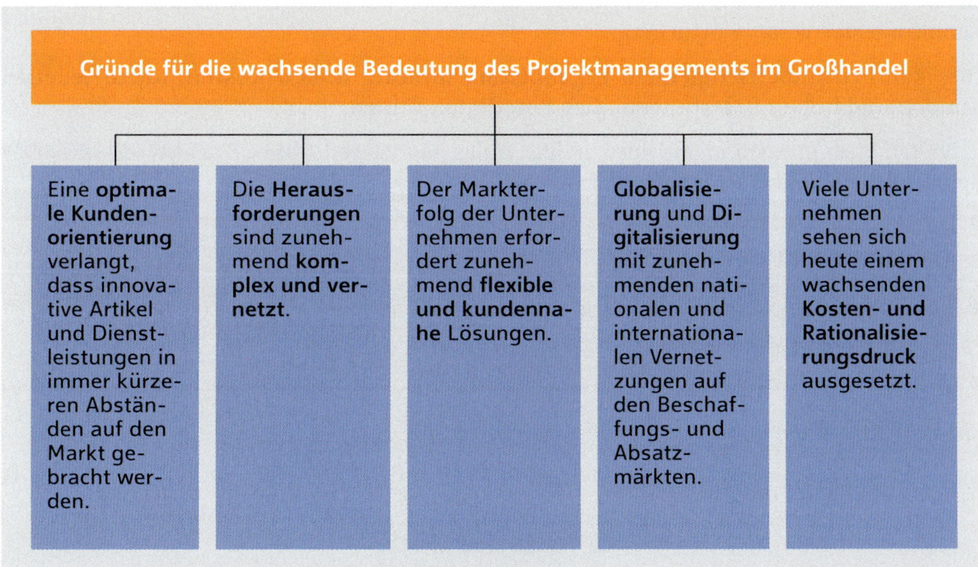

Organisationsformen von Projekten

Die **Organisationsform von Projekten** sorgt dafür, dass eine deutlich definierte Aufgabe in einem überschaubaren Rahmen mit klaren Zielen in einem festen Zeit- und Kostenrahmen von eigens dafür abgestellten Mitarbeitern bearbeitet wird. Dadurch entstehen **Arbeitsstrukturen**, die

- einen zügigen und reibungslosen Informationsfluss gewähren,
- sich leichter kontrollieren lassen und
- sich flexibler an veränderte Gegebenheiten anpassen lassen.

Im Einzelnen lassen sich die folgenden **Bausteine ableiten, welche die Organisationsform des Projektmanagements kennzeichnen**:

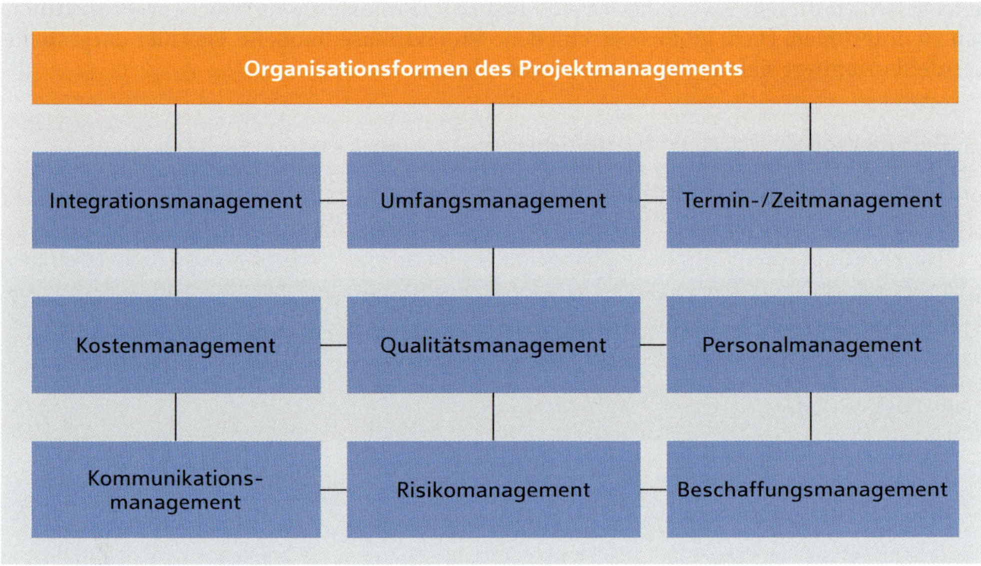

- Das **Integrationsmanagement** koordiniert die verschiedenen Elemente eines Projektes.

  Beispiel Projektplanung, Projektdurchführung und Projektauswertung

- Das **Umfangsmanagement** untersucht in regelmäßigen Abständen, ob sich das Projekt auf dem richtigen Weg befindet und ob die gesetzten Projektziele erreicht werden.
- Das **Termin-/Zeitmanagement** zielt auf die Einhaltung des geplanten Zeitrahmens ab und sollte alle beteiligten Projektgruppen einbinden. Ein Projektplan dient dabei häufig als Kommunikationsmittel.
- Das **Kostenmanagement** zielt auf die Budgeteinhaltung ab. Hierfür ist der Kostenverlauf zu beobachten, damit ggf. Gegenmaßnahmen eingeleitet werden können.
- Das **Qualitätsmanagement** soll sicherstellen, dass die festgelegten Qualitätsansprüche erreicht oder sogar übertroffen werden.
- Das **Personalmanagement** beinhaltet die effiziente Zuordnung des Personals nach Fähigkeiten und verfügbaren Kapazitäten, aber auch unter dem Aspekt der Teamentwicklung.
- Das **Kommunikationsmanagement** hat zum Ziel, dass sämtliche Projektinformationen rechtzeitig erstellt, gesammelt und an die jeweils Beteiligten verbreitet werden.
- Das **Risikomanagement** bearbeitet alles, was notwendig ist, um Projektrisiken festzustellen, zu analysieren und darauf zu reagieren.
- Das **Beschaffungsmanagement** sorgt für die Integration und Zusammenarbeit mit Partnern und Lieferanten.

Projektmanagementphasen

Die zielgerichtete Durchführung von Projekten erfordert eine systematische Herangehensweise. Zu diesem Zweck hat es sich bewährt, Projekte in verschiedene **Projektphasen** zu unterteilen. Dazu gibt es verschiedene Projektphasenmodelle. Das hier dargestellte Lernfeld orientiert sich an folgenden Projektphasen:

1. **Definitionsphase** (vgl. S. 311 ff.): Die dem Projekt zugrunde liegende Ausgangssituation wird analysiert. Die Projektidee wird daraufhin konkretisiert und zunächst grob geplant. Es werden Entscheidungen über eine Projektorganisation getroffen, es werden mögliche Projektziele abgeleitet und die Projektkosten geschätzt. Am Ende steht der Projektauftrag.

2. **Planungsphase** (vgl. S. 326 ff.): Das Projektteam konkretisiert die Planung. Es werden einzelne Arbeitspakete geschnürt und in einem Projektstrukturplan zusammengefasst. Dieser wird dann durch die Termin-, Kosten- und Personalplanung ergänzt. Das Projektteam sucht nach möglichen Projektrisiken und nach Gegenmaßnahmen, um diese Risiken bereits im Vorfeld auszuschließen.

3. **Durchführungsphase** (vgl. S. 338 ff.): Die Projektziele werden in mehreren Phasen umgesetzt und durch Meilensteine, welche wesentliche Zwischenergebnisse im Projekt darstellen, abgeschlossen. Durch permanentes Projektcontrolling wird die Planung immer wieder an die aktuellen Rahmenbedingungen angepasst.

4. **Abschlussphase** (vgl. S. 356 ff.): Das Projekt wird präsentiert und evaluiert (bewertet). Die Projektdokumentation wird vervollständigt und der Projektabschlussbericht erstellt. Abschließend erfolgt die Entlastung des Projektteams, womit das Projekt beendet ist.

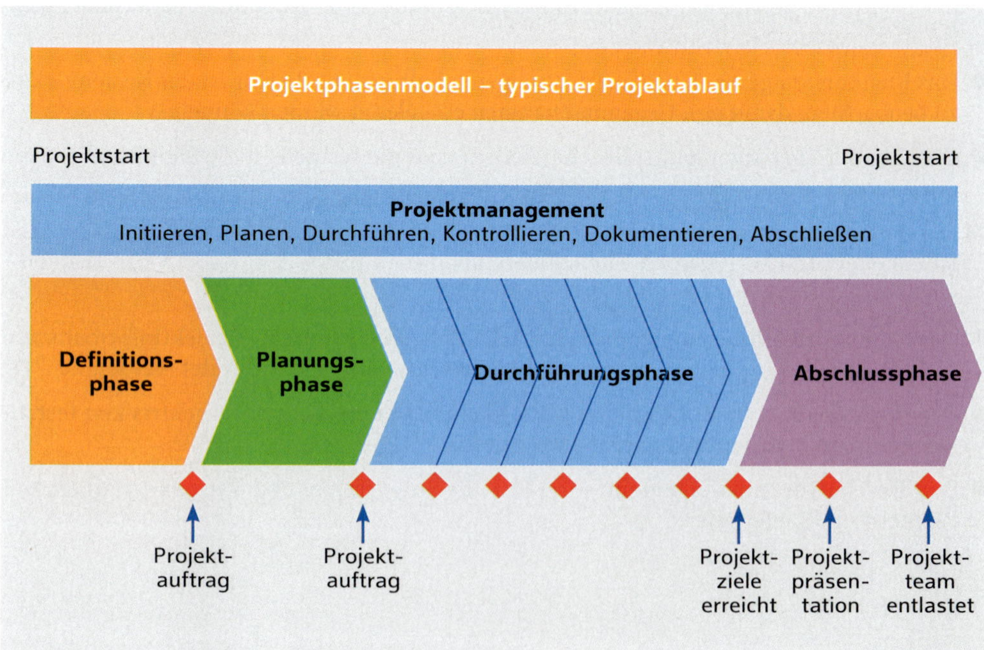

Anforderungen an die Projektleitung (Projektmanager/-in)

Neben **organisatorischen Fähigkeiten** und dem rein **technischen Können** in Bezug auf das Projekt sind vor allem die **sozialen Fähigkeiten** der Projektleitung für den Projekterfolg sehr wichtig. Diese muss zwischen den einzelnen Teammitgliedern ausgleichen, sich eventuell vor den Projektauftraggebern rechtfertigen und nach außen hin repräsentieren. Als Projektleitungen sind **Multitalente** mit Fingerspitzengefühl und viel Empathie gefordert.

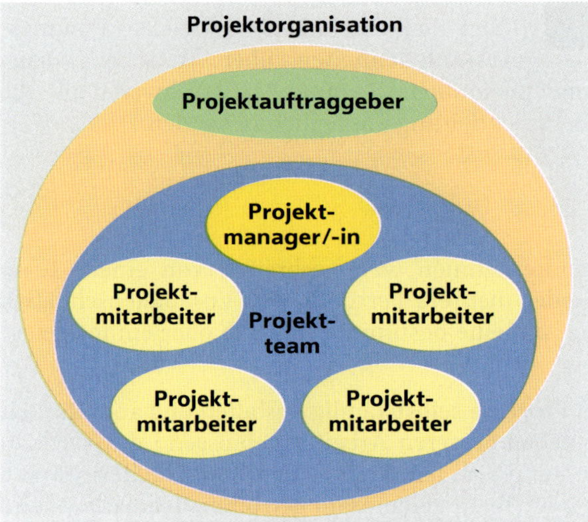

Der oder die Projektmanager/-in ist **Ansprechpartner** und **Vertrauensperson** für alle am Projekt Beteiligten. Dazu gehört auch, dass sie innerhalb des Projektteams vermittelt, Entscheidungen trifft und diese mit den Projektauftraggebern abstimmt. Je kleiner ein Projektteam ist, desto demokratischer sollten Entscheidungen gefällt werden. Im Projektverlauf muss die Projektleitung den **Überblick** behalten. In jedem Projekt können ungeplante Situationen auftreten. Gute Projektleitungen zeichnen sich dadurch aus, dass sie auftretende **Probleme flexibel angehen und lösen.**

Eine zentrale Anforderung an die Projektleitung liegt im Bereich der **Sozialkompetenz.** LF 1 So liegt es an der Projektleitung, das **Team** zu **motivieren** und **mitzuziehen**. Regelmäßiges **Feedback** in Form von konstruktiver Kritik und Anerkennung für erledigte Aufgaben erleichtern dies. LF 1 Denn aus **Wertschätzung** und Lob innerhalb eines Teams entsteht ein hohes Maß an **Arbeitszufriedenheit**, welche sich wiederum positiv auf den Projektverlauf auswirkt.

Auch die angemessene **Vertretung des Projektes nach außen** ist wichtig und stärkt das interne Teamgefühl. Die Projektleitung muss das Team und das Projekt gegenüber Auftraggebern, anderen Kollegen und ggf. den **Medien entsprechend repräsentieren** und ist somit „Verkäufer des Projektes", Organisator und Fachmann in inhaltlichen Fragen. Es ist wichtig, dass die Teammitglieder merken, dass die gemeinsame Projektarbeit auch außerhalb der Gruppe bekannt ist und entsprechend geachtet wird.

Ein weiterer Aufgabenbereich der Projektleitung ist es, **die Kooperation im Projektteam** zu fördern. In den meisten Fällen müssen Menschen aus unterschiedlichen Bereichen und Hierarchien zusammenarbeiten, um die Projektziele zu erreichen. Das ist nicht immer einfach und bietet zahlreiche Anlässe für **Konflikte**: Unterschiedliche Ansichten über die gestellten Projektziele, Meinungsverschiedenheiten über Vorgehensweisen oder Prioritäten, Bereichsegoismen und persönliche Spannungen erschweren oft die Zusammenarbeit und müssen durch die Projektleitung ausgeglichen werden.

● Teamarbeit in Projekten

Teamarbeit ist heute in Großhandelsunternehmen weit verbreitet. Von einem **Team** spricht man immer dann, wenn zwei oder mehrere Personen sich zusammenschließen oder vorübergehend zusammenarbeiten, um eine bestimmte Aufgabe oder ein festgelegtes Ziel zu erreichen.

Die Mitarbeiter in einem Team können Prozesse selbstständig gestalten und an Entscheidungsprozessen teilhaben – dies führt neben besseren Arbeitsergebnissen i. d. R. auch zu einer höheren Arbeitszufriedenheit. So kann sich jeder mit seinen individuellen Stärken einbringen und Entscheidungen werden im Team gemeinsam getroffen. Teamarbeit wird getragen durch Toleranz, Akzeptanz und Wertschätzung gegenüber den anderen Mitgliedern des Teams.

○ Ein Projektteam zusammenstellen

In einem **Projektteam** arbeiten mehrere Mitarbeiter – meistens aus unterschiedlichen Abteilungen des Unternehmens – für einen befristeten Zeitraum zusammen, um ein Projekt zu bewältigen. Das Projektteam wird von einem Projektleiter geführt und nach Projektende wieder aufgelöst. Entscheidend ist, dass es der Projektleitung gelingt, ein gut funktionierendes Team zusammenzustellen. Deshalb spielen die **Kompetenzen** der einzelnen Teammitglieder eine wichtige Rolle. Diese beziehen sich sowohl auf ihre sozialen als auch auf die kommunikativen Kompetenzen. Für die flexible und reibungslose Zusammenarbeit sind außerdem die fachlichen und methodischen Kompetenzen wichtig. Sie müssen aufeinander abgestimmt sein:

- Zum einen muss es im Team Überschneidungen von Fähigkeiten und Kompetenzen geben, sodass – bei Abwesenheit – ein Teammitglied die Aufgaben des anderen übernehmen kann.
- Zum anderen müssen sich die Teammitglieder **ergänzen**, sodass ihre jeweiligen Stärken besser zur Geltung kommen und die Schwächen ausgeglichen werden.

Die Teammitglieder sollten die folgenden Kompetenzen und Fähigkeiten in das Team mit einbringen:

- **Gemeinsinn**: Grundvoraussetzung für den gemeinsamen Erfolg ist der Wille jedes Einzelnen, sich im und für das Team zu engagieren.
- **Sachlichkeit**: Die Teammitglieder sollten sich an der Sache – dem Projekt – orientieren und einen freundlichen Umgang untereinander pflegen.
- **Offenheit**: Arbeitet ein Team schon zu lange zusammen, verhärten sich bekannte Verhaltensweisen und der Raum für Kreativität und Weiterentwicklung wird immer enger. Es ist deshalb wichtig, immer wieder für neue Anstöße von außen zu sorgen. Sich z.B. bewusst der Kritik nicht beteiligter Kollegen zu stellen oder neue Mitglieder ins Team zu integrieren. Meist erkennen Neuankömmlinge eher, wo noch Schwächen liegen, und bringen frischen Wind in den Arbeitsprozess.
- **Zuverlässigkeit**: Jeder im Team muss sich auf den anderen verlassen können. Deshalb müssen Absprachen eingehalten und übernommene Aufgabe mit Sorgfalt ausgeführt werden.
- **Flexibilität**: Immer wieder kann es zu unvorhergesehenen Änderungen und Abweichungen im Projektverlauf kommen. Dies verlangt von allen Teammitgliedern, sich zügig an die neuen Bedingungen anzupassen. So müssen schon einmal neue Aufgaben übernommen werden oder zeitliche Vereinbarungen neu gestaltet werden.
- **Konfliktfähigkeit**: In jedem Team kann es zu Ärger und Konflikten kommen. Mit diesen lösungsorientiert umzugehen ist nicht immer leicht und verlangt von den Teammitgliedern die grundsätzliche Bereitschaft, sich den Konflikten zu stellen, um diese sachlich und fair zu lösen.

○ Einen Teamfindungsprozess durchlaufen

Ein gutes und somit funktionierendes Team zusammenzustellen ist in der Praxis nicht immer selbstverständlich, es kann auch zu Konflikten kommen. So bringt jedes Teammitglied ganz eigene Ziele und einen eigenen Hintergrund in das Projekt ein, der den Umgang der Projektmitglieder untereinander prägt.

- Kompetenzgerangel,
- Macht- und Führungsanspruch,
- Sympathie oder Vorurteile

spielen in der engen Zusammenarbeit eine große Rolle. Hier sind zusätzliche Umgangsregeln sehr hilfreich, speziell wenn es darum geht, **Konflikten** vorzubeugen oder sie beizulegen, ohne das Projekt zu belasten.

In jeder Projektarbeit kann es schon einmal zu Konfliktreaktionen der Teammitglieder untereinander kommen. Die Bandbreite der Reaktionen reicht vom unterschwelligen Brodeln bis hin zum offenen Konflikt.

Beispiel Die Gruppe fühlt sich durch die verspätete Abgabe einer vereinbarten Arbeit verletzt. Folge: Der Teamgeist krankt und Kommentare wie *„Na, kommen Sie auch noch!"* oder *„Wir arbeiten doch gerne für dich mit"* offenbaren die Störungen in der Gruppe.

Es gibt immer zwei Ebenen, auf denen kommuniziert wird.

1. **Sachebene**: Sie beschreibt, **was** zu tun ist.
2. **Beziehungsebene**: Sie beschreibt, **wie** etwas geschieht.

Vergleichbar mit der Spitze eines Eisbergs verlaufen **15%** der zwischenmenschlichen Kommunikation auf der **Sachebene**. Die restlichen **85%** hingegen werden durch die **Bezie-**

hungsebene, also durch Gefühle, Erfahrungen oder Vorurteile ausgefüllt. Bleiben die Gefühle im Verborgenen, – **also unter der Wasseroberfläche** – bieten sie die ideale Grundlage für Spannungen, Störungen und Konflikte, die wiederum Projektteams und somit Projekte erheblich beeinträchtigen können. Die Beziehungsebene bestimmt in höherem Maße als die Sachebene, wie die Aussagen des Gegenüber verstanden werden. Sie spiegelt das Verhältnis der Kommunikationspartner zueinander wider und natürlich auch die unausgesprochene Meinung, die diese voneinander haben.

Durch die Zusammenstellung eines Projektteams wird dieses nicht automatisch zum Hochleistungsteam, das allen Anforderungen der Projektarbeit gewachsen ist. **Teamentwicklung** ist ein **Veränderungs- und Entwicklungsprozess**. Durch Orientierung auf ein gemeinsames Ziel verändert ein Team im Lauf der Zeit sein Selbstverständnis und seine Leistungsfähigkeit. Bis die Zusammenarbeit in „Bestform" funktioniert, muss die Gruppe streckenweise einen beschwerlichen Weg gehen: Unterschwellige und offene Konflikte setzen dem gesamten Team zu.

Experten haben **vier Phasen der Teamentwicklung** ausgemacht:

1. Formingphase

Eine Art **Testphase**, in der sich die einzelnen Teammitglieder vorsichtig in Augenschein nehmen. Der Umgangston ist höflich. Jetzt ist der richtige Zeitpunkt, um Rollen, Teil aufgaben und Arbeitsmethoden klar zu definieren.

2. Stormingphase

Hat sich die Gruppe erst mal zusammengefunden, folgt eine **Phase der Turbulenzen** und der offenen Konfrontationen. Jeder versucht, sich zu behaupten. Status und Rollen werden neu verteilt. Meist geht das sogar mit offenen Konflikten einher.

3. Normingphase

Jetzt sind die **Beziehungsfragen der Teammitglieder geklärt** und es geht um Sachfragen. Aufgabenverteilung, Arbeitsmethoden und **Spielregeln** für den Umgang miteinander werden jetzt endgültig geklärt. Es entsteht **Kooperation**.

4. Performingphase

Die **Basis für konstruktive Zusammenarbeit** ist geschaffen: Die Rollen sind geklärt, die Aufgaben verteilt, interpersonelle Probleme gelöst oder entschärft. Die Energie des Teams wird nun ganz der Aufgabe gewidmet.

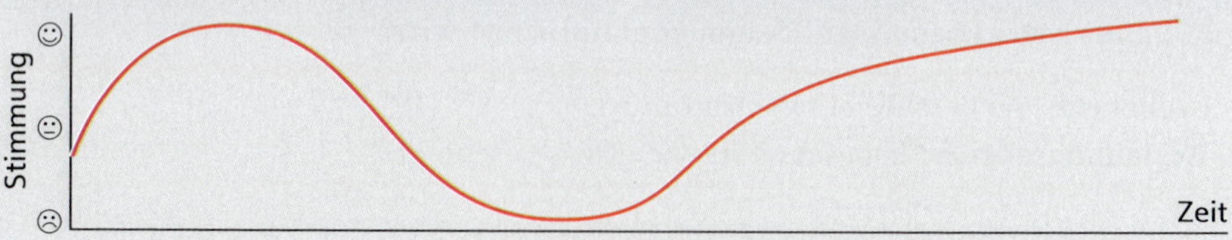

LF 1

Ein Instrument auf dem Weg zu einem guten Projektteam ist **Feedback**. Gemeint ist damit, dass ein Projektmitglied Rückmeldungen der anderen Mitglieder auf sein Handeln bekommt. Diese können positiver oder aber auch negativer Art sein. Entscheidend dabei ist jedoch, wie das Feedback gegeben wird. Eine Rückmeldung sollte niemals beleidigend sein, sondern so konstruktiv, dass sie dem Empfänger ermöglicht, das Feedback zu akzeptieren und davon zu profitieren. Am einfachsten wird das, wenn es eine regelmäßige Feedback-Runde gibt. Dann kommt es nicht zu aufgestauten Emotionen, die sich irgendwann unsachlich entladen.

Eine gute Feedbackkultur innerhalb eines Projektteams stärkt das Engagement und die Motivation der einzelnen Teammitglieder und hilft Fehler sowie auftretende Fehlentwicklungen im Projektverlauf rechtzeitig zu erkennen.

PRAXISTIPP So fördern Sie Teamarbeit in Projekten:

1. Vertrauen Sie den Mitgliedern Ihres Projektteams.
2. Unterstützen Sie autonomes Arbeiten.
3. Vermeiden Sie Bürokratie.
4. Arbeiten Sie in räumlicher Nähe statt über größere Distanzen.
5. Halten Sie Terminabsprachen ein.

Ein wesentliches Ziel dieses Teamfindungsprozesses ist es, dass sich schließlich ein gewisses **„Wir-Gefühl"** einstellt, welches durch das Bewusstsein geprägt ist, gemeinsam, „im Team", etwas zu schaffen, was ein Einzelner nicht bewältigen könnte. Somit lassen sich komplexe Aufgaben als Projekte leichter und effizienter bewältigen.

Einsatz von Projektmanagement-Software

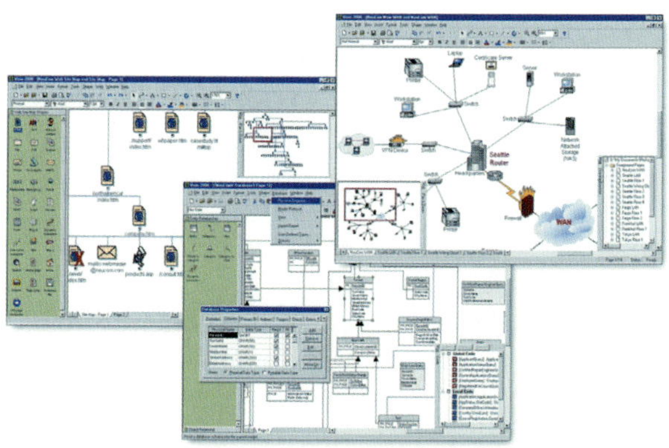

Es gibt eine Vielzahl **von Projektmanagement-Software (PM-Software)**, welche die Projektleitung und das Projektteam bei der Planung, Durchführung und Auswertung von Projekten unterstützen. Der **Einsatz von PM-Software spart Aufwand und Mühe**, damit **Zeit** und somit letztendlich auch **Geld**. Routineaufgaben werden erleichtert, zahlreiche Formatvorgaben unterstützen das Projektteam. Außerdem können Risiken, Probleme sowie Fehler im Projekt vermieden oder wenigstens minimiert werden und der Informationsfluss zwischen allen am Projekt Beteiligten wird effizienter.

Trotz dieser überzeugenden Argumente für den Einsatz einer PM-Software sollten Sie sich immer über Folgendes im Klaren sein:

- Auch die beste PM-Software kann Projekte nicht automatisch planen, sondern ist „nur" ein Werkzeug für ein besseres Projektmanagement.
- PM-Software kann einen guten Projektmanager besser machen – aus einem schlechten oder mittelmäßigen Projektmanager wird sie aber nie einen guten Projektmanager machen.

- Der Einsatz von PM-Software ist kein Garant für den Projekterfolg.
- PM-Software ist zwangsläufig komplex und bedarf einer intensiven Einarbeitung, bevor der Umgang mit der Software beherrscht und damit zur Erleichterung wird.
- PM-Software erfordert eine detaillierte, überlegte und wohlstrukturierte Eingabe und eine konsequente Pflege von Informationen zum Projekt, die von allen am Projekt Beteiligten gewissenhaft durchgeführt werden müssen.

Projekte im Großhandel analysieren und als Organisationsform verstehen

- Ein **Projekt** ist ein Vorhaben, das im Wesentlichen durch die Einmaligkeit der Bedingungen gekennzeichnet ist. Dies betrifft z. B. Zielvorgabe, zeitliche, finanzielle, personelle und andere Begrenzungen sowie eine projektspezifische Organisation.
- Ein **systematisches Projektmanagement** gewährleistet die effektive und zielgerichtete Durchführung von Projekten.
- Die zentrale Aufgabe des Projektmanagements besteht in der **Organisation, Planung, Steuerung und Überwachung** aller Aufgaben und Ressourcen, die notwendig sind, um die angestrebten Projektziele zu erreichen.
- Um Projekte zielgerichtet durchführen zu können, unterteilt man Projekte in einzelne **Projektphasen.**
- Gängige Projektphasenmodelle berücksichtigen die Definitionsphase, Planungsphase, Durchführungsphase und Abschlussphase.
- Die **Projektleitung** (Projektmanager/-in) ist Ansprechpartner und Vertrauensperson für alle am Projekt Beteiligten und muss über organisatorische, technische und soziale Fähigkeiten verfügen.
- Die meisten Projekte werden in **Teamarbeit** durchgeführt.
- Die Arbeit im Team wird wesentlich durch die **Beziehungsebene** der Teammitglieder untereinander bestimmt.
- Häufig sind Störungen auf der **Beziehungsebene Ursachen für Konflikte** in Projektteams.
- Die **Entwicklung eines Teams** durchläuft eine Formingphase, eine Stormingphase, eine Normingphase und Performingphase.
- **PM-Software** ist ein nützliches Werkzeug zur Planung, Durchführung und Auswertung von Projekten.

1. Begründen Sie, warum ein systematisches Projektmanagement für Großhandelsbetriebe von Vorteil ist.

2. Erstellen Sie eine Checkliste, mit deren Hilfe Sie prüfen können, ob bestimmte Aufgaben und Vorhaben eines Großhandelsunternehmens als Projekte geeignet sind.

3. Erstellen Sie eine Mindmap, welche die Teilaufgaben des Projektmanagements im Rahmen der einzelnen Projektphasen darstellt.

4. Die Unternehmensleitung der Primus GmbH ist auf der Suche nach einer möglichen Projektleitung. Erstellen Sie ein Anforderungsprofil, welches als Grundlage für eine mögliche Stellenbeschreibung herangezogen werden kann. Nennen Sie darin die zentralen Fähigkeiten, über welche eine Projektleitung verfügen sollte, und bestimmen Sie den gewünschten Ausprägungsgrad auf einer Skala von 1 bis 6.

5. Neue (Projekt-)Teams durchlaufen verschiedene Phasen, bis sie sich zu einem leistungsfähigen Team zusammengefunden haben.

a) Beschreiben Sie diese Phasen der Teamentwicklung.

b) Erläutern Sie an konkreten Beispielen aus Ihrer Schule, wie Sie die einzelnen Phasen der Teamentwicklung im Rahmen von Gruppenarbeit in Ihrem Unterricht erlebt haben.

2 Ein Projekt in den einzelnen Phasen durchführen

2.1 Projekte definieren

Heute ist wieder die regelmäßige Abteilungsleitersitzung der Primus GmbH. Wie in der vorherigen Sitzung verabredet wurde, sollen heute wichtige Eckpunkte der Projektidee, einen eigenen Onlineshop zu gründen, festgelegt werden.

Frau Primus: *„… nachdem wir uns in der vergangenen Woche bereits fast einig darüber waren, einen eigenen Onlineshop zu gründen, sollten wir diese Projektidee in unserer heutigen Arbeitssitzung weiter ausgestalten.“*

Herr Müller: *„Daraus ergibt sich für uns ein strammes Programm. Frau Primus und ich haben uns intensiv auf den heutigen Nachmittag vorbereitet. Der vorliegenden Tagesordnung können Sie entnehmen, was wir heute mit Ihnen bearbeiten wollen.“*

Abteilungsleitersitzung Primus GmbH

AGENDA

TOP 1: Situationsanalyse

TOP 2: Festlegung der Projektziele

TOP 3: Projektorganisation

TOP 4: Schätzung des Kostenrahmens

TOP 5: Entscheidung zur Projektdurchführung
– ggf. Projektauftrag

Herr Winkler: *„Das ist ja in der Tat eine ganze Menge, vielleicht können wir die Personalfrage zum Projektmanagement vorziehen. Ich habe mich in meiner Abteilung umgehört und Frau Koslowski hat ihr Interesse an der Projektleitung bekundet, was ich nur unterstützen kann."*

Frau Primus: *„Nun mal nicht so schnell, Herr Winkler! Natürlich haben Herr Müller und ich uns auch bereits Gedanken dazu gemacht, wer die Projektleitung übernehmen könnte. Ich würde aber vorschlagen, dass wir uns an den vorgeschlagenen Ablauf der Agenda halten."*

Herr Winkler: *„Okay, ich wollte ja nur ..."*

ARBEITSAUFTRÄGE

- Begeben Sie sich in Arbeitsgruppen und bearbeiten Sie die folgenden Aufgaben. Visualisieren Sie ihre Ergebnisse auf Ihrem Tablet/Computer oder auf einem Plakat.
- Sammeln Sie mögliche Projektziele, welche die Primus GmbH mit dem eigenen Onlineshop erreichen möchte.
- Entscheiden Sie sich für eine Möglichkeit, wie das Projekt „Einrichtung eines eigenen Onlineshops in der Primus GmbH" in das bestehende Organigramm der Primus GmbH integriert werden könnte. Begründen Sie Ihre Entscheidung.
- Unterbreiten Sie einen Vorschlag, welche Mitarbeiterin oder welchen Mitarbeiter der Primus GmbH Sie für die Tätigkeit als Projektmanagerin oder Projektmanager geeignet halten. Begründen Sie Ihren Vorschlag.

In der **Definitionsphase** geht es darum, die **Projektidee** weiter zu **konkretisieren**. Dabei muss nicht aus jeder Projektidee am Ende auch zwingend ein Projekt erwachsen. Im Gegenteil – es zeugt von einer guten Projektkultur, wenn Ideen kritisch beleuchtet werden und man am Ende zu der Erkenntnis gelangt, dass es besser ist, das Projekt abzulehnen oder auf einen späteren Zeitpunkt zu verschieben. Um sich darüber Klarheit zu verschaffen, müssen in dieser Projektphase die folgenden Aufgaben erledigt werden.

Situationsanalyse

Ein erster wichtiger Schritt in einem Projekt ist die genaue Analyse der Ausgangs- und Problemsituation. Dazu müssen die zugrunde liegenden Probleme in einem Unternehmen zunächst einmal erkannt werden.

Beispiel

Projekt: Einrichtung eines eigenen Onlineshops in der Primus GmbH

Situationsanalyse
- Die Verkaufszahlen der Primus GmbH über die klassischen Absatzwege stagnierten in den vergangenen Quartalen.
- Mitarbeiter des Verkaufs berichten, dass immer mehr Kunden online bestellen.
- Herr Winkler berichtet, dass die Marktplatzbetreiber Verkaufsentgelte zwischen 5 % und 10 % des Umsatzes erheben.
- Mitarbeiter der Primus GmbH regen an, einen eigenen Onlineshop zu gründen.
- Außendienstmitarbeiter berichten von Kunden, welche eine engere Verknüpfung zwischen den klassischen Vertriebswegen und dem Onlinehandel wünschen.

Das Erkennen der Probleme ist jedoch nur ein erster Schritt. Entsteht daraus eine Projektidee, so müssen die Projektverantwortlichen in der **Problembeschreibung** versuchen, diese Probleme näher zu erfassen, damit sie daraus einen klaren Projektauftrag und effektive Lösungswege ableiten können.

○ Kreativitätstechniken zur Ideenfindung

Besonders in dieser sehr frühen Projektphase kann es sinnvoll und hilfreich sein, Kreativitätstechniken zur Ideenfindung einzusetzen.

Brainstorming

„Gehirnsturm“ übersetzt man Brainstorming wörtlich und kann sich darunter nicht so recht etwas vorstellen. Es ist ein Verfahren zur **Ideenfindung** und wird häufig zu Beginn von Projekten und Arbeitsprozessen eingesetzt. Brainstorming kann helfen, kreative Ideen zu entwickeln oder komplexe Situationen zu erfassen. Wesentlich ist, dass jede Idee, jeder Gedanke beim Brainstorming willkommen ist und keine Bewertung stattfindet. Damit die Vorteile des Brainstormings zur Geltung kommen, sollten Sie auf die strikte Einhaltung bestimmter, einfacher **Regeln** achten:

- **Regel 1: keine Kritik**
  Das Ziel des Brainstormings ist die Ideenfindung. Ideenkiller sind z. B. *„Das geht doch nicht!“*, *„Hört sich gut an, aber ...“*, *„Viel zu teuer“*, aber auch *„Das wurde schon gesagt“*.
- **Regel 2: möglichst viele und wilde Ideen und Gedanken**
  Quantität geht beim Brainstorming vor Qualität. Originalität und Humor, sinnlose, verrückte und alberne Beiträge sind erwünscht.
- **Regel 3: Fortführen von Ideenansätzen**
  „Ideenklau“, „Trittbrettfahren“, „Rucksackideen“, sonst verpönt, sind hier einmal ausdrücklich zum höheren Zweck eines gemeinsamen Ideensuchens erwünscht.

Ablauf eines Brainstormings

Vorbereitung	Ein Protokollant (sammelt alle Ideen und schreibt sie für alle sichtbar auf) und ein Moderator (achtet auf die Einhaltung der Regeln) müssen bestimmt werden. Das Problem, zu dem Ideen gesammelt werden sollen, wird für alle sichtbar aufgeschrieben.
Durchführung	Je nach Vereinbarung werden die Ideen einfach zugerufen (Normalfall) oder der Moderator erteilt das Wort (bei großen Gruppen). Der Protokollant schreibt alle Ideen stichwortartig auf. Das Brainstorming sollte zeitlich begrenzt werden (z. B. 15 Minuten) oder abgebrochen werden, wenn keine neuen Ideen mehr „sprudeln“.
Auswertung	Damit die gesammelten Ideen für die weitere Problembearbeitung nützlich sind, müssen sie jetzt geordnet, gegliedert, überdacht und bewertet werden.

Beispiel

Projekt: Einrichtung eines eigenen Onlineshops in der Primus GmbH

Brainstorming
Frau Primus und Herr Müller sammeln Antworten auf folgende Fragen:

1. Welche Auslöser gab es für die Projektidee?
2. Welche Schwachstellen und Probleme bestehen zurzeit?
3. In welchen Bereichen besteht Optimierungsbedarf?

Die gesammelten Antworten wurden auf Karteikarten festgehalten und dann auf einem Plakat geordnet zu Ergebnissen zusammengefasst.

635-Methode – Brainwriting

Die 635-Methode ist ebenfalls ein Verfahren zur Ideenfindung und eine Form des sog. Brainwritings. Die Besonderheit von Brain-„Writing“ besteht darin, dass die Teilnehmer am Ideenfindungsprozess ihre Beiträge aufschreiben. So kommen alle gleichermaßen zu Wort, und zwar unabhängig vom jeweiligen Temperament oder der Durchsetzungsstärke.
Bei der **635-Methode** sollen
6 Teilnehmer
3 Ideen (zu einem bestimmten Begriff oder zur Lösung eines Problems) in Zeitabschnitten von
5 Minuten auf einem Formblatt notieren:

Begriff/Problemstellung			
Teilnehmer 1	Idee 1	Idee 2	Idee 3
Teilnehmer 2	Idee 1	Idee 2	Idee 3
Teilnehmer 3	Idee 1	Idee 2	Idee 3
Teilnehmer 4	Idee 1	Idee 2	Idee 3
Teilnehmer 5	Idee 1	Idee 2	Idee 3
Teilnehmer 6	Idee 1	Idee 2	Idee 3

In einem **ersten Durchgang** erhält jedes Gruppenmitglied ein Formblatt und trägt innerhalb von fünf Minuten in der ersten Zeile seine ersten drei Ideen ein. Die Blätter werden dann an den rechten Tischpartner weitergegeben. In dieser **zweiten Runde** wird die zweite Zeile bearbeitet usw. Der Prozess wird so lange fortgesetzt, bis die Formblätter vollständig ausgefüllt sind.

Die Schwierigkeit, eine derart **hohe Anzahl an Ideen** „produzieren“ zu müssen, wird durch den Umstand gemildert, dass bei jedem Durchgang mehrere (fremde) Ideen bereits auf dem Formblatt stehen, die als **Anregungen** genutzt werden können und sollen.

Die 635-Methode bietet vielfältige **Vorteile**:

- Im Idealfall werden in 30 Minuten 3 × 6 × 6, also 108 Ideen hervorgebracht und schriftlich fixiert.
- Jeder kann in Ruhe nachdenken und wird dennoch aktiv beteiligt.
- Durch das Aufgreifen fremder Ideen bekommt man Denkanstöße.
- Bei der Methode unterbleibt eine Diskussion während der Ideenfindungsphase, sofern die Kritik an Einzelbeiträgen ausdrücklich ausgeschlossen wurde.
- Die Arbeit erfordert keinen Moderator.

Die Methode kann auch abgewandelt werden; z. B. in eine 524-Methode, bei der 5 Teilnehmer 2 Ideen in Zeitabschnitten von 4 Minuten auf einem Formblatt notieren.

Mindmapping

Auch eine **Mindmap** kann zur Ideenfindung und ersten Grobstrukturierung eines Projekts genutzt werden. **LF 1**

Das Thema der Mindmap schreiben Sie in den Mittelpunkt eines quergelegten Blattes und heben es durch eine Umrahmung optisch hervor. Von dort aus erstellen Sie zunächst Hauptäste, die das Thema in seine Teilbereiche untergliedern. Von diesen Hauptästen ausgehend erstellen Sie weitere Verzweigungen, die Ihre Gedanken zu dem jeweiligen Teilbereich aufnehmen. Die Verzweigungen können Sie dann beliebig fortsetzen.

Beispiel

Ursache-Wirkungs-Analyse

Im nächsten Schritt gilt es, eine **Ursache-Wirkungs-Analyse** durchzuführen: Wie konnte es zu diesem Problem kommen und welche Konsequenzen ergeben sich daraus für das Unternehmen? Oft können aus den Problemursachen bereits mögliche Problemlösungen abgeleitet werden.

Beispiel Frau Primus und Herr Müller erörtern mit der Abteilungsleiterrunde die nebenstehenden Fragen. Man erkennt sehr schnell, dass eine wesentliche Ursache des Problems darin begründet ist, dass es der Primus GmbH am notwendigen technischen Know-how fehlt, eine entsprechende Internetpräsenz aufzubauen und darüber einen Onlinehandel abzuwickeln. Dies führt in einzelnen Sortimentsbereichen bereits jetzt zu deutlichen Umsatzeinbußen.

Ursache-Wirkungs-Analyse

- Wo liegen mögliche Ursachen für die Probleme?
- Welche messbaren Auswirkungen ergeben sich daraus?
- Wurden Hinweise auf das Problem nicht bereits zu früheren Zeitpunkten beachtet?

PRAXISTIPP Dokumentieren Sie die Ergebnisse der Situationsanalyse. Erst wenn alle Projektbeteiligten ein klares Verständnis von der zugrunde liegenden Situation haben, sollten Sie damit beginnen, die Projektziele festzulegen.

Festlegung der Projektziele

In der Festlegung klarer, eindeutiger und messbarer Projektziele liegt einer der **Haupterfolgsfaktoren** der Projektarbeit. Es sollte daher immer der Grundsatz gelten:

„Kein Projekt ohne klare Ziele!"

SMART

Im Projektmanagement hat der Begriff **SMART** eine Bedeutung für effektive und gute Projektziele.

SMART ist ein Akronym (Kurzwort), das für die folgenden Bedeutungen steht:

S	**Spezifisch**	Ziele müssen eindeutig und präzise definiert sein.
M	**Messbar**	Ziele müssen messbar sein – z. B. durch vorher festgelegte Kennzahlen.
A	**Angemessen**	Ziele müssen angemessen sowie attraktiv sein und akzeptiert werden.
R	**Realistisch**	Ziele müssen auch tatsächlich erreichbar sein.
T	**Terminiert**	Zu jedem Ziel gehört eine klare Terminvorgabe.

- **Spezifisch**: Eine unmissverständliche, positive und spezifische Zieldefinition ist wichtig, damit alle Beteiligten im Projekt die gleiche Vorstellung dessen haben, was erreicht werden soll.

  Beispiel So ist das Ziel „Steigerung des Umsatzes" zwar ein grundsätzlich anzustrebendes Ziel, es kann im Projektmanagement aber dennoch große Probleme hervorrufen, weil vermutlich unterschiedliche Vorstellungen darüber existieren. Während das Projektteam vielleicht schon mit einigen Prozenten zusätzlichen Umsatzes im gesamten Unternehmen zufrieden wäre, hatte der Auftraggeber vielleicht eine Verdopplung des Umsatzes in einer bestimmten Abteilung innerhalb eines festen Zeitraums erwartet. Im Ergebnis werden beide Seiten unzufrieden sein.

- **Messbar**: Die Messbarkeit von Zielen ist wichtig, damit deren Erreichung festgestellt werden kann. Nur so kann ggf. gegengesteuert werden. In vielen Fällen reicht es, wenn dazu eindeutige Kennzahlen (z. B. Umsatz, Gewinn, Lagerumschlagshäufigkeit) festgelegt werden. In anderen Bereichen ist eine direkte Messbarkeit nicht gegeben. So ist z. B. das Ziel „zufriedene Kunden" direkt nur schwer messbar. Indirekt könnte die Zielerreichung über eine Befragung vor, während und nach dem Projekt gemessen werden. Dann ist es wichtig zu definieren, über welche Kriterien und Indikatoren gemessen werden soll.
- **Angemessen, attraktiv und akzeptiert**: Projektteams stehen nur dann hinter den Projektzielen, wenn diese für sie angemessen und attraktiv, zumindest aber von ihnen akzeptiert sind. Werden Projektteams oder einzelne Mitarbeiterinnen und Mitarbeiter zu der Erreichung von Zielen gezwungen, mit denen sie sich nicht identifizieren, so führt dies zu Konflikten. Ein klassisches Beispiel dafür sind Personalabbauziele in Unternehmen: Wenn ein Unternehmen Personal abbauen muss, werden dafür fast immer externe Berater in Anspruch genommen, weil die eigene Personalabteilung gegenüber den Kollegen die vereinbarten Projektziele aus verständlichen Gründen wohl nicht konsequent genug umsetzen würde.
- **Realistisch**: Bei allem Ehrgeiz müssen Projektziele in der vorgegebenen Zeit und mit den zur Verfügung stehenden Mitteln auch realistisch erreichbar sein. Ist dies nicht der Fall, entsteht im Projektteam eine permanente Überforderung, die zu Stress und Unzufriedenheit führt.
- **Terminiert**: Die genaue Terminierung der Zielerreichung ist für alle Beteiligten wichtig. Es gilt, einen genauen Zeitpunkt zu definieren, wann die Zielerreichung gemessen werden soll. Nur so ist es möglich, Einigkeit und Zufriedenheit zwischen dem Projektteam und den Auftraggebern zu erreichen.

○ Zieldreieck

Projektziele lassen sich hauptsächlich in die drei Zielkomponenten **Sachziel, Terminziel und Kostenziel** zerlegen. Diese drei Zielgrößen beeinflussen sich wechselseitig und konkurrieren bisweilen miteinander.

Beispiel Soll das Projekt in einem kürzeren Zeitraum durchgeführt werden, führt dies in den meisten Fällen dazu, dass die Kosten steigen.

Mit Blick auf den Projektauftrag (vgl. S. 323) muss die Projektleitung sicherstellen, dass ein **ausgewogenes Zieldreieck entsteht**. Dies bedeutet, dass die angestrebten Sachziele in der vereinbarten Zeit und zu den geplanten Kosten (vgl. S. 321 f.) erreicht werden.

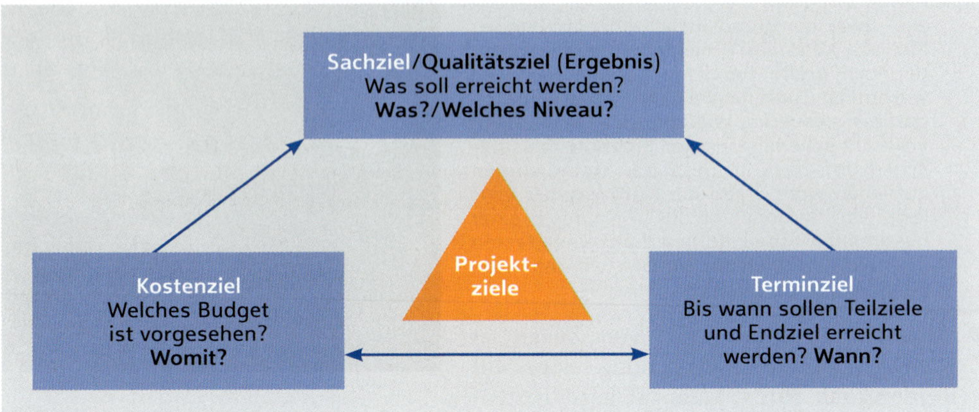

Weil einzelne Ziele nicht isoliert betrachtet werden können, führt dies in der Praxis dazu, dass oft eines der Ziele im Vordergrund steht.

Beispiel Allen Projektbeteiligten der Primus GmbH ist klar, dass das Projekt nur dann erfolgreich sein kann, wenn das angestrebte Sachziel – die Einrichtung eines eigenen Onlineshops – erreicht wird, ohne dass Pannen während der Markteinführung auftreten. Dies führt dazu, dass Kosten- und Terminziele zunächst nachrangig sind.

○ Ebenen der Projektziele

In der praktischen Umsetzung hat es sich bewährt, die Projektziele in mehreren Ebenen zu strukturieren. Dem **Projektgesamtziel** werden **Projektteilziele** zugeordnet. Oft wird das Erreichen eines Teilziels als **Meilenstein** oder **Projektteilschritt** definiert. Die messbaren Ergebnisse beschreiben den konkreten Output des Projekts.

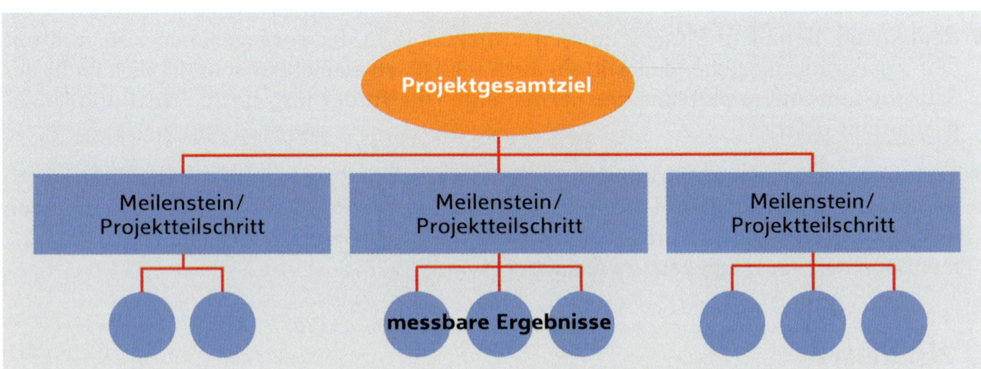

Beispiel

Projekt: Einrichtung eines eigenen Onlineshops in der Primus GmbH	
1. Projektgesamtziel	– Bis zum 15. Juli des folgenden Jahres tritt die Primus GmbH mit einem eigenen Onlineshop in den Markt ein.
2. Meilenstein/Projektteilschritt	– Bis März wird ein entsprechendes Sortiment zusammengestellt, das im Onlineshop angeboten werden soll. – Bis Mai wird eine entsprechende Internetplattform aufgebaut.
3. Messbare Ergebnisse	– Vorlage eines Kataloges, der die Artikel enthält, die im Onlineshop angeboten werden sollen – lauffähige Testversion der Internetplattform vorhanden

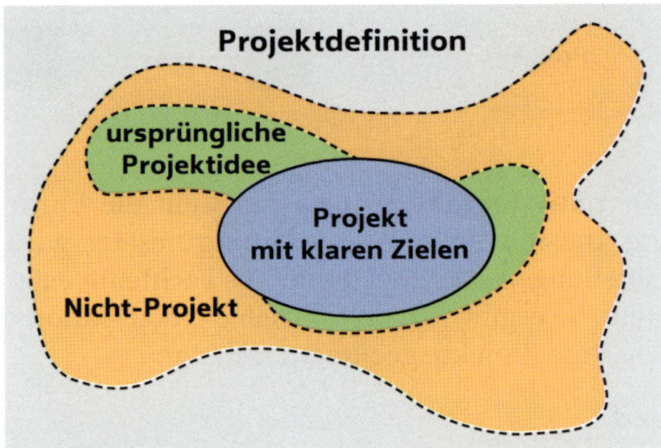

Aus der konsequenten Auseinandersetzung mit den Zielen eines Projektes ergibt sich, dass zum Ende dieses Prozesses ein zumeist **scharf umrissenes und deutlich definiertes** Projekt steht, welches die ursprüngliche Projektidee eindeutig und klar bestimmt und welches in einen Projektauftrag mündet.

● Projektorganisation

Wenn die ersten grundsätzlichen Entscheidungen zum Projekt getroffen wurden, muss in einem nächsten Schritt überlegt werden, wie das Projekt in die vorhandene Unternehmensstruktur eingebettet werden kann. Dabei lassen sich **drei typische Formen** unterscheiden:

- **Stabs-Projektorganisation**
- **Matrix-Projektorganisation**
- **reine Projektorganisation**

In der **Stabs-Projektorganisation** wird die grundlegende Unternehmensstruktur nicht verändert. Die Projektleitung koordiniert die Arbeit mit den verschiedenen Abteilungen, hat aber i. d. R. keine Weisungsbefugnis. Diese Organisationsform ist besonders für kleinere Projekte geeignet.

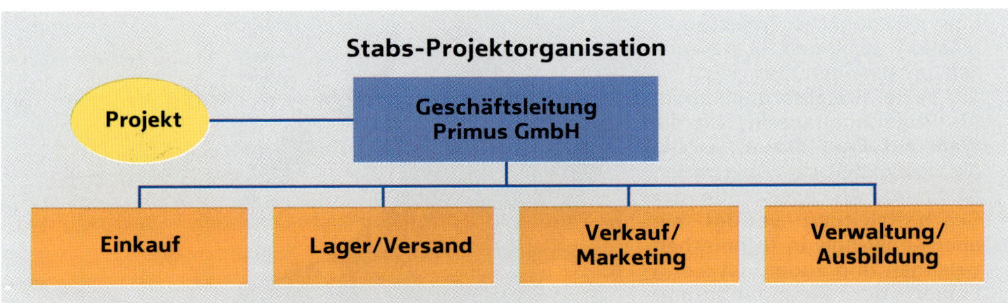

In der **Matrix-Projektorganisation** ist die Projektleitung als projektbezogene Stelle genauso weisungsbefugt wie die jeweiligen Vorgesetzten – folglich müssen sich beide abstimmen. Es ergibt sich eine ganzheitlichere Denkweise und eine bessere Vernetzung der Projektaufgaben.

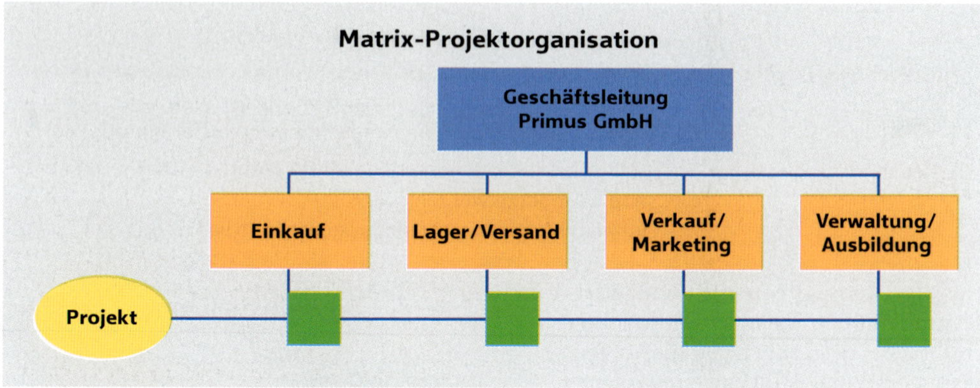

Die **reine Projektorganisation** sieht die Einrichtung einer eigenen Projektorganisation vor, die mit einer Projektleitung besetzt wird. Die Projektmitglieder werden aus den Abteilungen abgezogen oder als Fachleute extern beschafft und der Projektleitung unterstellt. So ergibt sich eine variable Organisationsstruktur, die insbesondere für größere und wichtige Projekte geeignet erscheint.

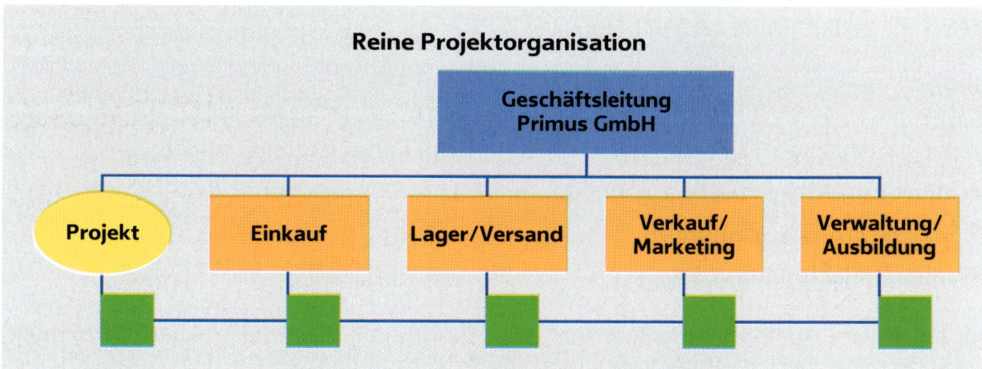

Beispiel Während der Abteilungsleitersitzung wird intensiv über die mögliche Projektorganisation diskutiert. Letztendlich entscheidet man sich für die **reine Projektorganisation**. Als **Projektmanagerin** fällt die Wahl auf **Frau Braun**, welche die Projektleitung übertragen bekommt. Als Assistentin der Geschäftsleitung verfügt sie über Know-how in technischen Belangen und zudem ist sie in Fragen der Personalführung erfahren. Die Geschäftsführung überlässt es ihr, ein **Projektteam zusammenzustellen**. Dazu kann sie zunächst auf bis-

herige Mitarbeiter der einzelnen Abteilungen zurückgreifen. Da sich bisher kein EDV-Spezialist in der Primus GmbH befindet, bekommt sie den Auftrag, ein neues Teammitglied für diese Aufgabe einzustellen.

Schätzung des Kostenrahmens

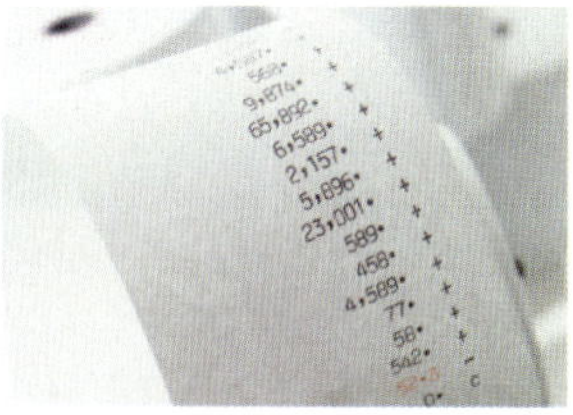

Sobald der Umfang, die Ziele und die Form der Projektorganisation geklärt sind, sollte eine **Aufwands- und Kostenschätzung** erfolgen. Vor dem endgültigen Projektstart ist dies eine letzte Kontroll- und somit Entscheidungsgrundlage, ob das Projekt überhaupt durchgeführt werden kann. In dieser ersten Schätzung sollten auf alle Fälle die direkten und indirekten Projektkosten erfasst werden.

- **direkte Projektkosten**

Beispiele Personalkosten, Reisekosten, Materialkosten und Anschaffungskosten von Anlagegütern, Beratungskosten usw., die direkt dem Projekt zugerechnet werden können

- **indirekte Projektkosten**

Beispiele Raumkosten, Stromkosten, sonstige Gemeinkosten

PRAXISTIPP Versuchen Sie, **alle** mit dem Projekt in Verbindung stehenden Kosten zu erfassen. Oft werden **interne Personalkosten,** welche „ohnehin bezahlt werden müssen", nicht dem Projektbudget zugeordnet. Dies stellt dann eine Verfälschung der tatsächlichen Projektkosten dar.

Beispiel Frau Primus und Herr Müller schätzen gemeinsam mit den anwesenden Abteilungsleitern die vermuteten Projektkosten. Dazu haben sie eine Tabelle vorbereitet, die sie während der Sitzung durcharbeiten und ergänzen.

Aufwands- und Kostenschätzung in der Definitionsphase						
Projekttitel	Einrichtung eines eigenen Onlineshops in der Primus GmbH					
Projektleitung	Frau Braun					
Datum	12. November 20..					
Lfd. Nr.	Aufwendungen und Kosten im Projekt	Kostenarten				Gesamt in €
		Personalkosten in €	Reisekosten in €	Sachmittelkosten in €	Sonstige Kosten in €	
1	Anschaffung neuer EDV und Software	0,00	500,00	17 000,00	200,00	17 700,00
2	Abstellung der Projektmanagerin	50 000,00	0,00	0,00	0,00	50 000,00
3	Einstellung EDV-Spezialist/-in	40 000,00	0,00	0,00	0,00	40 000,00
4	sonstige Projektmitarbeiter/-innen	100 000,00	0,00	0,00	0,00	100 000,00

Aufwands- und Kostenschätzung in der Definitionsphase						
Projekttitel	Einrichtung eines eigenen Onlineshops in der Primus GmbH					
Projektleitung	Frau Braun					
Datum	12. November 20..					
Lfd. Nr.	Aufwendungen und Kosten im Projekt	Kostenarten				Gesamt in €
		Personalkosten in €	Reisekosten in €	Sachmittelkosten in €	Sonstige Kosten in €	
5	Schulung und Beratung der Mitarbeiter/-innen	0,00	1 000,00	0,00	3 000,00	4 000,00
6	Raummiete inklusive Nebenkosten	0,00	0,00	0,00	6 600,00	6 600,00
7	Aufbau der Internetplattform	0,00	1 000,00	1 500,00	10 000,00	12 500,00
8	Katalogerstellung	3 000,00	0,00	15 000,00	4 000,00	22 000,00
9	Aufgabe 9	0,00	0,00	0,00	0,00	0,00
10	Aufgabe n	0,00	0,00	0,00	0,00	0,00
	Gesamt	**193 000,00**	**2 500,00**	**33 500,00**	**23 800,00**	**252 800,00**

Erteilung des Projektauftrages

Wird die Durchführung des ausgewählten Projektes auch nach der vorläufigen Aufwands- und Kostenschätzung weiterhin als sinnvoll angesehen, sollte ein Projektauftrag erstellt werden. **Projektaufträge** haben den Charakter von **Verträgen** zwischen Auftraggebern und dem Projektteam. Dadurch wird **Verbindlichkeit** erzeugt, die bei internen Projekten ebenso wichtig ist wie bei Projekten, die für einen Kunden durchgeführt werden. Der unterschriebene Projektauftrag ist somit der **Startschuss** für konkrete Planungen des Projektteams. Die **Inhalte** des Projektauftrags können individuell gestaltet werden. Sie sollten jedoch eindeutig formuliert sein, um Missverständnisse und Unklarheiten von vornherein zu vermeiden. Dabei hat es sich bewährt, die folgenden **Punkte** mit in den Projektauftrag aufzunehmen:

- Projekttitel
- Projektzeitraum (Beginn und Ende)
- Projektorganisation (Leitung und Mitarbeiter)
- Projektgesamtziel
- Projektteilziele/Meilensteine
- Projektkosten
- Unterschriften der Projektauftraggeber und Projektleitung

Beispiel

Projektauftrag			
Projekttitel	Einrichtung eines eigenen Onlineshops in der Primus GmbH		
Start	November 20..	Ende:	15. Juli 20..
Projektleitung	Frau Braun		
Projektauftraggeber	Geschäftsleitung der Primus GmbH		
Projektteam	Name: N. N. N. N.	Abteilung: N. N. N. N.	
Projektgesamtziel	Bis zum 15. Juli des folgenden Jahres erfolgt der Markteintritt mit einem eigenen Onlineshop.		
Meilensteine/Projektteilschritte	– Bis März wird ein entsprechendes Sortiment zusammengestellt, das im Onlineshop angeboten werden soll. – Bis Mai wird eine entsprechende Internetplattform aufgebaut.		
Personalkosten	193 000,00 €		
Sachmittelkosten	33 500,00 €		
Sonstige Kosten	26 300,00 € (23 800,00 € + 2 500,00 €)		
Gesamtprojektkosten/ Projektbudget	252 800,00 €		
Sonstige relevante Informationen			
Projektentscheidung			
Einreichung des Projektauftrags	15. Oktober 20.., Braun Datum, Unterschrift Projektleitung		
Projektentscheidung	☐ Das Projekt wird bewilligt. ☐ Das Projekt wird unter der Einhaltung folgender Auflagen bewilligt: ☐ Das Projekt wird abgelehnt. Begründung: Datum, Unterschrift Auftraggeber/-in		

Projekt-Scorecard (Projektbewertungsblatt)

Projekte mit einer hohen Bedeutung für die strategische Gesamtausrichtung des Großhandelsunternehmens können mit einer Projekt-Scorecard über den gesamten Projektverlauf unterstützt werden.

Erstellt wird die Projekt-Scorecard während der **Definitionsphase** eines Projektes. Dies kann z. B. im Rahmen eines Workshops geschehen, in welchem die Auftraggeber und die Verantwortliche für die Projektumsetzung gemeinsam eine Projekt-Scorecard (Bewertungsblatt) erstellen.

Folgende Arbeitsschritte zur Erstellung einer **einfachen Projekt-Scorecard** haben sich bewährt:

1. **Aufstellung einer Liste mit Erfolgsmerkmalen**
   Diese können z. B. sein:
   - Einhaltung des Budgets
   - Erreichen des angestrebten Abschlusstermins

- Umsatz- und Gewinnentwicklung
- Kundenzufriedenheit
- Servicequalität
- Zufriedenheit der Projektauftraggeber

2. **Gewichtung der Erfolgsmerkmale**
   Wie viele von insgesamt 100 Punkten erhält jedes Merkmal? Erfolgsmerkmale, die für den Projekterfolg von hervorgehobener Bedeutung sind, erhalten eine höhere Punktzahl als weniger bedeutsame Merkmale.
3. **Festlegung von Messgrößen**
   Woran ist der Erfolg zu messen? Für „harte Merkmale", wie z. B. Zeit oder Kosten, lassen sich anhand von Zahlen und Daten relativ einfach Messgrößen finden. Das Finden von Messgrößen bei „weichen Merkmalen", wie z. B. der Kundenzufriedenheit, erfordert hingegen ein gründliches Abwägen im Projektteam, woran dies festzumachen ist.
4. **Festlegung eines Zielwertes für jedes Erfolgsmerkmal**, bei dem die maximale Punktzahl vergeben wird
5. **Festlegung der Punktabzüge**, die anfallen, wenn der Zielwert nicht erreicht wird
6. **Erstellung der Projekt-Scorecard**

Beispiel Für das Projekt „Einrichtung eines eigenen Onlineshops in der Primus GmbH" erstellt das Projektteam der Primus GmbH folgende Projekt-Scorecard:

Projekt-Scorecard (Projektbewertungsblatt)

Erfolgsmerkmal	Punkte	Messgröße	Zielwert	Abzug	Erzielter Wert	Punkte
Budgeteinhaltung	20	Kostenkalkulation	252 800,00 €	5 Punkte je angefangene 15 000,00 €		
Termineinhaltung	25	Projektenddatum	15. Juli des nächsten Jahres	5 Punkte je Verzugswoche		
Technisch störungsfreier Start	30	Ausfälle der Plattform	maximal ein Ausfall in den ersten 20 Betriebstagen	5 Punkte je weiteren Ausfall		
Umsatzsteigerung	25	Umsatz	mindestens 8 % in den ersten sechs Wochen nach dem Start	5 Punkte für jede angefangene 2 % unter Zielwert		
	100	**Erreichte Punkte**				

Im weiteren Projektverlauf werden **Abweichungen vom Zielwert erfasst** und **steuernde Maßnahmen ergriffen.** Im Zentrum steht dabei die Aufgabe, das Projekt auf dem angestrebten Kurs zu halten, sodass die wesentlichen Rahmensetzungen des Projektauftrages erfüllt und umgesetzt werden können.

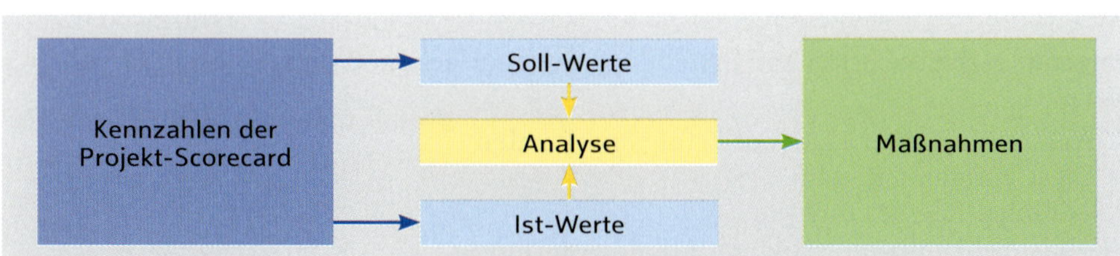

Zum Projektabschluss kann die Projekt-Scorecard zur **Auswertung und Evaluierung** des Projektes dienen (vgl. S. 358 f.). Dann werden die vorher festgelegten Kennzahlen erfasst und der Projekterfolg bewertet.

Projekte definieren

- Im Rahmen der **Projektdefinition** wird die **Projektidee** weiter konkretisiert.
- In der **Situationsanalyse** werden die Probleme benannt, die zur Projektidee führten. Im Rahmen einer **Ursache-Wirkungs-Analyse** werden darauf aufbauend die Konsequenzen erfasst, die sich für das Unternehmen ergeben.
- Jedes **Projekt** braucht **klare Ziele**.
- Die Projektziele lassen sich in die **Zielkomponenten Sachziel, Terminziel und Kostenziel** zerlegen.
- Dem **Projektgesamtziel** werden **Projektteilziele** zugeordnet. Oft wird das Erreichen eines Teilziels als **Meilenstein** bezeichnet.
- Als typische **Organisationsformen** des Projektmanagements kommen **Stabs-Projektorganisation, Matrix-Projektorganisation** und die **reine Projektorganisation** infrage.
- Auf Basis der Projektziele wird die **Kostenplanung** des Projekts erstellt. Dabei sind alle **direkten und indirekten Kosten** des Projektes zu erfassen.
- Im **Projektauftrag** werden die **wesentlichen Rahmenbedingungen und Vereinbarungen** zum Projekt zwischen Auftraggebern und dem Projektteam schriftlich festgehalten.
- **Projektaufträge** haben den Charakter von **Verträgen**.
- **Punkte im Projektauftrag**: Projekttitel, Start, Projektleitung, Projektauftraggeber, -team, -gesamtziel, -teilziele, Personalkosten, Sachmittelkosten, sonstige Kosten, Gesamtprojektkosten, Projektentscheidung.
- Eine **Projekt-Scorecard** (Projektbewertungsblatt) wird in der Definitionsphase eines Projektes erstellt. Im weiteren Projektverlauf unterstützt sie bei der Projektsteuerung und Auswertung des Projektes nach Projektabschluss.

1. Beschreiben Sie, welche Konsequenzen sich aus einer oberflächlichen Situationsanalyse für den weiteren Verlauf eines Projektes ergeben können.

2. Formulieren Sie drei mögliche Projektteilziele für das Projekt „Erstellung der Unternehmenshomepage“.

3. Erläutern Sie anhand des Beispiels „Einrichtung eines eigenen Onlineshops in der Primus GmbH“, zu welchen Konflikten es zwischen einzelnen Projektzielen kommen kann.

4. Prüfen Sie mithilfe einer Checkliste, ob die Absicht der Primus GmbH, einen eigenen Onlineshop einzurichten, als Projekt geeignet ist. Begründen Sie Ihre Entscheidung.

5. Begründen Sie, warum die Formulierung von Projektzielen eine große Bedeutung für den erfolgreichen Projektverlauf hat.

6. Erläutern Sie die Vor- und Nachteile der Stabs-Projektorganisation, der Matrix-Projektorganisation und der reinen Projektorganisation.

7. Erläutern Sie die Bedeutung eines Projektauftrages.

8. Erläutern Sie, warum der Einsatz einer Projekt-Scorecard bei komplexeren Projekten von Nutzen sein kann.

2.2 Projekte planen

Nach der Übertragung der Projektleitung hat Svenja Braun ihr Projektteam zusammengestellt. Aus der Einkaufabteilung ist Gerd Buderbach und aus der Verkaufs-/Marketingabteilung sind Katharina Koslowski und Janine Krämer ins Projektteam berufen worden. Als EDV-Fachmann für den Aufbau und die technische Betreuung des Onlineshops hat sie Sascha Engels eingestellt. Nun plant Frau Braun in ihrem Büro die weiteren Arbeitsschritte.

ARBEITSAUFTRÄGE

- Schreiben Sie eine Einladung zum Kick-off-Meeting an die Mitglieder des Projektteams.
- Erstellen Sie zur Identifizierung von Arbeitspaketen eine Mindmap mit Aufgaben, die bei der Umsetzung des Projektes notwendig sind.

Komplexe Aufgaben werden oftmals mit Ungeduld angegangen. Möglichst schnell sollen greifbare Erfolge erzielt werden. In der Regel führt solch **ein voreiliges Handeln** nicht zum Ziel: Es wird ineffizient gearbeitet und die Aufgaben werden bestenfalls teilweise gelöst. Eine effiziente und erfolgreiche Projektarbeit setzt voraus, dass das gesamte Projekt im Voraus durchdacht und sauber geplant wird. Die Planungsphase dient der weiteren Konkretisierung der in der Definitionsphase begonnenen Überlegungen. Ergebnis der Planungsphase ist ein **detaillierter Projektplan**, der wiederum verschiedene Teilpläne enthält. Im Projektmanagement unterteilt man zu diesem Zweck den Planungsprozess in die folgenden Teilschritte:

Teilaufgaben ausdifferenzieren Arbeitspakete schnüren und Vorgangslisten erstellen	**Projektstrukturplan erstellen und den Projektablauf festlegen**	**Kosten und Ressourcenplan aufstellen**	**Risiken erkennen und vermeiden**

PRAXISTIPP Als zeitlichen Richtwert für die Planungsphase sollten Sie etwa 20 % bis 25 % der gesamten Projektdauer ansetzen.

Kick-off-Meeting

Wenn das Projektteam feststeht und der Projektauftrag erteilt wurde, lädt die Projektleitung zu einem ersten Treffen des neuen Projektteams ein. In diesem **Kick-off-Meeting** sollen sich die Mitglieder des Projektteams **kennenlernen** und über die wesentlichen **Rahmenbedingungen** des Projektes informiert werden. Die Projektleitung muss dafür sorgen, dass alle **ein gemeinsames Verständnis von den Projektzielen und -inhalten** haben und die **Rollen und Verantwortlichkeiten** einzelner Projektmitglieder bekannt sind.

Mögliche Agenda eines Kick-off-Meetings

TOP 1: Begrüßung durch die Projektleitung
TOP 2: Vorstellungsrunde (sofern Projektmitglieder nicht bekannt)
TOP 3: Konkretisierung der Grobplanung
- Ausgangssituation, Projektumfeld
- Projektziele (Gesamtziel, Teilziele)
- Projektphasen, Meilensteine
- Projektrisiken und -chancen

TOP 4: Regeln der Zusammenarbeit
TOP 5: Festlegung der Aufgaben- und Verantwortungsbereiche
TOP 6: weitere Vorgangsweise
TOP 7: Verschiedenes

PRAXISTIPP Sorgen Sie mit dafür, dass das Kick-off-Meeting zu einem Erfolg wird. Denn das erste Arbeitstreffen des Projektteams stellt viele Weichen für die zukünftige Zusammenarbeit.

Teilaufgaben festlegen und Arbeitspakete schnüren

Möglichst zügig sollte man das gesamte Projekt überblicken und planen. Dabei hilft es, wenn man versucht, von vornherein möglichst viele zusammenhängende **Teilaufgaben** einzugrenzen. Teilaufgaben sind typischerweise Phasen eines Projektes. Wenn das Gesamtprojekt in verschiedene Teilaufgaben unterteilt wurde, können diese wiederum in sog. **Arbeitspakete** (AP) aufgeteilt werden. Dazu überlegt man, welche Aufgaben für die Erreichung der Teilaufgaben im Einzelnen erledigt und in welcher Reihenfolge sie abgeschlossen werden müssen, damit kein Leerlauf entsteht. Als Arbeitspakete werden die Tätigkeiten bezeichnet, welche die unterste Gliederungsebene im Gesamtprojekt darstellen.

Die kleinere Einheit eines Arbeitspaketes kann man viel besser überblicken und **Risiken**, **Kosten** und **Arbeitsaufwand** genauer einschätzen, als wenn man sich das gesamte Projekt ansieht. Die definierten Arbeitspakete werden dann auf die **Mitarbeiter**, entsprechend ihren Fähigkeiten und ihrem Vorwissen, verteilt. Es empfiehlt sich, für jedes einzelne Arbeitspaket klare Festlegungen und Absprachen zu treffen.

Notwendige Absprachen für einzelne Arbeitspakete:
- verantwortliche Personen
- genaue Beschreibung des Arbeitspaketes
- Abgrenzung zu anderen Aufgaben: Was wird gemacht, was nicht?
- Zeitschätzung in Stunden und Tagen
- Kostenabschätzung
- Auflistung der denkbaren Risiken

Diese Absprachen **sollten schriftlich fixiert** werden und für alle Teammitglieder einsehbar aufbewahrt werden, damit die laufenden Prozesse problemlos kontrolliert werden können und in der Folge keine Details übersehen werden.

PRAXISTIPP Damit keine Verantwortungslücken entstehen, sollte jedes Arbeitspaket einen einzelnen Verantwortungsträger haben.

Beispiel Die Primus GmbH grenzt die folgenden Teilaufgaben und Arbeitspakete ab:

Einrichtung eines eigenen Onlineshops in der Primus GmbH		
Teilaufgabe 1: Sortimentszusammenstellung	**Teilaufgabe 2:** Aufbau der Internetplattform	**Teilaufgabe 3:** Marketingplanung
Arbeitspaket 1.1 Artikelsichtung und -auswahl	**Arbeitspaket 2.1** Entwurf des eigenen Onlineshops	**Arbeitspaket 3.1** Werbeplan erstellen
Arbeitspaket 1.2 Artikelpräsentation und -beschreibung	**Arbeitspaket 2.2** Struktur des eigenen Onlineshops	**Arbeitspaket 3.2** Gestaltung der Werbemittel
Arbeitspaket 1.3 …	**Arbeitspaket 2.3** …	**Arbeitspaket 3.3** …

Beispiel In der weiteren Planung werden in der Arbeitspaket-Beschreibung die einzelnen Arbeitspakete ausgearbeitet. Dazu wird in der Primus GmbH das folgende Formular verwendet.

Beschreibung des Arbeitspakets		
Projektname: *Einrichtung eines eigenen Onlineshops in der Primus GmbH*		
Bezeichnung des Arbeitspakets: *Artikelsichtung und -auswahl*	Nummer des Arbeitspakets: *1.1*	Verantwortliche/-r des Arbeitspakets: *Herr Buderbach*
Ziele: *passende Artikel für das Sortiment des Onlineshops sichten, um diese dann letztendlich im Projektteam auszuwählen*		

Beschreibung des Arbeitspakets		
Aufgaben und Tätigkeiten: – *Anfragen versenden* – *Angebote vergleichen* – *Vorauswahl treffen* – *Vorauswahl mit dem Projektteam besprechen* – *erstes Sortiment zusammenstellen*		
Voraussetzungen und erforderliche Ressourcen: *Zur Erstausstattung des Onlineshops mit einem Sortiment steht ein Limit von 35 000,00 € zur Verfügung.*		
Dauer: *zwei Wochen*	Starttermin: *03.01.20..*	Endtermin: *19.01.20..*
Unterschrift Projektleitung Svenja Braun	Unterschrift Arbeitspaketverantwortliche/-r Gerd Buderbach	

Vorgangsliste

Die Vorgangsliste ist eine **tabellarische Zusammenstellung aller Arbeitspakete**. Für ihre Erstellung ist die Projektleitung verantwortlich. Sie erhält dazu von den Arbeitspaketverantwortlichen die notwendigen Informationen aus der Arbeitspaketplanung und erstellt auf Basis dieser Informationen erstmalig eine Vorgangsliste.

Eine Vorgangsliste enthält die wesentlichen Informationen zur Planung der Arbeitspakte, zu denen auch die Terminplanung gehört sowie die Reihenfolge, in der die Abarbeitung der Arbeitspakete erfolgt. Die Erstellung der Vorgangsliste kann erfolgen, sobald die Feinplanung der jeweiligen Arbeitspakete abgeschlossen ist.

Beispiel Nachdem die Arbeitspakete geschnürt sind, erstellt Frau Braun eine erste Vorgangsliste.

Nr. AP	Bezeichnung des Arbeitspakets	Verantwortung	Dauer in Tagen	Vorgänger	Zeitraum		Zeitplan	
					Start ab	Ende bis	Fortschritt in %	Status
1.1	Artikelsichtung und -auswahl	Buderbach	3	–	03.01.20..	19.01.20..	20 %	
1.2	Artikelbeschreibung und -präsentation	Buderbach	6	1.1	21.01.20..	28.02.20..	10 %	
1.3	Messebesuch	Buderbach	2	1.2	24.02.20..	26.02.20..	0 %	
1.4	...							
2.1	Entwurf des Onlineshops	Engels	5	–	01.04.20..	15.04.20..	0 %	
2.2	Struktur des Onlineshops	Engels	7	2.1	17.04.20..	30.04.20..	0 %	
2.3	Bilder und Buttons	Engels	4	2.2	24.04.20..	05.05.20..	0 %	
2.4	Programmierung	Engels	5	2.1 2.3	07.05.20..	19.05.20..	0 %	

Nr. AP	Bezeichnung des Arbeitspakets	Verantwortung	Dauer in Tagen	Vorgänger	Zeitraum		Zeitplan	
					Start ab	Ende bis	Fortschritt in %	Status
2.5	...							
3.1	Erstellung des Werbeplans	Koslowski	1	–	17.04.20..	24.04.20..	0 %	
3.2	Gestaltung der Werbemittel	Koslowski	4	3.1	25.04.20..	06.05.20..	0 %	
3.3	Stammkundenwerbung	Koslowski	4	3.2	08.05.20..	30.06.20..	0 %	
...								

im Zeitplan	zeitkritisch	verzögert

Ist die Vorgangsliste erstellt worden, kann erstmalig abgeschätzt werden, ob die Ressourcen des Projektes ausreichen, weil nun ein Gesamtüberblick entsteht. Zudem wird deutlich, welche Vorgänger notwendig sind, um mit einem Arbeitspaket zu beginnen. Daraus wiederum lässt sich ableiten, wann welches Arbeitspaket beginnt.

PRAXISTIPP Bei vielen Projekten wird bei der erstmaligen Erstellung der Vorgangsliste deutlich, dass die zur Verfügung stehenden Ressourcen zu knapp sind. Bevor mit dem Auftraggeber über eine Ausweitung der Ressourcen verhandelt wird, sollte noch einmal sehr genau geprüft werden, ob alle Arbeitspakete von den dafür zuständigen Personen in Anbetracht der Ressourcenknappheit verantwortungsvoll geplant wurden.

Einen Projektstrukturplan erstellen und den Projektablauf festlegen

Die in der Vorgangsliste erfassten Arbeitspakete werden anschließend in eine systematische und übersichtliche Gliederung überführt und im **Projektstrukturplan (PSP)** dargestellt. Dabei kommen mehrere Darstellungsformen infrage. Ein Projektstrukturplan kann als **Organigramm** oder als **Balkendiagramm (Gantt-Diagramm)** mit Nummerierungen, Einrückungen und Zeitplanung dargestellt werden. Dem Organigramm und dem Balkendiagramm gleichwertig, aber mit anderer visueller Wirkung, kann auch eine Mindmap als Format für den Projektstrukturplan gewählt werden. In jedem Fall ist der PSP eine direkte Handlungsanleitung für alle am Projekt Beteiligten und ist somit ein **zentrales Planungsinstrument** für das Projektmanagement.

In vielen Projekten wird unter hohem Zeitdruck gearbeitet. Das Erreichen der festgelegten Terminziele hat oberste Priorität. Auf diese Termine arbeiten alle Beteiligten hin. Damit sie auch eingehalten werden können, ist eine **präzise Terminplanung** unerlässlich. Stehen die Teilaufgaben und die Arbeitspakete fest, werden im Projektstrukturplan die geschätzte Dauer eines jeden Arbeitspaketes sowie dessen logische Abhängigkeit eingetragen, sodass sich aus dem Projektstrukturplan ein **Projektablaufplan** ergibt.

Im Projektablaufplan wird entschieden, welches Paket zuerst bearbeitet werden muss, welche parallel ausgeführt werden und welche auf anderen Arbeitspaketen aufbauen. Sobald die Reihenfolge der Arbeitspakete feststeht und geklärt ist, wann mit dem ersten Arbeitsschritt begonnen werden kann oder muss, können alle weiteren Termine ermittelt werden. Dabei geht man meistens rückwärts vor, denn üblicherweise steht der Endtermin des Projektes fest.

PRAXISTIPP Zahlreiche Computerprogramme zum Projektmanagement unterstützen Sie bei der Erstellung eines Projektstrukturplans.

Die Teilaufgaben und Arbeitspakete eines Projektstrukturplans werden durchnummeriert, um die Übersichtlichkeit und Eindeutigkeit zu gewährleisten.

Beispiele
- Teilaufgaben: 1, 2, 3, ...
- Arbeitspakete: 1.1, 1.2, 1.3, ...; 2.1, 2.2, 2.3, ...

Beispiel Grundaufbau eines Projektstrukturplanes in Form eines Organigramms

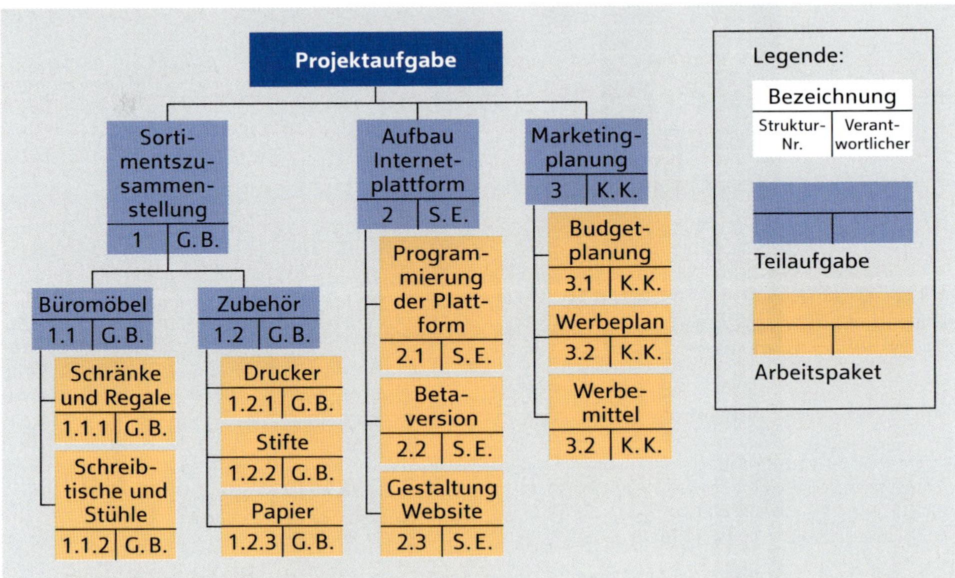

PRAXISTIPP Gehen Sie bei Ihren Planungen nicht von zu optimistischen Annahmen aus und planen Sie zeitliche Puffer ein.

Beispiel Gantt-Diagramm – einfacher Projektstruktur- und -ablaufplan zur Aufgaben- und Terminplanung in Form eines Balkendiagramms

Projekttitel	Einrichtung eines eigenen Onlineshops in der Primus GmbH
Projektleitung	Frau Braun
Datum	9. November 20..

PSP-Code	Teilaufgabe/Arbeitspaket	Termine		Personaleinsatzplan		Woche im Kalenderjahr 20..																											
		Start	Ende	Verantwortung	Mitarbeit	1	2	3	4	5	6	7	8	9	10	11	12	13	14	15	16	17	18	19	20	21	22	23	24	25	26	27	28
1	Sortimentsaufbau																																
1.1	Artikelsichtung und -auswahl	03.01.20..	19.01.20..	Buderbach		■	■	■																									
1.2	Artikelpräsentation und -beschreibung	21.01.20..	28.02.20..	Buderbach					■	■	■	■	■	■																			
1.3	Messebesuch	24.02.20..	26.02.20..	Buderbach	Braun									■																			
1.4	Angebote vergleichen	21.02.20..	31.03.20..	Buderbach									■	■	■	■	■	■															
1.5	Artikelliste ggf. erweitern	01.04.20..	15.04.20..	Buderbach	Braun														■	■													
1.6	...																																
2	**Aufbau Internetplattform**																																
2.1	Entwurf des Onlineshops	01.04.20..	15.04.20..	Engels															■	■													
2.2	Struktur des Onlineshops	17.04.20..	30.04.20..	Engels																	■	■											
2.3	Bilder und Buttons	24.04.20..	05.05.20..	Engels																		■	■										
2.4	Programmierung	07.05.20..	19.05.20..	Engels																				■	■								
2.5	Testphase	21.05.20..	02.06.20..	Engels																					■	■							
2.6	...																																
3	**Marketingplanung**																																
3.1	Werbeplan erstellen	17.04.20..	24.04.20..	Koslowski																	■												
3.2	Gestaltung Werbemittel	25.04.20..	06.05.20..	Koslowski	Agentur																	■	■	■	■								
3.3	Stammkundenwerbung	08.05.20..	30.06.20..	Koslowski																						■			■	■		■	
3.4	Neukundenwerbung	08.05.20..	30.06.20..	Koslowski																						■	■	■		■	■	■	
3.5	...																																
4	**Raumgestaltung und Umzug**																																

Kosten- und Ressourcenplan

Ein weiterer wichtiger Teil einer Projektdetailplanung ist die genaue Kosten- und Ressourcenplanung. Aufbauend auf dem erstellten Projektstrukturplan und den Kostenschätzungen aus der Projektdefinition wird deshalb **ein Kosten- und Ressourcenplan** erstellt. Er zeigt an, was man wann bezahlen muss und welches Budget man letztendlich braucht. Zudem wird für alle am Projekt Beteiligten deutlich, **wer wann womit** beschäftigt ist und **welche Materialien** benötigt werden.

Erfolgt in der Definitionsphase die Kostenschätzung näherungsweise und aufgrund des definierten Projektrahmens, so werden die Kosten in der Planungsphase aufgrund **tatsächlich geplanter Arbeitspakete und Aufgaben** kalkuliert.

PRAXISTIPP Ihr Projektziel bestimmt die Kosten des Projekts.

Falsch ist die Vorgehensweise:

1. Was habe ich zur Verfügung?
2. Was kann ich damit erreichen?
3. Welche Leistung werde ich dafür erbringen?

Der richtige Ansatz sollte vielmehr lauten:

1. Was will ich erreichen?
2. Wie werde ich vorgehen?
3. Welches Budget benötige ich dafür?

Zur genauen Kostenplanung hat sich das folgende Vorgehen bewährt:

1. Festlegung der Verantwortung und Mitarbeit für jedes Arbeitspaket → **Personaleinsatzplanung**
2. Mit den zugeteilten Teammitgliedern wird der Arbeitsaufwand pro Arbeitspaket geschätzt (in Stunden, Tagen oder Wochen). Hierbei können Erfahrungswerte früherer Projekte herangezogen werden. → **Aufwandsschätzung**
3. Durch die Multiplikation der Arbeitsaufwände mit den individuellen Stundensätzen der zugeteilten Teammitglieder werden die Personalkosten errechnet. → **Personalkostenplanung**
4. Abschließend werden pro Arbeitspaket die sonstigen Kosten wie z. B. Reisekosten, Beratungskosten, Materialkosten, Druckkosten, Marketingkosten und IT-Kosten geplant und erfasst. → **Sonstige-Kosten-Planung**

PRAXISTIPP Die in diesem Schritt ermittelten Projektkosten sollten nicht höher sein als das bewilligte Projektbudget. Andernfalls sollten Sie die Planung anpassen oder den Projektauftrag neu abstimmen.

Risikomanagement – Risiken erkennen und vermeiden

Beim Projektmanagement spricht man bei grundsätzlich allen **Unwägbarkeiten** von **Risiken**, die den Projekterfolg hinauszögern oder gefährden können. Jedes Projekt beinhaltet aufgrund seiner Komplexität verschiedene **Projektrisiken**. Der Eintritt eines solchen Risikos kann Kosten erhöhen, Bearbeitungszeiten verlängern, die Zielerreichung gefährden oder sogar den Abbruch eines gesamten Projekts bewirken. Dabei gilt: Je höher die Wahrscheinlichkeit für die Ursache eines Risikos ist, desto wahrscheinlicher tritt das Risiko selbst ein.

Aus diesen Gründen ist es notwendig, im Rahmen des **Risikomanagements** Projektrisiken schon in der Planungsphase zu **erkennen**, zu **bewerten** und in der Folge geeignete **Gegenmaßnahmen** vorzubereiten.

Ursache

Möglicher Schaden

Gegenmaßnahmen

Die häufigsten Risikoarten im Rahmen von Projekten sind:

- **Akzeptanzrisiken**: Erarbeitete Lösungen werden von Betroffenen abgelehnt.
- **Qualitätsrisiken**: Das Ergebnis entspricht nicht der geforderten und gewünschten Qualität.
- **Auslastungsrisiken**: Personalressourcen und Materialressourcen sind nicht in ausreichendem Maße verfügbar (z. B. zeitliche Überlastung, Krankheit, vorrangige Arbeiten).
- **Kostenrisiken**: Das Projektbudget reicht nicht aus.
- **Terminrisiken**: Terminvorgaben und Absprachen werden nicht eingehalten.

Als ein mögliches Instrument zur Risikokalkulation kann die nachfolgende Tabelle (Beispiel) herangezogen werden. In ihr werden für jedes Arbeitspaket die denkbaren Risiken erfasst. Zudem wird aufgeführt, durch welche Maßnahmen sie einzugrenzen sind, was die einzelnen Maßnahmen kosten und wie groß der jeweilige Aufwand ist. Daraus erschließt sich etwa, ob Aufwand und Kosten der Gegenmaßnahme im Verhältnis zu dem möglichen Schaden stehen.

Beispiel

Projekt: Einrichtung eines eigenen Onlineshops in der Primus GmbH					
Name des Arbeitspaketes:					
mögliche Risiken oder Probleme	Mit welcher Wahrscheinlichkeit treten sie ein?	Welche Tragweite hätte der Schaden jeweils und welche Kosten werden dadurch verursacht?	denkbare Ursachen	mögliche Gegenmaßnahmen	Was kosten diese Maßnahmen?
Arbeitspaket: 2.1 Entwurf Homepage					
Entwurf der Homepage findet keine Akzeptanz bei der Geschäftsleitung	geschätzte Wahrscheinlichkeit von 25 %	– Neuentwurf wäre notwendig. – Die nachfolgenden Arbeiten wären unbrauchbar. – Projektverzögerung – Zusatzkosten von ca. 3500,00 €	– Es fehlen klare bzw. frühzeitige Absprachen. – unterschiedlicher Geschmack	– frühzeitiger Abgleich verschiedener Entwürfe mit der Geschäftsführung – eindeutige Zustimmung für Weiterarbeit an Entwurf sicherstellen	Es entstehen keine weiteren Kosten.
...					

Das Risikomanagement in einem Projekt sollte ein kontinuierlicher Prozess sein. Die Projektleitung muss das Risikomanagement als eine **Kernaufgabe** für die gesamte Projektdauer begreifen.

PRAXISTIPP Weil Projektteams oftmals viele „Feuer" gleichzeitig löschen müssen, lohnt es sich, über „Brandrisiken" bzw. mögliche „Brandursachen" frühzeitig nachzudenken.

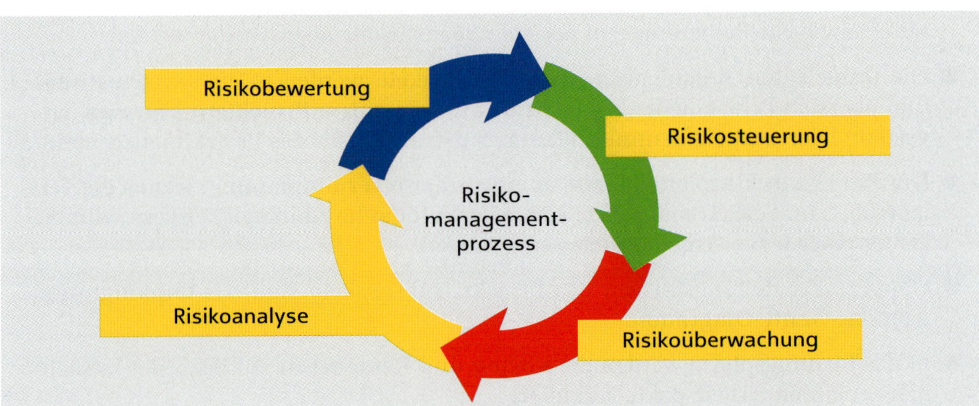

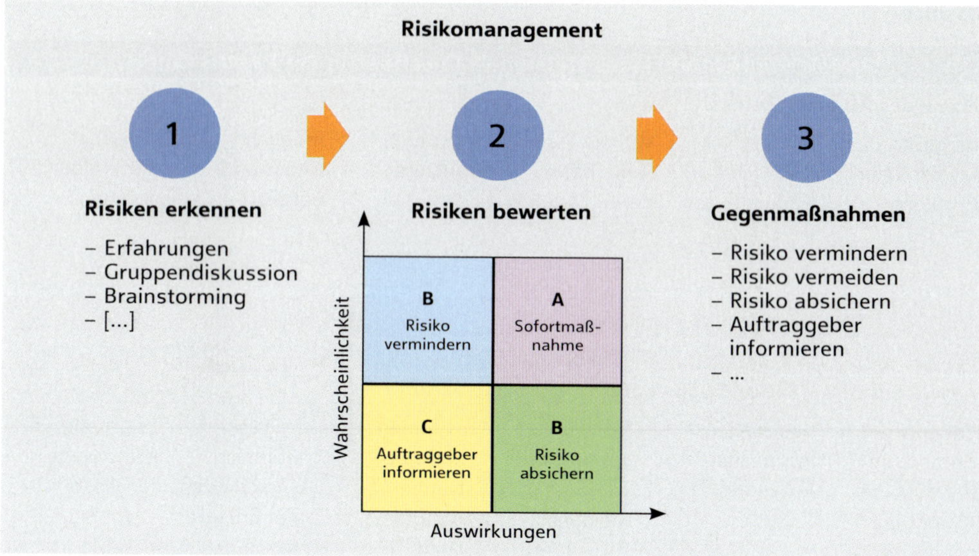

Quelle: startup euregio Management GmbH: Risikomanagement. In: www.pm-handbuch.com/assets/risikomanagement_einfach.pdf [16.05.2021].

Projekte planen

- Eine **detaillierte Projektplanung** ist eine Grundvoraussetzung für eine erfolgreiche Projektdurchführung.
- Beim **Kick-off-Meeting** trifft sich das neue Projektteam zum ersten Mal. Die Projektmitglieder lernen sich kennen und werden über die Projektziele informiert.
- Um das Gesamtprojekt besser zu überblicken, sollte das Projekt in **Teilaufgaben** unterteilt werden. Teilaufgaben sind Hauptaufgaben oder Phasen eines Projektes.
- **Teilaufgaben** fassen gleichartige **Arbeitspakete** zusammen.
- Ein **Arbeitspaket** bezeichnet ein Bündel einzelner Aufgaben, die der Zielerreichung des Projektes dienen.
- Die **Vorgangsliste** wird erstellt, sobald die Planungen zu den Arbeitspaketen abgeschlossen sind. Sie enthält die wesentlichen Informationen zur Terminplanung sowie zur Reihenfolge, in der die Arbeitspakete abgearbeitet werden.
- Die festgelegten Teilaufgaben und Arbeitspakete werden in eine systematische und übersichtliche Gliederung überführt und in einem **Projektstrukturplan** dargestellt. Dieser ist ein zentrales Planungsinstrument für das Projektmanagement.
- Der Projektstrukturplan unterstützt eine **präzise Terminplanung**. Stehen die Teilaufgaben und die Arbeitspakete sowie deren logische Abhängigkeit fest, wird die Dauer eines jeden Arbeitspaketes eingetragen.
- Gängige Darstellungsformen des Projektstrukturplans sind das **Organigramm** oder das **Gantt-Diagramm**.
- In der Planungsphase werden die **Kosten und Ressourcen** auf Basis der tatsächlich geplanten Arbeitspakte kalkuliert.

- Zur **Kosten- und Ressourcenplanung** gehören die Bereiche Personaleinsatzplanung, Personalkostenplanung sowie die Planung der sonstigen Kosten.
- Bereits in der Planungsphase gilt es im Rahmen des **Risikomanagements**, Risiken zu **erkennen** und diese zu **bewerten**, um in der Folge ggf. **Gegenmaßnahmen** einzuleiten.

1. Beschreiben Sie in eigenen Worten die einzelnen Teilschritte, welche im Rahmen der Projektplanung zu durchlaufen sind.

2. Erläutern Sie in eigenen Worten, was man im Rahmen des Projektmanagements unter den Begriffen Teilaufgabe, Arbeitspaket, Vorgangsliste und Projektstrukturplan versteht.

3. Begründen Sie, warum das Risikomanagement zu den Kernaufgaben der Projektleitung zählt.

4. Für den geplanten Onlineshop hat die Primus GmbH neue Büroräume angemietet. Diese haben eine Fläche von 90 m^2 und können ab dem 1. Januar 20.. schlüsselfertig bezogen werden. Die Warmmiete dafür beträgt 520,00 €. Die Räume sind mit einem für Büroräume geeigneten Bodenbelag ausgestattet und haben an den Wänden eine einfache Raufasertapete. Für die Einrichtung der Räume wird mit einem Durchschnittswert von 75,00 € pro Quadratmeter gerechnet. Das Projektteam hat alle vor diesem Hintergrund anfallenden Aufgaben zur Teilaufgabe „Raumgestaltung und Umzug" zusammengefasst.

a) Gestalten Sie eine Einladung mit Zielen und Agenda für ein Planungstreffen des Projektteams, bei welchem diese Teilaufgabe genauer geplant werden soll. Bilden Sie Gruppen.
b) Identifizieren Sie mögliche Arbeitspakete, die im Rahmen dieser Teilaufgabe zu bewältigten sind.
c) Ergänzen Sie den auf S. 332 dargestellten Projektstrukturplan und stellen Sie darin dar, wann und in welcher Reihenfolge Ihre Arbeitspakete sinnvollerweise in den Projektablauf eingebunden werden sollten. Bestimmen Sie die für die jeweiligen Arbeitspakete verantwortlichen Personen.
d) Verwenden Sie das Formular für die Arbeitspakete und schätzen Sie die Kosten der jeweiligen Arbeitspakete.
e) Vergleichen Sie die ermittelten Kosten mit den Kosten, die dem Projektauftrag (vgl. Aufwands- und Kostenschätzung in der Definitionsphase auf S. 321) zugrunde gelegt wurden, und unterbreiten Sie Vorschläge, wie Sie mit möglichen Differenzen umgehen.
f) Ermitteln Sie mögliche Risiken, die sich in der Projektumsetzung für diese Teilaufgabe ergeben können. Verwenden Sie exemplarisch für ein Arbeitspaket die auf S. 335 vorgestellte Tabelle und entwickeln Sie mögliche Gegenmaßnahmen.

2.3 Projekte durchführen

Während der Projektdurchführung muss Frau Braun erkennen, dass es immer wieder zu Problemen und Konflikten im Projektteam kommt, und das, obwohl das Projekt sauber definiert und geplant war. Zunehmend reagiert sowohl sie selbst als auch das gesamte Projektteam gereizter. Durch eine dreiwöchige Krankheit von Herrn Buderbach hat sich die Erstellung der Artikelliste für den geplanten Onlineshop verzögert. Einen Großteil der anfallenden Aufgaben hat Frau Braun daraufhin persönlich übernommen.

Die Projektmitglieder beklagen, sie wüssten nicht genau, was zu tun sei, weil die gesamte Planung durch diese Verzögerung durcheinandergeraten sei. Auch die Kommunikation innerhalb des Projektteams wird als nicht gut angesehen. Vielfach wird kritisiert, dass Informationen nur spärlich oder sehr verspätet an die Projektmitglieder fließen.

ARBEITSAUFTRÄGE

- Entwickeln Sie konkrete Ideen, wie die Kommunikation und somit der Informationsfluss während des Projektablaufs verbessert werden können.
- Was sollte die Projektleitung unternehmen, um auf Herrn Buderbachs Krankheit zu reagieren? Nennen Sie geeignete Handlungsschritte.

Nach Abschluss der Planungsphase geht das Projekt in die **Durchführung**. Die Projektleitung ist in dieser Phase der Dreh- und Angelpunkt. Auf der einen Seite muss sie dafür sorgen, dass Absprachen und Vereinbarungen aus der Definitions- und Planungsphase eingehalten werden. Auf der anderen Seite muss sie schnell und flexibel auf Veränderungen und Schwierigkeiten im Projektablauf reagieren, da Planabweichungen nicht zu vermeiden sind. Zusammenfassend ergeben sich in der Durchführungsphase die folgenden Kernaufgaben:

Projektsteuerung	Projektkontrolle	Projektdokumentation

● Projektsteuerung

Unter **Projektsteuerung** werden alle Maßnahmen verstanden, die den tatsächlichen Projektverlauf mit der ursprünglichen Planung in Einklang zu bringen. Die Projektleitung muss hier agieren und ist gefordert, **das Projekt aktiv zu beeinflussen** und somit zu steuern. Sie ist während der Projektdurchführung in erster Linie dafür verantwortlich, dass alle Projektbeteiligten in ausreichendem Maße über den Projektfortschritt informiert werden. Dies kann in Form von schriftlichen Fortschrittsberichten, Projektsitzungen, Zwischenpräsentationen oder persönlichen Gesprächen erfolgen.

○ Projektstatusbericht

Durch den **Projektstatusbericht** wird der Stand des Projektes erfasst und dokumentiert. Dadurch erhalten sowohl die Projektleitung und das Projektteam als auch die Projektauftraggeber einen schnellen Eindruck über den aktuellen Stand des Projektes und können so, wenn nötig, entsprechend reagieren.

Projektstatusbericht	
Projekttitel	...
Projektleiter/-in	...
Datum	...
Berichtszeitraum	vom ... bis ...
Status	☐ kritisch ☐ teilweise kritisch ☐ planmäßig
Kurzbeschreibung des Projektstatus	...
Erreichte Qualität	...
Bisherige Kosten	...
Status der Termine	...
Nächste Schritte/ Meilensteine	...
Notwendige/ anstehende Entscheidungen	...
Unterschrift Projektleitung	Unterschrift Auftraggeber/-in

PRAXISTIPP Ein Projektstatusbericht sollte regelmäßig erstellt und dem Projektauftraggeber vorgelegt werden. So wird dieser über den Projektverlauf informiert und kann Änderungswünsche rechtzeitig äußern.

○ Besprechungen des Projektteams

In der Phase der Projektdurchführung muss die Projektleitung dafür Sorge tragen, dass die **Kommunikation** zwischen allen am Projekt Beteiligten funktioniert. Dazu sind Besprechungen ein unerlässliches Instrument. Auf diesen Sitzungen muss die Projektleitung das Projektteam über den aktuellen Stand und die Entwicklung des Projektes **informieren**. Auftretende **Probleme** können im Team **erörtert** werden und es kann gemeinsam nach **Lösungen gesucht** werden.

Sollten daraus neue Aufgaben entstehen, so können diese im Rahmen dieser Besprechungen unter den Projektmitgliedern verteilt werden.

PRAXISTIPP Besprechungen im Projektteam sollten stets gut vorbereitet werden, damit sie von allen Teilnehmern als effizient empfunden werden und zu verwertbaren Ergebnissen führen.

Beispiel Nach Herrn Buderbachs Erkrankung lädt Frau Braun zu einer Besprechung des Projektteams ein, um die dadurch aufgetretenen Probleme zu lösen. Dabei plant sie den folgenden Sitzungsverlauf:

AGENDA – BESPRECHUNG PROJEKTTEAM

TOP 1: Begrüßung der Teilnehmer
- Ernennung einer Protokollantin/eines Protokollanten

TOP 2: Informationen zum Projektstatus
- aufgetretene Probleme: hier: Krankheit Herr Buderbach

TOP 3: Entwicklung von Lösungsvorschlägen im Team
- Vereinbarungen von Maßnahmen
- Festlegung von Verantwortungsbereichen
- Zeitschiene

TOP 4: Vereinbarung des nächsten Sitzungstermins

Projektkontrolle

Ziel der Projektkontrolle ist es, ein **Frühwarnsystem** aufzubauen, das es der Projektleitung ermöglicht, zügig auf eine Planabweichung zu reagieren.

PRAXISTIPP Der Projektleitung sollten Sie jederzeit darüber Auskunft geben können, welche Fortschritte das Projekt macht und ob der Termin und das Budget eingehalten werden können.

Die Projektkontrolle läuft idealerweise in einer Art Kreislauf ab:

1. **Erfassung von Ist-Daten**: Dies stellt dar, wie die Abarbeitung der einzelnen Arbeitspakete läuft.
2. **Analyse der Ist-Daten**: Die Ist-Daten werden mit der Projektplanung verglichen und die Auswirkungen auf den weiteren Projektverlauf werden analysiert.
3. **Reaktionen bei Planungsabweichungen**: Ist das Erreichen des Projektziels gefährdet, müssen entsprechende Gegenmaßnahmen getroffen werden.

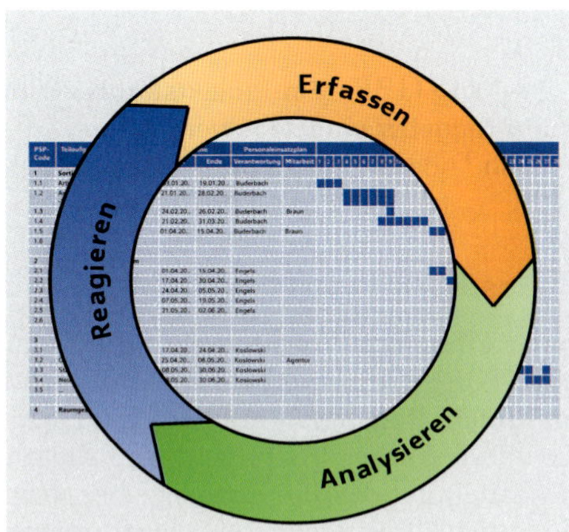

Zentrale Bereiche der Projektkontrolle sind:

- Terminkontrolle,
- Kostenkontrolle und
- Ergebniskontrolle.

Wurde eine Projekt-Scorecard (vgl. S. 324) für das Projekt angelegt, so kann diese zur Projektkontrolle eingesetzt werden.

○ Terminkontrolle

Die **Terminkontrolle** überprüft während der Projektdurchführung, ob der **Projektablaufplan** (vgl. S. 332) eingehalten wird. Als Kontrollpunkte ergeben sich die im Projektablaufplan zeitlich **festgelegten Arbeitspakete und Meilensteine**. Unter Zugrundelegung des Projektablaufplans und des Projektstatusberichtes (vgl. S. 339) lassen sich Ist-Abweichungen von der Soll-Planung schnell und einfach erkennen. Durch die Terminkontrolle erhält die Zeitplanung mehr Verbindlichkeit und es wird vermieden, dass das Projekt ins Stocken gerät, weil z.B. wichtige Vorarbeiten nicht erledigt wurden.

Beispiel Aufgrund von Herrn Buderbachs Erkrankung wird der Projektablaufplan geändert: Frau Braun nimmt den geplanten Messebesuch allein wahr. Herr Buderbach arbeitet in dieser Zeit weiter an der Artikelpräsentation.

○ Kostenkontrolle

Die **Kostenkontrolle** geschieht auf Basis des in der Projektplanung festgelegten **Kosten- und Ressourcenplans** (vgl. S. 321). Diese Kosten stellen die **Soll-Kosten** dar und werden mit den tatsächlich angefallenen Kosten, den **Ist-Kosten**, verglichen. Oft passiert es, dass die tatsächlich anfallenden Projektkosten während der Projektdurchführung aus den Augen verloren werden. Die Projektkosten sind jedoch eine zentrale Projektzielgröße, deren Nichteinhaltung den Projekterfolg gefährden kann, weil die erhoffte Projektrendite dann meist nicht mehr erreicht werden kann.

Beispiel Die Kosten für die Anschaffung neuer Hard- und Software wurden im Kostenplan zunächst mit 17 700,00 € angesetzt. Letztlich entstanden jedoch Kosten in Höhe von 22 000,00 €. Durch Nachverhandlungen mit dem Lieferanten konnten 1 500,00 € eingespart werden. Zudem fielen die veranschlagten Reisekosten von 500,00 € nicht an. Es verbleibt jedoch eine Differenz von 2 300,00 €.

○ Ergebniskontrolle

Die **Ergebniskontrolle** untersucht, ob die angestrebten Qualitätsziele auch erreicht wurden. Je rechtzeitiger während des Projektverlaufs Qualitätsmängel bemerkt und Korrekturmaßnahmen ergriffen werden, desto kostengünstiger fallen diese i. d. R. aus. Deshalb ist es wichtig, dass die Ergebniskontrolle nicht erst abschließend erfolgt, sondern bereits während **jeder Projektphase**. So muss während der Definitionsphase darauf geachtet werden, dass die Projektziele sauber definiert werden und während der Planungsphase müssen unmissverständliche Arbeitspakete geschnürt werden, die in einen aussagekräftigen Projektablaufplan in Verbindung mit einem detaillierten Kostenplan münden.

○ Mögliche Gegenmaßnahmen

Werden bei der Auswertung der Ist-Daten Probleme bezüglich Kosten, Aufwand, Terminen oder Produktqualität erkannt, müssen entsprechende **Gegenmaßnahmen** getroffen werden. Sonst unterliegt das gesamte Projekt dem Risiko, dass die Projektziele nicht erreicht werden, der Projektrahmen nicht eingehalten wird und die Auftraggeber letztendlich unzufrieden sind. Bei der Suche nach geeigneten Maßnahmen sind stets zwei Kriterien ausschlaggebend:

- **Wirkung** – Welche Wirkungen hat eine Gegenmaßnahme auf Termine, Budget, Produktqualität und den Projekterfolg?
- **Kosten** – Was kostet eine bestimmte Gegenmaßnahme?

Um die richtige Maßnahme auszuwählen, müssen diese beiden Faktoren gegeneinander abgewogen werden. Ein Patentrezept für die Lösung solcher Probleme gibt es nicht.

Beispiel Bei einem drohenden Terminverzug des gesamten Projektes sind folgenden Maßnahmen zur Projektsteuerung möglich:

1. **Verkürzung der Dauer** terminbestimmender Vorgänge durch
   - **Erhöhung der verfügbaren Kapazität** (Überstunden, zusätzliches Personal, Fremdvergabe von Teilaufgaben),
   - **höhere Effizienz** in der Durchführung (Schulungen, externe Spezialisten, ...)
2. **Verminderung des Leistungsumfangs** und/oder der Leistungsqualität von Teilaufgaben oder des gesamten Projektes
3. **Verschieben von Terminen,** notfalls des Projektendtermins

Bei einer drohenden **Aufwands- oder Kostenüberschreitung** bleiben als mögliche Steuerungsmaßnahmen nur die

- **höhere Effizienz** bei der Auftragsabwicklung oder die
- **Verminderung des Leistungsumfangs** bzw. der **Leistungsqualität**.

PRAXISTIPP Lassen Sie sich größere Änderungen im Projektablauf, in den Verantwortungsbereichen und der Projektkosten immer erst von den Auftraggebern bestätigen. Stellen Sie einen Projektänderungsantrag und setzen Sie die Änderungen erst dann um, wenn sie genehmigt wurden.

○ Meilensteine als Entscheidungspunkte

Durch die Unterteilung eines Projektes in Teilschritte bzw. Meilensteine wird die Komplexität eines Projektes reduziert. Für die Projektverantwortlichen ergeben sich somit **Möglichkeiten der Projektkontrolle und der Projektsteuerung.**

PRAXISTIPP Die in diesem Schritt ermittelten Projektkosten sollten nicht höher sein als das bewilligte Projektbudget. Andernfalls sollten Sie die Planung anpassen oder den Projektauftrag neu abstimmen.

Werden festgelegte Zielvorgaben nicht erreicht, so ergibt sich nach jedem Meilenstein die Möglichkeit, steuernd einzugreifen. Somit kann verhindert werden, dass sich Unzulänglichkeiten durch den weiteren Projektverlauf ziehen und das Projekt belasten.

Meilensteine sind Entscheidungspunkte, die eine wichtige Funktion für die weitere Projektsteuerung haben. Grundsätzlich ergeben sich an jedem Meilenstein drei Optionen für den weiteren Projektverlauf:

1. Das Projekt verläuft nach Plan innerhalb der vereinbarten Zielvorgaben und kann wie geplant fortgeführt werden.
2. Einzelne oder mehrere Zielvorgaben (Ergebnisse, Kosten, Termine) weisen deutliche Abweichungen auf. Hier ist nachzubessern, um das Projekt auf Kurs zu halten.
3. Sind die Zielabweichungen so stark, dass eine Nachsteuerung nicht oder nur mit unverhältnismäßig hohem Aufwand möglich ist, erscheint eine sinnvolle Projektfortsetzung nicht möglich. Das Projekt ist dann zu stoppen und ganz einzustellen oder aber unter neuen Rahmenbedingungen neu aufzustellen.

Beispiel Für die Kostenüberschreitung bei der Anschaffung neuer Hard- und Software stellt Frau Braun bei der Geschäftsleitung einen Projektänderungsantrag.

Projektänderungsantrag	
Projekttitel	Einrichtung eines eigenen Onlineshops in der Primus GmbH
Projektleiterin	Frau Braun
Datum	15. Januar 20..
Kurzbeschreibung Änderungsgrund	Trotz Nachverhandlungen mit Lieferanten und Einsparungen bei den Reisekosten wird das Budget für die Position „EDV“ um 2 300,00 € überschritten.
Vorgeschlagene Änderungen	1. Budgeterhöhung oder 2. Server mit geringerer Leistung bestellen
Auswirkung auf die Projektqualität	1. bei Budgeterhöhung keine 2. höhere Störanfälligkeit bei geringerer Leistung
Auswirkung auf die Projektkosten	1. Erhöhung 2. keine
Auswirkungen auf den Projektablauf	1. keine 2. drohende Verzögerung aufgrund neuer Verhandlungen

Projektänderungsantrag	
Sonstige relevante Informationen	Das Projektteam und insbesondere Herr Buderbach schlagen eine Budgeterhöhung vor.
Projektentscheidung	
Einreichung Projektänderungsantrag	15.01.20.., Braun Datum, Unterschrift Projektleitung
Projektentscheidung	☐ Die Änderung wird bewilligt. ☐ Die Änderung wird unter der Einhaltung folgender Auflagen bewilligt: ☐ Die Änderung wird abgelehnt. Begründung: Datum, Unterschrift Auftraggeber/-in

Projektdokumentation

Sämtliche Arbeitsschritte eines Projekts sollten **möglichst lückenlos** dokumentiert werden. Dies erfolgt meistens durch computergestützte oder manuelle Ablage projektrelevanter Daten und Unterlagen. Sauber dokumentierte Projekte sind im Sinne eines professionellen **Wissensmanagements** von großer Bedeutung. Projektverläufe werden so transparent und nachvollziehbar – auch für den Auftraggeber – dargestellt und dokumentiert. Die Dokumentation dient dem Informationsfluss während der Projektdurchführung und gibt zukünftigen Projektteams hilfreiche Informationen und Erfahrungen, welche Sie dann für ihr Projekt verwenden können.

Beispiel Für viele Zwecke der Dokumentation hat es sich bewährt, Aktennotizen bzw. Gesprächsnotizen anzufertigen. Für diesen Zweck liegt in der Primus GmbH das folgende Formblatt vor:

Aktennotiz/Gesprächsnotiz	
Projekttitel	
Projektleitung	
Datum	
Uhrzeit	
Sachverhalt	
Aktennotiz/Gesprächsnotiz angefertigt durch	

Für die einzelnen Projektphasen empfiehlt es sich, folgende Dokumente zu sammeln, um sie dann in einem **Projekthandbuch** zusammenzuführen.

Projektphase	Definition	Planung	Durchführung	Abschluss
Dokument	– Problemanalyse – Problembeschreibung – Ursache-Wirkungs-Analyse – Projektziele – Aufwands- und Kostenschätzung – Projektauftrag	– Projektorganisation – Beschreibung der Arbeitspakete – Projektstruktur und -ablaufplan – Kosten- und Ressourcenplan – Risikoanalyse	– Sitzungsprotokolle – Projektstatusberichte – Projektänderungsanträge	– Präsentationsunterlagen – Abschlussbericht

Projekte durchführen

- Die zentralen Bereiche des Projektmanagements während der Projektdurchführung sind **Projektsteuerung, Projektkontrolle und Projektdokumentation.**
- **Projektstatusberichte** und **Besprechungen des Projektteams** garantieren den Informationsfluss für alle Projektbeteiligen während der Projektdurchführung.
- Ziel der **Projektkontrolle** ist es, ein **Frühwarnsystem** aufzubauen, das es der Projektleitung ermöglicht, zügig auf eine Planabweichung zu reagieren.
- Die **Projektkontrolle** läuft in einem **Kreislauf** ab: Erfassung der Ist-Daten – Analyse der Ist-Daten – Reaktionen und Änderungen.
- Die zentralen Bereiche der Projektkontrolle **sind Termin-, Kosten- und Ergebniskontrolle.**
- **Meilensteine sind Entscheidungspunkte**, die eine wichtige Funktion für die Projektkontrolle und weitere Projektsteuerung haben.
- Sind Änderungen in der Projektstruktur notwendig, sollten diese mithilfe eines **Projektänderungsantrages** mit den Projektauftraggebern abgestimmt werden.
- Sämtliche Arbeitsschritte eines Projekts sollten **möglichst lückenlos** dokumentiert und in einem **Projekthandbuch** zusammengeführt werden.

1. Beschreiben Sie in eigenen Worten die Kernbereiche des Projektmanagements in der Phase der Projektdurchführung.

2. Erläutern Sie in eigenen Worten die drei zentralen Bereiche der Projektkontrolle.

3. Erstellen Sie sich als Hilfsmittel der Projektkontrolle eine Übersicht über mögliche Soll-Ist-Abweichungen, die im Rahmen des Projektes „Einrichtung eines eigenen Onlineshops in der Primus GmbH" auftreten können. Erfassen Sie darin exemplarisch fünf Bereiche, die Ihrer Meinung nach im Rahmen der Projektkontrolle überprüft werden sollten.
Legen Sie sich dazu eine Vorlage nach dem folgenden Beispiel an:

Kontrollbereich	Soll	Ist
Fertigstellung der Artikelliste des Onlineshops	bis zum 15. April	

4. Das Projektteam entscheidet sich für die Verwendung standardisierter Formulare. Entwickeln Sie eine Protokollvorlage für den Einsatz in Projektteambesprechungen.

5. Erstellen Sie unter Verwendung des abgebildeten Vordrucks auf S. 339 einen Projektstatusbericht, in welchem Herrn Buderbachs Krankheit erfasst wird.

6. Greifen Sie die von Ihnen in der Eingangssituation (vgl. S. 338) entwickelten Lösungsvorschläge auf, wie das Projektteam auf die Krankheit Herrn Buderbachs reagieren kann, und entscheiden Sie sich in Ihrer Gruppe für eine Alternative.
Stellen Sie daraufhin einen Projektänderungsantrag, den Sie an die Geschäftsleitung der Primus GmbH weiterleiten.

7. Das Projektteam beschließt, eine Formatvorlage zu entwerfen, die als Vorlage für alle zukünftigen Projektdokumentationen in der Primus GmbH dienen kann. Entwickeln Sie stellvertretend für das Projektteam diese Formatvorlage, in welche alle wichtigen Dokumente des Projektes eingebunden werden.

8. Erstellen Sie exemplarisch für fünf ausgewählte Dokumente eine Übersicht, aus der hervorgeht, an welche Person das jeweilige Dokument weitergeleitet werden soll.

9. Zeigen Sie Lösungen auf, wie sich die Projektleitung und ein Projektteam verhalten sollen, wenn ein Projektmitglied seine Arbeit nicht zufriedenstellend und zuverlässig erledigt.

2.4 Projekte präsentieren

Das Projekt „Einrichtung eines eigenen Onlineshops in der Primus GmbH“ ist mittlerweile so weit vorangeschritten, dass die Eröffnung des eigenen Onlineshops kurz bevorsteht. Damit alle Mitarbeiter der Primus GmbH über diesen neuen Unternehmenszweig ausreichend informiert sind, wird das Projektteam beauftragt, im Rahmen einer Projektpräsentation den eigenen Onlineshop vorzustellen.

ARBEITSAUFTRAG

◆ Sammeln Sie in Ihrer Gruppe Merkmale für eine gelungene Projektpräsentation.

Die **Projektpräsentation** soll verschiedene Interessenten über die wesentlichen Aspekte zum Projektverlauf und über das Projektergebnis informieren. Dabei sind die zukünftigen Anwender und Mitarbeiter eine genauso wichtige Zielgruppe wie die Projektauftraggeber. Für das Projektteam ergibt sich durch eine gelungene Präsentation die Möglichkeit, die eigene Arbeit in einem positiven Licht darzustellen und so für eine breite **Akzeptanz** des Projektes zu sorgen.

An eine Abschlusspräsentation werden – abhängig von den Zuhörern und dem Inhalt – besondere Anforderungen gestellt, die insbesondere bei der Planung und Vorbereitung zu beachten sind. Deshalb sollten die folgenden Fragen gewissenhaft beantwortet werden, bevor man an die genaue Ausarbeitung der Präsentation geht:

- Welche Erwartungen, Vorerfahrungen, Einstellungen und welchen Wissensstand haben die Zuhörer?
- Welche Ziele verfolgt die Präsentation? Soll informiert, überzeugt oder für ein (Anschluss-)Projekt geworben werden?
- Wie viel Zeit steht für die Präsentation zur Verfügung?

Eine Projektpräsentation sollte stets sehr gut vorbereitet werden, weil sie ein Höhepunkt des Projektes ist und die Arbeit von Wochen oder gar Monaten damit vorgestellt wird.

Beispiel Zur Projektpräsentation des Onlineshops lädt Frau Braun alle Mitarbeiter der Primus GmbH sowie Frau Primus und Herrn Müller ein. Im Wesentlichen sollen die Teilnehmer über den Projektverlauf und das Projektergebnis informiert werden. So ist es Frau Braun ein besonderes Anliegen, alle Mitarbeiter über das Sortiment und die vereinbarten Abläufe im neuen Onlineshop zu informieren. Zu diesem Zweck hat sie den folgenden Ablauf der Projektpräsentation geplant, welche sie auf einem interaktiven Display darstellt.

Projektpräsentation „Einrichtung eines eigenen Onlineshops in der Primus GmbH“

AGENDA

TOP 1: Projektauftrag
TOP 2: Projektziele
TOP 3: Darstellung des Projektablaufs
TOP 4: Aufbau und Struktur des Onlineshops
TOP 5: Sortiment des Onlineshops
TOP 6: Erfahrungen mit Projektmanagement
TOP 7: Aktueller Status und Ausblick
TOP 8: Fragen

Planung und Aufbau einer Projektpräsentation

Ziel einer jeden Projektpräsentation ist es, die Aufmerksamkeit der Zuhörer und Betrachter zu wecken und aufrechtzuerhalten. Das geschieht über die Auswahl und Gestaltung der Inhalte genauso wie über die Gestaltung des äußeren Rahmens und das (Sprach-) Verhalten des Präsentierenden.

○ Auswahl und Gestaltung der Inhalte

Für die Zuhörer und Betrachter einer Präsentation ist wichtig, dass ein „roter Faden" erkennbar ist, also eine logische Struktur vorhanden ist und die zentralen Inhalte der Projektpräsentation deutlich werden. Dies erleichtert es der Zielgruppe, der Präsentation aufmerksam zu folgen. Es hat sich bewährt, eine Präsentation inhaltlich in drei Phasen zu unterteilen:

Einstieg → **Hauptteil** → **Schluss**

Jede dieser Phasen erfüllt bestimmte wichtige Funktionen und bedarf daher einer intensiven Planung.

Wirkungsvoller Einstieg

Jeder Mensch benötigt zu Beginn einer Präsentation ein wenig Zeit, um **Aufmerksamkeit** aufzubauen. Deshalb ist es für den Zuhörer angenehm, wenn er weiß, **mit wem er oder sie es zu tun hat** und was **inhaltlich** von der Präsentation zu erwarten ist. Deshalb sollte in der Einleitung ein **Bezug zum Projekt** hergestellt werden, indem erläutert wird, warum gerade dieses Projekt durchgeführt wurde. Zudem sollte ein kurzer Überblick gegeben werden, wie die **Projektpräsentation aufgebaut** ist und welcher **zeitliche Rahmen** für die Projektpräsentation anzusetzen ist. Eine Einleitung sollte dabei **maximal 15 % der Präsentationszeit** in Anspruch nehmen.

↓

Klarer Hauptteil

Der **zielgerichteten Auswahl der Präsentationsinhalte** kommt eine Schlüsselstellung zu. Oftmals fällt es schwer, bei der großen Menge an Material, das während eines Projektes angefallen ist, eine angemessen Auswahl zu treffen. Deshalb empfiehlt es sich, hier in einem Dreierschritt vorzugehen:

Inhaltsaspekte sammeln → auswählen → und aufbereiten.

Generell gelten hier die folgenden Grundsätze:
- **Weniger ist mehr:** maximal sieben Gliederungspunkte verwenden, um das Publikum nicht zu überfordern.
- **Vom Bekannten zum Unbekannten:** Dies fördert ein „Ankoppeln" neuer Informationen und erleichtert das Behalten.
- **Vom Überblick ins Detail:** Zuerst sind Hintergründe, Sinn und Zweck vorzustellen, bevor
- Detailinformationen folgen.

Für den Hauptteil sollten etwa **75 % der Präsentationszeit** veranschlagt werden.

↓

Runder Schluss

Damit Ihre Zuhörer am Ende der Präsentation noch eine **Gedächtnisstütze** und den **Gesamtzusammenhang** verdeutlicht bekommen, empfiehlt sich zur Abrundung eine **Zusammenfassung** der wesentlichen Inhalte, die auch als kurzes **Handout** ausgegeben werden kann.
Zudem können Sie offene **Fragen**, die möglicherweise noch in der Zukunft geklärt werden sollen, darstellen und damit bereits zur abschließenden Fragen- und Diskussionsrunde ermuntern.
Schließlich ist es eine Geste des Anstandes, sich bei den Zuhörern für ihre Aufmerksamkeit zu bedanken. Für den Schlussteil einer Projektpräsentation sollten etwa **10 % der Gesamtzeit** eingeplant werden.

Fragen- und Diskussionsrunde

Nach der Projektpräsentation sind bei den Zuhörern oftmals noch Fragen offen, die nun noch beantwortet werden müssen. Auch bedürfen einzelne Punkte der Präsentation eventuell noch einer Diskussion mit der Zielgruppe, um den Prozess weiter voranzubringen. Bereits in der Planung sollte man auf die folgenden Punkte achten:
- Wer sammelt die Fragen und sorgt so für einen geordneten Gesprächsverlauf?
- Wie viel Zeit wird für diese Phase eingeplant?

○ Gestaltung des äußeren Rahmens

Für eine gelungene Projektpräsentation ist es unerlässlich, dass das Publikum der Präsentation aufmerksam folgen kann und sich auch während einer Präsentation wohl fühlt. Deshalb müssen die räumlichen Gegebenheiten genauso sorgfältig bedacht werden wie die Auswahl der Präsentationsmedien.

○ Gestaltung der räumlichen Gegebenheiten

Die Zielgruppe der Projektpräsentation soll der Präsentation aufmerksam und ungestört folgen können. Deshalb ist es wichtig, dass eine angemessene **Anzahl von Sitzplätzen** vorhanden ist, die einen guten Blick auf die Präsentierenden und die eingesetzten Medien ermöglichen. Auch die Lichtverhältnisse spielen eine wichtige Rolle. So benötigen alle visuellen Medien entsprechende **Lichtverhältnisse**, die bereits in der Planung zu berücksichtigen sind.

Bei Präsentationen mit einem großen Publikum empfiehlt es sich, vor dem Beginn der eigentlichen Präsentation mit einem „Stehkaffee“ zu beginnen. Das Publikum kommt hier langsam zusammen, bei Getränken und kleinen Snacks können persönliche Kontakte geknüpft und erste Bezüge zum Projektthema erzeugt werden.

○ Auswahl der Präsentationsmedien

Je mehr Sinne bei den Zuhörern einer Projektpräsentation angesprochen werden, desto nachhaltiger erfolgen die Aufnahme, die Verarbeitung und das Behalten der Informationen. Deshalb sollten bei allen Präsentationen auch immer visuelle Medien eine Berücksichtigung finden. Im Folgenden werden deshalb die gebräuchlichsten Medien, die im Beruf und in der Schule bei Projektpräsentationen eingesetzt werden können, kurz vorgestellt und mit ihren Einsatzmöglichkeiten erläutert.

Die Wahl des entsprechenden Präsentationsmediums hängt in den allermeisten Fällen davon ab, welches der Medien überhaupt zur Verfügung steht. Stehen mehrere Medien zur Wahl, so erweitern sich die Kriterien zur Auswahl. Mögliche Kriterien können sein:

- Zielsetzung der Projektpräsentation,
- Zielgruppe der Projektpräsentation,
- technische Kompetenz und Vorlieben der Präsentierenden.

Wird das falsche Medium eingesetzt oder werden „handwerkliche" Fehler bei dessen Einsatz gemacht, wird eine Präsentation nicht unterstützt, sondern eher gestört. Das Gleiche gilt, wenn Visualisierungen derart übertrieben werden (sog. „**Medienzauber**"), dass die eigentlichen Inhalte der Präsentation verblassen und die Zuhörer in ihrer Konzentration eher abgelenkt als unterstützt werden. Für alle eingesetzten Medien gilt, dass der **Blickkontakt** zu den **Zuhörern** stets erhalten bleiben sollte. Wenn Sie sich dem Medium zuwenden – sei es eine Projektionsfläche oder eine Pinnwand, sind Sie schlecht zu verstehen und verlieren den Kontakt zum Publikum.

Flipchart	Beamer	Interaktive Tafel/ interaktives Display

Auf einem **Flipchart** können Plakate, Karteikarten und Bilder einfach und schnell angebracht werden. Sie ist leicht zu transportieren sowie zu verstellen und befindet sich in den meisten Schulen und Unternehmen. Mittlerweile gibt es auch digitale Flipcharts, die einfach zu bedienen sind.	Viele Unternehmen und Schulen können mittlerweile auf **Beamer** zurückgreifen. Er ist jedoch nur in Verbindung mit einem Computer einsetzbar. Der Beamer projiziert digitale Daten auf eine Wandfläche oder Leinwand und ermöglicht neben reinen Bilddarstellungen auch das Abspielen von Filmen und Animationen. Für den Einsatz von PowerPoint-Präsentationen ist er nahezu unerlässlich.	Eine **interaktive Tafel** oder ein **interaktives Display** stellt eine Kombination aus herkömmlichem Tafelanschrieb und Beamer dar. Auch hierzu ist i. d. R. die Verbindung zu einem Computer notwendig. Mit einer interaktiven Tafel bzw. einem interaktiven Display kann man aktiv arbeiten und die so produzierten Ergebnisse jederzeit abspeichern.

○ Training des (Sprach-)Verhaltens

Der Erfolg einer Projektpräsentation hängt auch ganz entscheidend vom (Sprach-)Verhalten und Auftreten der Personen ab, die das Projekt präsentieren. Durch **Körperhaltung, Gestik, Mimik** und **Sprachverhalten** gewinnt das Publikum sehr schnell einen Eindruck darüber, wie gut und sicher die Präsentierenden im Thema stehen und wie sie selber zum Thema stehen. Deshalb ist es auch für die Vorbereitung sehr wichtig, diesen Aspekt in seinen Planungen zu berücksichtigen, zumal es völlig normal ist, vor einer Präsentation ein wenig „nervös und aufgeregt" zu sein. Hier hilft es, wenn man die Präsentation im Vorfeld **übt und trainiert**. Dies kann mit dem gesamten Team genauso geschehen wie alleine. Zudem können Sie zum Gelingen der Projektpräsentation beitragen, indem Sie sich dem Anlass und der Zielgruppe entsprechend **angemessen kleiden**, wobei Sie darauf achten sollten, dass Sie sich in „Ihrer Haut" wohl fühlen.

● Durchführung einer Projektpräsentation

Gerade wenn Sie als Team präsentieren, ist es leicht, sich z.B. mit ein paar optimistischen und lustigen Bemerkungen vor einer Präsentation **positiv einzustimmen**. Aus einer **entspannten Stimmung** heraus gelingt eher ein **souveräner Start**, denn bekanntlich sind die ersten Sekunden einer Präsentation die schwersten. Daher wird auch empfohlen, zu Beginn der Präsentation zunächst einmal **Blickkontakt** zu einem vertrauten und/oder sympathischen Menschen im Publikum aufzunehmen, bevor man dann den Blick schweifen lässt. Schließlich sollte die Projektpräsentation **pünktlich** beginnen.

Die Befolgung der folgenden Regeln kann die Wirkung Ihrer Präsentation erheblich steigern:

- Schon die Rücksicht auf die Zuhörer erfordert lautes und **deutliches Sprechen** (ohne zu brüllen). Des Weiteren ist es angenehm, wenn Sie die **Stimmhöhe** und die **Sprechgeschwindigkeit** variieren.
- Ein ganz wesentliches Mittel ist der bewusste Einsatz von **Sprechpausen**. Wenn Sie den Vortrag für ein bis drei Sekunden unterbrechen, haben die Zuhörer Zeit, das Gehörte zu verarbeiten, und Sie haben Gelegenheit, Ihre nächsten Sätze kurz „vorzudenken".
- Abwechslungsreiches und für den Zuhörer angenehmes Sprechen kann i.d.R. nur erreicht werden, wenn Sie möglichst **frei vortragen** und nicht vorlesen. Hierzu können Sie sich einfacher **Hilfsmittel** bedienen: Die wesentlichen Schlüsselwörter können Sie z.B. auf **Karteikarten** festhalten. So stellen Sie sicher, dass die wesentlichen Inhalte vorgetragen werden, ohne dass die Monotonie des Vorlesens droht. Ein sehr geeignetes Hilfsmittel ist auch die Erstellung einer **Mindmap** als Vortragsvorlage, in dem Sie die wesentlichen Schlüsselwörter in ihrer logischen Struktur auf einem Blatt abbilden. So behalten Sie stets den Überblick und den „roten Faden".

○ Hilfen für einen gelungenen Vortrag im Rahmen einer Projektpräsentation

- Neben dem Sprechverhalten sollten Sie auch die **Sprache** im Vortrag zuhörerfreundlich wählen. So sind Formulierungsunarten (z. B. „äh") zu vermeiden, die letztlich nichts anderes sind als störende Fülllaute von an sich positiven Sprechpausen. Außerdem sollten die Sätze einfach (Hauptsätze) und interessant sein (kein Schriftdeutsch). Damit sich die Zuhörer leichter ein Bild vom Gesagten machen können, ist der Einsatz von anschaulichen Beispielen sinnvoll.

- Zum Aufbau und zur Erhaltung einer positiven Beziehung zu den Zuhörern sind vor allem Ihre **körpersprachlichen Signale** bedeutsam. Hierzu gehören neben einer aufrechten und offenen **Körperhaltung** vor allem Ihr **Blickkontakt** zu den Zuhörern, der Sprecher und Hörer auf der Beziehungsebene verbindet, sowie ein freundlicher Gesichtsausdruck.

  Beispiel Viele Redensarten wie *„Ein Lächeln ist der kürzeste Weg zwischen zwei Menschen"* oder *„Ein freundliches Gesicht schlägt man nicht"* weisen auf den enormen Effekt einer sympathischen Ausstrahlung hin.

- Neben einem gelungenen Vortrag sollten Sie eine Präsentation stets durch eine **sinnvolle Visualisierung** unterstützen. Visualisierungen **entlasten** die **Zuhörer**, da sie Informationen vorstellbarer und begreifbarer machen – **ein Bild sagt mehr als tausend Worte**.

Ein Projekt online präsentieren

Immer mehr Unternehmen setzen auf Arbeitszeitmodelle, bei denen das Homeoffice ein fester Bestandteil ist. In größeren Unternehmen arbeiten nicht immer alle Mitglieder eines Projektteams am selben Standort oder einzelne Personen sind verhindert und somit nur online in eine Projektpräsentation einzubinden. So kann es vorkommen, dass Projekte ausschließlich **online präsentiert werden** oder aber in **hybriden Formaten**, bei denen einige Teilnehmer/-innen vor Ort – offline – an der Präsentation teilnehmen und andere die Präsentation des Projekts online am Bildschirm verfolgen.

Das grundsätzliche Vorgehen bei der Präsentation ist immer ähnlich. Es geht darum, die wesentlichen Ergebnisse und Erkenntnisse eines Projektes adressatengerecht, präzise und richtig vorzustellen. Es gibt jedoch einige deutliche **Unterschiede zwischen einer Online- und einer Offlinepräsentation**:

- Bei der Onlinepräsentation stehen die Inhalte des Vortrages deutlicher im Fokus.
- Körpersprache und Mimik haben weniger Bedeutung.
- Stimme und souveräne Sprache sind hingegen wichtiger.
- Persönliche Kontakte sind deutlich reduziert und weniger wichtig.
- Die Vorbereitung auf die beiden Vortragsformen unterscheidet sich erheblich.

Vorbereitung

Eine erfolgreiche onlinegestützte Projektpräsentation im Rahmen einer Videokonferenz erfordert neben einer guten inhaltlichen Vorbereitung auch, die technischen Voraussetzungen und Rahmenbedingungen im Blick zu haben.

Dies beginnt bereits mit der Auswahl der geeigneten Software. Alle Teilnehmer/-innen sollten mit der Software vertraut sein und die vortragenden Personen sollten möglichst sicher und routiniert im Umgang mit der Software sein.

Zudem sollte sichergestellt sein, dass alle Teilnehmer/-innen der Onlinepräsentation über einen **Internetzugang mit entsprechenden Bandbreiten** verfügen.

Bei Videokonferenzen gehen durch kleine Sprecheransichten und bildschirmfüllenden Präsentationen viele Informationen, die sonst per Mimik und Gestik transportiert werden, verloren. Deshalb sind **eindeutige Botschaften**, **kurze Sätze** und **klare Informa-**

tionen wichtig. Diese produziert man zumeist nicht spontan, sondern durch eine gewissenhafte und solide Vorbereitung der Onlinepräsentation.

Durchführung

Folgende Tipps und Hilfestellungen helfen, dass eine Onlinepräsentation des Projektes bei allen Teilnehmerinnen und Teilnehmern professionell wirkt und ihre gewünschte Wirkung entfaltet:

Tipp 1: Blickkontakt zur Kamera halten
In einem direkten Gespräch schaut man seinem Gegenüber in die Augen. Tut man dies bei einer Videokonferenz, so kommt dies beim Publikum auf deren Bildschirmen irgendwo auf Brusthöhe an. Deshalb sollte man, wenn man bei einer Videokonferenz spricht, **immer in die Kamera schauen.** So fühlen sich die Gegenüber angesprochen und selbst erhält man so eher die gewünschte Aufmerksamkeit.

Tipp 2: Ein aufgeräumter und klarer Hintergrund wirkt professionell
Ein passender **Hintergrund sollte aufgeräumt wirken und nicht vom Vortrag ablenken.** Ein aufgeräumter Hintergrund steht für Klarheit und Seriosität – und genau diese Eigenschaften sollten im Moment der Präsentation im Vordergrund stehen. Eine leere Wand oder ein aufgeräumtes Bücherregal können geeignete Hintergründe für eine online durchgeführte Projektpräsentation sein.

Tipp 3: Auf gute Tonqualität achten
Um die Aufmerksamkeit aller Teilnehmer/-innen zu erhalten, empfiehlt es sich, mit einem Headset zu arbeiten. Diese verfügen über Mikrofone mit einer deutlich besseren Qualität als die in Rechnern, Tablets und Laptops eingebauten Mikrofone. Zudem wird durch den Kopfhörer vermieden, dass Rückkopplungen entstehen.

PRAXISTIPP Bei Sprechpausen während einer Videokonferenz sollte man sein Mikrofon abstellen. Dadurch wird vermieden, dass ungewünschte Nebengeräusche in die Videokonferenz übertragen werden.

Auswertung einer Präsentation

Größere Präsentationen, die z. B. von einer Gruppe durchgeführt werden, können im Vorfeld durchaus einmal geprobt werden, um die Bewährung des vorbereiteten Ablaufs, den zeitlichen Umfang einzelner Präsentationsteile oder auch die Eignung der eingesetzten Medien zu testen.

Unabhängig davon, ob Sie einen „Probelauf" oder den „Ernstfall" durchführen, sollten Sie jede Präsentation ausführlich auswerten, um sich **Stärken** bewusst zu machen und **Schwächen** in Zukunft beheben zu können. Das folgende Beispiel zeigt mögliche Leitfragen für eine solche Auswertung:

Beispiel

Leitfragen	Bewertung in Schulnoten				
	1	2	3	4	5
Wurde die Zielsetzung erreicht?					
Hat sich der Ablauf bewährt?					
Wie war die Qualität der einzelnen Phasen?					
– Einstieg					
– Hauptteil					
– Schluss					
Wie sicher haben die einzelnen Vortragenden gewirkt?					
– Petra					
– Andreas					
– Nicole					
War die Abstimmung zwischen den Vortragenden harmonisch?					
Haben sich die eingesetzten Medien bewährt?					

Damit eine Auswertung ergiebig verläuft, kann eine solche Bewertung nur Ausgangspunkt einer intensiveren Auseinandersetzung sein. Insbesondere das Feedback an die einzelnen Vortragenden sollte den bereits vorgestellten Feedback-Regeln folgen.

Projekte präsentieren

- Die **Projektpräsentation** soll verschiedene Interessenten über die wesentlichen Aspekte zum Projektverlauf und dem Projektergebnis informieren.
- Eine Projektpräsentation ist **gründlich vorzubereiten**.
- Um die Aufmerksamkeit der Zuhörer und Betrachter der Präsentation zu wecken und aufrechtzuerhalten, müssen die Auswahl und Gestaltung der **Inhalte** genauso intensiv geplant werden wie die **Gestaltung des äußeren Rahmens** und das **(Sprach-)Verhalten**.
- Die Präsentation gliedert sich in einen **Einleitung**, einen **Hauptteil** und einen **Schlussteil**. Häufig gibt es im Anschluss noch eine Fragen- und Diskussionsrunde.
- Bei der Gestaltung der **Räumlichkeiten** ist darauf zu achten, dass das Publikum die Projektpräsentation ungestört und in einer angenehmen Atmosphäre verfolgen kann.
- Für Visualisierungen stehen der Projektpräsentation eine **Vielzahl geeigneter Medien** zur Verfügung. Dadurch kommt der zielgerichteten **Auswahl** und dem professionellen **Einsatz** eines bestimmten Mediums eine Schlüsselstellung zu.

- Der Erfolg einer Projektpräsentation hängt auch ganz entscheidend vom **(Sprach-) Verhalten und Auftreten** der Personen ab, die das Projekt präsentieren.
- Projekte können auch **online** oder **in hybriden Formaten** präsentiert werden.
- Es ist hilfreich, wenn man die Projektpräsentation im Vorfeld **übt und trainiert**. Dies kann mit dem gesamten Team genauso geschehen wie alleine.
- Jeder Präsentation sollte eine ausführliche **Auswertung** folgen. Nur auf diese Weise können Stärken und Schwächen erkannt und zukünftige Präsentationen verbessert werden.

1. Erläutern Sie die zentrale Zielsetzung einer Projektpräsentation.

2. Erstellen Sie eine Checkliste, die es Ihnen erleichtert, im Hauptteil einer Projektpräsentation die angemessenen Inhalte auszuwählen.

3. Erläutern Sie, warum die Gestaltung des äußeren Rahmens eine Grundbedingung für eine gute Projektpräsentation ist.

4. Erläutern Sie mögliche Kriterien, welche die Auswahl der eingesetzten Präsentationsmedien beeinflussen.

5. Stellen Sie vier Aspekte dar, mit denen Sie die Wirkung einer Projektpräsentation erhöhen können.

6. Erstellen Sie zum Thema Visualisierung mit einer Präsentationssoftware (z. B. PowerPoint) einen kleinen Vortrag vor Ihrer Klasse. Holen Sie sich anschließend ein Feedback ein.

2.5 Projekte abschließen

Trotz einiger kleinerer Pannen während der Projektdurchführung ist es dem Projektteam um Frau Braun gelungen, den eigenen Onlineshop pünktlich zum 15. Juli in Betrieb zu nehmen. Die meisten Mitarbeiter des Projektteams haben einen neuen Aufgabenbereich im neu entstandenen Onlineshop gefunden. Obwohl Frau Braun mit dem Ergebnis ihrer Arbeit sehr zufrieden ist, mehren sich die kritischen Nachfragen und Anmerkungen.
So beschwert sich Frau Koslowski, dass das Projektteam keinerlei Rückmeldung, geschweige denn „ein Danke" von der Geschäftsführung der Primus GmbH erfahren habe – und das, obwohl man nahezu Tag und Nacht gearbeitet habe, um das ehrgeizige Ziel zu erreichen. Auch Mitarbeiter aus den anderen

Abteilungen merken an, dass sie nicht ausreichend über den neuen Onlineshop informiert worden seien. Als sich dann auch noch Herr Müller darüber beschwert, dass kein Abschlussbericht zum Projekt vorliegt, um die Erfahrungen für weitere Projekte zu nutzen, ist Frau Braun endgültig frustriert.

ARBEITSAUFTRÄGE

- Erläutern Sie die näheren Gründe der Unzufriedenheit von Frau Koslowski, von Mitarbeitern/Mitarbeiterinnen anderer Abteilungen der Primus GmbH und von Herrn Müller.
- Zeigen Sie Lösungsansätze auf, um diesen Problemen zu begegnen.
- Sammeln Sie mögliche Gliederungspunkte, die Ihrer Meinung nach in den Abschlussbericht des Projektes „Einrichtung eines eigenen Onlineshops in der Primus GmbH" gehören.

Der **Projektabschluss** ist der **Schlusspunkt** eines Projektes und sollte aktiv gestaltet werden. Das ist wichtig, um die Projektergebnisse vorzustellen, die offizielle Phase der Projektarbeit abzuschließen, ein Resümee zu ziehen, aus den gemachten Erfahrungen zu lernen und die Mitglieder des Projektteams zu entlasten. Die Abschlussphase sollte deshalb in jedem Projekt – erfolgreich oder nicht – ein fester Bestandteil sein. Alle Beteiligten des Projektteams haben viel Energie in den Aufbau des Teams und in ihre Arbeit investiert und zwischen den verschiedenen Personen sind Beziehungen entstanden. Die Auflösung des Teams bedeutet immer auch Abschied nehmen. Dieser Abschied sollte bewusst vorgenommen werden, beispielsweise durch eine gemeinsame Rückschau im Projektteam.

Um diesem Anliegen gerecht zu werden, greift das Projektmanagement in der Abschlussphase auf die folgenden Instrumente zurück:

Projektrückblick und -bewertung

Ein wichtiger Bereich in der Abschlussphase eines Projektes sind **der Projektrückblick** und die **Projektbewertung**. Durch sie kann die Qualität der Projektarbeit überprüft werden und für die Durchführung von zukünftigen Projekten können wertvolle Erkenntnisse gewonnen werden. Das betrifft gleichermaßen gute wie schlechte Erfahrungen.

Der **Projektrückblick** ist ein bewusstes Nachdenken über den vergangenen Projektverlauf. Leitfragen können dabei sein:

- Welche Projektphasen waren besonders gelungen und woran lag das?
- Welche Projektphasen waren nicht sehr gelungen, woran lag das?
- Welche Ziele wurden erreicht/nicht erreicht?
- Welche Empfehlungen würden wir zukünftigen Projektteams geben?
- ...

Die **Projektbewertung** ist eine systematischere und stärker zielgerichtete Sammlung, Analyse und Bewertung von Informationen über die geleistete Projektarbeit. Sie bewirkt Selbstvergewisserung über die Qualität der geleisteten Arbeit, sie dient der Rechenschaftslegung gegenüber den Projektauftraggebern und sie zeigt Entwicklungs- und Veränderungsalternativen für zukünftige Projekte auf. Häufig sind Fragebögen typische Bewertungsinstrumente; jedoch können auch vorhandene Daten wie Kostenpläne und tatsächlich angefallene Kosten ausgewertet werden.

Beispiel Die Projektmanagerin Frau Braun entwickelt einen Fragebogen, den sie an die Mitglieder des Projektteams austeilt. Mit ihm soll ermittelt werden, wie zufrieden das Projektteam mit der Projektleitung ist.

Auszüge aus dem Fragebogen:

Aussagen	Diese Aussage			
	trifft zu	trifft überwiegend zu	trifft weniger zu	trifft nicht zu
Es gab klare Zielvereinbarungen zwischen der Projektleitung und den Teammitgliedern.				
Die Projektleitung sorgte für einen guten Informationsfluss.				
Die Projektleitung sorgte für einen kollegialen Austausch zur gerechten Aufteilung der Arbeitspakete.				

Wenn Sie möchten, können Sie hier nun Ihre Beurteilungen kommentieren.

Aussage Nr.	Mein Kommentar

Wurde für das Projekt eine **Projekt-Scorecard (Projektbewertungsblatt)** angelegt (vgl. S. 325), so eignet sich diese für die abschließende Bewertung des Projektes.

Beispiel Für das Projekt „Einrichtung eines eigenen Onlineshops in der Primus GmbH" erstellte das Projektteam der Primus GmbH in der Definitionsphase eine Projekt-Scorecard. Nach Projektabschluss können anhand der vollständig ausgefüllten Projekt-Scorecard Rückschlüsse für notwendige Anpassungen im zurückliegenden Projekt gezogen werden sowie Erkenntnisse für zukünftige Vorhaben und Projekte der Primus GmbH gewonnen werden.

Projekt-Scorecard (Projektbewertungsblatt)						
Erfolgsmerkmal	Punkte	Messgröße	Zielwert	Abzug	Erzielter Wert	Punkte
Budgeteinhaltung	20	Kostenkalkulation	252 800,00 €	5 Punkte je angefangene 15 000,00 €	271 000,00 €	**15**
Termineinhaltung	25	Projektenddatum	15. Juli nächsten Jahres	5 Punkte je Verzugswoche	13. Juli	**25**

Projekt-Scorecard (Projektbewertungsblatt)						
Erfolgsmerkmal	**Punkte**	**Messgröße**	**Zielwert**	**Abzug**	**Erzielter Wert**	**Punkte**
Technisch störungsfreier Start	30	Ausfälle der Plattform	maximal ein Ausfall in den ersten 20 Betriebstagen	5 Punkte je weiteren Ausfall	3 Ausfälle	**20**
Umsatzsteigerung	25	Umsatz	Mindestens 8 % in den ersten sechs Wochen nach Start	5 Punkte für jede angefangene 2 % unter Zielwert	9 %	**25**
	100	**Erreichte Punkte**				**85**

Insgesamt sind alle Projektbeteiligten (Auftraggeber und Projektteam) zufrieden mit dem Projektergebnis. Um die technischen Störungen möglichst dauerhaft zu unterbinden, wird nach Projektabschluss ein IT-Dienstleister beauftragt, der die zentralen Bereiche des IT-System überprüft und ggf. Nachbesserungen vornimmt.

Für die Durchführung des Projektrückblicks und die erste Auswertung bietet sich die **Projektabschlusssitzung** an. Die Projektabschlusssitzung ist die letzte offizielle Veranstaltung eines Projektes. Im Rahmen dieser letzten Sitzung sollten neben einem Projektrückblick vor allem Vereinbarungen getroffen werden, wie mit den Erkenntnissen der Projektbewertung verfahren wird.

Beispiel Für die Projektabschlusssitzung hat Frau Braun an das Projektteam eine Einladung verschickt, aus der die folgende Agenda hervorgeht:

Einladung zur Projektabschlusssitzung

AGENDA

TOP 1: Rückblick
- Welche Projektphasen waren besonders gelungen und woran lag das?
- Welche Projektphasen waren nicht sehr gelungen, woran lag das?
- Welche Ziele wurden erreicht/nicht erreicht?
- Welche Empfehlungen würden wir zukünftigen Projektteams geben?

TOP 2: Anerkennung und Kritik
TOP 3: Erkenntnisse der Projektleitung aus der Fragebogenauswertung
TOP 4: Erfahrungssicherung für künftige Projekte
- Was kann aus dem Projektverlauf gelernt werden?
- Welche Maßnahmen werden konkret getroffen, um Fehler nicht zu wiederholen?

TOP 5: zukünftige Aufgabengebiete der Projektteammitglieder
TOP 6: Information über den Projektabschluss
- Wer bekommt den Abschlussbericht?
- Wer wird nur kurz über den Projektabschluss informiert?
- Umgang mit den Evaluationsergebnissen

anschließend: gemeinsamer Projektausklang im Rathauskeller

PRAXISTIPP Nach langer und intensiver Zusammenarbeit in einem Projekt kann eine kleine **Abschlussfeier** im informellen Rahmen durchaus angemessen und sinnvoll sein. Spätestens hier können Erfolge gefeiert und Spannungen und Konflikte, die während der Projektarbeit zwischen einzelnen Mitgliedern des Projektteams entstanden sind, begraben werden.

● Projektabschlussbericht

Auf der Basis der Projektdokumentation und der Ergebnisse in der Projektabschlusssitzung wird zum Projektende ein **Projektabschlussbericht** erstellt. Dieser hat in komprimierter Form die wesentlichen Planungs- und Durchführungsschritte des Projektes darzustellen.

Mögliche **Inhalte eines Projektabschlussberichts** können sein:

- Projektbeschreibung (Ausgangssituation, Ziele, Inhalte, Budget)
- Projektdetailplanung (Projektstrukturplan, Terminplan, Meilensteinplanung, Kostenplan)
- Projektrealisierung (Projektänderungen, Probleme und Störungen während der Durchführung, Erfahrungen)
- Projektergebnisse (Soll-Ist-Vergleich in Bezug auf Qualität, Kosten, Zeit)
- Anregungen für künftige Projekte

PRAXISTIPP Ein Projektabschlussbericht sollte – sofern er keine vertraulichen Informationen beinhaltet – archiviert werden. Zukünftige Projektteams haben so die Möglichkeit, aus den Dokumentationen und Berichten vorangegangener Projekte zu lernen und diese für sich nutzbar zu machen.

Die **formelle Entlastung** des Projektteams erfolgt durch die Unterzeichnung des Abschlussberichts durch den Auftraggeber. Dieser prüft besonders die Zielerreichung in Bezug auf Qualität, Kosten und Zeit. Der Auftraggeber kann ggf. auch Nachbesserungen und Nacharbeiten veranlassen. Gleichzeitig mit der Entlastung des Projektteams erfolgt auch **die Auflösung der Projektorganisation.**

Beispiel Als Projektleiterin ist Frau Braun für die Erstellung des Projektabschlussberichts verantwortlich. Der Geschäftsleitung der Primus GmbH legt sie einen Projektabschlussbericht mit der folgenden Gliederung vor:

1 **Projektauftrag**
  1.1 Ausgangssituation
  1.2 Projektziele
  1.3 Projektorganisation

2 **Bewertung**
  2.1 Projektverlauf
  2.2 Zielerreichung

3 **Konsequenzen**

4 **Entlastung und Auflösung der Projektorganisation**

5 **Anhänge**
  – Projektstrukturplan
  – Terminplan
  – Kosten- und Ressourcenplan
  – sonstige relevante Dokumente

Nach Beendigung des Projekts werden die Projektergebnisse

- **genutzt**,
- **umgesetzt** oder ggf. auch
- **weiterentwickelt**.

Durch die Auflösung der Projektorganisation ist das bisherige Projektteam grundsätzlich von sämtlichen Projektaufgaben entbunden. Sollten weitere Umsetzungs- oder Anpassungsschritte notwendig sein, so werden diese üblicherweise neuen Verantwortlichen ausgeführt. Die Praxis hat jedoch gezeigt, dass das spezifische Wissen des Projektteams (und besonders der ehemaligen Projektleitung) von großem Nutzen sein kann. Es sollte deshalb sichergestellt werden, dass dieses Wissen auch nach dem Projekt noch verfügbar ist.

Dabei sollte jedoch vermieden werden, dass bereits abgeschlossene Projekte eine Projektleitung noch jahrelang „verfolgen". Sobald der Arbeitsaufwand für Nach- und Umsetzungsarbeiten ein vertretbares Maß überschreitet, sollte überlegt werden, ein Folgeprojekt zu initiieren oder die betroffenen Mitarbeiter entsprechend für diese Aufgaben abzustellen.

Projekte abschließen

- Der **Projektabschluss** ist der **offizielle Schlusspunkt** eines Projektes und sollte aktiv gestaltet werden.
- Die zentralen Instrumente der Projektabschlussphase sind die Projektpräsentation, der Projektrückblick und die -bewertung sowie der Projektabschlussbericht.
- Die **Projektpräsentation** soll verschiedene Interessenten über die wesentlichen Aspekte des Projektverlaufs und über das Projektergebnis informieren.
- Einen wichtigen Bereich in der Abschlussphase eines Projektes stellen **Projektrückblick** und **Projektbewertung** dar. Durch sie wird der **Erfolg** des Projektes überprüft und **Erfahrungen** können für weitere Projekte nutzbar gemacht werden.
- Der **Projektrückblick** ist ein bewusstes Nachdenken über den vergangenen Projektverlauf.
- Die **Projektbewertung** ist die systematische und zielgerichtete Sammlung, Analyse und Bewertung von Informationen über die geleistete Projektarbeit. Die Projekt-Scorecard ist ein dafür geeignetes Instrument.
- Die **Projektabschlusssitzung** ist die letzte offizielle Veranstaltung eines Projektes.
- Auf der Basis der Projektdokumentation und der Projektabschlusssitzung wird der **Projektabschlussbericht** erstellt. Dieser stellt in komprimierter Form die wesentlichen Planungs- und Durchführungsschritte des Projektes dar.
- Die **formelle Entlastung** des Projektteams erfolgt durch die Unterzeichnung des Abschlussberichts durch den Auftraggeber.
- Nach dem Projektabschluss wird das **Projektteam aufgelöst** und von seinen Aufgaben entbunden.

1. Erläutern Sie mögliche Konsequenzen, wenn das Projekt keine angemessene Abschlussphase hat.

2. Skizzieren Sie die inhaltlichen Schwerpunkte der Präsentation „Einrichtung eines eigenen Onlineshops in der Primus GmbH" für die folgenden Zielgruppen:
- Geschäftsleitung der Primus GmbH
- Kunden des Onlineshops
- Mitarbeiter der Primus GmbH

3. Als Projektmanagerin möchte Frau Braun gerne die Teamarbeit im Projekt auswerten. Ihr war es ein besonderes Anliegen, dass sich alle Beteiligten wohl fühlten, dass eine produktive Stimmung im Projektteam herrschte und sich alle stets gut informiert fühlten. Entwickeln Sie für diesen Zweck einen Fragebogen.

Wiederholung zu Lernfeld 13

Übungsaufgaben: Berufsorientierte Projekte für den Großhandel durchführen

Vorbemerkung

Dieses Lernfeld bietet Ihnen die Möglichkeit, ein eigenes Projekt im Team zu planen, durchzuführen und zu präsentieren. Führen Sie deshalb als Übungsaufgabe ein (kleines) Projekt durch.
Die Erfahrungen, die Sie dabei machen werden, sind für Ihre berufliche Zukunft sicher bedeutsam. Folgen Sie auch den zahlreichen Arbeitsaufträgen, die von Ihnen eine lückenlose **Dokumentation** der einzelnen Projektphasen und der (Zwischen-)Ergebnisse fordern. Dies gehört zwingend zum Projektmanagement. Sie können somit nach Abschluss des Projektes ein Projekthandbuch vorweisen, das ihre Leistung nachweist und vielleicht sogar in einem späteren Bewerbungsverfahren von Nutzen sein kann.

Vorbereitung des Projektes

1. Sammeln Sie in der Klasse mögliche **Projektideen**. Diese sollten mit konkreten Problemen/Zielen Ihrer Ausbildungsbetriebe zu tun haben, überschaubar und leistbar (!) sein (Beispiele: Verbesserung der Arbeitsplatzgestaltung, Verbesserung bestimmter Bereiche der Auftragsabwicklung oder der Lagerorganisation, Pflege von Kundendaten, statistische Erfassung der Außendienstfahrten etc.). Alternativ können Sie auch ein schulisches Projekt durchführen (Beispiele: Schülerzeitung, Abschlusszeitung oder -film, Abschlussfeier).

2. Stimmen Sie über die drei bis fünf (je nach Klassengröße) am interessantesten erscheinenden Projektideen ab.

3. Ordnen Sie sich der Projektidee zu, die Ihnen am interessantesten erscheint bzw. von der Sie meinen, sich gut einbringen zu können. Bilden Sie so Ihre **Projektteams** (Größe: 4–6 Personen). Selbstverständlich können auch mehrere Projektteams die gleiche Idee bearbeiten. Klären Sie auch, ob weitere Kriterien die Bildung der Projektteams beeinflussen sollen (z. B. Betriebe mit ähnlichen Sachzielen oder Strukturen; projekterfahrene Schülerinnen und Schüler mit -unerfahrenen usw.).

4. Einigen Sie sich innerhalb der Teams auf fünf bis sieben „Grundsätze unserer Zusammenarbeit" und halten Sie diese schriftlich fest.

5. Bestimmen Sie innerhalb der Teams eine Projektleitung.

Definitionsphase

6. Geben Sie Ihrem Projekt einen **Titel**.

7. Führen Sie eine **Situationsanalyse** durch. Halten Sie diese schriftlich fest.

8. Legen Sie **Sachziel, Terminziel** und **Kostenziel** (grob) fest und erstellen Sie ggf. eine **Projekt-Scorecard**.

9. Erstellen Sie einen **Projektauftrag** und stimmen Sie diesen mit Ihrer Lehrkraft ab.

10. Stellen Sie die Situationsanalyse und den Projektauftrag in der Klasse vor und lassen Sie sich ein **Feedback** geben.

11. Legen Sie Ihre Situationsanalyse und den Projektauftrag in dem betreffenden Ausbildungsbetrieb vor.

Planungsphase

12. Ermitteln Sie für Ihr Projekt **Teilaufgaben, Meilensteine** und die dazugehörenden **Arbeitspakete**. Legen Sie die **Verantwortlichen** für die Arbeitspakete fest.

13. Erstellen Sie eine **Vorgangsliste**, einen **Projektstruktur- und -ablaufplan**.

14. Erstellen Sie ggf. einen **Kosten- und Ressourcenplan**.

15. Führen Sie eine **Risikobewertung** zu den einzelnen Arbeitspaketen durch und halten Sie, falls nötig, Risiken und mögliche Gegenmaßnahmen schriftlich fest.

Durchführungsphase

16. Führen Sie während der Projektdurchführung regelmäßig **Sitzungsprotokolle** und einen **Projektstatusbericht**.

17. Tauschen Sie sich von Zeit zu Zeit mit **anderen Projektteams** über den Arbeitsstand, auftretende Schwierigkeiten und deren Bewältigung aus.

18. Erstellen Sie ggf. **Projektänderungsaufträge** und legen Sie diese dem Auftraggeber vor.

19. Legen Sie – spätestens jetzt – ein übersichtliches und ansprechendes **Projekthandbuch** an.

Abschlussphase

20. Bereiten Sie **Präsentationen** Ihres Projektes für Ihre Klasse und für Ihren Auftraggeber vor. Beachten Sie dabei die unterschiedlichen Ansprüche der beiden Zielgruppen.

21. Führen Sie die Präsentationen durch.

22. Geben Sie anderen Projektteams ein konstruktives **Feedback**.

23. Erstellen Sie einen **Projektabschlussbericht** und legen Sie diesen Ihrem Auftraggeber vor. Bitten Sie um Entlastung.

24. Führen Sie eine **Projektabschlusssitzung** durch. Erstellen Sie dabei
a) eine Liste dessen, was Sie im Laufe des Projektes gelernt haben,
b) eine Liste von Empfehlungen, die Sie anderen Projektteams geben würden.

25. Sammeln Sie die **Ergebnisse** der einzelnen Projektteams.

Gebundene Aufgaben zur Prüfungsvorbereitung

1. Die Primus GmbH plant, für Kunden einen „Tag der offenen Tür“ mit Produktpräsentationen, Vorführungen und Betriebsbesichtigungen durchzuführen. Um die damit verbundenen umfangreichen Aufgaben bewältigen zu können, wird ein Projektteam gebildet. Bringen Sie die folgenden Schritte der Projektbildung und -durchführung in die richtige Reihenfolge. (Beginnen Sie mit „grundlegende Festlegung ...“.)
- Zusammenstellung eines Projektteams durch den Projektleiter
- Bestimmung des Projektleiters
- grundlegende Festlegung des Projektzieles durch die Geschäftsführung
- Detailformulierung des Projektzieles durch den Projektleiter und Kommunikation der Ziele an die Beteiligten des Projektes; Steuerung des Projektes bzw. Überwachung des Projektablaufes (Soll-Ist-Vergleich)
- abschließende Analyse des Projekterfolges

2. Innerhalb des kontinuierlichen Verbesserungsprozesses werden verschiedene Arbeitsgruppen gebildet. Sie engagieren sich in der Arbeitsgruppe „Optimierung der Arbeitsabläufe bei der Projektdurchführung“.
Entscheiden Sie, welche Besetzung der Arbeitsgruppe am sinnvollsten ist.
1. Besetzung mit Mitarbeitern aus der Personalabteilung, die tagtäglich damit zu tun hat
2. Besetzung mit Mitarbeitern aus fach-, berufs- und hierarchieübergreifenden Bereichen
3. Besetzung mit Mitgliedern des Betriebsrats, der sich am besten mit den Sorgen und Wünschen der Mitarbeiter auskennt
4. Besetzung mit Personen der Geschäftsführung, die letztendlich die Entscheidungen trifft
5. Besetzung mit Mitgliedern der Jugend- und Auszubildendenvertretung, die den Betrieb objektiv beurteilen kann

3. Stellen Sie fest, wozu Projektorganisation dient.
1. Sie dient dazu, die Komplexität zu strukturieren.
2. Sie dient dazu, die zeitliche Endlichkeit des Projektes zu verhindern.
3. Sie dient dazu, den Umfang zu gliedern und damit unüberschaubar zu machen.
4. Sie dient dazu, nur interne Bereiche abgestimmt tätig werden zu lassen.
5. Sie dient dazu, Komplexität aufzubauen.

4. Sie werden gebeten, zusammen mit drei weiteren Mitarbeitern innerhalb der kommenden vier Wochen die nächste Hausmesse der Primus GmbH vorzubereiten. Sie wollen sich möglichst gut in das Team einbringen und alles vermeiden, was einer Teambildung schadet. Wählen Sie zwei Bedingungen aus, die eine gute Zusammenarbeit fördern.
1. Sie haben als Team kein gemeinsames Büro.
2. Sie versuchen bei Teamsitzungen, zuerst Ihre Vorstellung von der Hausmesse gegen die Meinung der anderen durchzusetzen.
3. Sie stehen als Auszubildende/-r dem Auftrag des Teams unkritisch gegenüber und erledigen automatisch alle Aufträge der anderen Teammitglieder.
4. Sie stimmen sich als Team über die weiteren erforderlichen Maßnahmen für die Hausmesse ab.
5. Sie vereinbaren im Team keine Besprechungstermine.
6. Sie einigen sich im Team auf Zwischenziele als Meilensteine.
7. Sie laden zu Teamsitzungen nach dem Zufallsprinzip ein.

5. In einer Arbeitsgruppe sollen Sie die Rolle des Moderators übernehmen. Entscheiden Sie, welche **vier** Aufgaben Sie in dieser Rolle u. a. haben.

1. Als Moderator geben Sie alleine die Zielsetzung der Arbeit vor.
2. Als Moderator sind Sie für die der Zielsetzung angepasste Methodenwahl zuständig.
3. Als Moderator sorgen Sie für die Einhaltung der vereinbarten Spielregeln.
4. Als Moderator sprechen Sie auftretende Störungen des Arbeitsprozesses an.
5. Als Moderator bringen Sie Ihre Meinung in die Diskussion ein.
6. Als Moderator sorgen Sie für die Präsentation der Arbeitsergebnisse.
7. Als Moderator beeinflussen Sie die Entscheidungsfindung durch eigene Lösungsvorschläge.
8. Als Moderator ergreifen Sie für eine Gruppe Partei.

6. Im Projektteam sind Konflikte aufgetreten. Sie arbeiten am Prozess der Konfliktlösung mit, der i. d. R. in sechs Stufen abläuft. Bringen Sie die folgenden Stufen bei der Konfliktlösung in die richtige Reihenfolge.

- Bestimmung des Projektleiters
- mögliche Lösungswege entwickeln
- Entscheidung umsetzen
- Konfliktursache erkennen und definieren
- Lösungserfolg überprüfen
- mögliche Lösungswege bewerten
- Entscheidung treffen

7. Sie sollen eine Übersicht erstellen, um die Termineinhaltung und Terminüberwachung für unterschiedliche Arbeitsbereiche bzw. Aufgaben zu erleichtern. Bringen Sie die folgenden Arbeitsschritte in die richtige Reihenfolge.

- Die Arbeit wird in sinnvolle Teilaufgaben gegliedert.
- Die Gesamtaufgabe wird definiert.
- Die einzelnen Zeitvorgaben werden ermittelt.
- Der Terminplan wird laufend kontrolliert.
- Ein Terminplan wird erstellt.
- Falls nötig, werden Planänderungen vorgenommen.

8. Zu Beginn einer Projektgruppensitzung hat der Moderator am Flipchart sechs Kommunikationsregeln aufgeführt. Benennen Sie zwei Regeln, die jedoch eine optimale Kommunikation behindern würden.

1. Die gemeinsam erarbeiteten Lösungen werden von allen getragen.
2. Nonverbale Kommunikationsformen sind zu vermeiden.
3. Alle Meinungen werden gehört.
4. Die Beiträge des Moderators haben Vorrang.
5. Persönliche Angriffe werden nicht zugelassen.
6. In der Gruppe sollte niemand bevorzugt werden.

Sachwortverzeichnis

Bildquellenverzeichnis

BC GmbH Verlags- und Medien-, Forschungs- und Beratungsgesellschaft, Ingelheim: S. 225.1, 226.3, 226.4, 226.5, 226.6, 226.7, 226.8, 226.9, 226.10, 226.11, 252.1, 252.2, 252.3, 252.4, 252.5, 252.6, 252.7, 252.8, 252.9, 257.1, 257.2, 257.3, 257.4, 257.5
Bergmoser + Höller Verlag AG, Aachen: S. 253.1
Brauner, Angelika, Hohenpeißenberg: S. 269.2
CTO Software GmbH, Aachen: S. 178.1, 179.1, 179.2, 181.1, 182.1, 183.1
DB Cargo AG, Mainz: S. 263.1
Der Grüne Punkt - Duales System Deutschland GmbH, Köln-Porz-Eil: S. 231.3
Deutsche Post DHL Group, Bonn: S. 258.1, 259.1, 260.1, 260.2, 261.1, 295.1
Di Gaspare, Michele (Bild und Technik Agentur für technische Grafik und Visualisierung), Bergheim: S. 267.1
DPG Deutsche Pfandsystem GmbH, Berlin: S. 231.2
Foto Stephan - Behrla Nöhrbaß GbR, Köln: S. 15.1, 15.2, 18.1, 38.1, 43.1, 50.1, 63.1, 125.1, 257.6, 289.1, 305.1
fotolia.com, New York: alexyndr 341.3; Armin Rose 308.1; createur 225.3; Devanne, philippe 232.1; drubig-photo 164.1; Eisenhans 248.1; endostock 170.1; Fatman73 264.2; fischer-cg.de 204.1; Fotosenmeer.nl 226.1; Jackson, Brian 350.2; kasto 200.1; leungchopan 337.1; maho 196.1; MaryAnn (Cyd) Madsen 167.1; openwater 287.2; Photographee.eu 147.1; PhotoSG 161.1; Pixelwolf 349.1; Ramona Heim 321.1, 327.2; rrrob 350.3; sebschneider 185.1, 190.2; Stefan Müller 350.1; Tatty 150.1; thomaslerchphoto 271.1; timstieffenhofer 155.1; vege 186.1
Galas, Elisabeth, Schwelm: S. 9.1, 9.2
Heinrich Klar Schilder- u. Etikettenfabrik GmbH & Co. KG, Wuppertal: S. 225.2
Hild, Claudia, Angelburg: S. 249.1, 264.1
iStockphoto.com, Calgary: andresr 153.2; hh5800 63.2; mediaphotos 144.1, 147.4; monkeybusinessimages 159.2; Prostock-Studio 300.1; Yozayo 212.1
LIVING CONCEPT, Münster: S. 1.3, 1.4, 1.5, 1.6
Microsoft Deutschland GmbH, München: S. 309.1
MOVINGSTAR.DE GmbH, Hennef: S. 284.1, 284.2, 284.3
OKS Group, Delhi: S. 139.1, 154.1, 154.2, 162.1, 173.1, 173.2, 175.1, 180.1, 213.1, 217.1, 221.1, 291.1, 293.1
Picture-Alliance GmbH, Frankfurt/M.: dpa-infografik 230.1, 250.1, 270.1; dpa/Spata, Ole 159.3; Globus Infografik 283.1; Keystone/Zick, Jochen 159.1
RAL gGmbH, Bonn: S. 231.1
Shutterstock.com, New York: Andrey_Popov 353.1; Freedomz 346.1; gpointstudio 327.1; Ivan Marc 353.2; Jackson, Brian A 338.1; Pla2na 343.1; S_L 339.2; Stock Rocket 223.1; Zerbor 341.2
stock.adobe.com, Dublin: Addi30 270.2; Africa Studio 347.1; ake1150 265.1; alphaspirit 191.2; Amarinj 265.2; arcyto 314.1; ArTo 272.3; Askar 281.1; Asvolas 272.2; Atstock Productions 320.3; auremar 158.1; Babelon, Pierre-Yves 272.5; bilderstoeckchen 207.1; Böttcher, Sven 44.1; Buzunova, Alina 147.2; Carls, Gottfried 247.1; cirquedesprit 356.1; Dan Race 192.1; dmitrimaruta 146.1; Effner, Jürgen 155.2; ehabeljean 334.1; Eisenhans 148.1; esthermm 308.3; fizkes 305.3, 308.5, 351.1; froto 191.3; furuoda 161.2; Gajus 95.1; Gorodenkoff 308.4; gstockstudio 282.1; Haas, Benjamin 190.1; ijeab 308.2; industrieblick 147.3, 152.1; jayzynism 226.2; Jeanette Dietl 342.1; Jirapong 70.1; Jo Panuwat D 334.3; joyfotoliakid 32.1; Juri 317.1; Kneschke, Robert 277.1, 330.1; lightmemorystock 149.2; LVDESIGN 266.1; MAGNIFIER 269.1; Mangostar 169.1; Marco2811 262.1, 272.1; Mariakray Titel; Minerva Studio 90.1; ML Harris 145.1; Monkey Business 171.1, 360.1; moodboard 305.2; mooshny 311.1; motortion 163.1; NaruFoto 76.1; NDABCREATIVITY 306.1, 306.2; NEWS&ART 334.2; papa 272.4; Race, Dan 228.1; raike_99 191.1; Raths, Alexander 1.1; Rawpixel.com 313.1; rogerphoto 110.1, 326.1; roxcon 344.1; scharfsinn86 225.4; STUDIO GRAND WEB 208.1; Tavani, Romolo 186.2; thicha 333.1; v.poth 69.1; Wang, Tom 347.2; WavebreakMediaMicro 149.1, 347.3; Wellnhofer Designs 341.1; Wüstehube, Joel 275.1; ©blackday 192.2